自由・相対主義・自然法

自由・相対主義・自然法

現代法哲学における人権思想と国際民主主義

尾高朝雄 著

書肆心水

目次

Ⅰ

II

自由論

自由・相対主義・自然法

現代法哲学における人権思想と国際民主主義

凡　例

本書は尾高朝雄の左記著作を一書にまとめたものである。

「現代の法思想」（未定稿）……『法律の社会的構造』（尾高朝雄著）所収、一九五七年、勁草書房刊行。

「世界人権宣言と自然法」……『田中先生還暦記念　自然法と世界法』（編集代表者尾高朝雄）所収、一九五四年、有斐閣刊行。

「民主主義の法理念」……『民主主義』（著者代表尾高朝雄）所収、一九四九年、有斐閣刊行（復刻版一九九七年）。

『自由の体系』……一九五〇年、弘文堂刊行。

『自由論』……一九五二年、勁草書房刊行。


本書では一書にまとめるにあたり、原文保存の観点から各テキストの表記は用字等の揺れも含め原則としてそのままに表記し、「著色」「著想」など現今一般にあまり用いられない漢字用法もそのままに表記してあるが、左記の諸点については表記を変更した。また、明らかな誤植は訂正した。
一、本書収録のテキストは原則的に現代仮名遣いで書かれているが、「ぬかづく」「なかんづく」など、一部に見られる例外を現代仮名遣いに置き換えて表記した。漢字は新字体で表記し、「姙」のように異体字扱いのものはそのままに表記した。
一、〔　〕は本書刊行所による補注である。
一、濁音化された「ワ」は「ヴァ」に置き換えて表記した。
一、共著『自然法と世界法』に収められた「世界人権宣言と自然法」においては、片仮名語が「ヘーゲル」「ルーソー」のように表記されているが、尾高朝雄が共著以外では「ヘエゲル」「ルウソオ」のように表記しているので、後者の表記法に従って統一した。

I

現代の法思想

（未定稿）

序論　現代の法哲学の課題

人間の社会には、共同生活の秩序を確保しようとする力と、既存の秩序を変革しようとする力とが、常に働いている。これら二つの力をうまく釣り合うようにしていくことが、法に課せられた最大の任務である。法は、既存の秩序の維持・確保を第一の要務とするものと考えられがちであるが、それは正確でない。一二一五年にイギリス王ジョンがマグナ・カルタに署名したとき、無制限の権力を法の制約に服せしめるための新らしい方式が、歴史の上に劃期的な一歩を印したのである。一七七六年の独立宣言や一七九一年のフランス憲法が、時代の変革のはなばなしい開幕を意味したことは、いうまでもない。しかし、歴史に転機を与えるような変革といえども、それが法の形を取って成し就げられるということは、いかなる変革も、決して既存の秩序を切りくずすだけにとどまるものではなく、かならず新らしい秩序の安定を求めているという事実を、明らかに示している。安定性の支柱をもたない変革は、単なる破壊もしくは混沌であって、建設または進歩としての意味をもたない。どんな建設も模様替えも、秩序の足場なしには行われ得ないところに、法のもつ普遍的な役わりがある。法のない社会を実現するはずの共産主義運動が、ロシアに大きな政治的基礎を築いた今日、そこに、一九三六年のソ連憲法を中心とする堅固な法の体制をととのえるにいたっていることは、およそ法によらない建設があり得ないことの、何よりの証拠とするに足りるであろう。

現代は、人類の歴史上かつてなかったほどの大きな変革の時代である。もちろん、既存の秩序の急激な変革が、革命というような形で行われたことは、過去の歴史にも数多くの例がある。また、一国の中で起った革命が、近隣の国々の指導者たちに脅威を与え、国際的な干渉を招き、それがもとで戦争になるという現象も、たとえばフランス革命とナポレオン戦争との関係などに見られたとおりである。しかし、国際社会の連帯性が緊密で、全世界におよんでいる今日では、国内の革命が発展して国際戦争をひき起し、あるいは、国際的な緊張を背景として国内がはげしい動乱のるつぼと化することは、むしろ常例であるといってよい。国内にナチの革命を起したドイツ民族社会主義のエネルギイは、ついに国際秩序の脆弱点を衝いて爆発せずにはすまなかった。かつてのスペインの内乱は、人民戦線派と国民戦線派との間の国際戦争を、一国の内部に圧縮した形で現出したものにほかならない。国際的な関連性が緊密で、しかも確実な秩序の支柱をもたない現代の人類社会では、変革を求める力は戦争に直結している。そうして、戦争をくいとめようとする努力もむなしく、全面的な武力衝突が起れば、その戦争そのものが、戦争なしにはとうてい考えることのできなかったような変革をもたらしてしまう。その意味で、戦争はまさに最大の革命である。最大の革命である世界的規模の戦争を二度にわたって体験した第二〇世紀は、人類の歴史上最大の変革の時代であるといわなければならない。

しかし、現代が変革の時代であればあるだけ、そこには、それだけ切実に秩序の安定を求める力が働いていることを、見のがすわけにはいかない。今日、大規模な変革は、革命を通じてよりもむしろ戦争によって遂行される。したがって、いかに変革を求める力が強大であっても、そのいきおいの直進を許すことが、最大の破壊である戦争を不可避のものとすることが明らかである以上、その力を阻止しようとする安定のための力もまた、強く働くようになる。現状の秩序は不合理であっても、破壊は避けなければならないという至上命令の前には、不合理な秩序の安定を甘受するということにならざるを得ない。とくに国際秩序の面では、戦争のために大きな変革が行われたのちは、戦争中の動揺がいつまでも尾をひくおそれがあるため、国際社会の現状をできるだけ重んじ、事情のいかんにかかわらず、現状を変更することを許すまいとする傾向が強くなるのは、やむを得ないいきおいである。

しかし、現状の維持ということにも、もちろん限度がある。現に変化してやまない社会の関係は、それをどんなに法の手段をもって固定させてしまおうとしても、当然動いていこうとする方向に動いていくことを、いつまでも阻止するわけにはいかない。動く社会を無理にとどめようとすれば、法と社会の現実との間にギャップが生ずる。その結果は、法が社会から遊離した空疎な規範となってしまうか、法の障害を排除しようとする力によって法の破砕を招くか、いずれかであるほかはない。しかし、社会の動きといっても、決して一様ではない。思想の表面だけ先にすすんでしまって、その奥底には、思想について動く気色もない社会生活の実体が沈澱しているようなばあい、いたずらに観念的に構築された法体系を作って見ても、法は宙に浮いてしまうだけのことである。さればといって、沈澱した社会生活の実体に重きを置いて、そこに行われている「生きた法」だけを法として尊んでいたのでは、社会関係の合理化はすこしも進展しない。かくて、同じ政治社会の中に、一方には急進的な階層ができ、他方には旧態を墨守する力が働くようになれば、その間のアンバランスがさらに社会不安を増大させる。これに対して、法にどういう役わりを期待するか。革新の動きを法的改革の中にもちこむか。法の守旧性を発揮して、一部階層の急進的な動きを抑制するか。成文法主義に傾くか。慣習に法の重点をおくか。普遍の原則で事を処理するか。地方の実情や事件の個性を重んずるか。利潤追求の自由を大幅に許すか。生産手段の私有と企業の自律性に強力な制限を加えるか。いずれも、法のあり方に直接に関係のある重大な問題であり、その解決の仕方いかんによっては、法への不信を高め、社会の不安を深刻化することにならないとはかぎらない。

変革の時代は動揺の時代である。既存の社会秩序が動揺すれば、法への不信が高まる。しかし、既存の法に対する不信が高まったからといって、それがただちに、法そのものに対する一般的な不信を意味するとはかぎらない。かつて人々は、現に政治社会を支配している法に対して不信を抱けば抱くだけ、それだけ、政治上の権力意志によって左右することのできない「自然法」への確信を深め、自然法に反する秩序を、自然法に合致した法制度によっておきかえることによって、社会生活を合理化するという目的を達成することができると考えた。その態度は、法一般に対する不信ではなくて、自然法に反する「実定法」を、遵守に値する法ではないとし、これを変革する標準を自然法に求めたものにほかならない。そこには、法についての二元的な考え方が、はっきりとあらわれている。法の二元性は価値の二元性である。二元的に対立する法の一方が、永遠に変らない法の価値をあらわす自然法であるならば、自然法から区別された実定法は、相対的な価値しかもたない法であり、その中の自然法と衝突する部分は、法たるに値しない反価値でさえある。法たるに値しない実定法は、実力によって破砕しても不法にはならない。しかし、法の変革が行われ、自然法の原理に合致した法制度が確立した上は、その実定法をできるだけ安定させ、これに変化を生じないように力める必要がある。かようにして、自然法の理論は、一方では法の変革の指導原理となり、他方では一切の変革に反対する保守主義の論拠として利用された。

自然法の理論は、法に二つの種別があることを認める。ことに、実定法から区別された自然法が存在することを主張する。それは、そのかぎりでは、一つの「認識」の立場である。しかし、自然法の理論は、ただ漫然と二つの種類の法が存することを認めるだけにとどまるものではない。自然法と対立する実定法は、政治上の権力意志によって設定される法であり、したがって、単に時と場合によってその内容がちがうばかりではなく、しばしばその中に、不正な要素や邪悪の目的を含んでいる。これに反して、自然法は、理性的な存在者としての人間の自然の本性から見て、かならずそうなければならないところの法である。それ故に、自然法は、時代とともに変化したり、民族によって相違したりするはずのものではなく、人間共同生活の普遍的な筋道として、常に正しい内容をもつ。かようにいうとき、その主張は、もはや決して単なる認識の立場ではなく、きわめてはっきりした「評価」の態度である。その評価の態度をつらぬくものは、その評価が正しいという絶対の信念である。不安と動揺のさなかにありながら、何を正しいとし、何に真実を求めるべきかを知らない混迷の現実に対し、確乎不動の信念をもって社会生活の根本の準則をかかげ得ることは、自然法の理論のもつ強みであり、誇りである。

しかし、根本の問題は、自然法があるかどうかであるよりも、何が自然法であるかということである。古来の哲学者は、さまざまな形で自然法の内容を示そうと試みた。たとえば、カントは、尊厳な人間の生命を蹂躙する行為に対して、死刑を科するのは、自然法の掟であると考え、孤島の政治社会が都合によって解散を決議し、その島を立ちのくことになったばあいにも、監獄に残った死刑囚に対する刑の執行は、予定どおり実施されなければならないといって、死刑の超実定法的性格を主張した。けれども、今日、死刑を廃止している国はあっても、それが自然法に反すると考える人はない。近世の自然法論者の多くは、国家の成立する以前にも人間の生活を規律する法が行われていたことを認め、人々の合意によって国家が設けられたのちにも、私所有権の自由をもふくめて、人間が本来もっていたもろもろの自由を尊重することは、自然法の原則を守るゆえんであると説いた。しかし、今日では、いわゆる資本主義の国々でも、私所有権や契約の自由に対して大なり小なり法的制限が加えられており、しかも、それが当然のことと考えられている。だから、自然法を信ずる人々が、これこそ自然法であるという事柄であっても、他の同じ自然法論者によって自然法ではないとされるばあいも、大いに起り得る。自然法は、自然法論者の数だけのちがった自然法があるといったベンタムの非難のように、そんなに主観的なものではないにしても、すくなくとも、時代によって自然法といわれるものの内容に変化があることは、否定できない。して見れば、自然法とは、欠陥の多い実定法に対して、或る時代の人々がこうあるべきだと考えたところの法の原則であって、それ自身、やはり時代の制約の下におかれているのではないか。そうして、法はこうなるべきだという要求が一つの政治的な力になって、それと矛盾した実定法を、その要求に適合するように改変したばあいには、それは結局一つの実定法の原則となっているのであり、とくにそれを自然法と名づける理由は消滅してしまっているのではないか。そういう疑問が、その疑問に肯定的な答えを与える結論に到達するとき、自然法の信念は崩れ、実定法以外に法はないという法実証主義が成立する。

法実証主義が企てたものは、法に対する科学的な認識である。もちろん、自然法の理論も、実定法とは次元のちがった自然法があると主張する点で、法の「認識」を目ざしている。しかし、この認識は、自然法こそ真の法であり、正しい法であって、実定法はこの根源的な法に準拠しなければならないという「評価」と、不可分に結びついている。評価と結びついた認識は、評価のためにゆがめられて、その科学的精密さを失うおそれがある。そこで、法実証主義は、一定の価値判断を明示的または潜在的に前提として、その立場から法を考察する方法を否定し、法をそのあるがままの姿において研究するという方針を取った。そこから出て来るものは、実定法に還元され得ない自然法が存在するという主張を、ドグマとして斥け、科学的な認識の対象としての法を実定法に限定するという態度である。この態度は、法を法外の要素、とくに道徳や政治の要素から截然と切りはなし、爽雑物のない法そのものを分析しようとする。そうすることによって、法の実態を科学的に明らかにした点は、法実証主義の大きな功績であるといわなければならない。

法は、社会生活の準則であり、社会に生活する各人に、何がかれに属すべきかれのものであるかを配分する原理である。この準則や原理は、統一的に確定されている必要がある。甲は、甲が正しいと思う準則によって行動し、乙は、乙に都合のよい配分の原理を固執するというようなことでは、社会は無政府状態におちいり、共同生活の秩序はとうてい保たれ得ない。だから、統一のある社会には、何がその社会に行わるべき法であるかをきめる単一の権威があって、そこで法と定めたことが、法として行われる。近代国家では、法を定立する最高の権威を名づけて、主権という。法実証主義者が、法は主権者の命令であるといい（オオスティン）、あるいは、法定立の最高権威の命令にしたがうということを、国法秩序の根本規範と認めているのは（ケルゼン）、そのためである。

ところで、一つの統一的な社会、中でも国家において、何が法として行わるべきかを定める者は、主権者そのものであれ、あるいは、主権の委任を受けて立法の仕事をつかさどる者であれ、人間もしくは人間の組織体であって、人間以外の何ものでもない。専制君主国家では君主の意志が、独裁国家では独裁者が、議会民主制の国では国会の多数決が、主要な点について何が法であるかをきめるのである。人間が作り、人間がきめる法には、正しいものもあるであろうし、正しくない法もあるであろう。何が正しい法であり、何が正しくない法であるかの標準は、それ自身きわめて識別しがたいことであるが、しかし、よしんば法の正邪・曲直をはっきり見定めることができたとしても、それは、何が法であるかという問題には、直接の関係はない。正しいと思うことが法としては行われず、多くの人々が歯ぎしりするような事柄でも、法定立の権威がそれを法として取り上げれば、それが法として行われる。実定法とはそのようなものである。評価の立場からはなれて考察すれば、法は、何が法であるかをきめる「力」をもった者が、これが法であるとして示したところのものにほかならない。したがって、法を法として支えている力が、法を定立する権威としての立場を維持し得なくなれば、それに代る別の力があらわれて、その欲する社会生活の準則を法として定立する。専制君主が王位から追われ、独裁者が叛乱によって斃れ、国会の多数党が勢力を失えば、法もまた自らに革まる。それを喜ぶか、それを歎くかは、法の科学の全く関知しないところである。

もちろん、法実証主義には、さまざまな形態があって、そのすべてが露骨な実力決定説を取っているわけではない。ただ、この立場は、法理論の対象を実定法だけにかぎっているから、その中に、歴史の制約を越えた絶対の法の価値が内在しているとは認めない。人々が、これこそ絶対に正しい法であると信じているばあいにも、或る時代の人々、しかもその中の一部の人々がそう信じているにすぎないのである。そこには、かならず、それとは反対の立場に立つ人々があって、現在の法を不満とし、自分たちの正しいと思うことが法として実施されることを望んでいる。個人の自覚が高まり、各人がその信念を吐露し、その利益を主張するような環境の下では、法は、互に矛盾したり、衝突したりしている複雑な利害関係を調整し、それによって社会生活の秩序を安定させるという役わりをはたす。議会民主制の発達しているところでは、さまざまな政治上の信念や経済上の利益が、いくつかの政党によって代表され、その間に公然たる論議を重ねた上で、立法の方向が決定されていく。そういう実定法の現象を忠実に観察していく以上、対立する考え方の一つだけをとらえて、それを絶対に正しいと断定することは、不可能にならざるを得ない。したがって、法実証主義の立場は、法に対する評価を相対化する。相対主義の価値観は、言論の自由を認め、批判や反対を寛容し、立法の方向に弾力性を与え、政治の多元性を当然のこととする点で、深く現代民主主義の原理とつらなっている。しかし、対立するいくつかの立場に対して、価値観的な選択を加えまいとする以上、その中から一つをえらび出す仕事は、多数の力にゆだねられざるを得ない。多数の決定にはしたがうべしという態度は、それが価値観上の判断中止と結びつくとき、やはり一つの実力決定論となる。力に法的決定をゆだねることは、決して単に法に対する力の優位を認めるゆえんではなく、そうすることが、何より切実な秩序安定の要求を優先させる道であるという意味で、法の理念に合致し、法の価値にしたがっていると説いたところで（ラアドブルッフ）、力が法を決定するという命題を承認していることには、何の変りもない。

法実証主義は、予断や希望をまじえることなしに、実定法現象の真相を明らかにしようとした点で、法の科学の発達に寄与するところがすくなくなかった。しかし、実定法の動きを分析して、それを動かすものが結局は力であるということを発見したとするならば、その結論は、決して単なる科学の認識にとどまることはできない。人間は、法を科学的に認識するだけで満足するものではなく、法に対して実践的に働きかける。そのばあい、法の科学がもたらした客観的な結論が、法の死命を制するものは力であるということであれば、法に寄せる期待は失われ、法の権威は顚落し、力には力をもって対抗するという風潮を助長するであろう。事実、法実証主義が法思想の主流となるにいたって以来、「法の支配」という伝統はうすれ、民主主義の諸原則も方便として理解され、人権の尊厳は虚名と化し、ファッシズム、ナチズムのような力の哲学が横行するようになったことは、決して偶然ではない。したがってまた、そうした法的無政府主義の帰結が人類をどういう運命におとしいれるかが、歴史の体験によってはっきりと示された今日、実定法の根柢に、いかなる力といえども破ることは許されない自然法が儼存するという考え方が、強く復活しつつあることもまた、当然の成りゆきであるといわなければならない。

けれども、ひとたび法実証主義の攻撃を受けて崩れ落ちた過去の自然法の理論を、そのままの形で再建するということは、意味をなさない。いかに自然法が儼存するといっても、その自然法がどんなものであるかについて争いがあるようなことであるならば、自然法の存在を主張することそのことが、実は多元的に分岐・対立する価値観の一つであることを示すにすぎず、結局、問題の解決は法実証主義のいう法則にゆだねられる結果とならざるを得ないであろう。さればといって、何が正しいかについて意見のわかれるような事柄は、すべて実定法の規律する領域に属するものとし、何人にも疑義のないような共同生活の自明の原則、たとえば、殺すなかれ、いつわるなかれ、というような命題についてだけ、自然法の存在を認めるということになったのでは、そもそも自然法を認めることの意味は、きわめて稀薄になってしまうことをまぬかれない。法実証主義のいうとおり、実定法の根柢には、何らかの意味での力が横たわっている。法は、力によって作られ、力に支えられて行われ、力に動かされて変化する。しかし、それは、法についていい得る最後の命題であるのか。それとも、力によって動く法の中に、力そのものに方向を与え、力の則るべき筋道を示す何らかの原理が内在しているのか。その筋道を「自然法」と呼ぶか呼ばぬかは、むしろ言葉の問題である。変革の力によって動かされ、力のバランスの上に安定する法が、力に依存しつつも、なおかつ逆に力の上に働きかけ、現実政治や権力意志を規制する機能をいとなむことを明らかにし得るとするならば、そこに法の自主性の最後の拠点が発見されたものということができるであろう。それは、実定法の外から実定法の上に自然法の枠をあてはめることではなくして、実定法そのものの中に、実定法のよって立つ根本の規準を求めるゆえんにほかならない。

現代の法哲学は、古典的な自然法の理論と赤裸々な法実証主義との間にあって、さまざまな方向に法の根本問題を探究しつつある。法実証主義がさかんになってこのかた、法哲学の関心は、いずれにせよ実定法の現象に集中するようになった。実定法は、人間社会の諸目的に応じて作られる。いいかえれば、目的は法の創造者である（イエリング）。しかし、目的といっても、多種多様であり、放任しておけば、その間に摩擦や衝突が起る。そうした摩擦や衝突を最小限度にとどめ、社会の力の損耗を防ぎつつ、人間共同生活の機能をできるだけ円滑に行わしめるのが、「社会工学」としての法の役わりである（パウンド）。そのばあい、計画的に制定された規範体系としての法に重きをおくか、社会生活の中に自らに形成される「生きた法」（エエアリッヒ、ホオル）を主眼とするか、あるいは、裁判官の下す判決こそ、常に新たに創造される法であると見るかによって（イザイ、ルウェエリン）、法への理解にいちじるしい差異ができて来る。いずれにせよ、法は、社会生活の諸目的の間のバランスをはかる任務を有するが、その際、個人の自由や権利の保障を第一義とするか、団体もしくは公共の利益を優先させるかもまた、実定法の機能の大きな分岐点となる。自由放任の福音が行きつまって以来、公共の観点から社会活動に規制を加える必要が増大して来たけれども、この傾向を野放しにすれば、法を全体主義的な力の哲学の餌食に供してしまうおそれがある。これに対して、人間の自由または権利の中に、公共の立場からの規制を許すものと、それを許さない根源的なものとを区別するという試みも（フリイドマン）、現代の法哲学の提供する有力な解決策たることを失わないであろう。

第一章　自然法の理論

一　個人主義の自然法理論

法思想の永い歴史を通じて、その主流としての役わりをはたしてきたものは、自然法思想である。自然法の理論は、その考察の対象をいいあらわすために、「自然法」（natural law, Naturrecht, droit naturel）という共通の名称を用いる。しかし、自然法という名の下にどういうものが考えられていたかは、時代によって同様でない。自然法の理論は、実定法とは淵源をことにする自然法があって、それは時代を超越した「正しい法」であると主張する。けれども、そう主張する自然法の思想そのものには、時代にともなう変化が見られる。その中で、現代の法思想の一つの大きな出発点となったものは、個人主義の自然法理論であった。人間は、国家の成立する以前から、すでに個人として生存し、人間としての自由を享有し、人間として生活するための諸権利をもっていた。これは、自然法上の権利であって、国家権力によってそれに侵害を加えることは許されない。それが、第一七・第一八世紀における個人主義の自然法思想の確信である。けれども、時代を超越する真理と考えられていたこの確信にも、時代の動きとともに動揺が生ずることをまぬかれなかった。「現代」というおおまかな時期をどこから劃するかは、すこぶる困難な問題であるが、法思想史上の区分としては、個人主義の自然法の理論がその権威を失い、これを補正する、もしくはこれに代る法理論が多彩の展開を見せはじめたときからを、「現代の法哲学」の範囲に取り入れることが、年代の点ではかなり過去の考え方にまでさかのぼる必要はあっても、理論の性格という点から見て適当であるということができよう。

ダントレエヴは、ストア学派あるいはロオマの法学者の考えた古代の自然法、および、カトリック教会の思想の中に脈々たる生命を伝えた中世の自然法と区別して見たばあいの、近世自然法の特色として、(一)、合理主義、(二)、個人主義、(三)、急進主義の三点をあげている。

近世自然法理論の第一の特色は、合理主義である。これは、近世の啓蒙哲学が合理主義の性格を強く打ち出していたことのコロラリイであるが、法の問題についても、同じく自然法を主張するばあいにも、中世のスコラ哲学のように、その最後の根拠を「神の意志」に求めるかわりに、合理的に考えられた「人間自然の本性」を前提として、そこから、社会生活の根本の法則を推論しようと試みた。人間は、だれでも、自由にその生活を経営し、幸福を追求する資格をもっている。その点で、人間はすべて平等でなければならない。人間が生活するためには、物を利用する必要がある。人間が、自然の事物を利用して、その生活をいとなむのは、自然の権利である。自然の事物は、だれもがそれを自分の生活のために利用し得るという点では、だれのものでもある。その反面、それは、だれかが排外的に独占することを許さないという意味で、だれのものでもない。しかし、自然の事物は、そのままでは直接に人間の生活の役には立たない。それを人生にとって価値のあるものにするためには、自然の事物の上に労働を加える必要がある。人間が労働を加えて、人生に直接に役立つような価値をもつにいたったもの、たとえば、食糧や住居は、もはや、だれのものでもあると同時に、だれのものでもないという状態からはなれて、特定の人に専属し、その人によって排外的に利用されることになる。いいかえると、それは、労働によってその物に価値を与えた人の所有物となる。ジョン・ロックは、このように説いて、自然状態での人間の自由と権利、中でも私所有権の存在理由を明らかにした。ロックは、哲学の立場としては経験主義を取り、知識の成立はすべて経験によるものであるとしたけれども、かれの自然法の理論は、経験によって得られた結果ではなくて、人間の自然状態の仮説から出発した論理的構成の産物にほかならない。そこに、当時の自然法論のもつ合理主義の性格が、はっきりとあらわれている。

第二の特色は、個人主義である。西ヨオロッパの社会思想の伝統をなすものは、「人間は国家的生物《ポリティカル・アニマル》である」といったアリストテレスの人間観である。アリストテレスは、倫理生活の目的として、人間の完成、個人の福祉を重んじたが、その目的を達成するためには、人間の本性にしたがって、まず「よい国家」を形成することが条件であると考えた。よい個人生活のためにはよい国家をもつことが必要であるというこの考え方は、トオマス・アクイナスを通じて、中世カトリック神学の社会観の基礎となり、さらに、リチャアド・フウカアによって、近世イギリスの社会思想の中に伝承された。これに対して、人間は本来ポリティカル・アニマルであるというこの見解を否定し、ポリスを形成する以前の人間生活が、なおかつ立派に人間の生活であり得たという前提から出発したのが、個人主義の自然法思想である。しかし、国家の成立する以前の自然状態において、人間はすでに立派に人間として生活していたのであるとしても、それが安全の保障を欠いた不安定な生活であったことは、否定できない。そこには、自由と自由との間の野放しの衝突があり、自然法によって定まっているはずの財産権も、いつ侵害されるかわからないという危険にさらされていた。そこで、人々は、自由な合意によって国家という制度を作り出し、政府の命令に服し、国法の拘束を受けることを承認すると同時に、まさにそれによって、不安定な自然法上の自由と権利とを確実な保障の下におくことにした。この国家契約説は、トオマス・ホッブスのばあいには、国権絶対主義を基礎づける結果となったが、絶対自存の個人の概念から出発し、国家という巨大な権力機構といえども、個人の生存の目的によって作り出された手段にほかならないと断定している点で、ホッブスの理論は、あくまでも個人主義の世界観の上に立つものであることを失わない。それが、ロックになると、契約によってできた国家への権力の委譲には、厳重な法の枠がはめられ、権力の存在理由は、個人生活の自由と権利とを保障するという任務の下に限定され、国家権力に対する法の優位が物の美事に確立されている。それが、近代の個人主義・自由主義および民主主義の源泉となったことは、あらためていうまでもない。

近世自然法思想のもつ第三の特色は、急進主義である。のちに述べるように、自然法の理論は、やがてイギリスやアメリカでの保守主義のよりどころになるのであるが、この思想がはなばなしく登場した第一八世紀にあっては、それは革新の動向の指導原理となり、現状打破の機運のために思想的の武器を提供した。当時は、宗教上の信仰について、政治権力の干渉を排除しようとする要求が強くなり、信教の自由は他の一切の自由のパイオニアとして、その地歩の確立を求めてやまなかった。また、経済の面では、生産技術の工業化にともない、活溌な商品の交換が促進され、農業中心の動きに乏しい社会制度を変革して、高度の流動性を備えた経済活動の自由を保障する必要が、痛切に感ぜられるようになってきた。国家権力を必要な最小限度に限定し、それによって個人活動の「国家からの自由」を保障しようとする自然法の理論は、まさにこれらの時代の要求に適切に合致していたのである。かくて、自然法の理念を旗じるしとした自由主義の時代思潮は、次第に政治上の力となり、アメリカ合衆国の独立の原動力を形成し、ヨオロッパ大陸では、フランス革命を通して急激な社会変革を実現した。その根柢にどういう経済上の必要が働いていたにせよ、一つのイデオロギイが現実の政治の力となって新らしい時代の扉を開いたという点では、これら二つの大きな事件は、人類の歴史の上に新紀元を劃したものであるといってよい。

合衆国の独立とフランス革命とは、急進的な個人主義の自然法思想の巨大な結実であり、確信に満ちたその立場の表現である。したがって、第一八世紀の末葉においてその成熟の頂点に達したこの思想の真髄は、最も大胆に次の二つの宣言の中に表明されている。

一七七六年の「独立宣言」(Declaration of Independence) はいう。「人生の出来事の進展につれて、一つの国民が、自分たちを他の国民に結びつけていたところの政治的なきずなを解きはなし、世界の諸国の間に伍して、自然の法と自然の神の法とによって認められた、独立で平等の地位を占める必要が生じたばあいには、かれらが独立を余儀なからしめられた原因を明らかにするのが、人類の世論を正しく尊重するゆえんである。われわれは、すべての人間が平等に作られており、造物主から、生命と自由と幸福の追求を含む不可譲の諸権利を授けられているということは、自明の真理であると考える。政治の組織が人々の間に設けられたのは、これらの権利を保全するためであって、政府が正当な権力を有するのは、被治者の同意にもとづくのである。もしも政府の形態がこれらの目的を破壊するようになったばあいには、それを変更もしくは廃止して、国民が、かれらの安全と幸福とをもたらすのに最も適していると考えるような、そのような原理に立脚し、かつ、そのような権力の組織を備えた、新らしい政治形態を作り出すことは、国民の権利である。」

一七八九年の「人権宣言」(Déclaration des Droits de l'Homme et du Citoyen) はいう。「国民議会を構成するフランス国民の代表は、人間の権利の無視、忘却または軽視が公衆の不幸と政治の堕落の専らの原因であると考え、おごそかな宣言の中に、人間の自然・不可譲・神聖なる権利を書き記すことを決意した。それは、この宣言が常に社会組織のすべての構成者の前におかれ、かれらをして絶えずかれらの権利と義務とを思い起させるためである。それは、立法権および執行権の作用が、常にすべての政治制度の目的と照らし合されることによって、いままでよりもいっそう尊敬されるようになるためである。さらに、それは、市民の苦情が今後は単純で争う余地のない原理に立脚することになり、それが常に憲法の保全とすべての人々の幸福とに役立つようになるためである。」

近世の個人主義の自然法理論は、天与・不可譲の人間の権利を高くかかげ、それを政治権力の濫用から守る必要を力説すると同時に、多数の個人の自由が互に衝突して、社会の平和を攪乱することを戒め、社会に生活する人々の自由を、相互に侵害し合うことがないように限界づけるという任務を、法に課した。法に課せられたこの任務は、人々が心から法にしたがって行動する義務を意識し、自己の利益と同様に他人の利益を尊重する心がまえをもってのぞむことを、かならずしも必要としない。法の求めるものは、社会に生活する各人の行為が、外面的に法の規律に合致することであって、それ以上のことを要求しているわけではない。いいかえると、法は、行為の「合法性」(Legalität) を要求するのであって、行為者の義務意識を前提とする「道徳性」(Moralität) の領域には立ち入らない。そのかわり、人々の行為が合法性の限界を逸脱したばあいには、法はこれに強制を加える権能をもつ。法が強制権力と結びつき、国家を必要とするのは、そのためである。一八世紀のヨオロッパ大陸で、個人主義の自然法の理論に体系的な表現を与えたカントは、このような見解の上に立って、法に有名な定義を与えた。すなわち、カントによれば、法とは、「一人の恣意と他人の恣意とが、自由の一般原則にしたがって、相互に結合され得るための条件の総体」にほかならない。一般にいうと、自然法の理論は法と道徳との根本の合致を認めるのに対して、法実証主義の立場は両者を峻別するのを常とするのであるが、カントが、自然法を説きながら、なおかつ、法の求める合法性と道徳の要求する道徳性とをはっきりと区別したことは、近世個人主義自然法理論の示すもう一つの特色に数えることができるであろう。

二　保守主義の原理としての自然法

近世個人主義の自然法は、急進主義の性格をもつ変革の原理であった。しかし、それを単に変革の原理であるとのみ見ることは、自然法の思想がはたした歴史的の役わりを正しく評価するゆえんではない。変革の必要が感ぜられていないようなばあいには、あるいは、すでに変革の目的が達成されてしまったあとの時代には、自然法はしばしば逆に保守主義の原理として役立った。自然法は、実定法と対立する概念である。けれども、自然法が実定法といつまでも対立していて、実定法を動かすだけの迫力をもたないならば、どんなに立派な自然法をかかげても、それは空疎・無力な理想でしかあり得ないであろう。自然法が変革の原理であるということは、自然法が実定法を動かして、その内容を自然法に合致するように変更する力をもつことを意味する。それによって自然法が実定法化し、自然法の要求に合致した実定法ができ上ったばあいには、今度は、その実定法を動かさないように確得することが、大切だということになる。その意味では、自然法の性格を保守性の角度からとらえたケルゼンの見方にも、十分に理由があるといってよい。

自然法は、まずイギリスで、保守主義の原理としての役わりを演じた。おおまかにいうと、イギリスには、二つの系統の自然法思想があった。その一つは、ロックを中心とする個人主義の自然法論であって、これが、その唱えられた当時は革新主義の花形であったことは、前に見たとおりである。しかし、名誉革命（一六八八）のあとを受けて自由主義政治思想の花を咲かせたロックの理論も、それがイギリス伝統の自由尊重の通念を基礎として、立憲政治の健実な発達の中に融けこんでしまえば、実定法と対立する自然法という性格を、次第に喪失することにならざるを得ない。国外の植民地や大陸の専制主義の国では、いよいよ革新的な機運の旗じるしとしての性格を発揮した個人主義の自然法思想も、イギリス本国では、やがて現状に満足する保守的傾向のイデオロギイに落ちついていったのである。

これに対して、他の一つは、最初から保守主義の性格を備えていた中世的の自然法思想である。カトリックの自然法思想は、アリストテレスにならって、人間の本性をポリティカル・アニマルスとしてとらえ、「国家からの自由」ではなくて、国家の中での人間の完成に重きをおいた。それは、よき国家はよき個人の前提であるという見地に立って、個人の権利と福祉とを重んじつつ、政治社会の階層秩序を当然のこととして承認した。トオマス・アクィナスによって大成されたこの自然法の考え方は、フウカアを通じて近世の社会思想の中に導入され、イギリスにおける保守主義の基調を形づくったのである。この考え方は、ポリスの形成を人間自然の本性からみちびき出している点で、国家を個人生活の手段として作り出されたものにすぎないと見た契約説の立場とは、本質をことにしている。けれども、それは、さればといって、決して国家の偏重に傾いたわけではなく、個人の自由と権利とを尊重するという建前において、十分に近代思想を消化する力をもっていた。他面、国家契約説は、国家を人為的に作られた制度と見てはいるけれども、国家が作られたのは、その不可欠の必要が認められたためであるから、法による権力の規正が十分に行われているかぎり、いつまでも国家に対する消極的な価値観に執着しているはずはない。自由を守る国家は、よきポリスである。よきポリスの誇りの前には、そのポリスの成立が人間自然の本性にもとづくか契約によるかのちがいは、大きな問題にはならない。大陸の諸国家にさきがけて、近代化のための変動の悩みを遠い過去に通りぬけてしまったイギリスでは、第一八世紀の安定の時代を迎えて、自然法は実定法に対する対立の原理としての意味を失い、いかなる政治権力をもっても侵すことのできない「法の支配」(Rule of Law)の伝統は確立し、現状を積極的に肯定し、変革をいみきらう保守主義の風潮が、法思想の主流となるにいたった。

イギリスにおける「法の支配」は、一方では中世のゲルマン法の伝統を伝えているといわれる。ゲルマン民族の慣習は、いつのころから成立したかわからない古い由来をもつ社会生活の準則であって、国王のような権力者といえども、その拘束の下にあると考えられていた。この準則は、王と封建諸侯との関係をも規律する。封建君主は領臣に封土を与え、領臣は封建契約にもとづいて君主に臣従する。その関係は、権力以上の法の規律にしたがうのであるから、国王といえども、領臣たる諸侯との間に結ばれた約束を破ることはできない。マグナ・カルタが、イギリス王と封建貴族との間の約束として、国王にその履行を要求する力をもっていたのは、封建制度に内在する法の優位の原則のあらわれである。イギリスでは、マグナ・カルタが、権力に服する者の権利を法によって擁護するという制度の発端となったように、中世的な由来をもつ法の優位の原則に、次第に近代的な血が通うようになった。イギリスもまたその例外ではあり得なかったところの絶対王政の時代にも、エドワアド・コオクのような強い信念をもつ理論家があらわれて、国王といえどもそれにはしたがわなければならない法の権威を守るためにたたかった。君主の権力をも拘束する力をもった「法の支配」の下では、国民のもつ人間としての権利の主張は当然に育成され、伸長する。主として普通裁判所の機能を通じて内容的に確立されていったところの「法の支配」は、イギリスのコモン・ロオを中心とする実定法の支配であって、直接には、実定法と対立する自然法の優位を認めることではない。しかし、慣習と伝統とによって育てられたコモン・ロオが、同時に、自然の理性にかなった法として受け取られ、実定法の支配としての「法の支配」に、それが自然法にも合致するという誇りを与えたことは、当然の成りゆきである。自然法にかなった実定法をもつという意識は、自らにして保守主義に傾く。近世の初頭以来、権力を拘束して、人権の擁護と伸長とに寄与してきた「法の支配」も、第一九世紀に入っては、法によって保護された自由と権利を、そのままに謳歌する現状肯定主義の原理となった。そこに謳歌される自由を、経済活動の自律性の意味に解し、そこに保護される権利の主要なものとして、私有財産の不可侵性を認めるならば、それを国家権力の介入から守るための「法の支配」は、その後の社会化立法の動向から眺めれば、保守主義の牙城としての役わりを演ずることとならざるを得ない。

「法の支配」の伝統が、コモン・ロオを中心とする実定法に不動の権威を与えることによって、保守主義に有力な根拠を与えるようになったとき、第一八世紀のイギリスの法思想の中に深く根を張った自然法の理論も、それが実定法と融合していくにつれて、同じく保守主義の方向にいちじるしく傾斜するにいたった。この傾向を代表する学者は、ウィリアム・ブラックストオンである。

第一八世紀のイギリスの法理論を集大成したブラックストオンの『イギリス法釈義』(Commentaries of the Laws of England, 1765-69) は、単なるイギリス法の解釈ではなくて、誇りに満ちたその肯定であり、その讃美である。ブラックストオンが、それをもつことの誇りを高らかに表明したものは、永い伝統をもつイギリスの実定法、ことにその憲法であり、その下に保障されているところの、イギリス人の自由であった。ブラックストオンによれば、イギリスの憲法のように賢明に工夫され、堅固に築き上げられ、崇高に完成されたものに対して、それにふさわしい讃辞を呈することは、至難である。むしろ、それを隅なく、そうして注意深く考察することこそ、その真価を最もよく顕彰するゆえんでなければならない。だから、ブラックストオンの註釈は、そもそもの始めから、イギリスの実定法秩序を讃美することを目的として試みられているのである。もちろん、それは実定法であるから、その中に欠陥がないわけではない。しかし、ブラックストオンにとっては、イギリス法に内在する欠陥を明らかにすることは、それが人間の作ったもの以上のものであるという妄信を防ぐことに役立つ。それらの欠点は、主として、時代の頽廃の産物であるが、そうでなければ、後世になって試みられた不手際な改革の結果である。本来、素朴な高貴さを備えているこの築造物を、その美しい姿のままに維持し、もしくは、その破損を修復することは、国会にゆだねられた重い責務である。「イギリスの自由を保全すること、それは、それを享有する人々が自分自らに対して負うところの義務である。それは、かれらが、この自由をかれらに伝えたところの祖先に対して負うところの義務である。さらにそれは、人間の生まれながらの最高の権利として、あるいは、人類の最も高貴な遺産として、それをその手に受け取る資格をもつところの、かれらの子孫に対して負うている義務である。」

かように、ブラックストオンが肯定し、讃美したものは、イギリスの実定法である。しかも、実定法に対するこの肯定と讃美とは、かれの自然法に対する確信と深く結びついている。ブラックストオンはいう。「自然法は、人類とともに存し、かつ、神自らによって定められた法であるから、もちろん、他のすべての法に立ちまさった拘束力をもつ。自然法の拘束力は、世界全体に及び、すべての国々に通用し、あらゆる時代を通じて妥当する。人間の定めた法は、もしもそれが自然法に反するばあいには、何らの効力ももたない。有効に行われている人間の法は、そのすべての効力と権威とを、間接または直接に、この根源の法たる自然法に負うているのである。」この自然法の下で、すべての人間は自然の権利をもっている。それは、自然の権利であると同時に、自然の自由である。「この自然の自由は、人が、自然法による以外には何の制限や支配も受けずに、自分で適当と思うように行動し得る能力を意味する。それは、人間が生まれながらにしてもつ権利であり、神が人間を作って、これに自由な意志能力を与えた際に授けられた、神の賜物の一つにほかならない。」それでは、この自然の自由と政治上の自由との関係は、どのように説明されるか。ブラックストオンによれば、「人間が社会の一員としてもつ政治上の自由または市民としての自由は、自然の自由が、公共の利益のために必要かつ有益であるかぎりにおいて、人間の法によって制限されたものであり、その限度を越えては拘束を受けないということを意味する。」かれは、かように説いて、イギリス人のもつ絶対の権利を三つに要約した。人身の安全の権利、人身の自由の権利、および、私有財産の権利がそれである。それは、自然法上の権利であると同時に、そのころのイギリスでは、すでに実定法の上でも保障されていると考えられたところの権利である。そこに、自然法と実定法とが一致しているという確信があり、北アメリカの植民地では独立の原動力となった自然法の思想が、イギリス本国では保守主義の原理となった理由がある。ブラックストオンは、一方では自然法および自然権を説きながら、他方では国会の主権を力説した。このことは、かれの理論の矛盾ともいえるけれども、そこには、どんな国会の立法といえども、人間の自然権の擁護に役立ちこそすれ、決してそれを侵犯するおそれはないという信念があったものと見てよいであろう。

三　自由の伝統

イギリスに興った個人主義の自然法思想は、アメリカの植民地では東部一三州の独立という大きな変革のイデオロギイ的基礎となったが、独立と変革とに成功したあとでは、そこでもやはり、やがて保守主義の伝統を形成し、それから逸脱しようとする変化の動きを阻止するという役わりを演じた。

信教の自由を求めてアメリカ大陸に渡り、そこに新天地を開拓した初期の植民者たちは、素朴で温和な宗教的自然法の思想をもっていた。人間の共同生活を規律する法は、もともと、神の定めた掟である。人間が、そのかぎられた知性をもって作る法は、暫定的な規則としての意味をもつにすぎない。それらの規則は、啓示された神の意志と正しく合致するばあいにのみ、法としての権威を有する。しかし、そうはいっても、最初は単純であった植民地の社会関係が次第に複雑になっていくにつれて、啓示された神の意志だけでは処理できないような問題が起ってくる。そのばあいには、裁判官や陪審官や立法者が、細目の規定を作り上げて、神の示した一般原則を具体的に布衍していかなければならない。人々が、これらの規定にしたがうことは、そのかぎりでは、自由の拘束である。けれども、社会生活をいとなんでいく以上、この種の拘束を避けることはできない。拘束を知らない自由、したいと思うことは何でもできる自由は、野獣の自由ではあっても、人間の自由ではない。社会生活をいとなむ市民としての自由は、よいこと、正しいことをする自由であり、社会人としての責任を忠実にはたす自由である。そこに、神が人間に自由を与えた理由がある。したがって、市民の自由は、規律に服さなければならない。社会生活に規律を与える権威を認め、その規律にしたがいつつ、神のよみする生活をいとなんでいくところに、善良な市民の享有する自由がある。

しかし、そうであればあるだけ、市民の生活に規律を与え、その自由を拘束する力をもつところの権威は、どういうふうに組織され、その力をいかに行使するかということが、最も重大な問題となってくる。第一七世紀から第一八世紀にかけて、本国の植民地政策が圧迫と感ぜられ、植民地に住む人々の自由と権利とを侵害する政治が行われているという意識が高まるにつれて、政治組織の根本の目的を明らかにし、それによって、正当な限界を越えた権力の行使を排除しようとする要求が、強くなってきた。そのばあいに、かれらの政治的な態度を根拠づけたものは、イギリス本国から輸入された個人主義の自然思想、なかんずくロックのそれである。そこには、まず、人間自然の自由と平等の主張があった。自然状態における人間は、造物主の定めた法則にしたがう以外には、自分たちの上に君臨する地上の権威をもたなかった。しかし、この自然状態のままでは、各人が、自然法の侵害が行われたかどうかを自分で審判し、それに対する必要な措置を自分で執行しなければならない。そういう状態が安全なものでないことは、明らかである。そこで、理性が人間に教えて、社会を形成し、国家の下に統一し、自然法にかなった法を作り、共同の権力をして法が遵守されているかどうかを監視させるようになった。だから、国家の権力の根源は国民にあり、権力組織設定の目的は国民の利益に存する。中でも、国民の身体の安全を保護し、その自由を保障し、その財産権を保全するのは、政府に課せられた最大の任務である。したがって、社会に生活する人々の幸福を守るということは、政府や立法者を制約する掟である。国民は、為政者がこの法を遵奉することを要求する権利をもっている。なぜならば、もしもこの法が守られないばあいには、国民は奴隷となるおそれがあるからである。

権力の淵源を国民の同意に求め、権力によって保障さるべき国民の自由と幸福とを、自然法からみちびき出そうとする思想は、この原理に反するところの政府を廃止し、新たにこの原理にかなった政治組織を作り上げることを、国民の当然の権利と見なす。しかし、それと同時に、国民の同意にもとづいて成立し、国民の意志によって規律された政治組織ができ上り、その下で、国民の自由と権利と幸福とがよく保全されると信ぜられるようになれば、今度は、その同じ思想が、そこに成立した法の組織を謳歌し、それによって保障された自由の伝統を、あくまでも尊重していこうとする態度となってあらわれる。ロックの自然法思想は、イギリスでは、人間を本来のポリティカル・アニマルスと見、したがって、ポリスの中での位階秩序を当然のものとして肯定するアリストテレス——フウカアの伝統に対して、革新の動向を指導する立場に立った。これに反して、独立が完成し、憲法が確立されたのちのアメリカ合衆国では、はげしい闘争によって鍛えられたロック的の個人主義と自由主義は、逆に、自然法にもとづくこの憲法を強く守りぬこうとする保守主義の旗じるしとなった。ノオスロップのいうとおり、イギリスの保守主義がフウカア的団体主義に淵源するのに対して、アメリカの保守主義は、ロックの個人主義の流れを汲んでいる。したがって、第一九世紀になって、国家の干渉を排除する自由放任主義が行きつまったとき、イギリスでは、むしろ保守主義の側から、国家の介入による社会化の政策がすすめられたのに反して、アメリカでは、個人の自由と権利とを絶対視する立場が保守勢力となっているために、執行権の強化による革新政策が、永く阻止されるという憂目を見た。

アメリカで、個人の自由・独立を重んずる考え方が、尊厳な伝統にまで高められたのは、単なる思想や哲学だけの力ではなくて、社会的・経済的の特別の事情がその根柢に働いていることは、明らかである。未開の曠野と無限の資源とをもつアメリカでは、東部地方が急速に工業化され、資本主義社会に共通の社会問題を生んでも、奔放な自由と野性味に富んだ企図心とを満足させる西部の辺境があって、問題の深刻化を防ぐ安全弁の役わりをはたした。森林を切り開き、草原に野牛を追い、山火事やインディアンの襲撃とたたかう開拓民にとっては、自分の力で生命と財産とを守ることは、生活の最も重要な部分をなしていた。パイオニイアの本領は、自由であり、独立である。最も近い隣家でさえ二〇哩もはなれているというような環境では、自らの力に頼ることこそ、自由人の重い責任であるとともに、自らそれを守りぬくべき至高の特権を意味した。そこには、国家の保護を必要とする権利はあっても、国家の干渉によって自由の制限を甘受すべき理由はなかった。このアメリカ固有の荒けずりの個人主義と、大規模な企業の自由の上に成り立つ資本主義とが呼応して、自由の伝統を強く支えてきたことは、想像するにかたくない。

法の側から見るならば、ここに確立された自由の伝統は、所有権の自由ならびに契約の自由の不可侵性となってあらわれる。この世に生を享けて、幸福を追求することが、人間の不可譲の権利である以上、幸福な生活の基礎をなす私所有権が尊重され、その使用・収益・処分の自由が認められるのは、当然のことである。しかも、財産による収益が自由に行われ、財産を処分することも財産権者の自由であるためには、取引きを成立させる契約もまた、契約当事者の自由にゆだねられなければならない。人間が自由を獲得するのは、契約を通じてである。契約が結ばれれば、当事者はそれによって拘束される。それは、あたかも、当事者の一方の意志を、他方の意志の下に従属せしめることであるように見える。しかし、実際には、前者もまた、後者の意志を自己の意志の下に従属させることによって、失うより以上のものを得ているのである。このように、契約を、両当事者にとって共に有利なばあいの意志の合致と見る以上、契約の自由に対して何らかの制限を加えるというような必要は、もとより認められない。それは、雇傭契約のばあいにも同様である。野放しの自由経済が肯定されていた時代のアメリカでは、雇傭の関係に対しても、法的な干渉を加えることは、権利への侵害をともなうと考えられていた。なぜならば、貧しい被傭者にとっては、労働する能力こそかれの資産であるから、かれがその必要を認めて、一定の条件の下で勤労を提供することを約束するのは、かれのもつ重要な財産権に制約を加えるゆえんとなるからである。立法権に対する司法権の優位が認められ、裁判所が違憲の立法の効力を阻止する力をもっているアメリカでは、裁判官の多数が、自然権の尊重を建前とする憲法に忠実であろうとするかぎり、かなり近ごろにいたるまで、労働者の災害補償や最低賃金を定めようとする法律などが、違憲の判定を受けることをまぬかれなかったのである。

このことは、単に契約の自由ばかりでなく、過失のないところには責任はないということが、自然法に立脚する原則と認められており、したがって、使用者側に過失がないのに、労働者の蒙った災害に対する補償を求めようとする立法が、憲法に反すると考えられていたことを示している。その根柢にあるものは、法の前に平等で、国家の不当な干渉から自由な、抽象的な個人の理念である。ルドルフ・シュタムラアのいわゆる「自由に意欲する人間」(frei wollende Menschen) は、自分の意志でやった行為については、その責任を負うけれども、自分の意志にもとづかず、社会で一般に要求されている程度の注意も怠らなかったのに、なおかつ生じた結果について、責任を問われるべき筋合はない。もしも、自分に過失がなくて生じた損害に対してまで、いつどこで責任を負わされるかわからないということになれば、はっきりした計算の上に立って事業を行い、生活を経営していくことはできない。したがって、過失責任の原則は、自然法にもとづいて尊重される人間の自由と、不可分に結びついている。使用者が、自己の過失によらないで生じた労働者の災害について、補償の責任の追及を受けることは、この自然法の要請に反する。非難さるべき原因がないのに、不法行為の責任に問われるのは、自由と責任との結合の上に成り立つ人間の道徳的権利に対する、ゆゆしい侵害である。また、労働者の側に過失があって生じた災害についてまで、使用者の側に責任を生ぜしめるということは、決して労働者の自由な人格を尊重するゆえんではない。労働者の災害を補償させようとする立法に対して、それが憲法第一四修正にいう「適法な措置」(due proccess of law) によらない権利の侵害であるという理由で、近ごろまで強い反対が存したのは、アメリカにおける個人主義の自然法思想が保守主義の側に味方した、著しい例証の一つとすることができるであろう。

四　成文法主義と法の論理解釈

自然法思想は、普遍主義であり、超歴史主義である。それは、神によって作られた人間が、自然に備えている本来の性質を前提とする。この前提は、人間が人間であるかぎり、どこへいっても同じであるし、いつになっても変らないはずである。人間は、神から自由を与えられた。人間が、自由に各自の生活を経営し、身にかなった幸福を追求し、他人と自由に約束を結び、他人の自由を侵害しないかぎり、自分の自由の侵害を受けることもないというのは、人間の本性にしたがう自然法の原則である。この原則は、だれでもが理性によって知ることができ、それを知ることによって、それを尊重しているはずである。しかし、もしも現実の国家制度が、永いこと権力によってこの自由に圧迫を加えてきたという歴史があり、自由を求める民衆の力によって、そうした権力の重圧を取りのぞくことができたばあいには、ふたたび同じあやまちをくりかえさないために、自然法の原則にもとづく人間社会の正当な法関係を、曲解する余地のないようなはっきりした形で、明示しておくことが必要である。こう考えることによって、自然法の理論は成文法主義と結びつく。

イギリスでは、権力の圧迫を後退させて、自由の縄張りをひろげるという仕事が、永い歴史の迂余曲折を経て、徐々に効果的に行われてきた。そうした慣行を基礎とする不文のコモン・ロオがあって、執行権から独立したコモン・ロオ裁判所が、国民の権利・義務の関係の調整にあたってきた。したがって、そこでは、自然法の原則がコモン・ロオの体系の中に流れ込んできても、改めてそれを議会立法のふるいにかけ、成文の法律として条定する必要はなかった。これに反して、ヨオロッパ大陸では、第一八世紀の終りまで専制主義が支配し、法による市民の自由の保障は存在しなかった。しかし、その間にも、生産様式の近代化と、商品交換経済の発達とによって、経済上の実力をもったいわゆる第三階級が抬頭し、王権を取りまく貴族や僧侶の特権階級と対立する勢力となった。所有権の保障、自由な企業、自由な取引きを求める市民社会にとっては、専制的・封建的な固定した階層社会の構成は、まず取りはらわれなければならない桎梏を意味した。思想の面では、モンテスキュウやルウソオがあらわれて、権力の分立を説き、国民の主権を強調した。かくて、フランスではアベ・シエイエスによって、いままで全く無視されてきた第三階級こそ、国民のすべてであるという信念が表明され、一七八九年にはじまる革命を経て、市民社会の国家権力からの解放がなしとげられた。ここに獲得された市民社会の自由は、それがふたたび権力の介入によってふみにじられることがないための確乎たる保障を必要とする。それには、自由な市民生活を規律する法を事こまかに条定し、社会関係における紛争の処理は、すべてこの成文市民法の規定にもとづいて行われるようにしなければならない。こうした考慮によって、一八〇四年のフランス民法、いわゆるナポレオン民法が制定されたとき、人々は、市民社会の解放に錦をもたらす自然法の成文化として、これを祝福したのである。

イギリスとちがって、ヨオロッパ大陸諸国では、中世以来ロオマ法の継受が行われ、ロオマ市民法の概念や規範が実定法として採用されていた。したがって、その中には、ロオマ法の支柱となっていた自然法の観念や、私法と公法との区別などが、自らに流れこんでいたのである。ロオマでは、主としてキケロがストア学派の自然法則の観念を継承し、市民法および万民法の根柢に普遍・永久の自然法が存することを説いた。人間の自律を重んじ、普遍的な法規の厳正な適用を尊ぶロオマ法の精神は、近代個人主義の自然法思想と深く相つらなるものをもっており、それが大陸での成文法の発達の適切な温床となったことは、疑いを容れない。それと同時に、ロオマ人が私法を公法からはっきりと区別し、市民法や万民法を主として私法の体系として築き上げたということは、その影響を大きく伝えているヨオロッパ大陸諸国で、私法を成文法の形で組織化するための基盤となった。私法は、国の立法作用を通じて成文化され、国の裁判所によって適用されるものとしては、明らかに国家法の一領域を形成する。けれども、私法の規律の対象となるものは、直接には国家と関係のない私的社会生活における権利・義務の関係であり、それらの権利・義務の関係は、当事者の自主的な生活経営にもとづいて設定され、当事者相互の自治的な合意の上に成立するのである。ロオマ人の重んずる自律の精神は、私的自治に立脚する私法の整然たる体系を作り上げた。私法自治の原則は、私法の生命である。国家の干渉を受けないで、社会生活の準則を主として当事者の意志によって決定し、その結果生じた権利・義務の関係について争いが起ったばあいには、国家権力の発動をうながして、客観的な規準による裁判を受け、権利を保護し、義務を履行せしめるという考え方は、深く近代個人主義の自然法の理念とつらなるものをもっている。したがって、近代私法の成文化は、ロオマ市民法の伝統と近代自然法思想との綜合の上に成り立った現象であるということができよう。

近代自然法思想と成文法主義との結びつきを、最もはっきりと示しているのは、ドイツでの法典論争のきっかけとなった、ティボオの『ドイツ統一民法典の必要について』(Ueber die Notwendigkeit eines allgemeinen bürgerlichen Rechts für Deutschland, 1814) である。専制主義の下ではあるが、統一的な近代国民国家を作っていたフランスとはちがって、当時のドイツは、いっそう後進的な封建制度が強く残っており、ドイツ民族の社会は多くの封建君主の支配する小さな国々にわかれていた。それだけに、統一ドイツ国家を作り上げることは、ドイツ人の熱望の的となっていたのである。ドイツをナポレオンの支配下から解放し、フランス軍をラインの左岸に敗退せしめた一八一三年のライプチッヒの戦いは、ドイツの政治的統一の絶好の機会となったもののように思われた。その時期に、しかも、まさにそのための一つの方法として提唱されたティボオの民法制定論は、したがって、強いナショナリズムの機運によって動機づけられていたのである。しかし、ティボオは、このナショナリズムの要求を、普遍的な自然法の観念にもとづく、統一成文民法の制定という筋道によって満たそうと考えた。小国分立のドイツの現状の下では、各国の裁判所で適用される法がまちまちであって、法の実体においても、またその運用の仕方においても、不合理な点がすくなくなかった。そこで、ティボオは、ドイツ全体に通ずる新らしい民法の制度を作り上げ、劃一の法規によって個人の福祉を確立することが、ドイツの政治的統一の先決問題であることを力説したのである。個人の福祉を確立するための統一ドイツ民法を作り、それによって民族の法生活を一元化しようとするこの理論は、自然法を模範とするという考えなしには、成り立ち得ない。あたかもロマンティイクの風潮の勃興期にあったドイツでは、合理主義的なティボオの提案は、かえって、法を民族精神の歴史的なあらわれと見るサヴィニイの立場からの強烈な反駁をひき起し、民法典制定の事業は、ドイツが統一国家となってのちの、第一九世紀の終りまで延期されるにいたったけれども、当時の人々が自然法の成文化を可能と考え、かつこれに大きな期待をもったことは、ティボオの理論によって典型的に表明されている。

市民社会は、国家権力がみだりに介入することを許さない自由な社会である。そこでは、人々は、自主的な個人として生存し、自分が幸福と思う生活を築き上げるために、自分の財産を自由に活用し、他人との自由な契約によって、権利を取得し、義務を引き受ける。その関係が円滑に行われているかぎり、市民社会は国家を必要としない。しかし、市民社会の自治秩序といえども、もとより完全なものではない。各人が自由に幸福を追求し、利益の計画に立って行動する社会では、自由と自由とが衝突し、利益の配分や損害の負担について争いが起るのは、当然である。そのばあい、市民社会の自治秩序の原則にもとづいて、各人に属すべき正しい「かれのもの」を判定するのは、裁判所の任務である。裁判所が争いを裁き、失われた権利を回復し、義務の履行を要求するにあたっては、権力の裏づけが必要である。しかし、権力は、市民社会の自由を守り、権利の侵害を防ぐために必要なのであって、そのことは、権力がみだりに自由な市民社会の関係に介入することを許すものではない。市民社会の法を成文化し、裁判はかならず成文法規にもとづいて厳正に行われるようにしておけば、市民社会の自由を権力の不当な介入から防ぐことができる。それと同時に、どういう法関係がどういう法効果を生むかが、あらかじめ成文法で一般的に示されるから、自由経済の発達に何よりも大切な、経済活動の計測可能性を高度に保つことができる。成文の民法は、市民社会を権力の濫用と恣意の介入とから守る防壁として、また、取引きの安全を保障し、計測可能な経済活動の筋道として、自由経済の興隆期における活潑な社会の要求を満足させた。

すでに、成文法の体系を作り上げる目的が、自然法の原則を実定法化し、権力の不当な介入を防ぎ、経済活動の計測可能性を確保するのにある以上、明示された法規の意味を解釈で動かしたり、裁判官が場あたりの法の適用をはかることは、許されない。もちろん、成文法は一般的な規定から成るものであるから、どんなに完全な法典を作って見ても、それを具体的な事件にあてはめるために、解釈の必要が生ずる。しかし、その解釈を、法規を大前提とし、事件を小前提として、そこから判決をみちびき出すという論理の操作と一致させるならば、解釈や適用のばあいに恣意の介入してくる余地はない。そこで、自然法の原則に立脚する成文法主義は、法規の論理解釈の必要と表裏・不可分に結びつく。中でも、私所有権の尊重と、契約の自由と、過失責任の原則とは、近代民法を支える三本の大きな柱である。近代民法の細かい規定は、これらの支柱と連絡しつつ、宏壮な市民社会の法秩序を構築する。さらに、それを正確な論理解釈によって具体的な社会生活の事実と結びつけていることによって、法は高度の確実性を発揮し、最も安定した秩序を保つことができる。イェリングが皮肉の意味をこめて「概念法学」（Begriffsjurisprudenz）と名づけた法解釈の方式は、成文法の整備と相まって、個人主義・自由主義の建前に立つ法秩序の安定性を、いいかえればその保守性を、堅固に維持するのに役立ったのである。

五　個人主義自然法思想の動揺

個人主義の自然法思想は、さまざまな仮説の上に成り立っている。人間が、最初の自然状態において、すでに個人としてのはっきりした自覚を備え、自由な意志によって行動し、私所有権という形で財産をもっていたというのは、明らかに一つの仮説にすぎない。そのような自然状態には、完全な自由があったけれども、それと同時に、人々の自由と自由とが衝突して、危害を受けたり、権利を犯されたりしても、自分の力でそれに対抗する以外に方法がなかった。そこで、理性を有する人間は、そのような危険な自然状態に終止符を打つために、みんなの合意にもとづいて国家を作り、国家の法に服するとともに自然の権利が侵されたばあい、組織的な権力にその救済を求めることができるようにした。この国家契約説は、個人主義自然法理論の生み出した、きわめて論理的な仮説である。それは、論理的ではあるが、一つの仮説であって、事実ではない。したがって、原始社会や未開社会の研究がすすみ、これらの主張が単なる仮説であって、人間本来のあり方を示す事実ではないことが明らかになるにつれて、自然法思想の根柢の動揺をきたすことをまぬかれなかった。ルウソオやカントは、国家契約説が仮説であることを自らよく認めながら、本来自由であった人間が、国家制度の下に法の拘束を受けていることを、「正当」なものとして承認するための条件として、国家は、あたかもそれが国民の合意の産物であるかのごとくに運営されなければならないことを示そうとした。しかし、国民の自由と権利とを守ることが、国家成立のときからの約束だったというのと、政府は、それが最初からの約束であったかのように心得て、国民の自由と権利とを守らなければならないというのとでは、理論の迫力がちがう。国家契約という大前提が単なる仮説にすぎないことが明らかになるにつれて、個人主義自然法の理論のもった最初の説得力が、次第に薄弱となっていったことは、やむを得ない成りゆきであるといわなければならない。

個人主義の自然法思想は、国家権力の干渉から解放された市民社会の自由を尊ぶ。人間がこの世に生を享けて、それぞれ幸福な生活をいとなむ権利をもっている以上、そうして、何が幸福な生活であるかという価値判断が、個性により、環境によってさまざまである以上、自己の個性を生かし、自己の才能を伸ばし、自分が幸福と信ずる生活を築き上げていく自由は、あくまでも重んぜられなければならない。そこには、人身の自由があり、居住・移転の自由があり、言論の自由があり、信教の自由があり、良心の自由がある。しかし、市民社会が国家権力の支配から解放されることによって得られた最大の収穫は、経済活動の自由である。それは、所有権の自由であり、企業の自由であり、契約の自由であり、商取引の自由である。それによって、高度の流動性をもつ商品交換経済が可能になり、資本は集中し、企業の規模は増大し、大量生産による商品は、需要を求めて国外の市場を開拓し、他国に先がけて自由経済の波に乗った国々に、大きな富と繁栄とをもたらした。けれども、その反面、資本主義の発達は、社会の富の偏在的な蓄積をうながし、資本をもつ者は、富の力で富を産むことができるのに反して、直接に生産の仕事にたずさわる勤労者は資本家の指定する条件にしたがい、窮乏の生活をつづけざるを得なくなってきた。ロックがはっきりと説いているように、個人主義の自然法思想が私所有権を自然権の最も重要なものの一つに数えるのは、財産のもつ価値が勤労の所産であり、勤労によって価値を生み出した者が、それを自分の財産とすることは、当然であると考えられたからである。しかるに、資本主義の下では、資本の利子や中間利潤や売買の差益というような形で、大量の不労所得の源泉が作り出され、価値の造出に直接に寄与する勤労に対しては、辛うじて生活を支えるだけの賃金が支払われるにすぎない。これは、個人の権利と幸福とを保障するために、市民社会の経済活動の自由を確保しようとした個人主義的自然法思想の、大きな矛盾である。この矛盾を打開しようとすれば、いきおい、私有財産制度の自然権的絶対性は支持されがたくなり、ひいては、企業の自由や契約の自由に対する信仰に似た確信もゆるがざるを得ない。

経済活動に野放しの自由を与えることは、経済力の強い者のヘゲモニイを認める結果になる。その強大な力が社会に深刻な矛盾をかもし出し、法の前の平等も幸福追求の自由も空虚な言葉にすぎないように感ぜられてくるにつれて、経済力のヘゲモニイに対抗するに足りるだけの新らしい力が要望されるようになる。その力の第一は、経済力のヘゲモニイによって圧迫を受ける立場が、団結を固め、組織をもつことによって発揮される。労働者が団結し、中小企業や消費者が組合を作り、資本の力に対抗して、その利益を守り、地位の向上をはかろうとするのが、それである。しかし、資本、とくに独占化した資本の力に対抗するためには、このような組合協同主義だけでは、とうてい足りない。そこには、さらに、それと協力して、私企業の貪婪な利潤追求力を阻止し、勤労大衆の生存と利益とを守る第二の力が要求される。それは、立法によるなり、行政によるなり、裁判によるなり、手段方法はさまざまであるが、いずれにせよ国家の力である。立法によって企業独占の禁止や不動産の賃貸借契約の制限を行い、行政措置として公益事業に監督を加え、裁判の運用をもって労働者の災害に対する経営者の無過失損害賠償の責任を認めるというようなことは、第一八世紀の個人主義が金科玉条とした所有権および企業の自由、契約の自由、過失責任の原則に対する制限を意味する。ダイシイは、第一九世紀中葉以降のイギリスで、経済上の弱者の立場を守るために、次第に国家の積極的な干渉が強められていった過程を、世論の推移によるものとして叙述した。自然法を成文化したものとしてたたえられたフランス民法が、いかに百年の間に解釈や適用の上で変貌を遂げ、変化する社会情勢に適合することを余儀なからしめられたかは、デュギイがその『私法変遷論』で明らかにしているとおりである。

このような変化は、当然に、第一八世紀の自然法に対する確信を根本からゆり動かさずにはおかない。人々がこれこそ自然法であると信じた法の諸原則も、実は歴史の具体的な諸条件の上に立って、かくあるべきものと考えられた規範にすぎない。時代が移り、事情が変れば、かつての自然法も、その神通力を失う。保守主義の原理となった自然法は、すでに実定法の中に融けこんだ自然法である。それを変るまじきものと思うのは、それが変らないことによって利益を受ける階層である。その固定した秩序の中で、ますます生活の圧迫を受ける人々にとっては、自然法ももはや不易の価値としては通用しない。秩序の重圧にたえかねて、これをはねかえそうとする力が鬱積してくれば、秩序を無理に安定させようとすることが、かえって秩序の崩壊をまねきよせる。そのことを明察する人々は、保守主義の原理と化した自然法の内容に再検討を加え、あるいは立法により、あるいは解釈によって、これを時代の要求に合致するように変化させ、弾力のある秩序を保つ道を選ぶであろう。実定法に内在化した自然法は、すべての実定法がになう運命にしたがって変化する。それをしも、なお自然法と呼ぶとすれば、それは、それがかつては自然法と名づけられたという事実を意味するにすぎないであろう。

自然法が実定法となり、実定法となった自然法は、すべての実定法がそうであると同じように、歴史とともに変化することをまぬかれないとすれば、ひとたびは、自然法を永遠の姿のままにとどめ得たと信ぜられた成文法の体系も、解釈によって、変化する社会関係に適合した内容のものに変化していかざるを得ない。そこでは、法の解釈も、もはや論理の筋道を追う千篇一律の演繹ではなくて、その上に適用さるべき社会関係の現実から帰納された、新たな法の発見となってくる。そこに発見された法が、成文法の示す意味内容の枠を逸脱するものではないとされるとき、その成文法の意味内容なるものが、すでに新らしい事態に照合するように、大なり小なり変貌を遂げているのである。そうなってくれば、成文法主義の誇る法の不動性も、名目上のものと化せざるを得ない。一般に、イギリス、アメリカ系の不文法主義は、法の弾力性を保つ上からいって、大陸系の硬化した成文法主義といちじるしく性格をことにしていると考えられている。しかし、いわゆる不文法国でも法の守旧性が尊ばれる時代には、自然法という大前提が、それを動かそうとする解釈を阻止し、裁判上の先例が大きな権威をもつことによって、成文法をもったばあいに劣らず法を硬化せしめる。逆に、成文法主義を採用する国でも、立法手続きでそれを動かすことが困難であればあるほど、創造的な解釈の比重が加わって、文字の上では同じ法規に、かなりの弾力性を与えることができる。フリイドマンのいうとおり、そのようにして歩み寄った成文法主義と不文法主義との間には、実質上大きな相違は見出され得ない。そうして、いずれのばあいにも、法のよって立つ基本原理が懐疑の的となり、擬制・解釈・立法の手段によって、新らしい考え方が法の内容に導入されてくるとき、かつて栄えた自然法の権威にも黄昏が迫ってくることをまぬかれないのである。

六　内容の変化する自然法

法哲学は、法の中に普遍の原理、恒常の理想を見出そうとする。もしも法が、民族により、地方によってまちまちであり、しかも、法を通じて人間の求めるものが、時代とともに絶えず変化してやまないとすれば、それを共通の言葉で「法」と名づけることすら、不可能となってしまうであろう。法は、人間の社会生活の「正しい秩序」を組織するものであるといわれる。そのばあい、「正しい」といわれるものの意味は、時と場合とによっていちじるしくことなるであろう。何が法であるかをきめる力をもった者にとって、都合のよい事柄が、その社会では「正しい」こととして通用するのも、世の常であるかも知れない。しかし、それにしても、人々がいつの世でも法を通じて「正しい」秩序を求めているのであるとすれば、そこに、何が正しいかについての何らかの客観的な規準があるはずである。そこで、法哲学は、何が法の法たるゆえんであるか、何が法の正しさの規準であるかについて考察し、その「普遍妥当的」な原理を探究する。したがって、もしも、人間が人間であるかぎり、時と処とを越えて理性的に肯定されざるを得ない自然法があるとするならば、それこそ、法哲学の求める法の原理の普遍妥当性の要求を最もよく満たすものであるということができる。

しかし、現実の実定法を観察すると、法の内容は千差万別であって、しかも、歴史とともに流動・転変していく。また、法の正しさを判定する標準も、時代によって大きく移り変っていくのである。「各人にかれのものを」わかち与え、そこに成立した配分の秩序を堅持することが正しいのであるといって見ても、何が各人に属すべき「かれのもの」であるかは、時とばあいによって根本的に相違することをまぬかれない。封建領主がひろい采邑を領有し、農奴がその土地を耕して年貢を奉ることを、各人にかれのものをわかち与えるゆえんであると考える封建法の身分秩序と、労働によって得られた全収益は、労働者の手に帰属するのが当然であると信ずる社会主義の配分原理との間には、天地雲泥の相違がある。前者を当然であるとする評価と、後者を正当であると見る価値判断とは、「正しい」という言葉は共通であっても、その言葉の意味する社会関係の内容は、正反対なのである。それにもかかわらず、法の法たるゆえんは一つであり、法を正しい法たらしむる原理は普遍妥当的であるということが、どうして可能であろうか。もしもそれが可能であるとするならば、そのためには、どういう条件が必要なのであろうか。

カントは、その批判哲学によって、知識や道徳上の価値判断の形式と素材とを区別し、知識や価値判断の内容は経験によって左右されるけれども、その純粋形式は、何が真理であり、何が道徳上の善であるかを認める根本前提であって、一切の経験に論理的に先立つものであるから、普遍妥当性を有すると説いた。カント自身は、こうして、知識・道徳・審美判断の三つの領域について、批判哲学の体系を築き上げたけれども、法に関しては、個人主義の自然法の思想を受け入れて、国家契約説を取り、内容のある法の諸原理について形而上学的な断定を下そうと試みた。たとえば、かれが、人格の尊厳と責任の観念とから出発して、死刑を自然法の一つに数えたごときは、それである。さらに一般的にいって、「法とは、一人の恣意と他人の恣意とが、自由の一般原則にしたがって共に結合され得るための条件である」という定義を取って見ても、法を市民社会の自由の相互限界という角度からとらえたものであって、法の性格のあらゆるあらわれに通じて認められるような、先天的な形式とはいい得ない。その点で、カントの法哲学は、その批判主義の立場から逸脱した方法論によっているというそしりをまぬかれない。

そこで、第二〇世紀になってドイツに興った新カント主義の哲学者たちは、カントのこの矛盾を指摘すると同時に、カントの用いた批判主義の方法を、カント以上に徹底させることにつとめた。その中で、法の問題について批判哲学の原理のとくに厳格な適用を試みたのが、ルドルフ・シュタムラアである。

シュタムラアによると、われわれが常識的に法と名づけている現象の中には、それが法として認識されるために、かならずしもそうでなければならないわけではない、いわば偶然の要素と、それを考慮の外においたのでは、法を法と見なすことのできない不可欠の要素とがある。前者は、法の素材であり、後者は、法の形式である。だから、経験的に法として認識されている現象——実定法現象——の中から、それの単に素材にすぎないものを取りのぞき、法の純粋形式だけを抽出していけば、それによって、普遍妥当性をもつ法の概念を決定することができる。ところで、シュタムラアによると、法は、原因・結果の関係を示す法則ではなくて、一定の目的のために、何が手段となるかという関係において、物事を規定する。したがって、法は一種の「意欲」である。しかも、法の下では、甲の目的が乙の手段となり、乙の目的が甲にとっては手段となるという関係において、甲と乙との結合が成立する。故に、法は「結合する意欲」である。その点で、法は、「分立する意欲」としての道徳から区別される。道徳は、単一の人が、どういう目的のためにどういう手段をえらぶかを問題とするのであって、二人以上の人々の間に結合を成立させる意欲ではない。さらに、法は、自主性をもって人々の間の結合関係を規律する意欲として、習俗律から区別され、不可侵性をもって一貫した社会結合の準則を定めるものとして、その時々に変る勝手気ままな権力意志から識別される。つまり、法は、「不可侵的・自主的に結合する意欲」(das unverletzbar, selbstherrlich verbindende Wollen) である。

法は結合的意欲であるから、法の下では人と人との結合が成立する。人間は、それぞれの意欲をもち、その求める目的のために、何らかの手段をえらぼうとしている。そのような意欲の主体がすくなくとも二人あって、一方が手段として提供するものが、他方にとっては目的となり、後者がその目的のために手段とすることをいとわないものが、前者の目的を満足させるばあい、法が媒介となって、両者を結合せしめる。甲は、住むべき家のためには、月々一定の家賃を払ってもよいと思い、乙は、現在不用の家屋を他人に提供して、それからきまった収入を得たいとのぞんでいるばあい、法の下で両者の結合が成立すれば、それが家屋の賃貸借契約となるのである。法的結合には、そのほかさまざまな形態があるが、どのばあいにも、法の下に結びあわされる意欲の双方または一方が、その真意に反してその結合に強制されるということは、正しい法のあり方ではない。双方が無理やりに結合せしめられるのも、正しいことではないし、一方は自由にその結合をえらんでも、他方は強制的にそれと結合せしめられるということは、正しい法関係ではない。シュタムラアによれば、法が正しいか正しくないかのけじめは、法の下に結合する人々にとって、その結合がかれらの自由と合致しているかどうかにある。法の正しさの規準は、法によって成立する結合が、そこに結合された人々によって自由に意欲されているということに存する。この規準に完全に合致した人々の結合は、「自由に意欲する人々の共同体」(Gemeinschaft frei wollender Menschen) である。この規準なしには、何が正しい法であるかを客観的に鑑別することはできない。だから、「自由に意欲する人々の共同体」は、法的価値判断にとって欠くことのできない純粋形式であり、普遍妥当性をもつ法の理念である。

「自由に意欲する人々の共同体」は、法的価値判断の純粋形式である。どんなに法の理想にかなった法関係でも、それが現実に成立するばあいには、その中にいろいろな内容が盛りこまれる。売買とか賃貸借とか雇傭とかが、契約当事者の自由な意志によって成立するとき、その法関係は「正しい」ものと判断されるのである。ここに示された法の理念は、現実の法関係が正しいか正しくないかを判定するための尺度にすぎないのであって、それがそのままの無内容な形で社会関係の中に現実化されるということはあり得ない。いいかえると、「自由に意欲する人々の共同体」は、現実の法を正しからしめる指標ではあるが、いつかはこの世に実現することが期待されるような意味での法の理想ではない。

しかし、法の理念は、実定法関係の正しさを測定するための規準であるから、この規準にかなった実定法は、内容を備えた現実の法秩序として、「正しい法」(richtiges Recht) と認められ得る。「正しい法」は、実定法である。実定法には、正しい法もあるし、正しくない法もある。正しい法であっても、それは、具体的な社会関係を規律している実定法であるから、社会関係が変化するにつれて、その内容も変化する。いや、社会関係が変化するにつれて、規律の内容が変化していくからこそ、実定法は、その時々に「正しい法」であることができるのである。内容の変化しない自然法は、新らしい社会情勢に適合する能力がないから、或る時代には理想の法と見なされても、時代の推移とともに、かつて理想にかなっているとされた規定が、邪魔物扱いを受けるようになることをまぬかれない。故に、いつの時代にも正しい規準に合致しており、その意味で常に自然法と呼ばれ得るものがあるとするならば、それは、「内容の変化する自然法」(Naturrecht mit wechselndem Inhalt) でなければならない。シュタムラアは、このように論じて、固定した内容をもつ自然法が、なおかつ時代を超越した正しさを誇り得ると考えた、個人主義自然法思想の独断をしりぞけ、変化してやまない時代の要求に順応し得るような、新らしい、弾力性のある自然法の考え方をもって、これにおきかえようと試みた。

シュタムラアの法哲学は、批判主義の立場をかかげているが、今日から見て、永く批判に堪え得ない空疎な理論が多い。ことに、その法概念は、とうてい多くの人々を承服させ得ない。第一、法が意欲であるというのも、法の本質のとらえ方を根本からあやまったものであるといわざるを得ない。法が意欲によって定立されることは、たしかであるが、法は、意欲が客観的に表明されてできた規範意味の体系であって、心理学的な意欲そのものが法であるわけではない。第二に、法を結合的意欲として規定したシュタムラアの考え方も、法の性格を的確に示したものとはいえない。法の下で、人々の間の秩序ある結合が保たれることはたしかであるが、そういう結合は、道徳の下でも可能である。道徳もまた、人間社会の平和な結合・協力の原理であって、その点では法とちがわない。そうであるとすれば、道徳から区別された法の本質を明らかにするために、「結合的意欲」というような標識をかかげることは、ほとんど意味をなし得ない。道徳を「分立的意欲」であるとするシュタムラアの議論は、すでに最初から見当ちがいであるというそしりをまぬかれない。さらに、シュタムラアは、法の「自主性」によって法を習俗律から、法の「不可侵性」によって法を恣意的権力から区別しようとした。けれども、むかしからの伝統が深い根を下している社会に、それを是正するための新らしい成文法を制定して見ても、伝統になじんだ習俗が依然として社会関係を規律し、成文法規が宙に浮いてしまうようなばあいには、習俗律が自主的で、法には自主性がないといわなければなるまい。また、気随気ままな専制君主が、朝令暮改の詔勅や布告を発し、その間に何の一貫性もないようなばあい、それには、シュタムラアのいう意味での不可侵性は認められ得ないけれども、それが専制国家の法であることは、それにもかかわらず事実なのである。このように吟味して見ると、シュタムラアが普遍妥当性をもつと称する法の概念も、実はきわめて欠陥の多い理論構成の産物にすぎないことがわかる。

これに対して、シュタムラアの法理論、中でもかれの説く「正しい法」の考え方、および、それから導き出された「内容の変化する自然法」の思想は、批判哲学の方法の正統の適用であるばかりでなく、法を変化の相において眺めながら、その中に恒久の原理を発見しようとした試みとして、すぐれた意義をもっている。堅確・不抜の絶対性を誇示した、第一八世紀の個人主義自然法の理論は、変動する歴史にゆり動かされて、その権威を失った。いかに「正しい」とされる主張も、いつまでも絶対の真実であることはできない。絶対主義は、歴史の審判の前に、やがて崩れるときがくる。相対主義の謙虚さと歴史主義の洞察とは、第二〇世紀の社会哲学の精髄である。シュタムラアは、この精神に立って、不動の自然法を批判し、社会生活の必要に応じて変化する弾力性をもつことによってのみ、法の不断の正しい生命が保たれ得ることを明らかにした。その著想は、的確に問題の焦点をついている。ただ、そのように絶えず内容の変化する法が、なおかつ「自然法」と呼ばれ得るかどうか、可能な二つの法制度を前にして、「自由に意欲する人々の共同体」という抽象理念が、はたしてその中の一つを「正しい」法としてえらぶための道しるべとなり得るか、を考えるとき、そこに、やはり批判的法哲学の脆弱性が暴露されることをまぬかれないであろう。

七　覆面の自然法

自然法を認めるか認めないかは、法哲学上の大きな問題であるが、この問題と、学者が自然法という言葉を用いるか用いないかとは、はっきり区別しておく必要がある。自然法という言葉を用い、その用いられた言葉の意味での自然法を肯定していても、よく見ると、それがかならずしも自然法を認めたことにはならないばあいもある。自然法を肯定するということは、すくなくとも法の根本原則において、人間の理性的本質から見て常にそうなければならない筋道があることを認めるものであるとするならば、たとえばシュタムラアが「内容の変化する自然法」を説いたからといって、それが自然法の肯定になるとは、にわかに断定できないであろう。逆に、どんなに言葉の上では自然法を認めず、あるいは、公然と自然法の理論に反対する立場を取っている学者であっても、実際上、いまいうような社会生活の基本法則が不変の真実として存在することを主張しているばあいには、その主張は自然法を肯定するものであるといわなければならない。徹底した実証主義者であることを標榜しながら、人間共同生活の根柢に「社会連帯」(solidarité sociale) の事実が横たわっていることを力説したレオン・デュギイの法理論は、そのような「覆面の自然法」の主張に属するといってさしつかえない。

デュギイの法理論の背景には、フランスの実証主義的社会科学の伝統がある。「社会学」（sociologie）という言葉をはじめて用いたオオギュスト・コントは、社会現象の科学的な研究をすすめるにあたって、形而上学の断定を取りのぞき、あくまでも経験による実証を重んずべきことを強調した。神学から形而上学を経て実証科学へ、という知識発達の三段階は、対象が簡単であるほど早くすすむし、対象が複雑の度を加えるにつれて、その前進がおくれる。最も簡単な対象を取りあつかう数学は、最も早く神学や形而上学の段階を通りぬけてしまったのに反して、最も複雑な社会現象を考察する社会科学は、今日でも神学の影響を脱することができず、その多くはいまだに形而上学の段階にとどまっている。そこで、コントは、社会現象を研究対象とする学問を、実証科学の段階にまで高めることが、目下の急務であると考え、自らその詳細な論述を試み、かつ、最初は「社会物理学」（physique sociale）と呼んだこの学問に、のちに改めて社会学という名称を与えた。

デュギイの形而上学に対する強い反感が、コントの実証哲学の影響によるものであることは、明らかであるが、さらに、デュギイの学説の実質上の理論内容に強い示唆を与えたのは、エミイル・デュルケエムの社会学である。デュルケエムは、社会現象の最も基礎的な要素を「分業」に求めた。分業は、社会に生活する多数の人々が、共同の目的のために協力することであるが、その協力の仕方によって、分業は二つの形態に区別される。その一つは、大勢の人々が、同じ種類の仕事を分担して、共同の目的に協力するばあいである。大きな石を動かすのに多人数が力をあわせ、地曳網の綱を大勢で同じ方向へ引くようなばあいが、それである。他の一つは、人々がそれぞれ種類のちがった仕事に従事しつつ、それらの仕事が組織的に結びあわされて、一つの成果を上げていくような分業の形態である。工場の中で、石炭を焚く者、油をさす者、旋盤を取りあつかう者、原料を運ぶ者、製品を仕上げる者などが、異質の労働に専念しながら、それによって、単一の生産を成しとげているのは、これに属する。人間の社会を複雑に組織立て、巨大な建設を可能ならしめている根本の原因は、これらの分業、中でも第二の異質協働の力にある。

デュギイは、デュルケエムの分析した社会的協力の関係を取り上げて、その中に法の基礎を求めた。デュギイの用語によれば、それは「社会連帯」の事実である。社会に生活する人々は、共同の目的をもって行動することもあるし、各人別々の利益を追求しているばあいもある。しかし、いずれのばあいにも、一人の力でその目的を達成し、あるいは、その利益を獲得することはできない。共同の目的をもつ人々が、そのために協力することは、当然であるが、各人がちがった要求を有するばあいであっても、他人の力をかりなければ、その要求を満たすことは不可能である。製紙業者は木材を必要とし、山林の所有者は現金を求めている。後者が木材を伐り出すからこそ、前者は必要なパルプを作ることができ、前者の需要があるために、後者は現金収入の道に事欠くことがない。社会に生活する人々は、このようにして、網の目のような相互依存の関係で結び合わされている。それが、社会連帯の事実である。人々が、ますますこの連帯の関係を緊密ならしめ、その正常な運行を発達させていくことによってのみ、人類社会の向上がはかられ得る。人間は、社会連帯の関係の中にあって、その生活目的を満たすことができ、各自の生活目的を追求しているうちに、自然に社会連帯の拡大、発展に寄与していくのである。それは、直接の観察によってどこにでも見出される事実であって、それを指摘し、それを認識することの中には、形而上学の独断はすこしも含まれていない。デュギイは、このように、純粋に実証的に確認され得る社会連帯の事実を基礎として、思い切った法および国家の理論を展開する。

社会連帯の関係が円滑に維持されるためには、社会に生活する人々の行動は、一定の準則にしたがわなければならない。それが、「社会規範」(norme sociale)である。デュギイによると、社会規範には三つの種類がある。「道徳規範」(norme morale)、「経済規範」(norme économique)、および「法規範」(norme juridique)がそれである。これらのうち、道徳規範と経済規範とは、一方は道徳上の義務を、他方は経済関係の準則を規定している点で、内容がちがう。これに反して、法規範は、内容からいうと、道徳規範や経済規範とちがったものではない。社会に行われている道徳規範や経済規範が、一定の条件を備えるようになると、法規範と認められるのである。その条件とは、それらの道徳規範や経済規範の重要性が、社会に生活する人々によってひろく承認され、それらの規範に違反した行為に対して、社会集団の側から抑制もしくは制裁の措置が加えられるべきであると考えられるようになることである。つまり、特定の道徳規範や経済規範の通用力が、自然の趨勢だけにまかせておかれないで、社会集団のもつ強制力の裏打ちを受けるようになったとき、それらの道徳規範や経済規範が法規範になるのである。

だから、社会規範の中から法規範が分化し、それが、単なる道徳規範や経済規範よりも有効に社会生活を規律するようになったときには、それと平行して、社会集団の中に、社会規範の違反行為に対して法的強制を加える立場と、強制力のある法にしたがう立場とが分化しているのである。それは、ひろくいえば、法的強制力を背景として社会を規律する立場と、その規律にしたがう立場との分化である。一つの社会集団の内部に、このような分化が行われているばあい、その集団は国家と呼ばれる。国家の中で、法にしたがって社会生活を規律・統制する組織は、政府である。国家とは、政府が規律・統制の機能をいとなみ、多数の人々がその下で規律された生活をつづけているという関係であり、そういう関係の上に成り立っている社会集団である。したがって、デュギイは、国家が何かそれ以上の意味をもったもの、たとえば、国家は個々の国民を部分とする全体であるとか、転変する社会関係を越えて存続する生命体であるとかいうような考え方を、強く排斥する。

デュギイは、どこまでも実証主義の立場をつらぬこうとする。かれは、コントの精神を継承して、あくまでも形而上学的独断を排斥する。その点では、デュギイは、徹底した自然法の反対論者である。個人主義の自然法論は、天賦不可譲の個人の権利を、すべての法および国家の考察の出発点とした。自然法に反対するデュギイは、このような権利本位の考え方を否定する。デュギイによれば、「権利」(droit subjectif) という概念は、実証的根拠をもたない法形而上学の独断である。形而上学上の既成概念にとらわれないで、あるがままの法現象を観察するならば、そこにあるものは、「客観的な法」(droit objectif) であり、道徳規範や経済規範から化成した法規範であって、その根柢には社会連帯の「事実」がひろく横たわっている。社会に生活する人々は、このような客観的な法規範にしたがって行動している。そこからでてくるものは、権利ではなくて、社会的な義務であり、責任である。社会連帯の関係によって網の目のようにつなぎあわされた人々は、法規範の示すところにしたがって、それぞれそのわりあてられた機能をはたすように義務づけられている。もしも人が、法規範から生ずる義務にそむき、社会連帯の関係を破るような行為をすれば、それに対する強制が発動し、制裁が加えられる。民事法上の責任は追及され、刑事法上の犯罪には刑罰が加えられ、行政法上の違反行為も取りしまりを受ける。それらの措置は、裁判官やその他の国家公務員が法にもとづいて、遂行する義務または職責であって、それについてもまた、権利という概念を導入する必要は、毛頭ない。法規範から義務が生ずる。それだけであり、それがすべてであって、それ以外に権利というものがあると考えるのは、形而上学的構想の産物にすぎない。

デュギイは、一方で、社会に生活する個人個人が、法の保護の下に権利をもっているという伝統的な考え方を否定すると同時に、他方では、法によって社会生活を規律するという職能をいとなむ国家についても、近代国家理論が伝統としてかかげる「主権」(souveraineté)という概念を否定する。デュギイによれば、国家は、支配する者と支配される者との間の分化が行われている社会集団であって、支配機能をいとなむ人々と、その下に支配されている人々との対立を越えた、実体的存在としての国家というものがあるわけではない。したがって、国家が主権をもつというふうに考えることは、国家を、権力の主体として擬人化し、実体化している点で、すでに、形而上学的な独断であることをまぬかれない。国家において、支配する立場に立っている人々の組織を、政府という。政府は、社会生活を有効に規律するに足りるだけの力をもっている。しかし、政府がその力をどう用いるかは、政府が勝手にきめるのではなくて、あらかじめ法規範によって定められているのである。いいかえると、政府の権力は法によって規律され、制限されている。故に、それは最高でもなく、絶対でもない。法の下に、社会規律の機能を行う政府や公務員は、その職責を忠実にはたすことによって、社会連帯の関係を円滑に維持し、社会共同の利益を増進するという任務を負うている。それは、権力の行使であるよりも、むしろ、「公共の奉仕」(service publique)でなければならない。デュギイは、かように説いて、私法の関係をもっぱら義務の面から解明したのと同じように、公法の関係も、どこまでも社会連帯の事実にもとづく奉仕の作用として意味づけようと試みた。

このように考えるデュギイが、法と国家の関係について、はっきりした法優位の理論を打ち出したのは、当然のことである。そうして、デュギイがこの理論をむしろ戦闘的な態度で主張したのは、それによって、ドイツの国法学をつらぬく法に対する国家優位の思想を克服するためであった。ドイツでは、法を「国家の意志」と見る見方が、ヘエゲル以来の伝統となっていた。もしも法が国家の意志であるならば、どういう法を作るのも、作った法を変えるのも、国家の自由であるということになる。もっとも、ドイツでも、法治主義の発達とともに、法を国家作用の規準とすることによって、権力の濫用を防ごうとする努力がなされた。法は国家の意志によって作られるが、国家は、ひとたび作った法を無視することはできない。国家は法を作るけれども、国家の作った法は、ひるがえって国家の活動を拘束する。それが、イェリネックの「国家の自己拘束」(Selbstverpflichtung des Staates)の理論である。しかし、デュギイによれば、法は国家が作ったものであるとすれば、国家が自分の作った法に拘束されるのは、国家が法にしたがう意志をもっている間だけにかぎられることになる。もしも国家が、法にしたがうべき理由を認めず、法の拘束を重大な不利益と考えたばあいには、法を破ってかえりみないという結果に立ちいたるであろう。だから、「自己拘束」(auto-limitation)というのは、「無拘束」(non-limitation)というのと同じことである。この考え方は、法を国家が作ったものであるとしている点で、法と国家の関係について根本からまちがった判断を下している。社会に行われている法の根柢は、社会連帯の事実にあるのであって、この基本的な法則は、国家の意志によって作られたものでは決してない。したがって、いかなる国家も、社会連帯の事実にもとづく法の根本原則を無視することはできない。国家の作用が法の拘束を受けるのはそのためである。この根本の事実を確認すれば、国家の力で法を破ることを当然と認めるような謬見は、存立の根拠を失ってしまうに相違ない。

前に述べたように、デュギイによると、社会生活の準則には道徳規範・経済規範・法規範の三種類がある。そのうち、法規範は、道徳規範や経済規範とはちがった内容をもつ社会規範ではない。道徳規範や経済規範の重要性が、社会に生活する人々によってひろく認められ、それに違反する行為に対しては、社会集団の側から一定の制裁または強制が加えられる必要があると考えられるようになったとき、その道徳規範や経済規範が、そのまま法となるのである。そうであるとすると、単なる道徳規範や経済規範とちがって、法規範のばあいには、社会に生活する一般の人々が、社会連帯の事実にもとづいて、どういう義務を負っているかを規定する規範とならんで、具体的なばあいにあたっての各人の責任を明らかにし、それを追及し、それを強制するための、別個の規範が発達してくる必要がある。

そこに、法に特有の規範構造の複合性がある。デュギイは、この法規範の複合構造を明らかにするために、本来の法規範を「規範的法規」(règle de droit normative)と呼び、法規範に随伴して発達した、規範的法規の違反行為に対する社会集団自体の反作用の規律を、「構成的または技術的法規」(règle de droit constructive ou technique)と名づけた。規範的法規は、社会に生活する一般人の行動の規律であり、本来の法規範そのものである。これに対して、構成的または技術的法規は、集団――とくに国家――の強制力をにない、社会の秩序の維持にあたる者が、いかにして争いを裁定し、争訟当事者のどちらに追及さるべき責任があるかを審判するために、特別に発達した準則にほかならない。

だから、法の中心をなすものは、規範的法規であって、構成的または技術的法規は、規範的法規を前提として発達した第二次的な秩序の原理である。しかし、近代立法について見ると、成文法として条定されている法規の大部分は、構成的または技術的法規であって、規範的法規は、多くのばあい、とくに成文法規として明示されるまでもなく、社会連帯の事実にもとづく当然の筋道として、社会生活の中に行われているのである。たとえば、一八〇四年に制定されたナポレオン法典の中にふくまれている規範的法規は、私有財産の尊重、契約の自由、過失にともなう責任、の三原則であって、その周密な規定の大部分は、争訟の裁決に役立つために設けられた構成的または技術的法規である。ところで、社会連帯の事実にもとづく社会生活の筋道は、時代とともに変化する。百年前には不動の真理と考えられていたことも、社会生活の実体が変化すれば、それにしたがって変化することをまぬかれない。私有財産の不可侵性も昔日の絶対性はもち得ない。契約の自由にもいろいろな制限が加えられてくる。無過失であっても損害賠償の責任を認めるべきばあいが生じてきて、過失責任の原則に修正が加えられる。それでも、ひとたび法典化された構成的法規の体系は、法律の改正が行われないかぎり、成文の外形の上では変化しない。しかし、その根柢にある規範的法規の内容が変化している以上、成文法の文字は変化しないでも、構成的技術的法規もまた、解釈や適用の上で、変化した規範的法規に適応するように変貌せざるを得ない。デュギイは、こういう観点から、ナポレオン法典以後百年の間のフランス私法の変遷を、するどく分析して叙述した。

ナポレオン法典ができたとき、当時の人々は、これを自然法の成文化として祝福した。成文法規を前提として、杓子定規の論理解釈をこれこととする概念法学がさかんになったのも、自然法に合致している成文法を、学者や裁判官の主観によって動かすことは、あくまでも避けなければならないという信念のあらわれだったのである。これに対して、デュギイは、フランス民法の根本原理となっていた、私有財産の不可侵性や、契約の自由や、過失責任の原則も、時代とともに変化するものであることを明らかにした。そこに、自然法を否定し、実証主義の方法に徹底しようとするデュギイの態度が、はっきりとあらわれている。

けれども、他面からいうと、デュギイが一切の法の根柢をなすものとしてかかげた社会連帯という大原則が、はたして純粋に実証的な社会認識の結果であるかどうかは、すこぶる疑わしいといわなければならない。たしかに、社会に生活する多数の人々は、互にもちつもたれつの連帯関係におかれている。しかし、それと同時に、人間の社会には、妥協を許さない対立や闘争があることも、否定することのできない事実である。保守政党と急進政党とはけわしく対立し、資本家と労働組合とは不倶戴天の仇のように抗争する。これに対して、対立する政党も、ストライキと工場閉鎖とで争っている労資の間も、社会連帯の関係で結ばれているというのは、単なる事実認識ではなくて、事実はどうであっても、そうあらねばならないという「当為」であるというべきであろう。同様に、国家の権力機構は、その政治目的を有効に遂行していくために、さまざまな法を作る。しかも、焦眉の政治上の必要が起れば、かつて作った法を、都合のよい理屈をつけて無理に歪曲し、ときには、明らさまにこれを無視するような行動をあえてすることも、決して稀ではない。国家が実力によって国際法を侵害し、自分の代表者が署名・批准した条約をふみにじるばあいは、いうもさらなりである。このように、実証的に見るならば、国家は、明らかに法を作ったり、おのれの作った法を破ったりする。これに対して、デュギイが、法の根本原則は社会連帯の事実にもとづいて客観的に存在するのであるから、いかなる国家も、みだりに法を作ったり、法を破ったりすることはできないと論じたのも、実証的な事実認識ではなくて、そうあるべき「当為」の関係であるといわなければならない。デュギイの理論は、このような「当為」としての法の根本原則をかかげて、それを「事実」であるかのごとくに粉飾しているのである。デュギイが、一切の法現象の根柢にあると見た社会連帯の法則は、どんな法もがそれから逸脱することを許さない、法の当為である。それは、その意味で一種の自然法である。フリイドマンのいうように、デュギイの社会連帯の概念は、一つの理想であり、しかも、それは、かつて人々が考えた自然法の理想の中でも、最も強烈なものの部類に属する。デュギイが、それをなおかつ実証主義の名の下に説いたのは、デュギイ自身としてはそう信じてのことであったに相違ないが、客観的に見て、それは、当為としての社会連帯の法則を、あたかも事実であるかのごとくに紛飾する役わりをはたした。デュギイの法理論は、強烈なる理想主義の中味に徹底した実証主義の外被をかぶせた、「覆面の自然法」にほかならない。

デュギイの法思想には、社会生活のあるべき筋道と、あるがままの社会生活の事実との、明らかな混同がある。デュギイが社会連帯の緊密さを説けば説くほど、それは社会関係の理想となって、対立・抗争する社会生活の現実を超越する。それにもかかわらず、それを、実証的にとらえられた社会関係の事実であると主張する結果は、現実の社会生活に対して、対立を避け、抗争をさしひかえて、ひたすらに協力・協調をこととするのを、当然のこととして要求することになる。さらにまた、デュギイは、公法の領域では公共の奉仕という概念をかかげ、私法の世界では権利の概念を否定して、すべての法関係を義務の関係として説明した。しかし、実際には、公法関係は権力関係であるし、権利の主張ということからはなれては、私法関係の現実を理解することはできない。それなのに、政府や国家の公務員には奉仕のみを認め、私生活の主体については義務のみを要求するのは、事実もしくは実証の名の下に、実は、デュギイがそうあるべきであると考えていた理想と当為とを提唱したものといわなければならない。

デュギイの法理論は、このように、理想と現実、当為と事実とを混同して、事実の名の下に当為を強要するという性格をもっている。そのために、それは、そうした強要を方便としようとする現実政治の動向によって、いろいろな角度から利用された。もしもデュギイのいうように、権利という概念が形而上学のドグマにすぎないとすれば、私権の中でも最も強力な所有権も否定されることになる。私有財産権を否定し、社会連帯の事実にもとづく勤労と協力の義務を強調するのは、社会主義の要求と根本から合致する思想である。デュギイの法理論は、その意味で、ソヴィエトの社会主義法学に大きな影響を与えた。しかも、もしもデュギイのいうとおりに、社会に生活する人々の関係は、連帯と協力の原理をもってつらぬかれており、それが人間社会の本然のあり方を示しているのであるとすれば、一部の利益を主張して、全体の福祉に脅威を与え、社会の統一をかきみだして、対立や抗争を激化させるような態度は、許さるべきでないということになる。この点では、デュギイの理論は、逆にマルクス主義の階級闘争必然論に対抗するための武器となり、滅私奉公の倫理をかかげて、国家全体への奉仕を要求するファシスト的全体主義を勇気づけることになった。もちろん、デュギイ自身は、国家権力の過剰には強く反対し、国家に対する法の優位を力説した。その点では、デュギイは、ファッシズムのような全体主義的権力讃美の思想とは、正反対の立場に立っていたはずである。しかし、権力の行使を規正するはずの法の原則を、単に法主体の義務の面からのみとらえることは、国民の連帯の責任、協力の義務を監督し、強要する手段として、国家権力の集中化をうながそうとする立場に、絶好の口実を与える結果になる。デュギイの法理論が、ソヴィエトの社会主義法学より以上に、イタリイのファッシズムの法思想を勇気づけたことは、デュギイの本旨に全く反するとはいえ、やむを得ない成りゆきであったといわなければならない。

八　団体主義の自然法

個人主義の自然法理論は、個人の天賦不可譲の自然権を前提とすると同時に、この権利の行使について、国家権力のみだりの干渉を許さない、大幅な自由が保障されなければならないと主張した。そこに保障されるものは、所有権の自由であり、企業の自由であり、利潤追求の自由である。この自由は、法の形式の上ではすべての個人にひとしく認められる。しかし、この自由がもたらす恵福を、思いのままに享有することができるのは、自由に使用・収益・処分し得る財産をもち、機を見て有利な企業に投資するだけの資本を貯えている者にかぎられる。その数はきわめてすくなく、企業の利潤が大部分それらの少数者の手に吸収されてしまえば、富から見放された大衆の立場は、この自由経済の機構の下ではますます窮迫していくことをまぬかれない。こうした傾向がはっきりあらわれてくるにつれて、幸福追求の自由の名の下に貪婪な利潤の獲得を許す個人主義自然法への信仰はゆらぎ、国家の力、公共の規律によって、資本のオオル・マイティィを抑制する必要が痛感されるにいたった。個人主義に対立する団体主義の法理論が、第一九世紀のおわりごろから次第に有力な地歩を占めるようになったのは、爛熟した資本主義の宿弊を是正して、社会関係の正しい筋道を確立しようとする努力のあらわれにほかならない。

人類社会の発達の方向から見て、団体主義の演ずる役わりには、あるばあいには反動の烙印がおされ、他のばあいには進歩の名誉が与えられる。個人の自覚が熟していない時代には、社会団体の権威は無条件に承認され、団体の権威を身に体した権力者が、唯々諾々として服従する庶民の上に君臨することができた。個人の自覚が高度化している現代でも、個人個人がおもいおもいの行動を取るために、社会の統一がみだれ、対立・抗争に明け暮れするようになってくると、統一を取りもどし、対立を克服し、社会的協力の能率を上げるために、個人を超越する社会生活の単位に価値の中心をおき、超個人的価値に対する個人の奉仕を要求する風潮がかもし出される。それが度をすごせば、個人を軽視する全体主義となり、自由を抹殺する独裁主義が幅を利かす。団体主義が反動の役わりを演ずるのは、そういうばあいである。しかし、個人主義が自由放任の経済活動と結びついて、富の配分の大きな不均衡をもたらしたばあい、階級間の利害の対立を調節し、経済上の弱者の立場を保護するためにも、団体の統制力を強化する必要が生ずる。市民社会の自由に対する国家の干渉を排除することを建前とした古い自由主義に反して、多数の国民の意志を反映した国家の政治力をもって、資本の力を抑えようとするのは、同じ団体主義であっても、社会を人間平等の正義にむかって前進させるという意味をもっている。第一九世紀後半以降のイギリスで、このような形の団体主義が次第に勢力を伸ばし、それが先進資本主義のこの国の社会化に大きな役わりをはたしたことは、ダイシイが詳しく論述したとおりである。したがって、現代の法哲学に課せられた大きな課題の一つは、公共の立場に立つ経済計画を可能ならしめるために、合理化された団体主義に所を得させると同時に、それを個人の自由に深く根ざさせ、自由を抹殺する全体主義に抬頭の余地を与えないことであるということができよう。

個人主義と正面衝突をする全体主義ではなく、個人の立場を尊重する団体主義の思想は、遠くアリストテレスにさかのぼる。アリストテレスは、人間の目的は、個人のもつ心身両面の性能を十分に発達させ、道徳にかなった生活のうちに、人間としての幸福をゆたかに享有することであるとした。しかし、この目的は、単なる人間個人の活動では達成され得ない。なぜならば、人間は、ポリス的存在であり、ポリスの中での人々の組織立った協力があってはじめて、そこで生活する各人の幸福が保障されるからである。だから、ポリス、すなわち政治社会の統治機構がどうであろうとも、――一人支配、少数支配、多数支配のいずれの方式によるにせよ、――統治の任務にあたる者は、自分もしくは自分たちの利益のためにではなく、常に「公共の福祉」に合致するように、その統治権力を行使しなければならない。そのようなよいポリスがあってはじめて、その中での各人の人間的完成が期待できる。その意味で、よい国家をもつことは、よい個人生活の前提条件である。

アリストテレスの描いたポリス的人間像は、中世のカトリシズムと結びついて、トマス・アクィナスの人間観を形成した。トマスのばあいにも、国家は、人間生活の本来の必要に応じてできている自然の制度であって、その任務は、社会の安全を保持し、「共同の福祉」(bonum commune)を増進するにある。トマスによれば、社会では、そこに生活する人々がさまざまな職能に従事し、それを通じて互に協力し、奉仕しつつ、よい生活を実現するために貢献している。農民は食糧を生産し、職人は器具を作り、牧師は祈禱や儀式を司るがごとき、それである。ところで、人間の身体を支配するために、心が必要であるのと同じように、社会機能の組織が共同の福祉に役立つように作用するためには、その中に支配の機能をいとなむ部門がなければならない。しかし、支配の作用は、社会全体の信託によっていとなまれるのであるから、支配者の行為は、それが共同の福祉のために役立つかぎりにおいてのみ、正当と見なされる。いいかえると、支配者が合法的にその権力を行使し、租税として財産を徴収し得るのは、それが共同の福祉のために必要なばあいにかぎられる。国家を構成するおのおのの階級の行動を規律し、それによって、人々が幸福で道徳にかなった生活をいとなむことができるように配慮するのは、政府の道義的な責任である。トマスは、このように説いて、一方では、権力の正当性の根拠を共同の福祉におくと同時に、他方では、正当な権力によって統治された国家の価値を高く評価し、国家によって維持される秩序と平安とを、人類の窮極の目的にとって欠くことを得ない条件と見た。

アリストテレスやトマスによれば、人間は、その自然の本性において、ポリティカル・アニマルである。したがって、人間がポリスを形成し、ポリスの中での位階秩序にしたがって、それぞれ共同の福祉のために貢献する責任を負っているのは、人間の自然の本性にかなった法のあり方である。この法を自然法と名づけるならば、ポリス的人間像を前提とするアリストテレスやトマスの自然法には、団体主義の性格が内在していると見てよい。それは、それと同時に、個人の福祉を尊び、人間をひとしく人間として重んずるという精神に立脚している点で、決して個人主義と反撥するような意味での団体主義ではない。しかし、それが、人間はポリティカル・アニマルであるというアリストテレス以来の観念を否定し、国家成立以前の人間が、すでに個人として自己完足の生活をいとなんでいたと考える、ロック以後の個人主義自然法の思想と、いちじるしくちがった性格を備えていることは、明らかである。イギリスでは、アリストテレスおよびトマスの系列に属するリチャアド・フウカアが、同じく人間をポリティカル・アニマルとしてとらえ、よい国家をもつことが、幸福な個人の生活の前提であると見、国家の中での位階秩序を重んずべきことを説いた。このフウカアの団体主義的な自然法思想が、イギリスでの保守主義の源流となり、ロックの個人主義自然法思想と対立したことは、前に述べたとおりである。

ところが、国家権力の介入を嫌う自由放任の個人主義が、国家の力でもどうすることもできない私的経済力の集中化をうながし、それが、経済力をもたない勤労大衆の生活に重圧を加えるようになってからは、事情がまさに逆になった。個人の権利の中心に所有権をおき、個人の自由の重点を企業や取引きなどのような経済活動の自由に求めるとき、そのような権利と自由を固執して、それへの政治の干渉をあくまでも排除しようとする立場は、既成の経済秩序の現状を動かすまいとする態度として、むしろ保守主義の側にまわることになった。これに対して、自由放任の経済活動に対して公法的な規制を加え、国家の政治力によって、集中化した経済力の重圧の下に悩む勤労大衆の生活条件を改善する必要を認める傾向は、いきおい個人主義の偏向を是正して、団体主義の要素を加味することにならざるを得ない。かくて、かつて保守主義の側に立った団体主義は、自由放任の経済秩序を変革しようとする革新主義と結びついた。ダイシイが、第一九世紀のイギリスの立法動向を叙述して、それが一八六〇年代以降はいちじるしく団体主義の色彩をおびるようになり、同時にそれが社会主義の政策を打ち出すにいたったことを説いているのは、このような法思想の動きを浮彫のように明らかにしたものであるということができよう。

（未完）

世界人権宣言と自然法

一　自然法思想による法実証主義の克服

戦争は、人間の生命の価値を極度に低落させ、血に狂って理性を失った人々をして、平時の想像を全く絶するような残虐行為を平然として行うことをさえ可能ならしめる。そのような残虐行為は、犠牲者の人身において人間の尊厳を極度に冒瀆する所業であるばかりでなく、およそ人間としてはとうてい考えることのできない行為をあえてしている点で、行為者自らの人間性をも土足の下に蹂躙するものといわなければならない。すでに戦争がそのようなものである以上、いかなる目的、いかなる大義名分をかかげても、すなわち、解放戦であれ、予防戦であれ、それによって戦争をしかけることを肯定するという論理の成り立つ余地はない。いかなる国家も、大量の人権を雑草のようにふみにじる戦争というものを、その政策のための手段に用いることは許されない。近代戦の規模の拡大と、非戦闘員をも婦女子をも無差別に被害圏内にまきこむ戦争そのものの性格の変化とは、ひとたび戦争が起れば大幅にその犠牲とならざるを得ないところの人権の尊厳性を再確認する必要を、世界の人々に痛感せしめた。そうして、戦争の防止と平和の建設とを、人権の擁護という最も根源的な観点から検討しなおすという普遍的な機運を作り上げた。これは、第二次世界大戦の生み出した、一つの著しい法思想の動きであるということができよう。

この機運は、人権の擁護がふたたび「自然法」として登場して来たことを物語っている。近代自然法の思想は、そもそもはじめから、人間のもつ基本的な権利を国家権力の過剰から護るということを、その主たる目的として説かれたのである。すなわち、近代社会は、一方では封建時代の地域的に分散した社会構成を克服するために、強力な中央集権をもつ国民国家の建設を必要とした。そうして、近代国家のもつ権力は、その意に反してそれ以上の権威に服せしめられることはないという意味で、「主権」と呼ばれた。しかも、近代における人間の自覚は、すべての人間をひとしく個人として尊重することを、政治の根本準則として確立することを要求したのである。そこで、近代社会は、一方で主権的な国民国家の建設を必要としただけ、それだけに、他方では個人の自由と権利とが国家権力の濫用によって侵害されることがないように、十分に心をくばらなければならなかった。この必要に応じて、主権的な国家の行為をもってしても侵すことのできない、人間本来の自由と権利の縄ばりを設定することが、自然法の理論の任務となったのである。かようにして、第十七世紀から第十八世紀にかけて、民主主義の法および政治機構の発達の上に大きな影響をおよぼした近代自然法の思想は、第十九世紀以来の法実証主義の進出によって、あるいは後退し、あるいは克服されたかに見えた。しかるに、国家の主権行動の最も無遠慮なあらわれである戦争によって、無数の人間の生命と自由と権利とが塵埃のように無視された二度のおそるべき体験を経たのちの今日、人類がふたたび、国家主権によっても侵すべからざる自然法の権威に思いをいたさざるを得なくなって来たことは、意味の深い事柄であるといわなければならない。

自然法論のアンティテエゼたる法実証主義は、実定法以外に法があることを認めない。しかるに、実定法は、国家において何が法であるかをきめる権威をもっている者が、これが法であると定めたものである。その意味で、イギリスの典型的な法実証主義者たるオオスティンは、一定の政治社会の構成員に対して主権者の定立した命令が法である、となした。(1) 主権者の命令が法であって、この法よりも高次の権威をもつ別の法は存在しないとすれば、そうして、人々がひとたび法として定められたものにしたがうのは社会生活の約束であるとすれば、法にしたがうべき立場にある人々が、法とは別個の価値、特に倫理的価値というようなものをふりかざして、法に対する不服従の口実とすることは許されない。したがって、法実証主義は、法の考察の上に倫理的価値判断が介入することを拒否する。オオスティンが法を道徳から峻別する必要を力説したのは、かような法実証主義の立場のあらわれである。(2) かくて、法実証主義の下では、何が法であるかを定める力をもっている者が、これが法であるときめたことは、それが道徳上不当であると考えられても、あるいは、それによって人間の基本的な自由や権利を侵害しても、法としての拘束力を発揮することになる。

もちろん、民主主義国家の憲法は、常に人権擁護の規定を置いて、それを立法の規準としているし、立法の衝にあたる国会は、国民の監視の下に国民の代表者として行動するから、国民の基本的権利を侵害するような法がそこで作られることは、建前としてあり得ないはずである。

しかし、それは、どこまでも建前であり、原則であって、法実証主義の立場をつらぬいて行くかぎり、その建前が破られることを防ぐ客観的な保障は存在しない。「男を女にし、女を男に変えること以外は、何でもできる」といわれる国会の多数決のオオル・マイティイの前には、憲法といえども空文化するおそれがあり得るのである。現に、ドイツの国会は、一九三三年三月二十四日の議決によって授権法を成立させ、執行部に立法権を賦与することによって、ナチス独裁への道を拓いた。そうして、それが、ドイツをして国際法を弊履のように蹂躙させ、ポオランド進撃を皮切りとして、第二次大戦の悲劇に突入せしめる端緒となったことは、最近の歴史の物語るとおりである。法実証主義をもってしては、国民代表の国会が多数決によってどんな法を作っても、国民は唯々諾々としてその法にしたがって行くほかはないという結論に到達せざるを得ない。逆にいうと、多数の横暴によって国家が人道を破壊するような主権行動に出るような場合に、それを阻止し得るためには、いかなる多数の力といえども、その前には粛然として立ちどまらざるを得ないような、客観的な価値と権威とを再建しなければならない。それは、いかなる法をもっても否定すべからざる人間の生命の価値であり、いかなる力によってもふみにじることを許さない人道の権威である。その意味で、現代の法学は、二百六十年あまりの昔にロックによって書かれた次の言葉を、改めて思い起すべき必要に迫られている。――「立法権は、それをつかさどる者が一人であると多数であるとを問わず、また、立法部が常設されている場合と間断を置いて活動する場合とにかかわらず、すべての国家における最高の権力である。しかし、それにもかかわらず、立法権といえども、人民の生命や財産に対して絶対に思いどおりにふるまうものではないし、また、そういうふうにふるまうことを許されるものでもない[3]」。

かくて、第二十世紀中葉の民主主義の世界に突然変異のようにあらわれた独裁主義の横行と、それによってかもし出された戦争の惨禍とは、没価値的法実証主義に対する鋭い批判をうながし、さらに、自然法の再登場を要求するにいたった。軍閥独裁政治の下に中国の侵略と真珠湾の「だまし打ち」とをあえてして、ついに無条件降伏への道を歩んだ日本は、一九四六年十一月三日の憲法で、多分にロックの自然法思想を取り入れた詳細な人権擁護の規定を設けた。ドイツでは、それまで法実証主義に近い相対主義の法哲学を説いていたラアドブルッフが、ナチスによる独裁制確立の経過を見るにおよんで、相対主義的の寛容にもゆずるべからざる限界があることを認め、一七八九年の人権宣言の精神への復帰を説くにいたった。(4)

ことに、第二次世界大戦後のドイツの法哲学界は、まさに自然法復興の檜舞台と化した観がある。そこでは、法と道徳とを峻別する純粋法学に近い立場から出発したフェアドロスが、いまでは逆に法を道徳の基本原理に依存せしめる必要を力説し、法の根柢に横たわる道徳のこの部分が、すなわち自然法にほかならないことを認めている。(5) そこでは、法史学者として実定法現象の歴史に造詣の深いコオイングが、法哲学の開拓に志し、同じく実定法の根本には何人も否定できない倫理的な普遍原則が儼存することを指摘して、これを自然法と名づけている。(6) そこでは、法を道徳から分離せしめた法実証主義を倫理的虚無主義として痛撃するキップがあらわれて、法の実体を見失ってしまったそのような法学上の唯名論を克服する必要を力説し、(7)「各人にかれのものを」という正義の最高原理の実現を目ざす法学的実在論の建設を提唱している。(8) 現代ドイツにおけるかような自然法論のさかんな提唱にくらべると、日本では憲法が明らかな自然法の立場を取っているだけで、学説の上で自然法を主張する傾向は依然として活潑ではない。しかし、その中にあって、ひとりスコラ的自然法のために終始変らぬ堂々の論陣を張って来られた川中耕太郎博士が、最高裁判所の長官として「憲法の番人」たる役割を演じておられることは、現代日本の法秩序の性格に劃然たる方向を与えているものということができるであろう。(9)

（1）Austin：Lectures on Jurisprudence or the Philosophy of Positive Law, 1832, vol. I, p. 330.
（2）Ibid., Lecture V.
（3）Locke：Two Treatises of Government, 1685, Book II, § 135.
（4）Radbruch：Le relativisme dans la philosophie du droit. Archives de philosophie du droit et de sociologie juridique, 1934.
（5）Verdross-Drossberg：Die systematische Verknüpfung von Recht und Moral. Forum der Rechtsphilosophie, herausgegeben von Ernst Sauer, 1950, S. 15.
（6）Coing：Vom Sinngehalt des Rechts. A. a. O., S. 82.

（7）Kipp: Nominalistisches oder realistisches Rechtsdenken. A. a. O., S. 98 ff.

（8）A. a. O., S. 132 ff.

（9）私は、この小論では、自然法を肯定する立場から、世界人権宣言の性格とその意義とを検討しようとしている。それは、自然法を認めようとしなかった私のこれまでの態度と、矛盾しているように見えるであろう。たしかに、私はこれまで、法学の対象としての法を実定法に限定して来た。しかし、私は、法哲学の立場から「法の窮極にあるもの」を探ねて、いかなる権力といえどもそれを無視することのできない「政治の矩」が存在することを指摘し、これを「根本の法」と名づけ、あるいはこれを「ノモス」と呼んだ。このような考えに立っている点で、私は、法を政治の力の動くがままに唯々諾々として追随せしめるような性格の法実証主義を、克服することに力めて来たつもりである。ただ、そうした「政治の矩としての法」は、それが実定法的な効力の裏づけをもつかぎりにおいては、あくまでも「実定法の根本原理」として受け取らるべきであろう。反対に、それがまだ実定法上の措置に対する直接の拘束力をもたないでいる場合には、それは「道徳の根本原理」であって、厳密な意味での法ではないといわなければならないであろう。私が、それを「自然法」と呼ぶことを避けて来たのは、そのためである。しかし、この論文は、日本における自然法主義の最も毅然たる主張者の還暦を祝賀して書かれた。私は、この意義深い論文集〔『自然法と世界法』一九五四年、有斐閣刊行〕のために一論を草するにあたって、「名称」についてのこれまでの私の態度にこだわらずに、自然法という用語を用いたとしても、学問にたずさわるものとしての良心に関するほどの問題ではあるまいと考えたのである。ただし、ここに私が自然法と呼ぶものの性格について、私自身のこれまでの見方をすこしも変えていないことは、この小論の進行とともに明らかになるであろう。拙著「法の窮極に在るもの」（一九四七年）三一頁以下、一七九頁以下、二二九頁以下。〔書肆心水復刻版『ノモス主権への法哲学』三三／三四頁以下、一二五頁以下、一五六／一五七頁以下。〕同「法の窮極にあるものについての再論」（一九四九年）三頁以下、三九頁以下。〔同、一九六頁以下、二一四頁以下。〕

二　国際法と自然法

現代の法思想が自然法の重要性を改めて見なおしているのは、単に国内法についてだけではない。それよりもいっそう大きな切実さをもって自然法を追求しつつあるのは、国際法である。なぜならば、もしも国家の主権が絶対的なものであり、国家が法と認めたものだけが法であって、国家の主権行動を制約し得るより高次の法はないということになれば、自己の実力に自信をもつ強大な国家は、意のままに国際法を破る資格があることとなり、世界の平和は一日も安泰であることはできないからである。だから、近代の国際法は、スアレスやグロオチウス以来、自然法の思想と車の両輪のように、平行して発達して来た。世界の識者が、二度とふたたび戦争の惨禍をくりかえしてはならないと決意している今日、国際法が法実証主義を克服して、自然法との連繫を強めようとする方向に動いているのは、もとより決して偶然ではない。

周知のとおり、近代の大思想家の中で、最も露骨に国際法否定の理論を説いたのは、ヘエゲルである。ヘエゲルによれば、法の最高の形態は国家の普遍意志である。そうして、法の中に内在している自由の理念は、法が国家の普遍意志としてあらわれたときに、最も完全な意味で現実化される。国家の普遍意志が法の理念たる自由を完全に現実化するということは、くだいていえば、国家はどんなことでも自由になし得るということであり、国家の自由な主権行動を制約する、より高次の法は存在しないという意味にほかならない。かくて、ヘエゲルは、国家と国家との関係を規律する客観的な法秩序としての国際法を否定し、ふつうに国際法と呼ばれるものをば、一つの国家が対外関係について自ら設定した法であるという意味で、「外的国法」(äusseres Staatsrecht) と名づけた。[1] もしも国際法が、一つ一つの国家が対外関係について自ら設定した国家法の一種にすぎないならば、甲乙両国の関係についての甲国の法と乙国の法とがくいちがっているかぎり、両国の間の争いを法によって裁定する見こみは全く立たない。だから、ヘエゲルは、各国が民主的な法治国家となること、および、それらの国々の間の協定によって国際連盟を作ることに、永続性のある平和の保障を求めようとしたカントの提案をあざわらい、国家間の紛争は実力によって解決される以外に道はないと見て、戦争必然論を説いたのである。[2]

ヘエゲルの思想は、ルウソオによって説かれた法の理念を、実在から遊離した単なる当為と見るかわりに、これに完全な実在の裏づけを与えようとした点では、自然法論をぎりぎりの極限にまでおしすすめたものということができる。しかし、それは、実在そのものの中に理念の完全に現実化された姿を見出すことによって、実在に対する評価の尺度を見うしない、一切の実在をそのままに理念のあらわれとして肯定する没価値論に到達した。その意味では、へエゲルの法哲学は、すくなくとも国際法に関するかぎり、最も徹底した法実証主義に転化してしまったのである。この態度は、ヘエゲルの使徒であるラッソンによって、最も忠実に受けつがれた。ラッソンにしたがえば、国家は、国家の外にあるいかなる法にも、また自己の意志以外のいかなる意志にも、従属せしめられることはない。だから、国家の上にあって、国家の行動を規律する法としての国際法は、認められ得ない。いいかえると、諸国家の間に横たわっている状態は、完全な無法状態なのである。[3] かような国際無法状態を肯定する理論は、ヘエゲルからラッソンを通って、さらにイェリネックに到達する。すなわち、イェリネックによれば、国際社会は純粋の無政府状態に置かれている。したがって、国際社会の法たる国際法は、組織をもち、かつ執行力を有する権威によって設定されたものではないから、無政府的な法であるにすぎない、と。[4]

たしかに、過去の国際法や国際社会は、赤裸々な事実としてこれを見た範囲内では、イェリネックのいうような無政府的構成をもつものであったといい得よう。しかし、それをそういうものとして考察し、それをどうすることもできない現実として法実証主義的に受け取っているかぎり、人類の運命を戦争のくりかえし、と、その必然の帰結たる最後の破滅から救う道はない。だから、戦争を防止し、平和を建設するという至上命令から出発する以上、人類は、法実証主義の認めているような国際無法状態を克服し、国家の主権行動を制限するための客観的な法の根本原則を認め、この原則を破って武力行使に訴えた者に対しては、有効に制裁を加えるに足りるだけの国際組織を作り上げなければならない。しかも、もしもそのような国際法の根本原則が、各国がそれを認めている間しか効力をもたないものであるならば、その原則を破ることの利益を打算し、その結果として諸外国を敵にまわしても、優に勝利を獲得できると自信する国家があらわれることによって、国際社会はふたたびラッソンのいわゆる無法状態に復帰することを余儀なからしめられる。だから、ここに確立さるべき国際法の根本原則は、一切の国家主権を越えた権威をもつものであり、かつ、その効力の根拠を諸国家の承認に仰ぐ必要のないものでなければならない。さような超国家的構成をもつ法の原理は、人間が人間であるかぎり、何人もが否定することのできない人道であり、人権の尊厳である。かくて、国際法実証主義を否定し、国際無法状態を克服する切実な必要は、国際法の根本原則たる人道と人権の尊厳とを、主権国家による承認や主権国家相互の間の便宜的な合意を越えた自然法にまで高める。第二次世界大戦後の国際法は、単に人道と人権の尊厳とを自然法としてかかげるだけにとどまらず、これに実定法的な実効性を与えようとする試みにむかって動きつつある。その動きは、まず、戦争犯罪人に対する劃期的な処置となってあらわれた。

もちろん、第一次世界大戦以来の国際法は、すでにはっきりと、侵略戦争を重大な不法行為として取りあつかうという態度を示していた。国際連盟規約第十六条が、規約の定める国際紛争の平和的処理の手をつくさないで侵略行動にいでた国家に対して、経済断交等の制裁手段を加えることを規定しているのは、侵略国に対する法的強制を成文化したものということができる。しかし、侵略戦争を犯罪とし、侵略行為を行った国家に対してその責任を追及するという方法は、戦争を防止する目的から見て、十分に有効であるとはいい得ない(5)〔注番号6欠落〕。なぜならば、強大な戦力をもつ国家は、経済断交を受けたぐらいでは容易にひるまずに、侵略の目的を強行しようとするであろうし、その結果、全面戦争が起って、その国が完全な敗北を喫してしまえば、その上さらにその国の戦争責任を問うて見ても、実質上の制裁を科する余地はほとんど残らないだろうからである。それにもかかわらず、敗戦国たる侵略国に大きな賠償などを科すれば、すでに敗戦で惨憺たる運命にさらされた侵略国の国民は、国家の戦争責任を追及するという抽象的な名目の下に、さらに窮乏のどん底に追いやられるであろう。逆に、敗戦国民を瓦壊の運命から救済しようとすれば、その負担は戦勝国の国民の肩にふりかかって来るであろう。だから、戦争犯罪に対する責任を有効に追及するためには、国家だけを責任者とするのではなくて、侵略戦争を計画し、実行した責任ある地位にある人々を、個人として同時に訴追する必要がある(7)。かくて、第二次世界大戦の試錬を受けた国際法は、個人の国際法主体性とか刑法不遡及の原則とかいうような困難な問題が介在しているにもかかわらず、一九四五年八月八日の四国協定の第六条にもとづき、枢軸国の主要な戦争犯罪人を国際軍事法廷で裁判し、これに死刑以下の刑罰を科するという、空前の措置を採用したのである。そうして、ニュルンベルグの軍事裁判にあたって、侵略戦争の責任が「人道に対する犯罪」として糾弾せられたことは、ここに実定法化の劃期的第一歩をふみ出した国際刑法の根柢に、人権の尊重を国家法よりも

高次の法と認める思想が横たわっていることを、はっきりと物語っているのである。(8)

戦争犯罪を訴追する国際軍事裁判所の活動は、国家のいかなる主権行動によっても尊厳な人間の権利を塵埃のごとくにふみにじることは許されないという超国家的な法の根本原則を、実定法として確立しようとする努力のあらわれである。いいかえれば、それは、国際社会を支配するものは無法状態にすぎないという国際法実証主義の主張を、事実によって克服しようとする試みにほかならない。

しかし、戦争犯罪人を訴追、処罰するという方式は、すでに破られてしまった平和を取りもどす場合に、法と不法のけじめを明らかに判定することを主目的とするものであって、世界平和の建設という積極的な仕事から見れば、いわば消極的な役わりをはたし得るにすぎない。のみならず、戦勝国の裁判官によって行われる戦争犯罪人の裁判は、いかにそれを公正なものたらしめようとする努力によって裏づけられていても、「勝てば官軍」という不協和音をともなうことをまぬかれない。したがって、戦争を地球上から追放するためには、国際刑法および国際刑事審判手続きの整備とならんで、同じく人権擁護の観点から、もっと積極的に超国家的な法の根本原則を確立して行く必要がある。その点から見て、国際連合の成立に際して、憲章の中に自由と人権を尊重する精神を明記し、各国がともどもにこの精神にしたがって行動することをおごそかに誓約したという事実は、きわめて大きな歴史的意義を有する。

国際連合憲章は、まずその前文で、人類に言語に絶する不幸をもたらした戦争の惨禍から後代の人々を救うという大目的をかかげ、基本的人権に対する尊崇の念をふたたび確立することを約している。ここに、戦争防止の目的と、人権尊重の精神とが並記されていることは、もとより決して偶然ではない。なぜならば、戦争のもたらす惨禍とは、結局、戦争によって無数の人間の生命と自由と権利の上に最も非人道的な侵害が加えられることにほかならない。したがって、人間の尊厳性に対する崇敬の精神を確立することこそ、戦争防止の第一条件とされなければならないからである。しかも、平和が破られ、戦争が起るのは、人類が平和に共存することを困難もしくは不可能ならしめるような、深刻な窮迫やはなはだしい不平等が存在するためである。だから、単にさし迫っている戦争の危険を避けるだけでなく、永つづきのする平和の基礎を築き上げるためには、人類の生活を向上させ、敵意や憎悪の根源となるようなはなはだしい不平等を是正することが、何よりも大切である。そこで、国際連合憲章は、経済・社会・文化・人道に関する国際問題を解決し、人種・性・言語・宗教の差別を超えて、人類平等の権利と自由とを尊重するために、諸国が積極的に協力することを、国際連合の目的の一つとしてかかげた（憲章第一条の三）。特に、憲章第五十五条が、国際社会の安定と幸福を基礎づけるために、人類の生活水準の向上をはかり、完全雇傭の理想を実現し、経済的・社会的進歩発達をうながすことを、連合の義務として規定していることは、国際法の任務の中に、平和のための積極的な活動内容を織りこんだものとして、きわめて建設的な意味をもっている。

戦争を防止し、平和を実現するという目的のためになされる仕事は、大まかにいって二つの種類にわかれる。その一つは、さしせまった戦争の危険を防ぎ、倒れかかった平和の殿堂に急場の支柱をあてがうといった種類の仕事である。この種の仕事は、国際連合の中でも、主として安全保障理事会によって担当される。この任務を遂行するにあたっては、安全保障理事会は、すでに著手されている侵略行為を制圧するために、加盟各国に軍事行動を要請するというような荒療治もやらなければならない。その意味で、安全保障理事会の仕事は、急性の疾患から人間の生命の危険を守るために、メスをふるって、肉を裂き、血を流すことをあえて辞さない、外科的対症療法にも比せられ得るであろう。しかし、国際連合がこうした急場しのぎの仕事だけをしているようでは、世界の平和はいつも剣の刃渡りのごときあやうい状態の上に置かれていることをまぬかれない。そこで国際連合は、第二に、恒常的な平和の基礎条件を改善するために、不断の努力をつづけて行く必要がある。それは、いわば公衆衛生や予防医学の任務にも似た、平和の長期建設の仕事であって、この方面の国際協力に関する審議・立案はまず経済社会理事会で行われ、あるいは経済社会理事会によって直接に、あるいは国際連合総会の議を経て、加盟各国にむかって勧告される。もしもこの種の仕事が進展して、憲章第五十五条に掲げられているような普遍人類的な完全雇傭の理想が実現され、およそこの世に生を享けた何人もが、人間たるの尊厳に値するような生活をいとなみ得るにいたった暁には、人類ははじめて恒常的に戦争の呪いから解き放たれることになるであろう。

国際連合がこのような遠大な理想をかかげ、この目的にむかって各国が恒常不断の協力をつづけることを要請するようになった根柢には、人間の基本的権利の確立を一切の国家主権を越えた自然法の原理と認める思想が横たわっている。ラウタアパハトのいうように、人権の有効な保障が行われ得るためには、自然法の潜在力と国際法の強制力とが並行して、共々に永きにわたる作用をつづけて行かなければならない[9]。そうして、自然法の要請が国際法の強制力と結びつくということは、言葉をかえれば、自然法の超国家法的な実定法化の過程にほかならないのである。

（1）Hegel: Grundlinien der Philosophie des Rechts, 1821, § 330 ff.
（2）A. a. O., § 333 f.
（3）Lasson: Prinzip und Zukunft des Völkerrechts, 1871, S. 22 ff.
（4）Jellinek: Allgemeine Staatslehre. 1900, S. 378 f.
（5）Glueck: The Nurnberg Trial and Agressive War. 1946. 横田喜三郎訳「戦争犯罪の法理」八〇頁。
（6）同、九三頁。
（7）同、一〇七頁。
（8）Lauterpacht: International Law and Human Rights, 1950, pp. 35-38.
（9）Ibid, p. 98.

三　自然法の実定法化の限界

人権の尊重を内容とする自然法の根本原則は、平和の確保という至上命令の支持を受けて、いまや第二次世界大戦後の国際法の中に次第に実定法化されつつある。しかし、もしも自然法が実定法を越えた人間共同生活の基本原理であるならば、完全に実定法化された自然法は、もはや厳密な意味での自然法ではないともいい得るであろう。現代の自然法論者は、口をそろえて自然法の倫理性を強調する。自然法は厳密な意味での法ではなくて、人間が人間であるかぎり、何人もが否定することのできない社会人倫の基本法則なのである[1]。もちろん、法は、法実証主義者のいうように道徳から截然と区別され得るものではない。法は常に道徳の影響を受けるし、道徳が法の重要な内容をなしていることは、否定すべからざる事実である。けれども、さればといって、法と道徳とは完全に一致しているものでもない。法の中には、倫理的にはほとんど無意味な規定も含まれている。また、道徳の中には、法の内容に取り入れがたいような性格をもつものも、すくなくない。だから、かりに人間共同生活の倫理的な根本原則の中に、それが実定法の根柢をなしていることは疑いを容れないにしても、それをただちに実定法化することは不可能なようなものがあるとするならば、それこそ、言葉の最も固有な意味での——人間自然の本性に根ざした社会生活の基本法則であり、それ故に実定法の上に強い影響を与えながらも、なおかつ、それをただちに実定法と見なすことはできないという意味での——自然法であるといってさしつかえないであろう。

いままで見て来たように、現代の国際法は、人権尊重についての倫理的要求を法の中に取りいれ、これに法的の裏づけを与え、いちじるしい人権蹂躪の行為に対しては法的制裁を加え、普遍人類的な人間の尊厳性の確立という根本命題の下に、恒常的な平和の基礎を築こうと努力している。しかし、人権擁護の諸原則の中には、それに実定法上の確実な保障を与えることが困難なものも含まれている。たとえば、人権蹂躪の行為を不法として、これに制裁を加えることは、法的措置とするのに適しているけれども、失業を防ぎ、勤労者の生活水準を高めるというような仕事に対して、確実な法的裏づけを与えることはむずかしい。もちろん、今日の諸国家は経済生活の民主化に力を注ぎ、勤労の最低条件や、有償休暇や、災害保障や、経営者側からの恣意的な解雇の禁止などについて、立法上の措置を講じている。けれども、一国経済の基礎条件が悪化したような場合には、いかに憲法に「すべて国民は勤労の権利を有する」ということを書いておいても、失業者の続出することを防ぎ得ないであろうし、それについて、解雇した経営者の責任を一々に追及することも不可能となるであろう。いや、それどころか、国家財政を緊縮する必要に迫られれば、国民の完全雇傭をうたった憲法の条項の下で、その国の政府が大量の行政整理を断行することを余儀なからしめられるであろう。だから、概していうならば、経済上の人間の基本的権利については、強制を背景とする法的保障を与えることは、不可能ではないまでも、きわめて困難であることをいなみがたい(2)。

すべての人間は、人間らしく生きる権利を有する。しかるに、人間が人間らしく生きるためには、人間は働かなければならない。したがって、すべての人間は勤労に従事する権利をもつ。これは、第十七・八世紀の代表的な哲学者たちの認めた自然法の根本原則である。

たとえば、ロックによれば、国家成立以前の自然状態においては、人間はだれしも労働をする権利を有した。なぜならば、人間の生活環境に見出される自然の事物は、そのままでは人生に役立たないものが多く、したがって、それを人間にとって価値のあるものとなし、それを利用して生活を維持して行くためには、その上に労働を加える必要があるからである。だから、ロックは、自然の事物の上に労働を加え、それを人間の生活に役立つものに加工することを、人間の自然権と認めると同時に、かくして人生に役立つだけの価値をもつにいたった財貨が、その上に労働を加えてそれだけの価値を生み出した人の専有物となるのは、当然であるとして、私有財産権の自然法的基礎づけを試みた[3]。また、たとえばフィヒテは、人間が人間らしい生活をいとなむことは、何人に対しても認めらるべき権利であるとし、そのような生存の権利を享有するための条件として、何人にも勤労に従事する権利が保障されなければならないと説いた。フィヒテにとっては、だれしもがひとしく勤労にたずさわり、勤労によって人間たるに値する快適な生活を維持して行くことは、理性にかなった国家機構の配慮すべき最高の目的だったのである[4]〔注番号5欠落〕。

かように、勤労権の確保ということは、古くから識者の主張するところであり、今日それを否定する者はおそらく一人もいないであろう。しかも、それにもかかわらず、完全雇傭ということを実定法的に保障することは、依然として至難の課題たらざるを得ない。よしんば完全な社会主義を実施して、働らかない者は食うべからずという鉄則をつらぬいたとしても、今度は、勤労の配置についての公法上の統制が強化され、強制労働というような、それ自身人権に対する重大な侵害をともなう措置を講ぜざるを得なくなるおそれがある。したがって、勤労権の普遍的な保障、すなわち完全雇傭の理想は、よしんばそれが憲法に書かれていても、いまのところ、政府や国民が常にそれにむかって努力すべき社会倫理的な基本原則たるの域を脱し得ないのである。

ことに、人権の尊重をひろく国際法の根本原則としてかかげ、しかも、それに各項目にわたって実定法的な拘束力を与えようとすると、国際法の効力と国家主権との衝突が改めて問題となり、現在の段階では容易にふみこえ得ない難関に逢着する。

前に述べたように、国際連合憲章は、人権擁護の目的を前文やいくつかの箇条の中にかかげているが、それはなお抽象的な宣言であって、理想の表明としての域を脱したものとはいい得ない。したがって、人権尊重の精神に、ひろく実定国際法上の裏づけを与えるためには、法的拘束力をもった「国際人権憲章」(The International Bill of the Rights of Man)を制定し、かつ、人権蹂躙の事実の疑いがあった場合には、当該の個人が直接に国際機関にむかって訴願を行う道を開くことが必要となるであろう。しかし、そのような制度を実施するとなると、訴願を受けた国際機関は、訴願の対象となっている国家の内部行政や内部施設について検証を行い、人権蹂躙の事実が確認されれば、これに対して法的制度を加えたり、補償を命じたりしなければならない。それは、明らかに、国家主権をして国際人権憲章の前に屈服せしめることを意味する。[6] 国家主権の伝統のなお強く存在している現在、そうした措置が容易に行われ得るものでないことは、明瞭であるといわなければならない。現に、ソ連の代表のごときは、人権擁護の問題の審議にあたって、何らかの国際機関が或る国家の国内問題について監督や調査や強制を行い得るような制度は、国家主権尊重の趣旨に正面から相反するものであり、国際連合憲章第二条第七号の規定に対する侵害であるとして、これに強く反対している。[7] このような事情の下では、人権の擁護がいかに必要であっても、これに対する有効でかつ全面的な保障の措置を、ひろく国際実定法上の制度として実現することはむずかしいと考えざるを得ないであろう。

だから、国際連合が、その設立以来、人権保障の問題についてさまざまの考慮や工夫を重ねた上で、ついに一九四八年一二月一〇日の第三回総会で、法的拘束力をもつものではないという諒解のもとに、「世界人権宣言」(The Universal Declaration of Human Rights)を採択するにいたったのは、当然落ちつくべきところに落ちついた結論であるということができる。世界人権宣言が、賛成四八ヶ国、棄権九ヶ国、反対なしで総会を通過したとき、[8] 総会に列席した各国の代表は、不可譲の人権が普遍人類的支持のもとに確認されたことを、深遠な意味をもつ歴史的なできごととして、かつは国際連合のもたらした最大の成果として、称讃した。[9] しかし、各国代表の大部分は、この宣言がかれらの国家および政府に対して法的拘束力をもつことに反対し、わずかにフランスおよびベルギイの代表が、審議に際して、この宣言の中に或る程度の法的効果を認めようとしたにすぎない。[10] そこで、総会議長は、ここに採択された文書は、各国に対して基本的人権の実現のために行動するように拘束する協定ではないことを認めると同時に、なおかつそれが人類社会の偉大な進歩にむかっての前進であることを信ずるといった。[11] すなわち、世界人権宣言は、実定的な国際法としてではなく、良心と倫理の世界において効力をもつ文書として、ほとんど満場一致に近い支持の下に承認されたのである。[12] 法的拘束力を欠くことは、この文書のもつ現実への迫力を軽減せしめるゆえんであるかも知れない。しかし、無理にこれを法的拘束力をもつ憲章たらしめようとしたならば、世界人権宣言の成立は、おそらく有力な反対によって阻止されたであろう。国際連合は、人権のおごそかな確認に普遍人類的な支持を与えるために、あえてその実定法化を急がなかったのである。その結果としてでき上ったこの宣言は、総会の席上でベルギイ代表がいったように、単に空前の道徳的価値を有するばかりでなく、同時に法的価値の萌芽を包蔵するものであるにしても、[13] その主たる内容が実定法的な規定ではなくして、世界人類共存のための倫理的基本法則から成り立っていることは、ひろく認められているところであるといってよい。

世界人権宣言は、人類が平和に共存し、自由と繁栄との道にむかってすすむための社会的な基礎条件である。世界の国々は、宣言の各条項にしたがって行動すべき直接の法的責任を負うているわけではないが、それにもかかわらず、各国は政府も国民もこの目標の達成を目ざして国内的および国際的に協力すべき倫理上の義務をになっている。しかも、そういうものとして、世界人権宣言が国内立法や国際法の今後の発達におよぼす間接の影響は、決してすくなくはないであろう。そうした含みをもって、世界人権宣言は、第三回国際連合総会で一票の反対もなく可決された。ソ連をはじめとする九ヶ国は棄権したけれども、それは、たとえばソ連が、宣言第十三条の居住移転の自由の保障につき「各国の法律にしたがって」という条件をつける修正案を出し、それが否決されたといったような、主として技術的な異論によるものであって、宣言の根本の趣旨に反対であったためではない。ソ連代表が強く主張したのは、前にも述べたように、この宣言によって国際機関による内政干渉をひき起すようなことがあってはならないという点であった。[14] すでに、宣言が法的拘束を国家主権の上に加えるものではないことが認められた以上、ソ連およびその衛星国といえども、宣言の根本精神は支持していたものといってよいであろう。だから、ラウタアパハトやジャク・マリタンのいうように、世界人権宣言は、国際連合の全加盟国の実際上の満場一致によって成立したものといい得るのである。[15] これらの点を綜合して見ると、世界人権宣言は、人間が人間であるかぎり、何人もが否定することのできない共同生活の倫理的基本原理として、まさに実定法とはっきり区別された意味での自然法であるということができよう。しかも、それは、一七七六年のアメリカの独立宣言や一七八九年のフランスの人権宣言が、第十八世紀の自然法思想を一国の政治組織および政治作用の基準として宣明したのに対して、二回にわたる世界戦争の惨禍を経たのちの第二十世紀の半ばにおける全世界の輿論を背景としつつ、人権尊重の自然法的原則を普遍人類的規模の上に確認したものとして、歴史上比類のない重要な文書とするに足りるであろう。

（1）Renard: Le droit, la justice et la volonté, 1924, p. 95. Emil Frich Hölscher: Sittliche Rechtslehre, Bd. 1, 1928, S. 218. 田中耕太郎博士「法と道徳（法律哲学論集一）」（一九四二年）六八頁以下。なお、前に挙げた Sauer: Forum der Rechtsphilosophie の中の諸論文は、例外なく自然法の倫理性を強調している。

（2）Lauterpacht: op. cit., p. 285.

（3）Locke: op. cit, §§ 25-51.

（4）Fichte: Der geschlossene Handelsstaat, 1800. Sämmtliche Werke, 3. Bd., S. 402 f.

（5）Lauterpacht: op. cit., pp. 273-276; pp. 286-295; p. 337.

（6）Ibid., pp. 304-308.

（7）Ibid., pp. 298-299.

（8）棄権をしたのは、Byelorussia, Czechoslovakia, Honduras, Poland, Saudi Arabia, Ukraine, Soviet Russia, South Africa, Yugoslavia である。Lauterpacht: op. cit., p. 402, note 35.

（9）Ibid., p. 394.

（10）Ibid., p. 492, p. 405.

（11）Ibid., p. 395.

（12）Ibid., p. 398.

（13）Ibid., p. 396.

（14）Ibid., p. 403.
（15）Ibid., p. 397. Maritain : Sur la philosophie des droits de l'homme, dans autour. de la nouvelle déclaration universelle des droits de l'homme. Textes réunis par l'Unesco, 1949, pp. 63 et suiv.

四　自然法としての世界人権宣言

以上の考察によって、世界人権宣言が実定国際法上の憲章としての性質をもつものではなく、平和な人類社会の基礎条件をなす普遍的な倫理法則の体系と見なさるべきこと、および、それが人間自然の本性から考えて何人も否定することのできない権威をもつ点からいって、まさに自然法と呼ばるべきものであることを明らかにした。世界の諸国家は、平和の長期建設のために、ここに示されている人類社会の基礎条件を築き上げるという目標にむかって、政治活動や経済協力を方向づけ、さらに適当な実定法上の措置を講じて行くという、道徳上の責任を負うているのである。そこで、問題は、世界各国の政府や国民は、国際連合の計画にしたがいつつ、この目標の達成のためにどのように協力し、どういう努力をつづけて行くべきかという点に存するのであるが、その問題の検討に入る前に、まず、世界人権宣言の内容そのものについてすこしく理解を深めて置く必要があるであろう。

世界人権宣言は、前文および三十箇条から成っている。その文章は簡潔であって、一々について説明を加える必要はあるまい。むしろ、全体を通じて、この宣言のもつ劃期的意義と思われるものを取り出し、それを三つの点に要約して見ることとする。

第一に、世界人権宣言は、すべての人間が自由にうまれ、個人としての権利と尊厳とにおいて平等であることを、普遍人類的な規模において確認している点に、歴史上劃期的な意義をもつ。

もちろん、人間の自由と平等とを確認した文書は、世界人権宣言にはじまるわけではない。アメリカの独立宣言やフランスの人権宣言は、すでに百六十年余のむかしに、同じ精神を高らかにかかげたのである。さればこそ、国際連合の人権委員会委員長たるルウズヴェルト夫人は、総会によるこの宣言を、第十八世紀の末に相次いで発表されたこれら二つの歴史的文書に比すべき重要な意義をもつものとなしたのである。[1] しかし、アメリカの独立宣言書は主として合衆国建国の精神を表明したのであって、直接に世界人類普遍の自由と平等とを実現しようとしたものとは見なされ得ないであろう。また、フランスの国民議会は人権宣言を採択し、これを憲法の中に取り入れはしたけれども、同時に、人間に対する平等な取りあつかいの約束を、フランス本国に限定せざるを得なかった。[2] これに対して、世界人権宣言は、一切の国境や、人種・皮膚の色の相違を越えて、人類すべてに行きわたる自由と平等と人間の尊厳とを確認し、何人もが理性と良心とを備えているという前提の下に立って、各人たがいに同胞の精神をもって行動すべきことを規定しているのである（第一条）。この、文字どおりの普遍性こそ、世界人権宣言の生命であるといわなければならない。

そこで、宣言は、自然もしくは人為のあらゆる相違や限界を越えた人類普遍の権利と尊厳とを、さらに具体的に規定する。すなわち、「人はすべて、人種、皮膚の色、性別、言語、宗教、政治上その他の意見、国民的または社会的出身、財産、門地その他の地位のいかんにかかわらず、この宣言にかかげられているすべての権利と自由とを享有する」（第二条第一項）。また、「或る個人の属する国家または地域が、独立しているとか、信託統治下にあるとか、非自治領であるとか、その他の主権の制限の下に置かれているとかいうような、政治上、管轄上または国際上の地位の相違を理由として、その個人の取りあつかいに何らの差別をも設けてはならない」（同第二項）。

人間が人間を平等に尊敬しあい、その間に差別待遇を設けてはならないということは、近代民主主義の根本原則であるが、世界人権宣言は、かように、この原則を普遍人類的な規模において確立しようとするのである。それは、すでに第十八世紀以来、一国内部の政治原理として認められている「法の前の平等」を、人類全体の上におしおよぼそうとする企てである。宣言が、「すべての人間は、法の前に平等であって、全く無差別に法の平等の保護を受ける資格を有する。すべての人間は、この宣言に違反するあらゆる差別、および、そのような差別を設けようとする傾向に対して、ひとしく保護を受ける権利を有する」（第七条）といっているのは、この趣旨にほかならない。

もとより、このような宣言は、その内容が崇高なものであればあるだけに、ややもすれば単なる「美しい言葉」と化して、現実への浸透力をもたなくなるおそれがある。アメリカ建国の出発点にあたって、すべての人間は平等に生まれていることを「自明の真理」と認めた合衆国において、今日なお黒人に対する差別待遇の存在していることを思えば、普遍人類的な規模において、人種、国籍、皮膚の色のいかんにかかわらない人間の尊厳と権利の平等をあまねく実現することが、いかに至難のわざであるかは、だれが考えてもわかることである。しかし、ここに宣明された精神が人道の見地から見て何人にとっても異議のないものである以上、世界の国々がまずこの原理を「美しい言葉」として確認し、その実現にむかって協力する道徳上の義務を受諾したということは、至難な目標に到達するための決然たる第一歩であるといってよい。現に、この宣言を審議した第三回の国際連合総会には、五十七ヶ国の代表が出席して、対等の立場に立って発言し、大国も小国も区別のない一国一票の議決権を行使したのである。そこには、世界のあらゆる地方から、「人種、皮膚の色」の上では千差万別の人々があつまりながら、いずれも同一の民主的議事規則と、あらゆる意見の多元性に対する寛容の精神との下に、自由に討論し、人類共通の目的を達成するために協力したのである。そこでは、アメリカ合衆国代表は、世界人権宣言が法的拘束力をもつ法的文書ではないことをくりかえして力説し[3]、インド代表は、宣言草案が厳密な法的文書でない以上その字句の末に深くこだわる必要はないと述べ[4]、フランス代表およびベルギイ代表は、宣言に何らかの法的拘束力をもたせようと試み[5]、南アフリカ代表は、ソ連およびその衛星国とともに宣言を可決する決議に棄権の態度を取るなど[6]、各国各様の主張が表明され、しかも、最後にはほとんど満場一致で宣言の成立を見たのである。こうした総会での議事進行の空気は、宣言の上ではまだ「美しい文字」にすぎないかも知れない人間平等の精神が、すくなくとも国際連合総会会場という試験管の中では、立派な現実となり得たことを証明するものということができよう。そうして、ひとたび試験管の中で実現可能であることが立証された事柄は、人類の努力いかんによっては、いつかは地球上にひろく実を結ぶ見こみがないわけではないといい得るであろう。

第二に、世界人権宣言が、従来の類似の宣言や憲章にくらべてもつ大幅に進歩的な意義は、それが社会経済上の観点から人間の生存権を擁護しようとしている点に見出される。

第十八世紀の人権思想の場合には、人間は生まれながらにして平等であるというときの平等とは、主として「法の前の平等」を意味した。人間が生まれたときから法的に差別のある「身分」をもつものとされるのは、封建主義である。近代民主主義の精神は、かような封建的の身分の相違を打破し、すべての人々を法的にひとしい生活条件の上に立たしめ、何人の財産に対しても同様の法の保護を加え、契約の効果についても法による同一の保障と与えることとした。それでは、同一の法的条件の下において行われる各人の生活経営は、いかなる原理によってつらぬかれたか。それは、「自由」である。すべての人間は、ひとしく幸福追求の自由を有する。しかるに、何を幸福と考えるかは、人によって同様でない。だから、各人の生活経営を各人の自由にまかせておけば、人々はそれぞれ自分の個性を伸ばし、自分の性格に適した職業を選んでそれに精励するから、自らにして大多数の人々にとって幸福の保障されている社会が実現する。[7] そこに、初期の民主主義の信ずる自由放任主義の福音があった。

けれども、こうした自由放任主義の下に高度の発達を遂げた資本主義の経済組織は、まもなく社会の富のいちじるしい偏在をもたらし、富にめぐまれない多数の勤労者から、人間らしく生きる自由を奪うような結果をまねいた。そこで、近代民主主義はその初期の自由放任主義を改め、自由経済に対する国家の干渉を大なり小なり強化して、富の配分の適正化を行い、経済上の弱者の立場を保護することによって、勤労大衆の「生存権」を保障することに努力するようになった。[8] だから、現代の人権思想は、単なる「法の前の平等」だけに満足するかわりに、経済の点でも人間の人間たるに値する生活を各人のために用意しなければならないと考える。それは、「自由権」だけでなく、同時に「生存権」の確立を立法および政治の重大な目的と見る。世界人権宣言は、かような新らしい人権思想に立脚しつつ、しかもそれを普遍人類的な規模において実現して行くことを、今後の歴史の使命としてかかげているのである。

そこで、世界人権宣言はいう。「人はすべて、社会の一員として社会保障を受ける権利を有する。人はすべて、国家の努力および国際間の協力により、かつ、各国の組織および資源に応じて、人間としての尊厳を維持するために必要であり、自己の人格を自由に発達させるために欠くことのできない、経済的・社会的および文化的の権利を実現する資格を有する」(第二二条)。宣言は、ここでは、人間がすべて人間たるの尊厳に値する生活をいとなむ権利をもつことを前提とし、そのために欠くことを得ない社会経済上の条件を整備する必要を説くと同時に、その同じ条件が、各人の人格を自由に発達させるためにも不可欠であることを認めているのである。

それでは、そのための社会経済上の条件とは何であるか。もとより、社会保障制度も十分に発達させなければならぬ。しかし、人間が人間たるに値する生活をいとなみ得るための普遍的な条件は、何にもまして勤労であり、勤労に対する報酬の適正化である。そこで、宣言はいう。「人はすべて勤労に従事し、自由に職業を選び、公正で有利な勤労の条件を与えられ、失業に対して保護を受ける権利を有する」(第二三条第一項)。「人はすべて、全く無差別に、同等の勤労に対して同等の報酬を受ける権利を有する」(同第二項)。「勤労に従事するすべての人は、自己と自己の家族とが人間たるの尊厳に値する生活をいとなむに足りるだけの、公正で有利な報酬を受ける権利を有する。この権利の保障は、必要に応じて、それ以外の社会的保護手段によって補足されなければならない」(同第三項)。「人はすべて、自己の利益を保護するために、労働組合を組織し、かつこれに加入する権利を有する」(同第四項)。

――人はすべて勤労に従事する権利を有する。勤労に従事するすべての人は、自己と自己の家族とが人間たるの尊厳に値する生活をいとなむに足りるだけの、公正で有利な報酬を受ける権利を有する。――これは、きわめて大胆な普遍人類的完全雇傭の提唱である。もちろん、この理想もまた、単に紙の上に「美しい言葉」として書かれているだけでは、役に立たない。問題は、いうまでもなく、どうしてこの理想を実現して行くことができるかにある。しかし、もしも将来、国際的な計画経済を実施することによって、このような理想を実現することができたとするならば、それは、どの国民、どの民族、どの階級、どの地方、どの個人にとっても、すくなくとも大体として満足すべき状態を意味するに相違ない。そうなれば、貪婪や野望や、悪徳によって世界秩序の均衡が破られないかぎり、永続的な平和の基礎がそれによってはじめて確立され得たことになるであろう。

マルクスおよびエンゲルスは、一八四八年に、世界中を勤労者のみの一元的な社会たらしめることを目ざして、共産党宣言を発表した。しかし、共産党宣言は、決して単なる建設の文書ではなくて、建設に移る前に、ぜひとも、資本主義の社会機構を根柢から崩壊させるための全プロレタリアの蹶起と闘争と革命とを経なければならないとする、破局主義の予言であった。それは、「支配階級をして共産主義革命の前に戦慄せしめよ」という言葉が露骨に表明しているとおり、憎悪と敵意とによってつらぬかれた脅嚇の文書であった。[9] これに対して、人間の善意と友愛と協力とに信頼しつつ、破壊の道を避けて、破壊の起るおそれのない人類共栄の世界を建設しようとする世界人権宣言が、共産党宣言以来満百年を経た一九四八年に発表されたということは、単なる偶然とはいい切れない歴史の摂理を示現するものといってよい。

世界人権宣言のもつ第三の重大な意味は、それが、単に普遍人類的な「法の前の平等」と「人間たるに値する生存権の保障」とを提唱しているだけでなく、さらに、すべての人間を科学および文化のもたらす恵福に均霑せしめることを目ざしている点にある。

かつて、フィヒテは、すべての国民に人間らしい生活を保障することを「理性国家」の任務であるとした。しかし、フィヒテによれば、人が働く場所をもち、そこでの働きによって衣食住に事欠かない暮しを立てているというだけでは、まだそれを人間らしい生活と呼ぶわけには行かない。なぜならば、単にそれだけのことならば、よい飼主をもった牛や馬にも保障された生活だといえるからである。一日の勤労から疲れて帰り、そのまま何をする時間も気力もなくて、ただちに眠ってしまうというようなことでは、人間らしい生活とはいい得ない。人間は、どんな勤労生活の間にも、常に仰いで青空を眺める余裕をもたなければならない。[10] ここにフィヒテのいう「青空」とは、学問の恵沢であり、文化の教養である。人は、単に物の糧だけで人間らしい満足を味い得るものではない。真理を探究し、文化に親しむゆとりをもつことこそ、人間たるの特権である。世界人権宣言がこの点にも十分の配慮を払っていることは、この宣言にさらに深い精神的な含蓄を加えたものということができるであろう。

すなわち、世界人権宣言はいう。「人はすべて、社会の文化生活に自由に参加し、芸術を鑑賞し、科学の進歩とそのもたらす福利とにあずかる権利を有する」(第二七条第一項)。

ところで、人が文化生活に参加し、芸術を鑑賞し、科学のもたらす福利にあずかるための先決問題は、教育の普及である。のみならず、教育の普及なくしては、勤労権や生存権をもふくめて、人間の尊厳にふさわしい生活の保障といっても、すべて空語、空文と化する。だからこそ「人はすべて教育を受ける権利を有する。教育は、すくなくとも初等の基礎的な段階においては、無料でなければならない。初等教育は、義務教育であることを要する。技術教育および職業教育は、だれもがひろく受けることができ、高等教育を受ける機会もまた、成績に応じて、すべての人の前に均等に開かれているようにしなければならない」（第二六条第一項）。

かくて国籍・人種・皮膚の色のいかんにかかわらず、教育が人類の間にひとしく普及し、科学の利用と技術の向上とによって生産力の大規模な拡充をはかることができ、かつ、流通および配分を国際的な社会正義にしたがって合理化することに努力するならば、人間の尊厳に値する生活が地表の一部分だけに集中して実現されているというような不自然も、次第に緩和されて行くであろう。そうして、各国や各民族が文化の交流を通じて相互の理解を深め得るようになれば、宣伝や煽動によって人種相互の偏見をあおり立てられたり、「民族解放」のために武器を取ることを平和の擁護と考えたりする余地もなくなるであろう。その意味で、世界人権宣言の精神は、国際連合の専門機関として、教育・科学・文化を通じて平和の長期建設にすすもうとするユネスコの目的と、深く相通ずるものをもっているのである。

（1）Official Records of the Third Session of the General Assembly, Part I, p. 862.
（2）Vyshinsky : The Law of the Soviet State, translated by Babb, 1951, p. 555.
（3）Lauterpacht : op. cit., pp. 398-399.
（4）Ibid., p. 401.
（5）Ibid., p. 402.
（6）Ibid., p. 405.
（7）Bentham : Theory of Legislation, translated from the French of E. Dumont by Hildreth, 1876, p. 63, p. 200.
（8）Dicey : Lectures on the Relation between Law and Public Opinion in England during the 19th Century, 2 ed, 1914, Lectures VII and VIII.

（9）Marx and Engels : Manifesto of the Communist Party, 1848, authorized English Translation, p 58.
（10）Fichte : op. cit., S. 422 f.

五　世界人権宣言を実現する道

世界人権宣言は、きわめて大胆な宣言書である。それは、人種のちがいから来る偏見や、皮膚の色の相違による差別がわだかまっている現実に対して、人種・皮膚の色の差異にかかわらぬ人間平等の尊厳性を確立しようとしている。それは、資源にめぐまれたゆたかな国家の内部ですら失業の絶えない現状であるにもかかわらず、普遍人類的な完全雇傭の目標をかかげている。それは、教育や科学の知識が偏在し、高度に文化の発達した地域と、とうてい文化の名に値しないみじめな生活をつづけている地方との間に、比較にならない相違があるという実情を前にしつつ、人類のすべてに行きわたる文化の恵福を約束している。これだけ大胆な提案を真剣に実現して行こうとする以上、人類は大胆に従来の国家単位もしくは国家本位の考え方を改めなければならない。ラスキの指摘する「民主主義の行きづまり」(democracy at bay)は、かならずしもラスキのいうような生産力の人民管理によってではなく、聡明に計画された国際的協力によって打開されなければならない。今日の世界の実情からいうならば、資本主義をもってしても、社会主義に転換しても、一国内部の施策だけで経済生活の満足すべき民主化を行い得る国は、きわめて稀にしか存在しない。一国内部の社会生活原理として発達して来た民主主義は、その行きづまりを乗りこえるために、どうしても国際民主主義に発展しなければならない段階にある。[1]

人類の永い歴史を通じて作り上げられて来たもろもろの制度の中には、不合理なものが数多く存在するけれども、その中でも最も合理的な根拠に乏しく、したがって、人がそれについて争うことを当然と考え勝ちであり、しかも、それについての争いがしばしば戦争の直接の原因となるものは、「国境」である。古代ロオマの法学者は、法もしくは正義とは「各人にかれのものを」分ち与えることであるとした。しかし、何が各人に属すべき「かれのもの」であるかを決定することは、きわめて困難である。斬り取り強盗を武士のならいとして、乱世に巨富を積んだり、奸佞邪智をもって君寵をほしいままにし、それによって高位高官に昇ったりした者の富や地位が、正当にかれに属すべき「かれのもの」でないことは明らかである。しかも、封建社会の実定法は、それにもかかわらず、そのような富や地位を、その富を有し、その地位にある者の「かれのもの」として保護し、これを侵そうとする者に厳罰を加えた。今日、世界に存在する多数の国々のために、その領有する「かれのもの」を区劃している国境線の中には、それに似て不合理な由来をもつものがすくなくない。しかし、それをいい立て、それを咎めて、国境線の訂正を主張する国があったとしても、訂正によって領土の削減を受ける側の国が、その主張を受け容れる見こみはないから、両者の間にはかならず和解の余地のない争いが起る。しかも、国家と国家との間のこの種の争いについては、国家の上に立って、これを権威をもって裁き得る裁判所がないために、争いの成り行き次第によっては戦争となることをまぬかれない。したがって、何はともあれ国際社会の秩序を保つことを第一義とする国際法は、国境線の由来や領土の帰属の歴史というような事柄には一切ふれずに、各国に属する「かれのもの」の現状を、そのまま尊重するという態度を取らざるを得ない。ここに、国際秩序にまつわる致命的なディレンマが存する。

一体、社会の秩序は、固定した状態のままにして置くと、かならず破綻を生ずるものなのである。いいかえると、暴力による秩序の破砕を防ぐためには、社会は「平和的変更」(peaceful change)を可能ならしめるだけの弾力性を備えていることが、ぜひとも必要なのである。[2] しかるに、国際社会の秩序には、その弾力性が欠けている。だから、国際関係の合理化をはかろうとするあらゆる構想や試みは、戦争の後始末をするための講和会議の場合は別として、いまだかつて最初からの平和な話し合いで実現を見たためしはないといってよい。いいかえると、その構想がいかに卓抜なものであっても、それを実行しようとすれば、大なり小なり秩序の破壊をともなうことをまぬかれない。例えば、フィヒテの唱えた「封鎖商業国家」(der geschlossene Handelsstaat)の構想は、国内での計画経済の実施と国際自由貿易の禁止とを平行させることによって、各国の自給自足体制を整備し、それによってすべての人間のために人間らしい快適な生活を保障すると同時に、不脅威・不侵略の恒久平和を築こうとするものであった。[3] しかし、この構想を実現するためには、国家の現状の縄張りを変更し、どの国家も自給自足経済を賄い得るだけの大きさをもつようにしなければならない。そういうことが、平和な話し合いで実行される見こみはない。ナチスが、ドイツを中心として全ヨオロッパを統合し、アフリカを資源地帯とする自給経済圏を作り上げようとたくらみ、日本がアジア諸地方の再編成を行って、「大東亜共栄圏」を建設するという野望をいだき、カアル・シュミットが、このような機運の理論的裏づけとして「広域秩序」(die Grossraumordnung)の樹立を提唱したのは、一国ごとのアウトアルキイを確立しようとしたフィヒテの構想を、かぎられた国際的規模にまで拡大したものといい得る。[4] けれども、そのような「新秩序」建設の試みは、結局惨澹たる戦争を不可避ならしめた以外の何ものをももたらさなかった。植民地の再編成とかヨオロッパ連邦の設立とかいう議論もしばしば聞かれるけれども、議論以上に出でたためしはなかった。かくて、国際社会は、依然として動きのないスタトス・クオの秩序を墨守するか、それを変更するために戦争の危険を犯すか、二途いずれかを選ぶほかはないという苦しい状態におかれている。この状態を打開して、各国の支配領域の現状には手をふれずに、しかも普遍人類的な規模における人間平等の生存権を保障して行くためには、人類社会は、これまでのような一国単位主義もしくは一国中心主義の態度を改めて、国際的な計画経済と経済協力とを促進して行かなければならないのである。

このような必要は、机上の計画としては、世界国家もしくは世界連邦の設計図を描くことによって、一挙に解決され得る。第一次世界大戦ののちにウェルズが世界政府論を説き、[5] 第二次世界大戦ののちにはリイヴスがあらわれて、世界経済の段階に到達している今日、各民族国家が依然として政治上の境界線を固執していることを、時代錯誤として非難したのは、理論としては確かに正しい。[6] しかし、数多くの主権国家が一斉にその主権を放棄して、たとえばワシントンやロンドンや、あるいはモスコオに位置する世界政府の統制に服するというようなことが、現実にはほとんど考えられ得ない以上、世界国家の構想は理論としては正しいが、実際には実行不可能であるといったカントの言葉は、今日といえども依然として真理である。したがって、世界全体の生産と配分、労力と人口との関係をにらみあわせて、人類の生浩水準を万遍なく高めるという仕事は、現存の国家を単位とする「国際協力」によっておしすすめて行くほかはない。

しかしながら、人類の平和と文化とをおそるべき原子戦の危険から守るという切実な必要から見て、ここにいう国際協力には、相当に思い切った新機軸を加味して行かなければならないことは、明らかである。中でも、科学の利用と労働力の転用とによる未開発資源の開発は、平和の長期建設のための最も重要な鍵であるということができるであろう。

未開発資源の利用の中には、第一に、例えばアマゾン流域とかニュウギニアとかいうような未開発地の開発がある。これらの地方に眠っている厖大な既存資源は、人類の福祉のために計画的に開発されなければならない。第二に、ユネスコで計画されているところの沙漠の征服も、科学および技術を高度に活用して行わるべき世紀の事業である。ボルダ・ダムの建設によるコロラド高原沙漠の緑地化の成功は、地球上の広汎な面積を占める乾燥地帯を沃土と化するという夢物語を、実現可能の域にまで高めた。さらに、第三には、現在ではまだ食糧の部分的供給源としてしか利用されていない海洋に、科学のメスを加え、その中に包蔵されている豊富な資源を摂取・加工して、人類の生活水準を高めるのに役立たせるという大きな仕事がある。いうまでもなく、海は陸地よりもはるかにひろい地球上の面積を占めている。しかも、陸地はほとんど平面的にしか利用され得ないのに反して、海には深さがあるために、立体的に活用される可能性をもっている。したがって、水深の度合によって質のことなる生物資源および非生物資源が合理的に開発され、その工業化ができるようになれば、海洋のきわめて狭い面積をもってしても、人一人の生活を賄うに足りるといわれる。かくて、科学および技術の進歩は、人類の将来の運命に新らしい展望を与える。平和の長期建設のためには、国際的なひろい規模においてかような生産様式の革命が行われなければならない。

それと同時に、大胆に、しかし周密に企画・実施されなければならないのは、労働力の国際的転用である。アマゾン流域やニュウギニアが未開発のままに放置されているのは、そこを開発する「人」がいないからである。沙漠の征服はすでに実現可能の段階に入りつつあるが、沙漠の緑地化が可能となっても、そこを開拓する「人」は沙漠には住んでいない。しかるに、他方には、狭い土地と乏しい資源の上に、過剰の人口をかかえて悩んでいる国々がある。たとえば、日本の人口過剰は、国内的にはいかんともしがたい状態に達している。しかも、日本人の勤勉と器用とは、用い方のいかんによっては、日本人だけのためではなく、人類の福祉のために役立たしめられ得るであろう。したがって、将来、もしも国際連合の企画と管理との下に、たとえば日本の過剰労働力を未開発地帯の開発のために転用するというようなことが行われたとするならば、人類の生活の現実は、「人はすべて勤労に従事する権利がある」といい、「勤労に従事するすべての人は、自己と自己の家族とが人間たるの尊厳に値する生活を営むに足りるだけの、公正で有利な報酬を受ける権利を有する」といっている世界人権宣言の大胆な目標に、それだけ接近せしめられたこととなるであろう。日本の軍国主義がボルネオやニュウギニアの石油資源に目をつけて、侵略的南進政策を実行したというようなことは、もとより絶対にくりかえされてはならない過去の罪業である。人類社会の発展は、いまや、世界人権宣言の高邁な理想を実現するために、全く新たな平和主義と国際主義の旗の下に、人口の適正配置について考慮すべき段階に到達しているのである。

その場合に、ぜひとも考える必要があるのは、人間性の改造である。いかに過剰人口の国際的配置転換ということが理論上肯定されても、日本人の間に軍国主義や侵略主義の再現するおそれがあると思われている間は、日本人の労力の転用について国際社会が消極的な態度しか示さないことは、当然であろう。いや、日本の一社会科学者が、未開発資源の開発のために過剰人口の転用をはかる必要を説いたということすらもが、隠蔽された侵略主義であると誤解されないとはかぎらないであろう。また、よしんば日本の人口の転用が行われても、日本人が排他的でその土地の住民と折合わなかったり、郷に入っては郷にしたがう順応性に乏しかったり、日本人相互の間に出身地別の派閥争いが起ったりするようでは、自ら平和の長期建設にむかない民族であることを実証することにならざるを得ない。故に、流動的な世界人口政策を実行するにあたっては、偏狭で反撥性を示しやすい国民性を、寛容で国際的な視野のひろい性格に矯めなおして行くことが必要になる。それには、教育によって、自由でおおらかな人間性を作り上げなければならないことはいうまでもないが、それと同時に、ユネスコの社会科学部門で取り上げている「社会的緊張」(social tension) の調査を組織的に行い、集団的な対立感情のよってきたるところを究め、緊張の緩和をはかるというような方法も、人間改造のための科学的著手として重要な意味を有するものと思われる。

世界人権宣言は、それ自身一つの大胆な人間革命の提唱である。破壊によらないで破壊的行動の根本原因を取りのぞき、国際的協力によって人類の将来に自由と平和と繁栄をもたらすという理想は、これに共鳴するすべての人々の辛抱強い実践と行動とを通じてのみ、紙の上の言葉から地上の現実へと移行することができるであろう。それには、すべての人々をして、そうした実践行動に勇気をもってたちむかわしめるに足りるだけの、平明で迫力のある哲学がなければならない。今日の人類が要求する哲学は、哲学者のみが理解し得るような晦渋な思想体系であってはならない。それは、何人によっても理解され、かつ、それを理解したすべての人々を、平和の長期建設のための行動にむかって勇気づけるような、「普通人の哲学」でなければならない。世界人権宣言は、それがその宣言内容を実現するための有効な手段・方法によって裏づけられた場合には、まさにそのような人間革命のための普通人の哲学綱領となるべき資格を備えている。かつて、ロックの自然法理論は、イギリスやアメリカの民衆にとっての「普通人の哲学」となることによって、よく近代西欧民主主義を築き上げる思想的原動力としての役わりをはたした。それと同じような意味で、世界人権宣言の精神を布衍し、その目標を達成するための手段・方法を具体的に盛り上げたような、世界人類のための「普通人の哲学」を体系化することができるならば、それこそ、この、古くして新らしい自然法を実現に導くための最も確実な基礎条件となるであろう。(7)

(1) Laski: Reflexions on the Revolution of our Time, 1943, pp. 310-356.
(2) Carr: The Twenty Years' Crisis, 1919-1939, Chap. 13.
(3) Fichte: op. cit., S. 480 ff.
(4) Carl Schmitt: Völkerrechtliche Grossraumordnung mit Interventionsverbot für raumfremde Mächte, 1939.
(5) H. G. Wells: The Way to World Peace, 1930, pp. 15-17.
(6) Reves: The Anatomy of Peace, 1945.
(7) 本稿は、この記念論文集の最初の原稿〆切期日に間に合うように、昭和二十六年の八月に書かれた。ところが、予定の原稿が集まらないために、〆切が延々となって、ついに一年近くも延期されるにいたった。その間に、私は、「自由論」という小著

〔本書第Ⅱ部〕を書いて、勁草書房から出版した。この小著の最後の章――「平和世界の建設」――の取りあつかっているテエマは、本稿の最後の節と共通する点が多く、前者の論述は後者のそれに比して、ややくわしい。私は、最初に本稿を書き、しかるのちに、それを布衍しつつ「自由論」を書いたのであるが、発表の順序は、それと逆になってしまった。最初に書いたものが二番出しのような形で発表されることは、遺憾であるが、やむを得ない。読者諸賢の御諒承をお願いする次第である。

民主主義の法理念

一　民主主義の法理念における矛盾と調和

近代市民社会の法の最も重要なねらいどころは、人と人との間の対立を妥協させるにあるといってよい。人間の個人としての自覚が高まり、各人が自己の自由と権利とを主張するようになればなるほど、その間に険しい対立の起る可能性が増大する。そこで、各人の自由と権利との限界を定め、すべての人々の社会的共存を可能ならしめるという法の機能もまた、それだけますます重要になる。カントは、法を定義して、「一人の恣意と他人の恣意とが自由の一般法則にしたがって相互に結合せしめられ得るための条件の総体」であるとした。この定義は、法一般の本質を明らかにしているというよりも、近代市民法の特色を明確にとらえたものとして、とくに適切であるということができるであろう。

ところで、このような法の機能を更に一般化して考えるならば、結局やはり、対立する契機の間の妥協をはかり、矛盾した関係を調和にみちびくことが、法そのものの本質であるという認識が成立する。この場合にいう対立や矛盾は、つきつめて行けば人は人との間の対立・矛盾に帰着する。しかし、社会生活をひろく全体としてとらえ、人間精神の深い奥行きをふくめて見ると、その対立・矛盾はもっとずっと多角的な意味をもつようになる。それは、個人の利益と公共の福祉との対立であり、高い理想と低い現実との矛盾である。あるいは、資本主義的な生産の能率と社会主義的な配分の公正とのディレンマであり、時代の進展にともなう革新の要求と伝統を重んずる守旧の勢力との闘争である。更にすすんでは、一国の利益と他の国の利益との衝突であり、特殊の立場を強調する民族国家主義と普遍の場面に立とうとする世界人類主義との摩擦である。これらの対立や矛盾は、一歩をあやまれば現実の闘争と化し、人間共同生活の秩序を破壊する。その間にあって、多角の対立の妥協をはかり、複雑な矛盾の調和を保ち、それによって社会秩序を極力安定せしめて行くところに、法の最も重要な任務がある。それは、法の奉仕する目的であり、法の機能を指導する原理であり、それ故に、それが唯一の法の理念であるとはいい得ないにしても、すくなくとも法の理念の最も主なものの一つであることは、疑いを容れない。

法は、かように、対立の妥協をはかり、矛盾の調和を旨とするが故に、しばしば不徹底であり、中途半端であるとして非難される。対立が闘争となって爆発することを避け、ひたすらに秩序と平和とを重んずるが故に、現状維持勢力の道具にすぎないといって攻撃される。秩序という冷酷な看板をかかげ、権力と強制とを背後にしたがえ、あらゆる社会経済の不合理と富の偏在とをそのままに守りぬこうとする資本主義の走狗であるといって呪詛される。中でも、マルクス主義の学者は、法の階級性を指摘し、いかに法の理念とか法の普遍妥当的原理とかいっても、法そのものは所詮市民社会の構造の枠から離れてあるものではない、と論ずる。

しかし、いかに人類の歴史が今後動いて行くとしても、人間の共同生活に内在する矛盾が全く消え失せてしまう時が来ようとは思われない。よしんば、いかに完全な共産主義の社会が出現したとしても、人間の人間たる本性が全く変化して、対立も闘争もない世の中になるということは、夢物語以上の何ものでもあり得まい。人間が人間であるかぎり、この世の中には矛盾があり、対立がある。矛盾があれば、矛盾を調和させる必要があり、対立があれば、対立の妥協をはかることが要求される。その任務が法の双肩に課せられている、法が妥協を旨ざし、調和を旨とする社会制度たることには、いつまでたっても変りはないといわなければならない。法諺にも、「社会あるところ法あり」という。そうして、法がある以上、法の最も重要な機能の一つが妥協と調和とを通じて秩序と平和とを確保するにあるということは、「人類普遍の原理」たることを失わないのである。

民主主義の法も、法たる以上、対立を妥協させ、矛盾の調和をはかることを任務としている。したがって、民主主義の法理念もまた、秩序と調和とに存するのである。否、民主主義の法理念もまたといわんよりは、むしろ、民主主義の法理念こそ、何にもまして人間共同生活の調和を旨とするものであり、矛盾・錯綜する人間諸関係のバランスの上に次第に正義を実現して行くことを以て生命とする。その意味で、民主主義の法理念こそ、最もすぐれて法的な理念であるということができるであろう。

民主主義の法理念が妥協と調和とを旨とするということは、逆に考えると、民主主義の法理念の中に、人間的存在につきまとうさまざまな矛盾が内包されているということを意味するであろう。なぜならば、自らの中に対立を孕むものにして、はじめてその対立を妥協せしめることができる。逆にまた、内部に矛盾を包蔵するだけの弾力性をもたないものは、その矛盾の調和をはかることはできないからである。

いいかえるならば、対立するいくつかの立場の中のどれか一つだけを取って、他をすててかえりみないという態度では、対立を妥協にみちびくことはできない。矛盾する二つの主張の一方だけを絶対に正しいとし、他方をあくまでも正しくないとして排斥することによっては、両者の間の調和は金輪際成立しない。もしも法がそういう態度ですすむならば、法そのものの中からは一応は対立や矛盾を一掃し去ることができるであろう。しかし、そうする結果として、法の外に拒斥された目的動向は、法そのものを否定する理論をかかげ、既成の法秩序を打破しようとする政治勢力を蓄積することによって、法と政治との間に妥協の余地のない対立関係を生ぜしめる。この対立は、一方が他方を反抗の余地がないまでに弾圧するか、しからずんば、双方の間の現実の闘争となって爆発するか、そのいずれかに帰着する外はないであろう。

そこで、民主主義の法は、対立・反発する各種・各様の目的動向を幅ひろく包容して、辛抱づよくその間の調和をはかろうとする。その結果として、民主主義の法理念には、人間的存在の中にかもし出される多様・多角の矛盾が内在することになる。法は、もとより、これらの矛盾をそのままに放任しようとするのではない。しかし、その矛盾の一を採って他を切り棄てるという解決策は、問題を根本から解決する所以ではない。ヘエゲルのいうとおり、矛盾はすべての生命体の発展の原動力である。民主主義の法理念は、矛盾を切り棄てるかわりに矛盾を包蔵し、包蔵された矛盾を原動力として、矛盾の根本からの解決を歴史的発展過程の中に期待しようとする。いいかえると、民主主義の法理念は、矛盾を包蔵するが故に、発展的である。それは、進歩主義であり、進化主義であり、絶えず将来に努力の目標を求めるところの発展主義である。

一つの法理念が、それ自身の中にさまざまな対立を含むことができるためには、その理念は、対立するもろもろの立場に対してひとしく寛容な態度をとらなければならない。そうして、トレランスこそ、寛容性こそ民主主義のもつ最も著しい特色の一つなのである。対立するさまざまな主義・主張に対する寛容性の立場は、根本において相対主義でなければならぬ。一つの見解のみが絶対に正しいと確信する者は、他の見解に対して寛容であることはできない。自己の立場の正しさを信じつつも、反対の立場にも同様に正しかるべき可能性があることを認める態度、すなわち、分岐・対立する諸見解の一応の等価性を認める態度のみが、尖鋭化した目的動向の間の矛盾に耐えしのび、調和性と妥協性と弾力性とに富んだ秩序を維持することに成功する。民主主義が何にもまして言論の自由を尊び、多数決によって立法および政治の方針を決定しようとするのは、正しくこの寛容性のあらわれである。民主主義の法理念のこの特性は、ラアドブルッフの相対主義の法哲学によってあざやかに描写されて、あますところがない。

しかしながら、相対主義も一つの政治的な価値観である以上、すべての対立の上に超然としていることはできない。とくに、相対主義は、相対主義を否定しようとするところの絶対主義と対立する。相対主義の側からは絶対主義に対して寛容であろうとしても、絶対主義の立場から見れば、相対主義は排除せらるべき反価値たることをまぬかれない。ただ一つの原理だけを絶対の価値にまでまつり上げ、一歩でもその公式から外れた考え方は、すべて誤謬であるとして排斥しようとする者にとっては、多種・多様の立場の等価性を認める相対主義は、無定見な日和見主義にすぎない。あらゆる人が、一人のこらずその原理を信奉し、その公式に帰依することを強要する絶対主義は、政治の上では独裁主義となってあらわれる。したがって、独裁主義は、他の国家とはいかに険しい対立関係に立とうとも、自国家の内部はただ一色の世界観を以て塗りつぶそうとする。そうして、そのために、対立と矛盾とに対して寛容な相対主義の立場をば、根こそぎ駆逐しようとつとめる。かくて、もろもろの原理について機会均等を認めようとする民主主義は、唯我独尊の独裁主義による正面きっての排撃を受けることにならざるを得ない。

ところで、もしも民主主義が、かように徹底した絶対主義に対してまで寛容であろうとするならば、その結果は民主主義の自己否定に到達するのやむなきにいたるであろう。故に、民主主義はこの種の絶対主義に対しては、その本来の寛容性の緒を断ち切って、これとたたかわざるを得なくなる。絶対主義の甲冑に身を固めて攻撃を加えて来る国があれば、民主主義の国もまた自らの武装を強化して立ち、あるいは逆に攻勢に出て、絶対主義国家を完全に制圧しようとする。すなわち、民主主義の根本性格は相対主義であるが、その相対主義を抹殺し去ろうとする絶対主義に対してまで、これを自己と等価を有するものとして取りあつかうほどに相対主義的であることはできない。民主主義の法理念は、あらゆる矛盾を耐え忍ぼうとする。しかし、矛盾を耐え忍ぼうとする民主主義の包容性そのものを排撃する独裁主義に対しては、耐え忍び得ない矛盾の関係に突入することを躊躇しない。それは、民主主義が、自己を守り、自己をつらぬこうとする一つの力強い世界観であることの、当然の帰結であるといわなければならない。

だから、民主主義は、あらゆる見解に対して寛容であろうとするが、民主主義の寛容性そのものを否定しようとする絶対主義に対してまで、寛容であることはできない。それは、矛盾の妥協をはかり、対立の調和につとめるものではあるが、一切の妥協と調和とを打ち破ろうとする矯激絶対主義とは、妥協の余地のない対立関係に立たざるを得ない。故に、民主主義の法理念は相対主義を以て特色とするが、その相対主義は、矯激な絶対主義を拒否する点において、一つの限界づけられた相対主義である。そうして、限界づけられた相対主義は、もはや真の相対主義ではあり得ないという意味では、それは正に一つの絶対主義である。かように、相対主義でありながら絶対主義であり、絶対主義として譲るべからざる限界をもちながら、しかも、その限界の内部ではできるだけ幅の広い相対主義であろうとするところにこそ、民主主義の法理念に内在する最も特色のある矛盾がある。

絶対主義としての面から見た民主主義の法理念は、一つの自然法である。それは、もとより決して新しく認められた事実ではない。民主主義は、その歴史上の由来からいえば、正しく一つの自然法として発足した。近世初期の民主主義は、実定法の制度を超越する人間天与の自然権を前提として、そこから出発した。この人間の自然権は、一切の実定法制度に先立って存在すると考えられていた点で、それ自身すでに自然法である。しかも、人間天与の権利を擁護するためには、すべての人間の自由な意志によって支持された政治の組織、すなわち国家があって、国家の権力は、国民の意志にもとづき、国民の代表者によって、国民の福祉のために運用せられなければならない。さような国家組織の原理が、すなわち、政治の面にあらわれたところの民主主義に外ならない。この政治組織は、実定法の変化にかかわらない「人類普遍の原理」であるという意味で、これまた一つの自然法である。そうして、自然法としての民主主義は、すべての実定法制度がその規格にかなうことを要求している点で、同時にまた一つの絶対主義なのである。

しかしながら、民主主義の法制度は、普遍の世界に通用する自然法であるという理想と自負とをもって出発したればこそ、特殊の事情に順応し得るだけの弾力性を備えることを必要とする。それは、歴史の変化を通じて不易であることを求めるからこそ、歴史の変化をその中に包容し得るだけの相対性をもたなければならない。イギリスの代表民主主義とスウィスの直接民主主義との間には、かなり違う点がある。しかし、両者はともに民主主義である。第十八世紀から第十九世紀の中葉にかけての民主・自由主義と現代の社会民主主義との間には、大きな変化が認められる。けれども、それは結局一つの民主主義の発展に外ならない。故に、民主主義の法理念は、絶対主義を基礎とする幅の広い相対主義であるばかりでなく、不変・不易の原理に立脚しつつ、歴史の変化に順応してその相貌を変ずることのできる自然法——シュタムラアのいわゆる「変化する内容をもつ自然法」——である。かように、相対主義でありながら、絶対主義によって立ち、恒常の自然法として成立しながら、歴史的実定法たる可変性を備えているところに、正に民主主義の法理念の矛盾性と、その矛盾を不断に克服して行こうとする調和性とがあるといわなければならない。

二　自由と拘束との矛盾

民主主義の法理念をその内容の面から見た場合、そこで中心的な意味をもっているものは、「自由」と「平等」とである。しかも、民主主義は、最初に自由の理念を高くかかげた場合にも、まずそれについて大きな矛盾に逢着したし、平等を実現しようとするにあたっても、さらにさまざまな矛盾とたたかわなければならなかった。そうして、ついには、自由と平等との間にも、はじめには思いもかけなかったような矛盾が介在していることを発見するにいたった。これらの矛盾は、歴史の推移とともに多様・多角の方向に発展して、民主主義に偉大なる試練を与え、これをいくたびか崩壊せしめようとして、かえってこれを逞しく育成する原動力となったのである。

近世の自然法理論は、人間の自由をば根本の前提として、そこから出発した。しかも、そこから出発すると同時に、この理論がただちにつきあたった矛盾は、人間の共同生活は自由に対する拘束なしには存立し得ないという現実であった。

人間の社会には権力の中心があって、中枢権力をにぎっている者の手による統治の作用が行われる。そして、自由なるべき人間は、この統治権力に服従しなければならない。統治の作用は、原則として法の形をとって行われる。したがって、人々は法の規律によって拘束されることをまぬかれない。勿論、人は、単なる観念の世界では、権力と法の拘束とをともに否定して、人間の完全に自由な共同生活を、なおかつ美しく秩序づけられた状態として構想することはできるであろう。しかし、さような社会状態は無政府主義者の観念の世界にのみ存して、現実には存在しない。現実の人間社会は、すべて権力の組織を必要とし、法の拘束によって秩序づけられている。その必要を認める民主主義は、その点で無政府主義に反対する民主主義は、本来自由なるべき人間が何故に権力にしたがい、法の拘束に服従しているかを説明しなければならぬ。自由と拘束とは、明白に矛盾した概念である。民主主義は、まずこの矛盾を合理的に解決しなければならぬ。

この矛盾を解決するために近世の自然法論者が考案した理論は、国家契約説である。人間は自由にうまれた。しかし、もしも人間がその自由をば際限もなく主張し、これを野放図もなく行使するならば、弱肉強食の浅ましい世の中が現出するおそれがある。したがって、人間は、各人の利益を保全し、各人の自由が他人の恣意のためにふみにじられることを防ぐために、国家を設けて、国家権力の下に規律・統制されることに同意した。だから、国家は、国家の必要を認めるすべての人々の合意によって成立した。いいかえると、人間は、その自由な意志によって権力の組織を設け、すすんで権力の統制にしたがっているのである。したがって、その場合の拘束は自律の拘束であり、自律の拘束であるが故に人間本来の自由と矛盾しない。

自由と拘束との間の矛盾という難問に対して、自然法理論が提出したこの国家契約という答案は、かならずしも歴史上の事実を意味するわけではない。また、もしも国家契約が歴史上の事実として説かれているのであるとするならば、それはきわめて幼稚な理論であって、とうてい永く人をして承服せしめるだけの力はない。なぜならば、歴史上の事実として説かれた国家契約説は、国家のない人間の原始生活を予想する。そうして、前国家的の生活をいとなんでいた人類が、互に契約を結んで政治上の権力組織を作り、その法の拘束に服するようになったものと見る。しかしながら、およそ契約というものは、法の下にのみ効力を有するのである。故に、法のない世界には契約もないはずであるし、よしんばあったとしても、その効力の保障はどこにも求められ得ない。だから、人類が原始契約によって法も国家もない原始自由の状態から国家生活への道をひらいたと説く理論は、その理論によってはじめて説明せらるべき事柄——法の拘束力、したがって契約の拘束力——をば、理論そのものの前提として認めるという循環論法を侵していることになる。

故に、国家契約説は、歴史上の事実の説明としてではなく、国家存立の論理的根拠づけとして理解せらるべきである。国家が歴史上の事実として、いつ、いかにして成立したかは、この理論の明らかにし得る問題ではない。また、初期の国家契約論者はともかくとして、ルウソオやカントになると、この理論によってそういう問題を明らかにしようとする意図は放棄されている。その由来の如何にかかわらず、人間が古い時代から国家生活をいとなんで来たということは、まぎれもない事実である。この、一見して人間本来の自由とは矛盾するように思われる事実は、いかなる論理上の根拠からして是認され得るであろうか。正しく理解された形での国家契約説が答えようとしたのは、この問題である。すなわち、契約説によれば、国家は、あたかもそれが国民の合意にもとづいて成立したかのような仕方で組織され、したがって、国家権力が常に国民の意志を基礎として行使せられる場合にのみ、人間自由の理念と矛盾しない制度として是認され得る。かくして、国家契約説は、法および政治に関する最後の決定をば常に国民の意志に求めるという思想に発展した。いいかえるならば、それは、近世民主主義の法理念の最も直截の表現としての意味をもつこととなった。

民主主義によれば、国家は、国民の意志によって法を作り、その法にもとづいて権力が行使されるような仕組みになっている場合にのみ、人間自由の理念と矛盾しない制度として是認される。かくのごとき組織をもたない国家、すなわち、専制国家や封建国家は、民意を以て法とし、法の軌道にしたがって政治を行う仕組みに変革されなければならない。それでは、その仕組みは、実定法上の制度としてはどのような形に構成されるであろうか。

もしも、現実の政治問題について国民の意志を常に一つにまとめることができるものとするならば、この問題はきわめて簡単に解決する。すなわち、一つにまとめられたその意志を法とし、その法によって政治を行いさえすればよいのである。けれども、実際には、すべての国民の意志が一致するということはほとんどあり得ない。現実には、国民の意志は、きわめて多様に分岐し、対立し、衝突している。だから、それにもかかわらず、一つの方針によって法を作り、一つの方向にむかって政治を運用して行くためには、国民の「多数」の意志を以て「国民の意志」であるとして行くより外はない。そういう考え方に立脚しつつ、国民の直接の意志表示——国民投票——における多数決によって立法を行う制度は、直接民主制である。しかし、一々の立法について国民投票を行うことは、技術的にいってきわめて煩瑣であり、しかも、手数がかかるわりに、かならずしもよい結果が得られるとはかぎらない。なぜならば、複雑な立法問題を、法については素人の多い一般国民の投票によって決めるとなると、その決定の結果は多分に偶然によって左右されるおそれがあるからである。そこで国民の中から立法権の行使を委任すべき代表者を選び、それらの代表者によって組織された議会が、国民に代って法律の制定にあたり、政治の方向を決定するという制度が発達して、その方がひろく民主主義の国に行われることになった。それが、間接民主制である。間接民主制の場合にも、国民は投票を行うが、それは、「事柄」を決定するためではなくして、「人物」を選ぶためである。しかし、だれが代表者として選ばれるかも、得票の多数によるし、国民を代表する議会での決定も多数によるのが、民主主義の原則である。このように「多数決」によって運用されるという点では、直接民主制も間接民主制も、何らことなるところはない。

そうなると、民主主義は、さらに新しい矛盾に逢着せざるを得ない。なぜならば、多数決によると、半数に満たない反対意見の国民は、自分の反対する決定に服従することを余儀なくされる。それでも、なおかつ、それらの反対意見の国民が自由を保障されているといい得るか否かが、問題となって来るからである。
最初、民主主義は、その出発点において自由と拘束との矛盾をいかに解決するかという問題に直面した。そうして、この問題に対する答えは、国家契約説によって与えられた。いわく、国家においては法による拘束、政治権力による統制が行われるが、それらの拘束や統制は、——あたかも国家制度そのものが国民の合意によって、成立したものであるかのごとく、——すべて国民の意志にもとづいて運用されるかぎり、国民にとっては自律の拘束・統制であり、したがって、自由の理念と矛盾することはない、と。

けれども、いま見て来た通りに、現実の立法や政府の方針は、直接民主主義の場合でさえ、国民の中の「多数」の意志によって決定される。したがって、その決定に反対の少数意見の者は、自己の反対した決定によって拘束されるのである。それでも、その拘束は自律の拘束であり、自由の理念と矛盾しないということができるかどうか。まして、多くの国々が採用する間接民主主義では、それらの決定は議会の多数決によって左右される。しかるに、「議会での多数」は、国民全体から見ればきわめてわずかな少数にすぎない。そのような国民の中のごく少数が議会で法を作れば、その法案を通過させた政党を支持せず、その法それ自体に明らかに反対の意見をもつ多数の国民も、その法によって拘束され、これに違反した場合には処罰される。それでもなお、その拘束は国民の自律であり、すべての国民の自由と矛盾しないといい得るであろうか。

この疑問に対しては、普通に次のような答えが与えられる。すなわち、なるほど、議会の多数は国民の中の僅少な一部分であるにすぎない。しかし、議会の構成員は国民の意志によって選ばれているのであり、議会そのものは国民の「代表者」である。故に、議会の決定は結局において国民の意志決定であり、それによって成立した法の拘束は、国民の意志による国民自らの自律の拘束であることを失わない、と。

けれども、議会の構成員は国民の中から選ばれ、したがって、国民の意志を代表するというが、一人々々の国民の立場から見れば、これはと思う候補者に投票しても、数において及ばなければ、全くその意に反する者が議員に当選することになる。また、よしんば、自分の適任と信じた候補者が当選しても、一たび当選した議員がかならず選挙民の期待する通りに行動するということは、決して法的に保障されていない。なるほど、議員たちは、選挙民の期待を裏切らないという道徳的な責任をもってはいるであろう。また、次の総選挙の場合を考えれば、打算の上からいっても、選挙民の意にかなったように行動するのがあたりまえであろう。しかし、それは、道徳的あるいは打算的な関係であって、議員に選挙民の意志にしたがって行動するという法的責任を課しているわけではない。イェリネックやケルゼンのいうように、国民は議会の構成員を単に「選任」するにすぎないのである。議会の構成員は国民によって単に選任されるにすぎず、その間に法的な必然性をもつ意志の連関はないとすれば、議会が国民の「代表者」であるということも、単なる名目たるより以上には多くを出でないともいい得る。議会は、国民の実際に望んでいるところとは違う法を制定し、それによって国民をいかようにも拘束することができる。だから、ルウソオは、一般に国民代表制度を否定し、立法は国民の直接の投票によって行われなければならないと主張した。そうして、議会立法の制度の下では、国民が自由であるのは選挙のときだけであって、選挙がすんでしまえば、国民は議会の立法によって思いのままに拘束されるところの奴隷と化する、と極論した。それは、極論ではあるが、議会が国民の信頼を裏切って行動しているような場合には、そのような結果にならないとはかぎらない。

これに対しては、さらに次のように答える道があるであろう。すなわち、議会立法の制度も、多数決の原理も、もともとは「国民の総意」によって定められたものである。だから議会の決定に反対の意見をもっている国民も、最初からその決定には服するということを約束しているのである。したがって、議会の多数決によって制定された法が、いかにそれに不満な国民を拘束しても、それはどこまでも自律の拘束であって、他律の圧伏ではない、と。

しかしながら、国民のすべてが最初から議会立法や多数決原理に同意していたという証拠は、どこにあるであろうか。いかに憲法を国民投票や国民会議で採決したとしても、すでにそのときには多数決原理が前提とされているのではないか。それよりもさらに前にさかのぼって、多数決原理によって運用されるあらゆる法定立の方式を、そうして、それとともに、さような法によって組織された国家制度そのものを、国民すべての合意によって基礎づけられたものと見るならば、その議論は、まわりまわって、ふたたび出発点たる国家契約の「仮説」に戻ったことになる。しかし、国家契約が仮説であって事実ではない以上、国民のすべてがさような国家の機構に最初から同意していたと認めるわけには行かない。また、よしんば国家契約が仮説ではなくして事実であったとしても、大昔に結ばれた国家契約が今日の国民を拘束する力をもっていると見ることは、すこぶる不合理であるといわなければならない。なぜならば、遠い先祖の結んだ約束が、はるかな子孫をも多数決や議会立法にしたがうように拘束していると考えることは、最も「封建的」な理論でしかあり得ないからである。

このことは、民主主義がすべての国民に対して保障しようとする自由が、結局は一つの「理念」であって、かならずしも現実ではないことを明らかに物語っている。もしも、すべての人間の自由をば現実の国家制度の中に求めようとするならば、それは常に一つの「近似値」であるにすぎない。その近似値は、間接民主制よりも直接民主制の場合の方が大きく、直接民主制でも、投票や発案の権利をもつ者の範囲をひろげればひろげるほど大きくなるだろう。しかし、どんなにその範囲をひろげても、政治上の権利をもたない者や、それをもっていても、決定した立法に反対であった者は、大なり小なりその意に反して国家権力の拘束を受けることをまぬかれない。だから、国家権力による拘束を自律の拘束として意義づけ、それによって自由と拘束との間の矛盾を解決しようとしても、その理論にはどこかにかならず限度があり、無理が残ることとならざるを得ない。

故に、自由の理念を絶対の高みにかかげようとする立場から見れば、国家という制度は、どうしてもマイナスの価値をもつものであるといわなければならない。それにもかかわらず、人間が国家生活をいとなむ必要があるのは、国家をなくしてしまうと、国家権力というマイナスよりももっと大きな、露骨な闘争や、恣意の跳梁や秩序の混乱などというマイナスが生ずることを避けがたいからである。つまり、国家は、それ自身害悪であるが、しかし「必要な害悪」である。すでに国家がやむを得ぬ害悪であるとすれば、国家権力の作用する範囲は、それが必要やむを得ぬかぎりにおいての最小限度に限定されなければならない。そうして、権力によって侵されるおそれのない人間の自由活動の範囲を、逆にできるだけ広くひろげて置かなければならない。だから、自由主義の根本観念を墨守しようとした初期の民主主義は、一方では国家の必要を認めつつも、他方では、「国家から自由な」人間の社会生活の縄張りをせばめないように極力つとめた。したがって、法は、国民の自由を権力によって拘束する筋道であるよりも、むしろ、国民の自由をば国家権力の侵害から守る防壁として意義づけられた。それが、急進自由主義を土台とする近代民主主義のかかげた、本質的な、しかし、歴史的に制約された法理念であるということができよう。

三　自由と平等との矛盾

近代の民主主義が、「自由」の理念をめぐって、このような矛盾の処理に腐心しなければならなかったとき、それとならんで、自由とともに民主主義の根本前提をなすところの「平等」の理念にも、原理的な解決を必要とする問題が内在していた。しかも、平等の理念に内在している問題は、最初はこれを自由の理念と結びつけることによって、一応の解決に到達したのであるが、時代のすすむにつれて、自由の理念と平等の理念との間にさらに深刻な矛盾が生じ、それが民主主義の歴史的性格の上に大きな影響を与えることとなったのである。

民主主義は、すべての人間が「個人」として尊厳な価値を有するものであることを認める。その意味で、民主主義の根本の立場は、個人主義である。民主主義が国家制度を肯定するのも、国家が個人の自由と権利とを保護するために必要であることを認めているために外ならない。故に、民主主義にとっては、国家は個人の目的に奉仕する「手段」であるのに反して、個人はそれ自身を窮極の「目的」とする存在者である。しかるに、自己目的の存在者の間には、本来・固有の意味での上下の差別はあり得ない。したがって、民主主義は、すべての人間を本来平等なものとして取りあつかう。カントが、「人間をば、それが自己自身であろうと、いかなる他人であろうと、常に同時に目的として取りあつかい、決して単なる手段として遇することがないように行動せよ」という格率を、その倫理学上の定言命令としてかかげたのは、すべての人間の平等な自己目的性の高貴な表現である。そうして、民主主義が、人間の間に生れながらの上下の身分や階級を認める封建制度を、まず第一に打破しなければならないとなしたのは、この同じ精神の当然の帰結に外ならない。

ところで、人間はすべて自己目的を有する尊厳な個人として平等であらねばならないけれども、他面また、人間の間に人格の高下、才能の大小、経験の有無、勤勉と怠惰などの点ではほとんど無限の差等が存することも、否定すべからざる事実である。したがって、もしも実際の社会制度が、これらの事実上の差等にかかわりなく、すべての個人を現実に全くひとしく待遇しているとするならば、それは決して公正な人間関係の秩序であるということはできない。それは、きわめて不合理な悪平等であり、正しい意味での平等ではあり得ない。故に、アリストテレスは、人間の間に個人差を認めない平均的正義とならんで、各人の価値に応じて精神上の名誉および物質上の利益を配分する必要があると説き、これを配分的正義と名づけた。キケロやウルピアヌスは、この思想を継承して、正義とは「各人にかれのものを」わかつことであると定義した。人々をば、その能力や人格や識見や経験や勤怠に応じて価値づけ、ひとしい者はひとしく、ひとしくない者の間には差別を設けて取りあつかうのは、正しい配分秩序の原理である。徳望衆にぬきんでた人格者と、兇悪な殺人犯人とを、平等に処遇するような社会は、どこにもない。天才的な才能を有し、凡人のおよぶべからざる熱意を以て仕事に精励する技術者と、未熟・無経験な見習工とに、同じ待遇を与えるような工場は、どんな社会主義の世の中にもあり得ない。現に、ソヴィエト連邦の憲法も、その第十二条は、「各人よりその能力に応じて——各人にその労働に応じて」という命題をかかげ、それをば社会主義の原則であるとしている。

このように、一方には、すべての人間が個人として平等に尊重せられなければならないという原理があり、他方には、すべての人間をその能力や勤怠に応じて価値づけ、各人に対してかれにふさわしいかれのものを与えようとする要請があるとすれば、その間にすでに一つの矛盾が存することは、明らかである。つまり、それは、抽象的な意味での人間平等の理念と、具体的存在としての各人の間の不平等との矛盾に外ならない。

しかしながら、平等の理念をめぐって生ずる矛盾が、ここに指摘した範囲内だけにとどまっている場合には、その解決はかならずしも困難ではない。なぜならば、抽象的な意味での人間の平等は、すべての人々の「生活条件」をひとしくすることによって実現されるし、各人の具体的な価値に応ずる差別は、同一の生活条件の上に立って行われる

「自由競争の結果」として生ずるものとすれば、両者は充分にならび存し得るからである。いいかえると、社会に生活するすべての人々に対して認めらるべき平等は、門地や身分によって差別されることのない「機会均等」である。しかし、均等の機会を利用して、各人がその天分や能力を伸ばして行けば、人々の間には自らにして価値の差等がついて来る。そうして、優れた人物は重要な地位につき、名誉ある取りあつかいを受け、有能勤勉な事業家は成功して産を成すし、そうでない人々は反対の結果になる。それが、各人にかれにふさわしいかれのものが配分された状態に外ならない。そうとすれば、抽象的な人間平等の理念と、人々の具体的な価値に応じた配分とは、決して衝突しないで、むしろ完全に調和する。すくなくとも、近世初期の民主主義は、そのようにしてこの問題を解決した。そうして、正しくそこに、自由および平等という二つの法理念のきわめて巧みな結合をはかった。

だから、本来の姿における民主主義は、自由主義であると同時に平等主義である。自由主義の世界観によれば、すべての人間は、自己目的をもった自由な人格者として、互に平等でなければならない。したがって、人間が生れながらにして身分上の差別待遇を受けるようなことがあってはならない。門地や性別によるあらゆるハンディキャップを排斥し、すべての人々が同一のスタアト・ラインから出発することができるようにするのは、民主主義の根本要請である。それと同時に、一たび平等の線からスタアトした以上、それから先の社会活動は、できるだけ各人の自由にまかせなければならぬ。各人はすべて平等に幸福を追求する自由を有する。しかも、各人が何を以て幸福とするかは、個人々々の判断と好みとにまかせるのが最もよい。各人が自ら選び、自ら求め、自ら努力して築き上げた幸福でなければ、真の幸福ではない。したがって、各人の自由な活動によって各人の経営する生活が、人によって千差万別であるのは、むしろ当然なことである。それは、何ら人間平等の理念と矛盾するものではない。法は、各人に、それぞれの幸福を自由に追求するための均等の機会を与えればよいのである。近世初期の民主主義は、そこに自由と平等との諧調を見出し得ると考えた。故に、この段階における民主主義の法理念は、自由人の生活条件の平等であり、平等な条件に立脚する個人の自由活動の最大限度の保障であったといって差しつかえないであろう。

この法理念は、すべての人間の「法の前における平等」を保障する。かような法の前における平等は、公法の世界では、とくに国民平等の参政権となってあらわれる。また同じ原理は、私法の世界では、すべての人間を出生とともに平等に権利能力者として取りあつかう。そうして、各人の平等の権利をば、各人平等に保護することを約束する。民主主義の法が保護する権利の中でも、とくに重要であり、かつ強力でもあるのは所有権である。したがって、そこでは、すべての人の私所有権に対して、平等の保護が与えられる。更にまた、各人がその所有権をいかに行使するかについても、平等の自由が認められる。ことに、自由な法主体相互の間の自由な合意によって行われる取引きは、すべて平等に尊重され、その効果は、すべての当事者の責任において、各当事者に対して平等に保障される。かくて、私所有権の尊重と契約の自由とは、すべての法主体が自己のなした法行為に対して負う自己責任とともに、近代私法の三大原則として確立され、それが自由交換経済の骨格となって、資本主義の発達の強大な基盤を築くこととなったのである。

民主主義の法理念に立脚する実定法制度は、このようにして各人の生活条件の平等を保障すると同時に、各人に対して平等の生活条件を保障することを以て満足した。それを以て満足したというよりも、各人の生活の「条件」を平等にすることだけを任務として、それ以上にすすんで、自由競争の「結果」として生ずる実質上の不平等にあえて手をふれることは、国家権力のなすべからざる不当の干渉であると見た。

勿論、平等な法的条件の下に行われる自由競争はフェア・プレイの原則にしたがわなければならない。故に、もしも自由な個人がその自由を濫用して、暴力をふるったり、他人の権利を侵害したり、契約に違反したりした場合には、国家はその責任を追及し、犯罪を処罰し、損害を賠償せしめなければならない。しかし、国家権力の効用は、その限度において承認されているのである。したがって、もしも国家の権力がこの限度を逸脱し、自由人のフェアな自由競争にまで干渉するならば、さような国家作用は、権力の濫用として排斥されなければならぬ。国家と、自由人によって構成されている市民社会とは、次元をことにする別個の世界である。市民社会がどういう場合に国家の保護を求め、国家がどういう仕方で市民社会の秩序の維持にあたるかは、あらかじめ法によって定められている。国家が市民社会の自由活動に干渉を加えるのは、そのかぎりにおいてのみであって、それ以外は、国家は常にただ慎みふかい市民社会的活動の傍観者でなければならないというのが、自由主義と深く融合した民主主義、すなわち、民主・自由主義の根本の考え方であった。

「国家から自由な」市民社会は、自由競争の舞台であり、実力が物をいう世界である。したがって、そこでは、優勝劣敗の法則が露骨に行われる。成功と失敗のけじめがはっきりとつき、成功者の富裕と失敗者の貧困とが顕著にわかれる。民主・自由主義がそれを自由に放任しようとするのは、いかにも冷酷な態度であるように見える。

しかし、民主・自由主義の立場からいうならば、平等の法的条件の下で自由競争が行われ、優者は成功し、劣者は悲境に沈淪するのは、「各人にかれのものを」与える正義の要求から見て、かならずしも不当な結果ではない。また、それは、決して単に経済上の優者のみを保護し、露骨な弱肉強食の結果を助長し、社会が倫理的な無秩序に陥るのを傍観することを目的とするものでもない。

なるほど、そのような自由企業・自由競争の世界では、人間の利己心が思う存分に活動するであろう。しかし、人間の利己心は、社会生活の最も強い原動力である。この原動力に動かされて、幸福追求のための千差万別の人生街道が開拓されて行くのである。気の弱いセンティメンタリズムの眼には、それは、己れの利益のために狂奔する人々の浅ましい修羅場とも映ずるであろう。けれども、複雑な社会連帯の関係においては、一人が自己の利益のためになす行為は、めぐりめぐって他人の利益のために役立っている。同様に、他人が利潤を求めて生産する品物がなくては、自己の生活も成り立たないのである。そうして、そのような関係が無限にからみ合って、市民社会全体の経済的繁栄がもたらされる。それは、あたかも、大きな工場の無数の歯車やベルトが、互に噛み合ったり、思い思いの方向に走ったりしているように見えて、実はその中に大きな調和があり、それによって一貫した生産がなされて行くのにひとしい。しかも、その間に自らに優勝劣敗の法則が行われて、優れた経済能力を有する者が社会経済を指導するから、全体として国富は増進し、民福は向上し、その間における劣敗者の困窮はまぬかれないとしても、差しひき勘定では「公共の福祉」が高まることになる。これが、ヘエゲルの説いた市民社会における欲望の体系の人倫性であり、ベンタムのいわゆる最大多数の最大幸福への道であり、イェリングの論じた私益と公益の調和に外ならない。民主・

自由主義の世界観は、正しくかような個人の利益と全体の繁栄との楽観的な予定調和の計算の上に打ち立てられていたのであった。

しかしながら、かような予定調和の楽観論は、それを思想的温床として急速に発達した資本主義の高度化とともに、やがて大きな破綻を示さざるを得ないこととなった。その過程は、今日では、改めて叙述するまでもないほどにまで常識化した公式論的転換であるといってよい。

民主・自由主義を地盤として成長した資本主義の経済社会では、「資本」が絶対の力となって物をいう。そうして、資本が絶対の威力をふるうようになればなるほど、富を生み出すものは人間の経営能力や勤勉努力ではなくて、非人間的な資本そのものの力であるということになって行く。資本があれば、寝ていても果報が訪れる。資本がなければ、いかに優れた能力をもっていても、いかに仕事に精励であっても、貧窮の境涯から浮び上ることはできない。そうして、資本を有する者は、勤労階級の生み出した「余剰価値」を吸収して、いよいよ資本の額を増加させる。しかるに、資本と資本とが競争する場合には、大きな資本は小さな資本に対して絶対に有利な立場に立つ。したがって、企業は合同して大資本から独占資本となり、中小資本家はこれとの競争に破れて、その大部分が無産階級に沈落する。かくて、このいきおいのおもむくままに放任して置けば、封建的な身分の差別に代って、経済的な貧富の相違がますますはなはだしくなり、民主主義の至上理念たる人間の平等は、全くの空手形と化してしまうことをまぬかれない。

そうなって来ると、各人の生活条件を均等にし、各人の権利に平等の保護を与えようとする法制度もまた、資本家階級の利益のみを一方的に擁護するという結果をまねく。なるほど、民主・自由主義は、およそ人と生れた者をばしなべて権利能力者として取りあつかうことによって、すべての人間の「法の前における平等」を保障しようとした。しかしながら、人間は権利の「能力」を食って生きて行けるものではない。問題は、権利能力という容れ物ではなくて、その中に容れられた権利そのもの、中でも所有権であり、財産である。しかるに、権利の中味が資本家の手中に吸収されてしまえば、すべての人々に対して与えられるはずの私所有権保護の制度は、主としては高度資本主義の防塞として、役立つことになる。

ところで、所有権の本来の形態は、物に対する人の支配である。しかるに、所有権が、人間の生活に直接に必要な消費財貨から、商品を生み出す力をもつところの生産財貨の上におよび、したがって、それが「資本」となると、その権利は物に対する人の支配から転じて、人に対する人の支配となる。なぜならば、資本家は、その生産財貨を利用して企業をいとなみ、多数の労働者を使用して、商品の生産を行う。労働者は、労働を提供し、資本家はこれに対して賃金を支払う。その関係は、一応の法形式の上では対等の契約である。しかし、資本家にとっては、労働者のかけがえはいくらでも求めることができるのに反して、労働者は、その工場で職にありつけず、あるいは、そこで罷免されることになれば、明日のパンにも事を欠くことをまぬかれない。したがって、資本家は、賃金その他の労働条件を意のままに定めることができるが、労働者は、資本家によって示された労働条件の下に、いや応なしに働かざるを得なくなる。かくて、労働者は、いきおい資本の力の下に隷属することを余儀なからしめられるからである。それをしも、なおかつ「契約の自由」であるといい、自由な契約の効果は、両当事者に対して「平等」に保障されているというならば、それは法的形式の上だけでの話しであって、実質はかえってそのために資本家による経済的支配がますます安泰となるばかりであるといわざるを得ないであろう。

資本主義の高度化にともなうかくのごとき経済的不平等の増大は、民主主義の法理念の上に新しい深刻な矛盾を投げかけずには置かなかった。それは、「自由」と「平等」との間の矛盾である。

前に述べたように、民主主義は、自由と平等とを結びつけることによって、抽象的な人間の平等と具体的な配分の差別との間の矛盾を解決した。しかるに、いまや、その自由と平等とが互に深刻に反発する関係に置かれることとなったのである。なぜならば、理念としての人間の自由を認める立場は、経済生活における企業の自由や、取引きの自由や、財産処分の自由をも認めざるを得ない。しかし、それを認めていれば、資本主義社会における経済上の不平等ははなはだしくなるばかりである。それを防止して、同じ社会に生活する人々の平等の福祉を保障するためには、自由経済の上にさまざまな掣肘を加えなければならない。しかし、そうすることは、市民社会のためにひろくはりめぐらされていた自由活動の縄張りを、いちじるしく制限することを意味せざるを得なくなるからである。かくて、自由と平等とを車の両輪として登場した民主主義は、自由を立てれば、平等が立たず、平等を保障しようとすれば、大なり小なり自由を犠牲にせざるを得ない、というディレンマに逢着するにいたった。そうして、民主主義はこのディレンマを切りぬけるために、次第にその初期の急進自由主義の縄張りをせばめて、経済的平等の実現に主たる力を注ぐようになった。そこに、民主・自由主義から社会民主主義の方向への歴史的な転換がある。

四　経済の統制と政治の自由

民主・自由主義から社会民主主義への転換に大きな歴史的必然性を認めることは、民主主義の窮極の理念が自由よりむしろ平等に存することを認める所以に外ならないであろう。自由と平等とはいずれ劣らぬ根本の理念であるにしても、二つの中のどれか一つをまず選ぶ必要に迫られれば、何はともあれ平等を取ろうとするのが、民主主義の態度であるということになるであろう。

勿論、自由が平等と矛盾しないかぎり、民主主義は、あくまでも自由を尊重しようとする。したがって、市民社会におけるはげしい自由競争によって貧富のへだたりが生じても、それが各人の才能や努力に比例した公正な配分と認められ得るかぎり、民主主義は決して求めて自由を制限しようとはしないであろう。しかし、自由・無制限の社会経済の運行によって、かえって公正な自由競争が抑圧され、各人の能力や勤怠とは無関係の経済的不平等が発達し、多数の無産勤労大衆から幸福追求の最低限度の条件をも奪い去るおそれが生ずるにおよんでは、民主主義は、もはやさような経済生活の自由を容認することはできなくなる。そうして、法的形式の上での自由を制限して、経済的実質の上での平等への道を切りひらいて行こうとする。契約の自由を制限して経済上の弱者の生存権を保護し、企業の自由を統制して独占資本の万能を排除するというような措置は、民主主義のこのような態度の一つのあらわれに外ならない。

もっとも、高度化した資本主義、とくに独占資本主義のもたらす弊害に対して、民主主義が平等の理念を守るために取る措置が、ここに述べたような程度を出でない場合には、そこに民主主義の性格の質的な変化があらわれているとまではいうことはできない。なぜならば、近世初期の民主・自由主義といえども、市民社会の経済活動に対して決して無制限の自由を許していたわけではなく、個人の自由の過剰によって他の個人の自由が不当におびやかされるにいたれば、国家の権力によってこれを抑圧する必要があることを、十分に認めていたからである。自由主義が最も極端な形にまで徹底して無政府主義とならないかぎり、国家の必要が認められ、法と権力とによる自由の拘束が或る程度まで肯定せられるのは、当然である。したがって、経済生活の自由に対する国家権力の干渉が、暴力や詐欺や契約不履行などの場合だけにかぎられるか、あるいは、国法によって労働契約の基準を定め、過度の資本集中を排除するというところにまで行くかは、要するに程度の差でもあるということができる。

しかし、その程度にまで資本主義を「修正」しただけでは、到底経済生活の不健全な不平等を是正することは不可能であると見られる場合には、人はさらにすすんで資本主義そのものの否定を主張する。資本主義の否定とは、生産財貨の私有を禁ずることである。資本主義が否定されれば、すべての企業は原則として国家公共の手によっていとなまれることになる。したがって、利潤を追求して私企業をいとなむ資本家というものはなくなり、企業の経営にあたる者も、そこで働く労働者も、分に応じて報償を受ける公共的な勤労者となる。そこまでの改革を断行して、経済的不平等を根本から除き去ろうとするのが、社会主義である。社会主義となれば、企業の自由も、財産処分の自由もなくなる。そもそも、私所有権は単なる消費財貨についてのみ認められることになるから、資本主義的な意味での財産というものもなくなる。ここまで来れば、経済生活における自由の大半は切り棄てられたものといわなければならない。いいかえるならば、社会主義は、自由主義との袂別を断行して、人間平等の理念を守り抜こうとする民主主義の新形態であるといって差しつかえない。

けれども、民主主義は、単に人間の平等を求めるだけではなくて、人間平等の「福祉」を築き上げて行こうとする。その場合にいう福祉とは、決して単なる物質的な幸福だけを意味するものではない。しかし、或る点までの物質的な生活条件がそなわらないでは、精神的な幸福というものも、絵に描かれた餅にひとしい。そうして、すべての人々の物質的な福祉を増進して行くためには、経済上の生産を高めなければならない。しかるに、資本主義と、その下で行われる経済上の自由競争とは、生産を高め、社会経済の運行を活発化するという点では、すでに経験ずみの長所をもっている。これに対して、社会主義を主張する論者は、社会主義経済を以てしても資本主義に劣らぬ生産力を維持し得るというけれども、そこにはなお多分に未経験の点が残されている。そこに、高度資本主義の弊害を十分に理解する人々をして、なおかつ、一挙に社会主義経済に転換することを躊躇せしめる理由がある。それぱかりでなく、その上にさらに、社会制度の急激な変革を阻止しようとするいろいろな因素が働いて、社会主義の公式論的な実現を妨げ、引き止め、中和し、緩和する。その結果として、資本主義と社会主義との間にさまざまな度合の中間形態があらわれ、時代はその諸段階を行きつもどりつする。同じ国の同じ時代の政治動向にも、その間を左に傾くものと、中間にとどまろうとするものと、資本主義の定型をできるだけ維持しようとするものとが分岐して、互に自己の立場の正しさを主張し、あるいは抗争し、あるいは妥協するということになる。

それでは、それらの分岐・対立するもろもろの見解の中で、どれが正しく、どれが間違っているのであろうか。或る一つの国が、或る一つの時代に、或る複雑な具体的条件の下において、資本主義の根本原則には大きな変革を加えることなしに、その枠の許す範囲内でできるだけ経済的民主主義を実行して行くのがよいのか。あるいは、逆に、社会主義の方向に深くつきすすんで行くべきであるのか。さらにあるいは、資本主義と社会主義との中間形態を採用して、生産の向上と配分の公正との一石二鳥を狙うのが正しいのか。資本主義と社会主義との中間形態といっても、両者の比重の置き方によってさまざまなニュアンスの相違があるが、政策の指針はその中のどの辺にむけらるべきであるのか。重要産業の国有か、国営か、国家管理か。重要産業とは、どのような種類のものであり、その範囲はどこにまでおよぶべきであるのか。

これらは、いずれも、きわめて重大な、したがってきわめて切実な問題である。公式的な論議からはなれた実際問題として考えるならば、そのどれを主張する立場にも大なり小なり理由があるであろう。また、事情の変化するにつれて、かつては甲の方針が適切であったとしても、いまは乙の政策の方が妥当であるということになる場合も多いであろう。それを、最初から一つの方針だけが絶対に正しいとして、他の政策の可能性を頭ごなしに排斥するのは、決して策の当を得たものではない。しかし、さればといって、そのどれもが正しいとして、その中の一つを採択することを躊躇していたのでは、法も確定せず、政治の方向もきまらない。そこで、民主主義は、その本来の幅のひろい寛容性を発揮して、すべての人々に自己の信念を吐露する平等の機会を与える。そうして、言論の自由という大前提の下に、議会の内部および議会の外部で、いかなる政策が正しいかについての活発な論議が行われることを期待する。しかも、自由討議の結果、各派・各人の肚がきまったところを見はからって採決を行い、多数の賛成者を得た方針によって法を制定し、政治の方向を決定する。そうすれば、多数決の結果として思い切った社会主義政策が実行され、市民社会的な自由が非常に狭い範囲にまで限定されることになっても、それが国民すべてに対して認められた言論の自由と、国民の大多数に対して与えられた政治参与とに立脚しているかぎり、国民の政治的な自由はすこしも侵害されたことにはならない。現代の民主主義は、そのような態度に立脚している。それが、平等の実現のために自由を大幅に制限しつつも、なおかつ、それを人間の根本的な自由と調和させようとする、社会民主主義の世界観に外ならない。

民主・自由主義の出発点から社会民主主義の方向へ移って行くにつれて、次第に著しくなって来たところの自由と平等との間の矛盾は、このようにして解決される。すなわち、経済的な平等をはかるためには、自由経済の自由性に大なり小なりの掣肘を加えなければならない。しかし、それによって自由が大幅に制限されても、その制限そのものが国民の自由な政治と、自由な言論と、公明な多数決とに立脚しているかぎり、平等と自由とは決して矛盾しないというのが、この問題に対する民主主義の答えなのである。

これは、民主主義に内在する相対主義的寛容性のあらわれである。それは、相対主義であるが故に、弾力性に富んでいる。弾力性に富んでいるが故に、具体的な事情の如何によって変化し、流動し、進展する。しかしながら、弾力性に富んでいるということは、剛直さを欠くということにもなる。変化し、流動し、進展するものは、激湍岩を噛んで平原に下る直進性に乏しい。その流れは、場合によっては、淵をなしてたゆたい、湖となって停頓し、さらに、時と場合とに応じては、本来の前進方向から逆流することさえないではない。そのようにして漸進的にすすんで行くのが、社会進化の本来のあり方であると信ずる人々は、どんなに差し迫った困難に直面しても、言論の自由と多数決原理とを基礎として運用される民主主義の上に安住して動かない。これに反して、そのような煮え切らない、日和見的な態度にあきたらず、真向微塵と直進することを求める者は、目の覚めるような歴史の転換を期待する。民主主義によっては、いつまで待ってもその期待は実現され得ないと考える人々は、すすんで、ただ一つの政治方針のみが絶対に正しいとする絶対主義に傾く。短兵急な現状打破を唱え、実力に物をいわせて一挙に目的の本城を乗取ろうとする政治動向に加担する。そうして、その立場以外の他の立場の存在権を認めず、したがって言論の自由を許さず、したがって多数決原理を否定するところの独裁主義に帰依する。

これが、現代の民主主義の直面する最も深刻な矛盾である。しかも、民主主義のここで直面する矛盾が深刻であるのは、単に民主主義の弾力性と漸進性とにあきたらないで、これを攻撃する矯激な絶対主義があらわれて来たということ、そのことだけによるのではない。むしろ、さような反民主主義の政治動向があらわれても、民主主義の相対主義的寛容の性格からいうと、これを最初から排斥するかわりに、これを、やはり相対的に寛容しなければならないところに、この矛盾の本当の深刻さがある。民主主義は、この新しい矛盾とどうたたかって来たか。また、この深刻な矛盾の解決をどういう方向に求めつつあるか。それを考察することは、現代の民主主義の性格を、したがって、現代民主主義の法理念の本質を理解するための、最も重要な鍵となるであろう。

五　民主主義と絶対主義

民主主義の寛容性にあきたらず、これを左顧右眄の日和見主義として攻撃する矯激絶対主義は、全く方向を異にする一つの正反対の型となって順次に登場した。第一の型は、民主主義の個人主義や自由主義を否定し、全体主義の旗じるしをかかげて一挙にその政治目的を達成しようとする「反動独裁主義」である。第二の型は、民主主義的市民社会の中に発達した資本主義を根こそぎくつがえし、共産主義によって徹底した経済的平等の社会を築き上げようとする「急進独裁主義」である。第一の、反動独裁主義と民主主義とのたたかいは、すでに終った。第二の、急進独裁主義と民主主義との葛藤は、いままさにたけなわな状態にある。そうして、この葛藤がいかに解決されるかは、今後の世界史の動きを決定的に左右するといっても決して過言ではないであろう。

民主主義の政治動向が「進歩的」といわれるとすれば、これに対する「反動的」な動きは、いままでもいろいろな形であらわれた。しかし、その反動性が最も急激であり、したがって、それと民主主義との対立が最も尖鋭化したのは、第一次世界大戦のうちに突如として出現したファッシズムおよびナチズムの場合である。

民主主義がひろく世界の諸国に行われるようになった第二十世紀の前半になって、このような全体主義の政治形態が突然にあらわれるにいたったのは、もとより決して単純な理由によるものではない。しかし、その中でも、全体主義への急転回を遂げた国々に急激に危機意識が高まり、それを克服するためには「全体」の力によらなければならないという考え方が支配的になったことは、政治形態のこの突然変異の政治心理学的に最も有力な原因であったということができよう。

第一次世界大戦後のイタリイやドイツの経済不安は、きわめて深刻であった。そうして、深刻な経済不安はただちに深刻な思想の動揺をきたし、更に政治情勢の不安定となってあらわれた。国民は、「数」のおもむくところにしたがって右に左にゆらぎ動く議会政治への信頼を失い、一つの方向にむかってまっしぐらに国民を牽引して行く強大な政治力の出現を待望するにいたった。国家とか民族とかいうような超個人的な全体の権威をふりかざし、危機を克服する唯一絶体の道はここぞと鞭で示す独裁者に、無条件の讃美をささげた。しかも、民主主義の寛容性を金科玉条とする議会政治は、急速に支持者の数の増加しつつあるこの危険な異端政党にも、その数に応じた議席を与えることを拒み得なかった。そうして、それが議会の第一党となり、政権を掌握するに及んでは、絶対多数の賛成を以て政府に絶対権を賦与する法律を通過させてしまった。これは、ドイツにおけるナチス独裁政権確立の場合であり、イタリイのファッシズムはこれとはやや違った経過を辿って権力をわがものとすることに成功したのであるが、議会政治の寛容性がいざという際に断乎たる力を発揮し得ず、民主主義を否定する独裁政治の前にもろくも屈し去った点では、両者は全くその軌を一にしているといってさしつかえない。

このことは、民主主義の寛容性にも、絶対に譲るべからざる一線があることを明らかに示した。

民主主義は、立法や政治の方針を決定するにあたって、当然にさまざまな意見の対立が生ずることを予想する。そうして、対立するいくつかの意見の中の一つを採択する規準を多数に求める。しかし、その場合に、多数の赴くところに際限もなく追随して行くならば、このような民主主義の寛容性を否定しようとする意見が国民の多数を占めた場合には、その多数意見に民主主義そのものを抹殺する権限を賦与する結果となってしまうであろう。そうして、言論の自由を剥奪し、多数決原理を放逐し、ただ一人の独裁者の意志に全国民の運命をゆだねる独裁主義に、易々たる凱歌を発せしめるにいたるであろう。それをしも多数の名において許すことは、民主主義の自殺である。民主主義には相対主義の性格が根本的に内在している。しかし、その反面また、相対主義的な寛容性を基礎として行われる自由な言論と公明な批判とを通じて、次第に一つの正しい方向に政治を推進して行くことができるというのは、民主主義の断乎たる信念でなければならぬ。したがって、言論と批判の自由を封じ、多数決原理を否定し去るような政治動向が、いかに国民の一時の多数によって支持されることがあっても、それ故にそれに政治の支配権を譲り渡すことは、民主主義のこの信念の絶対に許し得ないところでなければならない。それを絶対に許し得ないとする民主主義は、その点では、もはや相対主義ではなくて、絶対主義である。反動独裁主義との大規模なたたかいを、第二次世界大戦という未曾有の国際戦争の形でたたかい抜いた民主主義は、改めてこの絶対主義への自覚を深めた。大戦の試練は、本来弾力性に富む柔軟な民主主義の根柢に、いまだかつて見ない剛直な絶対主義の筋金を入れるにいたったのである。

民主主義は、「国民のための政治」である。故に、国民の福祉の増進のためには、民主主義はあらゆる手段を講じなければならない。しかし、いかに国民の福祉の増進のために必要であるように見えても、政治の実権を一人の独裁者の手に譲り渡し、国民はただその命令に服従するというような仕組みを採用してはならない。なぜならば、民主主義は、「国民のための政治」であると同時に「国民の政治」であり、「国民による政治」でなければならないからである。国民自らが政治に参与し、自由にその政治上の意見を表明し、自らの代表者を選び、政府の施策を批判し、多数決によってその都度の立法および政治の方針を決定するのが、国民の政治であり、国民による政治である。多数決によって決定された立法は、必要に応じては、国民の市民社会的自由に大幅な規制を加える場合があるであろう。しかし、その根柢に言論の自由と多数決原理とが確立されてあるかぎり、その規制は国民の政治的自由を侵害するものではない。これに反して、いかに国民のための政治であることを標榜しても、それを理由として言論の自由と多数決原理とを否定し去るような政治は、断乎として排斥されなければならない。なぜならば、それは国民の政治的自由を剥奪してしまうからである。民主主義が独裁主義とはあくまでもたたかう決意を固めた理由はそこにある。そうして、また、そこに、自由と平等との大きな矛盾に悩みながらも、なおかつ自由を守り抜こうとする現代民主主義の自由主義的根本性格が見出される。

この性格は、第二の、急進独裁主義との対立にのぞんだ場合の現代民主主義の態度にも、はっきりとあらわれている。

民主主義は平等を重んずる。民主主義は、「国民のための政治」であることを期する。だから、政治のもたらす福利は「国民がこれを享有する」と宣言する。その場合にいう国民とは、もとより国民の少数ではない。しかし、国民の多数でもない。民主主義がもたらすことを期するものは、「すべての国民」の福利である。いいかえれば、それは、国民平等の福祉である。国民の利益を平等に保全し、国民の幸福を平等に増進して行くことは、民主主義が何ごとを措いても追求しようとする政治の大眼目であるといわなければならない。

ところで、近世初期の民主・自由主義は、国民平等の福祉の増進という目標をば、国民の市民社会的自由をできるだけ尊重することによって達成しようとした。しかし、その方針は、やがて重大な破綻を示さざるを得なかった。前に述べたように、国民の市民社会的自由を重んずれば重んずるほど、資本主義的生産の独占化の傾向が著しくなり、したがって、国民の間に収拾すべからざる経済上の不平等をかもし出すにいたったのである。国民平等の福祉を以て政治の大眼目とする民主主義が、この傾向をば坐視して放任するはずはない。そこで、民主主義は、市民社会的自由の領域にはなるべく干渉の手をさし伸べないという最初の態度を改め、法の統制を強化して経済的自由主義に掣肘を加え、自ら社会化された民主主義に転換することによって、国民の経済上の不平等を是止しようとするにいたった。けれども、社会化された民主主義といっても、その程度には幾多の段階がある。その中のいずれを取るかを議会での多数意見にまかせているかぎり、経済の社会化は容易にすすまない。経済の社会化が容易にすすまなければ、国民の間の経済上の不平等もなかなかに是正され得ない。そこに不平が起り、不満が激化する。しかも、秩序の安定を重んずる民主主義の定石にしたがうかぎり、この不満の乱麻を快刀を以て断つ放れ業は、いつ実行されるという目あてもつかない。かくて、秩序の石橋を叩いて渡る民主主義の漸進主義が、歴史の飛躍を求める人々から、ブルジョアジイの階級的利益につかえる頑強な城塞として攻撃されることとなったのは、誠にやむを得ぬ成り行きであるといわなければならない。

マルクスやエンゲルスによって唱えられた共産主義理論が、最初にこの攻撃の火蓋を切ったのは、正に民主・自由主義の最盛期たる第十九世紀の中葉であった。したがって、その当時には、これに対する攻撃もきわめて尖鋭化した形を取ってあらわれ、唯物史観によって理論づけられたところの暴力革命必然論となって、資本主義社会の根柢をはげしくゆり動かしたのである。さらにまた、共産主義による社会変革が最も大規模に実行されたロシアは、第二十世紀になってもまだ近代民主主義の洗礼を受けていない、きわめて後進性の顕著な国であった。それ故に、一九一七年のロシア革命を指導したレエニンが、議会政治と妥協しつつ社会主義の実現をはかろうとする立場にはげしく論難を加え、唯物史観の定石にしたがう暴力革命をば、変革への唯一の道であると説いたのも、そのころの反革命的抵抗の強度から見て当然であったといい得るであろう。

これに反して、今日の世界の国々に行われている民主主義は、第十九世紀初頭の民主・自由主義の旧套を墨守する呉下の阿蒙ではない。現代の民主主義の多くは、大なり小なり社会民主主義の方向にすすんで来ている。資本主義経済の根本性格を変えないでいる国も、経済民主主義という名の下に企業の統制や労働条件の自主的向上が行われ、経済的平等を実現するための努力がつづけられている。民主主義のこの段階においては、共産主義もまたその尖鋭化した鋒先をやわらげ、暴力革命の切札は理論の書棚に片づけて、「合法的」な社会主義政党として議会での多数を争うということになる。言論と思想との自由を何よりも重んずる民主主義の法理念からいえば、共産主義がこのような――民意立法の原則と、議会政治の公明なかけひきと、多数決原理とを尊重する――態度で行動しているかぎり、これを排斥すべき理由はない。また、そのかぎりにおいて、共産主義もまた、民主主義の寛容性を身につけ、その漸進主義に同化し、名は共産主義であるが、実はやや急進的な社会民主主義と変らない性格に変貌してしまっているように見える。

しかし、民主主義が、矯激絶対主義に対してはいかに絶対に譲るべからざる一線を画しても、その根本においては相対主義的寛容性を本質としているのとは反対に、共産主義は、いかに外面では民主主義寛容性に同化しているように見えても、その根柢にある絶対主義を放棄することは絶対にないであろう。したがって、もしもこの立場が一たび政治上の指導権を掌握すれば、急進絶対主義としての本質を発揮して、いささかたりともそれと対立する他の立場の存在を許さない独裁主義にむかってすすむであろうことは、想像するに難くない。

その範型はソ連にある。ソ連では、いわゆる「プロレタリアの独裁」が行われている。それは、名称の上では、プロレタリアという絶対の多数が、少数のブルジョア的残滓を清算するために、過渡的の独裁権を行使しつつある政治形態を意味する。しかし、その実体からいえば、プロレタリアの独裁は、労働者全体の自由な意志による政治ではなくて、国民の一部分を占めているにすぎないところの「共産党」の独裁である。さらに立ち入っていうならば、それは共産党の「幹部」の独裁であり、きわめて少数の幹部によって組織されたポリトビュウロウの独裁であるといわれる。すでにそれがこのように少数の独裁である以上、そこには、正常な意味での言論と批判の自由はなく、正当な意味での多数決原理も行われていないと見なければなるまい。しかも、ソ連共産党は、歴史の現段階では、すべての勤労者の平等の福祉にかなった政治は、この形態によってのみ実現され得ると称する。それ故にこそ、真正の民主主義であるという。そうして、その立場から、共産主義を採用しない他の国々の政治形態をば、ブルジョア・デモクラシイにすぎないといって非難する。

たしかに、民主主義は、最初から人間の平等を前提とし、かつ、この理念の実現をば不動の目標として来た。そうして、経済生活における人間の平等を実現しようとする点では、共産主義は最も徹底した立場であるということができる。それが、どれだけ高い経済水準での平等であるか、あるいは、すくなくとも或る期間は困窮の平等を堪えしのばなければならないものであるかは、別問題として、共産主義の意図するところが、すべての国民のための政治たろうとするにあることは、正にそのいうがごとくであろう。

しかしながら、前にもいった通り、民主主義は、単なる「国民のための政治」ではなくて、同時に、「国民の政治」であり、「国民による政治」であることを本質とする。したがって、いかに国民のための政治であることを標榜する立場であっても、否、窮極においては「各人がその能力に応じて働き、各人にその需要に応じて与えられる」ことを約束する立場であっても、そこへいたる必然の過程として、一人の独裁、少数の独裁を要求するものであるかぎり、それを言葉の正しい意味での民主主義と認めることはできない。

民主主義は、切に平等を求める。しかし、それと同時に、民主主義は、自由を尊重する立場を堅持しようとする。なるほど、社会経済の進展とともに、自由と平等とは容易にならび立ち得ない大きな矛盾に逢着した。民主主義は、このディレンマに際会して、経済生活における自由に大幅の制限を加える必要を認めた。しかし、いかに資本主義経済から社会主義経済への転換をはかる場合にも、それを、国民の自由に表明された意志と、その多数のおもむくところによってのみ実行しようとする点に、民主主義の本領がある。民主主義は、そこに、あらゆる法的拘束にもかかわらざるところの「政治的自由」を確保しようとするのである。したがって、もしも平等への急進をはかる政治動向が、そのための必然の手段としての政治的自由を放棄することを要請するかぎり、民主主義はそのような急進独裁主義とは袂をわかたざるを得ないであろう。そうして、言論の自由と多数決原理とを政治的自由の具現と見て、そこに、あくまでも自由と平等との調和をはかって行くであろう。それが、とくに公法および政治の面における現代民主主義の法理念に外ならない。

民主主義は、このようにして、急進独裁主義と袂をわかつ。したがって、また、急進独裁主義は、そのようにして自己と袂をわかつところの民主主義を非難・攻撃する。そこにかもし出される対立は正に現代の民主主義が当面している最大の矛盾である。この対立が、「平和」のうちに妥協点を見出し得るか、万一にも「戦争」を以てこれを解決するの余儀なきにいたるかは、いまのところ何人といえども確言はできまい。

しかし、いずれにせよ、それが平和か戦争かという緊迫した問題となって人類の運命の上に重苦しくのしかかりつつあるという事実は、この対立が、もはや単なる国内政治の対立ではなくて、最も重大な国際政治の矛盾となっていることを物語っている。それは、民主主義が単に一国内部の自由と平等とをではなく、人類全体のそれを目ざし、共産主義もまた、一応は一国社会主義の方針ですすみつつあるにしても、結局は人類全体のプロレタリア革命に急ごうとしているものであることから見て、当然のことというべきであろう。

しかも、民主主義は、秩序を重んずる。秩序を重んずるところの民主主義は、全世界を場所として起って来たこの深刻な矛盾に直面しても、最後まで問題の平和的解決に努力するであろう。国際連合の組織も、ユネスコの運動も、すべてそのような国際民主主義による平和のための必死の努力ならぬはない。

しかし、平和を確保するためには、戦争の原因を取りのぞかなければならない。しかるに、すべて人間の闘争は、家庭内の紛争から大規模な世界戦争にいたるまで、不公平・不平等から起る。すくなくとも不公平・不平等を「口実」として起る。民主主義の理想とする人間の平等は、決して、一国民・一民族の内部での平等にとどまるものではない。それは、もとより、人類全体の平等を目ざすものでなければならない。その点では、民主主義と共産主義とは目標を一にしている。ただ、前者は、自由と両立する平等を目ざすのに対して、後者は、自由を犠牲にしても平等に急ごうとする。「目標」を一にしている民主主義と共産主義との間には、「方法」の点で、妥協の見込みの稀薄な対立が存するのである。したがって、民主主義がこの巨大な矛盾を調和に導き得るためには、いいかえれば、共産主義の非難を的はずれのものたらしめ得るためには、自由と両立する平等が世界的規模においていかにして可能であるかを現実的に示さなければならない。そこへの道は、主権国家の枠を外すことを前提とする世界国家の建設か、はたまた、国際社会の現状に立脚する世界計画経済の確立か。いずれにせよ、全世界を舞台として成り立つ自由と平等との調和こそ、現代の国際民主主義が何を措いても占拠すべき世界史的天王山であるといってよいであろう。

自由の体系

自由の体系

一

イエリングがその名著『ロオマ法の精神』の中でロオマ法の根本性格を分析し、それを「自由の体系」の典型として説明しているところは、法の一般理論としても、きわめて示唆に富んでいる。

自由の体系の反対は、「不自由の体系」である。あるいは、「強制の体系」といった方がよいかも知れない。法が強制の体系として確立されている場合には、社会生活のために何がなさるべきかは、大綱から細目にいたるまで国家がきめる。人間のなすべき仕事は、すべて国家によって決定され、国家によって指示される。国民は黙ってついて行きさえすればよい。そういう体系の中では、国民はいつまでも手を取って歩くことを教えられているようなものので、人間精神の自発性や創造性は決して伸びない。そこにあるものは、すべてを国家が呑みこんで、しかるのちにすべてを国家が生み出すという仕かけの、国家万能主義である。この主義は、国民の福祉の約束とか偉大な民族の倫理とかいうような、美しい飾りをつけて立ちあらわれる。しかし、よしんばそのような制度が国民総会の決議によって成立したとしても、それが恣意の産物であり、専制主義の原理であることには、変りはない。

これに反して、自由の体系の場合には、社会の目的活動の積極的な部分は、国民によって自由に意図され、計画され、実行される。そこでは、国家は、社会の目的活動が円滑にいとなまれるための条件をととのえ、それを容易ならしめるように配慮するにすぎない。

もちろん、個人の自由活動は、それをそのおもむくままに放任して置いただけでは、互に摩擦をきたしたり、衝突を起したりする。それを防ぎ、それを調整するのは、国家の役割であり、法の任務である。その任務を遂行するためには、法的強制が必要である。そのかぎりにおいては、自由の体系の中にも強制はある。しかし、その場合の強制は、動こうとしない国民の背中に加えられる鞭ではなくて、国民の中の或る者が動きすぎて、他人の自由の縄ばりを侵した際に、それを引きとめるための手綱であるにすぎない。各自の縄ばりの範囲内では、万事は、国民各自の知性の判断と道徳的精神の自由な発露とにゆだねられる。自らを信じ、自らに頼り、自らの目ざすものを自らの力によって築き上げるという高貴な精神こそ、そこでなされるすべての建設活動の原動力である。

強制の体系の中では、どんなによいことが説かれ、どんなに立派な目標がかかげられても、人間精神の向上や人格の陶冶は行われ得ない。なぜならば、人間の自頼心とか、企画的精神とか、実行力とかいうようなものは、それが自由に発揮され、自由に試みられるところでのみ育つからである。強制の体系は、いたずらに国民のこれらの素質を萎縮させるだけである。一体、人間をよいことや理性的なことをするように強制するということは、無意味である。いや、単に無意味なだけではない。それは、人間の使命に対する冒瀆である。よいことは、自己の意志でそれを追求するのでなければ、意味をなさない。よいことが天降りに強制されるところ、そこには進歩はない。

意志の自由は人間の特権である。自由の体系の中では、それは法的自由の保障となってあらわれる。しかし、法的自由の価値は、それを通じて道徳的な任務が遂行されるところにある。もしも自由が、単に外から強制されることがないという消極的な状態にとどまっているならば、それは倫理的に是認されるに値しない。法が行為の内容を規定することをさしひかえ、いかに行動するかを各人の自由にまかせているのは、各人がそこで道徳上の自由と責任とをもって創造的な活動をいとなむことを期待しているからである。自由な意志は創造の力でなければならない。どんなにささやかなことであっても、自分がそれをする前にはそこになかったものを、自分の力で生み出すという創造の喜びぐらい、人間に人間の価値を自覚せしめるものはない。万物の創造者は、神である。そうして、人間といえども、神によって作られた被造物である。しかし、人間だけは、他の万物と違って自由な意志を与えられている。人間のみが、その自由な意志によって、神の創造の働きを受けつぎ、さらに世界の創造をつづけて行くことができる。人間は、それによって、自己自身の中に神の似姿を見出すのである。人間は、知ることだけでは満足しない。人間は、知り得たことを意志によって実行に移そうとしてやまない。実行こそ、実行による創造こそ、自由な人間の誇りであり、倫理的な価値の源泉である。人間にその誇りを感ぜしめ、その価値を自覚せしめるところにこそ、自由の体系の意義があり、強制の体系にくらべての、そのおよびもつかない卓越性がある。

これが、イエリングの試みた自由の体系および強制の体系の分析の概要であり、自由の体系に対する高い評価の要旨である。イエリングは、この尺度を現実の上にあてはめて、ロオマ法がきわめてすぐれた自由の体系であったことを論証した。自由の体系は、国民がその自由を活用して、倫理的な使命を遂行するに十分なだけの精神的な高さにあることを前提とする。古代ロオマにかような自由の法体系が栄えたのは、ロオマ民族が、法の認めたひろい自由の枠の中で、旺盛な自律の精神と強靱な責任感とをもって、倫理的な創造作用をいとなむだけの素質をもっていたからである。国民がそれだけの素質をもっていない場合には、法は国民に自由を許すわけには行かない。したがって、人間の価値と個人の尊厳とに目ざめていない歴史の段階では、天降りの命令と強制とを頼りとする強制の体系が幅を利かせることとならざるを得ない。

二

イエリングの試みたこの比論は、法秩序のあり方についての一般論として意味が深いばかりでなく、現代の世界を二つに色わけしている政治社会の二つの型にあてはめて考えても、教えられるところがすくなくない。

近代ヨオロッパ文化の根柢をなすものは、人間の自覚であり、人間の自由の覚醒である。この自覚は、ルネッサンス以後、急速に高まって行った。しかし、人間が意志の自由を有するということの意味に対する反省は、さかのぼって、キリスト教の信仰の中でつちかわれた。キリスト教によれば、神は万物を創造した。しかも、神は全智全能であり、絶対の善である。したがって、神によって創造された世界も、絶対の善であるべきはずである。しかるに、世界には悪がある。ことに、人間の住む世界には、邪悪が横行している。この矛盾はどうして生れたか。中世のキリスト教神学は、この問題に思いをひそめ、これに対する解決の鍵を人間の意志の自由に求めた。すなわち、神は、人間を神の似姿に作り、人間にのみ意志の自由を与えた。ところが、人間は、意志の自由をみだりに用い、神の心にそむいて罪を犯した。人間の世界が邪悪に満ちているのは、そのためである。しかし、人間には依然として意志の自由がある。人間は、キリストの十字架による救いを信じ、自由な意志によってかもし出された邪悪を、さらに自由な意志によって克服し、神の心にかなった、平和で幸福な世界を築き上げて行く責任をもつ。それが、人間の歴史の原動力であり、歴史を通じて実現さるべき人間の使命である。

このような考え方を基礎としつつ、それに近代合理主義の磨きをかけたものが、今日の西ヨオロッパ的な世界観の本質であるということができよう。

西ヨオロッパ的な世界観によれば、歴史は人間によって作られる。その根柢にはいかなる天の配剤があるにせよ、現実の歴史を動かすものは、人間の意志と努力と目的活動以外の何ものでもない。そこをつらぬくものは、セルフ・ヘルプの精神であり、天は自ら助くるものを助くの信念であり、意志のあるところ、そこに道があるという確信である。人間が自由な意志によって正しい社会生活を築き上げて行くのは、人間の責任である。そうして、人間が自己の責任によって自己の使命を遂行して行くための不可欠の前提は、人間の自由である。そこに、何ものによっても奪われ得ない自由の権利がある。人間には、政治的な自由があり、自らの意志によって自らの社会秩序を規律する権利がなければならぬ。故に、政治の方向を決定し、それを規律するための法を定立する権利は、国民にある。それが、国民の主権である。国民の一人一人は、主権を分担する者として平等であり、自由にその信念を吐露し得るものとして対等である。かくして、自由と平等とを中核とする民主主義社会の政治原理が確立される。

近代民主主義の法秩序は、この原理にしたがって、国民の法の前の平等を保障し、各人の生活経営に対して大幅の自由を認めた。それは、民主主義社会における活潑な自由競争をうながし、社会経済の未曾有の隆昌をもたらした。しかし、その反面、それはまた、資本主義の高度化にともなうさまざまの深刻な矛盾や弊害を生んだ。富の集中が一方にかたよるにつれて、富から見はなされた者は、法の前における平等の保障にもかかわらず、社会的に劣弱な立場に追いやられ、法的には意志の自由をもっているはずであるにもかかわらず、不当な条件の下に労働力を切り売りすることを余儀なからしめられるようになった。それは、人間の歴史のかもし出した新たな社会悪である。

けれども、西ヨオロッパ的の民主主義にとっては、この社会悪を克服するものもまた、人間の自由な意志と、責任ある努力以外にはあり得ない。そのためには、闘争も行われたけれども、それは共同の社会秩序を破局にみちびくような闘争ではなかった。そのためには、自由経済に対する法的統制の強化も試みられたけれども、どんなに経済上の自由に対する統制が強化されても、そのために、自由に表明された国民の意志によって政治を方向づけて行くという根本原理がゆらぐことはなかった。そこでは、何にもまして、高度資本主義の弊害を除去するための国民の自治的な協力が重んぜられた。労働組合が発達して、労働者の地位の向上がはかられ、商工協同組合によって中小商工業を大企業の圧迫から守る措置が講ぜられ、消費組合や社会保障の制度によって、国民生活の福祉を保護する努力がつづけられた。そうして、議会立法を通じて、次第に重要な産業の公企業化が行われ、資本主義の社会制度は、資本主義の根本からの打倒という荒療治を用いることなしに、おもむろに社会主義の方向に移って行った。これが、主としてイギリスの歴史にあらわれた近代民主主義の歩みであったということができよう。そうして、それは、イエリングのいう「自由の体系」の現代的な模範であるといってよいであろう。

三

ところが、第十九世紀のなかばごろ、自由放任政策による資本主義の弊害が高潮に達していた時代のイギリスに主として取材したマルクス主義の理論は、資本主義の高度化とともに人間本来の自由は失われ、歴史は唯物弁証法的な必然性をもってプロレタリアの革命に到達せざるを得ないと予言した。ここに、今日の世界を二つにわけて「自由の体系」と対峙している、「強制の体系」の発端がある。

マルクス主義の社会科学は、多分に西ヨオロッパの経験主義の影響を受けている。ヘエゲルの思弁的形而上学の胎内から生れたマルクス主義は、間もなく逆に経験科学の立場からドイツ哲学を批判して、世界精神のひとり歩きによって歴史を解明し得るものとしたドイツのイデオロオグたちの上に、痛烈な非難をあびせかけた。その著想によると、人間の歴史を作るものは、世界精神とか世界理性とかいうような怪物ではなくて、そこでもここでも生活のためのいとなみを行っている普通の人間である。人間は、いつの時代でも、その生命をささえるための生産に従事する。その場合、或る時代の人々は、前の時代からの道具や技術や生産様式を継承する。そのかぎりにおいて、人間の生産のための活動は、自然の諸条件によって制約されている上に、さらに、前の時代からの遺産によって規定されている。しかし、それと同時に、人間は、常にそれらの所与の上に新たな工夫を加え、これを改修しては常に新たな人間の生活を築いて行く。その点からいって、歴史を作るものは、人間の意志と人間の行動とである。人間は、歴史によって制約されていると同時に、逆に歴史を制約する。そう見ている点では、マルクス主義の歴史観は、決して西ヨオロッパ的の歴史観と本質をことにするものではない。

しかしながら、歴史の歩みがすすむにつれて、物質的な生産力や生産関係が、逆に人間から自由を奪い、人間を、どうしてもそうならざるを得ないような必然の変革の方向に駆り立てて行くようになる。とくに、資本制社会が高度化すると、厖大な生産の組織や、商品流通経済の機械的な法則や、利潤吸収の無慈悲なからくりが確立され、資本家は血まなこになって搾取に狂奔するし、プロレタリアは労働力を資本家のいい値で売って、辛うじて明日の糧をあがなうことを余儀なからしめられる。したがって、そこにはもはや人間の自由はない。そこでは、人間の作り上げた物質的な生産の機構が人間を支配して、人間の意志ではどうにも防ぎようのない階級闘争を激化させる。この状態に終止符を打つものは、世界的な規模におけるプロレタリアの革命あるのみである。それが成就すれば、人間は物質の支配から解放され、完全な自由を取りもどす。しかし、そこに到達するまでは、必然の一路あるのみである。マルクス主義は、かように説く。それが唯物史観の骨子であることは、改めていうまでもない。

ヘエゲルは、歴史をば自由の自己実現の過程であると見た。しかも、その精神的な自由は、まず家族の段階で一応肯定的なあらわれ方をするが、次の市民社会の段階では、人間の物質的欲望の跳梁によって否定される。そうして、最後に国家の段階にいたって、はじめて完全に現実的な自由となる。

このヘエゲル哲学の弁証法的発展の方式は、もちろん唯物史観のそれとは内容がちがう。しかし、それにもかかわらず、歴史の最初の段階にあった自由が、ブルジョア社会において否定され、最後に、ブルジョア社会が克服されることによって、ふたたび人間の手に戻って来ると見ている点では、マルクス主義の歴史観は、ヘエゲルの観念弁証法と全く趣を一つにしている。そこに、西ヨオロッパ的経験主義に立脚するマルクス主義の理論の中に、それと融け合い得ないドイツ的形而上学の蟠踞している点が認められる。人間によって作り出された生産の組織が、人間の意志から疎外されて、超人間的な怪物のようにひとり歩きを始め、逆に人間から自由を奪い、人間を必然的な闘争と革命とに駆り立てるという理論、——それは、経験によって認識された真理ではなくて、形而上学的絶対必然論から割り出された予断である。マルクスは、ここで西ヨオロッパ的歴史観からはっきりと袂をわかった。いいかえるならば、西ヨオロッパの民主主義は、この点で、マルクス主義の革命方式とは別の道を歩んだ。

事実、資本主義の最もすすんでいたイギリスでは、マルクスの予言したような革命は起らなかった。資本主義の矛盾が深刻化しても、ついに人間の自由を見うしなうことのなかった西ヨオロッパ民主主義の精神は、自由な人間の意志と自由な人間の目的活動とによって、社会悪を克服するために不断の努力をつづけて来たのである。

これに反して、マルクスの予言したプロレタリアの革命は、マルクスの予言とは非常にちがった仕方で、敗戦によってすでに崩壊に瀕していた一九一七年の帝政ロシアで実現した。そうして、唯物史観の理論にもとづく共産主義の政治方式の確立が、それにつづいた。

しかし、共産主義の革命が一国で成就しても、資本主義とのたたかいは依然としてつづけられなければならない。資本主義が残存するかぎり、自由はわがものとはならない。自由のない世界には、必然が支配する。必然の支配は、必然的な歴史の方向を洞察している少数者の、それを洞察するだけの力をもたない大衆に対する支配となってあらわれる。それは、一定の規格から外れた考え方の存在を許さぬ絶対主義の支配であり、政治的世界観の多元性と、その間の大幅な批判の自由とを認めぬプロレタリアの独裁である。そこに、西ヨオロッパ的の民主主義とは根本の精神をことにする政治社会の型ができ上って来たことは、決して偶然ではない。

それは、まさにイエリングのいう「強制の体系」である。そうして、それは、イエリングのいうとおり、人間精神の自由の自覚が高度化していないところでは、絶対の威力を発揮する。今日、人民民主主義といい、あるいは民主専制という名の下に、絶対主義または準絶対主義の支配が行われているところは、永いツァアリズムの圧迫下にあったアジア的ヨオロッパであり、没法子の諦観に徹した広汎なアジア地域である。なるほど、そこにかかげられている、階級のない、搾取のない社会という目標は、まことに美しい。しかし、どんなに立派な目標がかかげられていても、そこにいたる過程として、人間の政治的自由を封ずる「強制の体系」を通過する必然性があるとするならば、はたして、その道を選ぶことにどれだけの倫理的意義があるであろうか。イエリングは、それをはっきりと否定した。そうして、一度失っては二度と取りもどす見こみのない人間の自由に、何ものにもまさる価値を認める人々は、イエリングとともにそれをはっきりと否定するであろう。

唯物史観における経験主義と形而上学

一

唯物史観の中には、イギリス的な要素とドイツ的な要素とが混在している。それは、いいかえれば、経験主義と形而上学との混在である。唯物史観を唱えはじめた人々、および、唯物史観こそ唯一の真理であり、唯一の正しい歴史的発展の理論であると信ずる人々にとっては、それは、すこしも「混在」ではなく、むしろ「渾然一体」を意味するであろう。しかし、どんな権威のある学説に対しても、つっこんだ批判を加えることを怠ってはならないと思う者の眼には、それが混在と見える。あるいは、奇妙で不自然な接合であると映ずる。そうして、その点を明らかにすることは、唯物史観の性格、ひいては、そこからみちびき出される共産主義的実践の根本性格をつかむために、非常に大切なことであると思われる。

唯物史観は、歴史が実際に動いて来た経過を科学的に分析し、社会経済の発展、とくに経済的な生産力の発達が、その中で決定的な役わりを演じていることを明らかにした。そうして、資本制社会における商品流通経済の構造、労働による価値の創造、資本家による余剰価値の収奪、独占の発達にともなう資本制社会の矛盾の激化、等をつまびらかに考察し、その中から、社会変革の根本法則をつかみ取って、来るべき歴史の方向を察知しようと試みた。

その場合に、科学的考察の主たる素材として取りあげられたものは、第十九世紀中葉のイギリスにおける資本制社会の実態である。

唯物史観の理論は、一八四五年から四六年にかけて、ベルギイのブラッセルで書かれた『ドイツ・イデオロギイ』の中で、はじめて組織的に展開されている。ところで、それに先立って、エンゲルスはイギリス工業の中心地たるマンチェスタアにあって、『イギリスにおける労働者階級の状態』を書いた。また、マルクスは、一八四五年にエンゲルスとともにロンドンおよびマンチェスタアにおもむき、古典経済学の文献を読破すると同時に、イギリスの産業事情を直接に視察する機会を得た。そののち、マルクスの経済理論が本格的に組織化され、『資本論』という巨大な体系にまで築き上げられた際にも、イギリスがその学説の主たる素材となっていたことは、この大著の第一版の序文の中に明らかに記されている。

単に唯物史観の主たる素材がイギリスから取られているばかりではない。唯物史観の理論そのものの中にも、イギリスの経験主義的な経済学や社会科学の影響が、いたるところに見受けられる。

唯物史観の立場からいえば、西ヨオロッパ的な歴史観は、歴史を政治イデオロギイの側から一面的に考察しているというそしりをまぬかれない。しかし、それにもかかわらず、歴史の記述に対してはじめて「唯物的」な基礎を与えたものが、フランス人やイギリス人であることは、マルクスおよびエンゲルスの率直に認めているところである。一つ一つの問題について見ても、エンゲルスの『家族・私有財産および国家の起源』がモルガンの影響を強く受けていることは、この本の表題にも、また、序文の中にも明らかに示されている。また、マルクスの労働価値説は、明らかに、遠くロックにはじまる思想の系譜を受けついでいる。ロックは、国家の成立に先立つ人間の自然状態を想定し、そこでは、各人が労働によって自然の事物を利用したり、加工したりして、生活を経営する権利を有していたこと、および、労働によって人生にとって価値のあるものとなった事物は、その上に労働を加えて、それを価値のある物としたところの人の所有に帰するということを、自然法の原則と認めた。国家ができ、実定法が行われる世の中になっても、このような各人の自分自身のためにする生活経営を、できるだけ自由に放任して置けば、自らに私益と公益との間の調和が取れて、万人の福祉にかなった社会が実現され得ると見たのは、第十八世紀から第十九世紀のはじめにかけての、イギリスの個人主義的な経済理論や実利主義の立場である。マルクスは、そのような自由経済からかもし出された矛盾と社会悪とを深刻な論法でえぐり出し、労働によって創造された価値が、労働によって価値を創造した人々の手に配分されるようになることは、歴史の必然の動きであると説いた。その意味で、イギリスの個人主義経済学とマルクスの経済理論とは、全く反対の結論には到達しているが、それにもかかわらず、両者はともにロックの学説からわかれたヴァリエエションであるといってさしつかえない。

マルクスやエンゲルスの理論が、イギリスの経験主義的な社会科学によっていかに深い影響を受けているかは、これらの点を見ただけでもはっきりとわかる。事実、マルクスやエンゲルスは、青年時代、ヘエゲル直後のドイツの形而上学の空気を吸って学問的に育ったのちに、歴史や社会現象を経験主義的に、したがって、科学的に考察するという態度を、西ヨオロッパ、とくにイギリスから学んだ。そうして、その立場から、理念とか世界精神とかいうような怪物がひとり歩きをする過程として歴史を解明することに満足していたドイツのイデオロギイ論者たちに対して、痛烈な批判を加えた。

しかし、それにもかかわらず、マルクスやエンゲルスはあくまでもドイツ人であり、ドイツの形而上学という母胎から生まれた思想家である。したがって、その思想の中に、若かったころのかれらの魂の上に深く刻み込まれたドイツ哲学の刻印が、終生つきまとっていたことは、何ら怪しむに足りない。ことに、マルクスとエンゲルスとがブラッセルに相会して、『ドイツ・イデオロギイ』の労作に取りかかった一八四五年には、マルクスは若冠二十七歳であり、エンゲルスはそれよりもさらに二歳若かった。これは、もとより、かれらが思想家として卓越した天分をもっていたことを物語る事実であるに相違ない。けれども、それと同時に、その時代にはっきりと基礎づけられた唯物史観の立場の中に、イギリス経験主義の要素とドイツ形而上学の系譜とがお互に十分に消化し合わないで、未熟な、あるいは奇妙な形で契りを結んでいたということも、またこの事実から容易に推測し得るところであるといわなければならない。

ひろく知られているとおりに、唯物史観の中に根強く内在している形而上学の要素には、主なものが二つある。その一つは、文字どおりの唯物論の立場である。

ヘエゲルの死後、ヘエゲル学派は左右両派にわかれ、右派が宗祖の観念弁証法を祖述したのに対して、左派は、歴史を世界理性の自己展開と見た宗祖の根本命題を逆転し、物質こそあらゆる現象の根源であり、実体であるという唯物論哲学を唱えた。このヘエゲル左派の領袖はルウドウィッヒ・フォイエルバッハであり、マルクスおよびエンゲルスは、ともに若いころフォイエルバッハの強い影響を受けた。もちろん、『ドイツ・イデオロギイ』の中では、マルクス、エンゲルスは、経験主義的な歴史観の立場からフォイエルバッハを批判している。けれども、フォイエルバッハを通じて得られた唯物論的形而上学の影響が永くマルクス主義の物の見方の根柢をなすにいたったことは、疑いを容れない。マルクスは、『資本論』の第二版の序文の中でいっている。「ヘエゲルは、思惟の過程を、理念という名の下に、独立の主体にまで祀り上げるということをさえあえてした。そうして、ヘエゲルにとっては、このような思惟過程が実在界の創造者であり、実在界は単にそれの外面的な反映にすぎないのである、これに反して、私の場合には、理念的なものは、人間の頭の中で転換せしめられ、翻訳されたところの物質以外の何ものでもない、」と。この言葉は、そのままに形而上学的唯物論の公理として通用する。

しかしながら、このような純粋に形而上学的な唯物論哲学は、唯物史観の根本性格を理解する上からいって、かならずしも直接の重要性をもたない。

唯物史観は、歴史を作り上げて行くものが、理念や世界理性といったようなものではなくて、現実の人間であり、生産のために働く無数の個人であることを力説する。それらの人間の生産のための活動が、あらゆる交換の関係や、法および政治の組織や、道徳・哲学・宗教のようなイデオロギイの形態の根柢をなしていることを主張する。人間の活動によって生産されるのは、確かに「物」である。しかし、物を生産するのは、人間であり、人間の「経済活動」である。故に、唯物史観は、根本において「人間史観」であり、「経済史観」である。その場合、生産のための経済的な活動をする人間が、単なる「物」ではなくて、精神をもち、目的を目ざし、計画を立てて働く「考える葦」であることは、自明の話しである。そのような人間の精神が脳髄の中の分泌物であるのか、脳髄物質の発散するエネルギイであるのかは、唯物史観のとらえた問題とは直接の関係をもたない。そのような形而上学的な唯物論は、ただ、人間の歴史が個人精神からはなれた理念や世界理性の産物ではあり得ないという否定的な断定において、経験主義の立場に立つ唯物史観のために寄与しているにすぎない。

これに反して、唯物史観の中に含まれている第二の形而上学的な要素は、本質的な重要性をもつ。それは、いうまでもなく、弁証法の論理である。

弁証法は、ギリシャ時代には、文字どおり、弁論・討議を通じて結論をみちびき出すという、真理探究の一つの方法にすぎなかった。それを、矛盾を媒介とする思惟発展の巨大な論理として構成したばかりでなく、実在そのものの発展の筋道として客観化したのは、ほかならぬヘエゲルであった。唯物史観にとっても、人間社会の歴史は、社会生活そのものの中に内存する矛盾に媒介されて、弁証法的に転換して行く。その発展もしくは転換の原動力となるものは、ヘエゲルの場合には理念の自己実現の力であった。マルクスやエンゲルスは、この、「逆立ちしている」ヘエゲルの観念弁証法を「正常な位置」に置きなおして、物質的な生産力の変化をば歴史の発展の窮極の推推力と見た。その点では、ヘエゲル哲学とマルクス主義の歴史観とは、正反対の立場に立つ。しかし、それにもかかわらず、人間社会の歴史が、個人の意志や主観的理想をもってしてはどうすることもできない客観的必然性をもって、一つの絶対の方向にむかって動いて行くと見ている点では、両者は全く軌を一にしている。歴史が一定の絶対法則にしたがって動いて行くという断定、それは、だれが何といおうと形而上学的である。そこから、歴史の現段階において人間のなし得ること、もしくはなすべきことは、その社会変革をただ一筋におしすすめて、時代の生みの悩みを促進する一途あるのみという、信仰的な共産主義の実践がうまれる。

唯物史観に含まれたこの形而上学的な断定は、根本において、前に述べた経験主義の物の見方とは相容れ得ない。なぜならば、経験主義は経験にもとづく知識には常に誤謬があり得ることを予想している。それと同時に、誤謬を是正するものもまた、経験以外にはあり得ないと考える。したがって、弁証法というような大上段の法則をふりかざし、不完全な過去の経験の上に一方的な著色を施して、歴史の将来がただ一筋にかならずこうなるというふうに断定することは、経験主義の約束に反するからである。

唯物史観は、理念とか世界理性とかいうものがひとり歩きして歴史を作ると見る見方には、正面から反対した。しかし、そのかわりに、資本制社会の高度化とともに、人間によって作り出された生産の組織が、人間から独立して動き、逆に人間を支配するようになると見た。そうして、それが、人間の意志や努力をもってしてはどうすることもできない必然の筋道にしたがって、歴史を百八十度の転換にむかっておしすすめると予断した。そのような絶対主義の予断は、唯物史観が一応その上に立ってドイツの形而上学を批判したところの、経験主義の立場と矛盾する。唯物史観を信奉するにせよ、批判するにせよ、この矛盾をはっきりととらえることは、この特異の歴史観の性格を理解するためのキイ・ポイントであるといわなければならない。

二

順序として、まず、マルクスやエンゲルスが若々しい眼でイギリス産業の実態を見、西ヨオロッパの経験主義的社会科学の方法を取り入れた上で、その立場から新らしい歴史観を構成した時代の、試作されたばかりの新製品としての唯物史観がどのようなものであったかを、概観して見ることとしよう。

『ドイツ・イデオロギイ』の第一篇『フォイエルバッハ』の冒頭で、この論文の若い著者たちは、役にも立たない概念や論理を組み立てて、思惟過程の空騒ぎをやっている、ヘエゲル以後のドイツのイデオロギイ論者たちを罵倒したのちに、新らしい歴史の見方を次のような言葉で説き起している。

「われわれがそこから出発しようとする諸前提は、勝手にでっち上げた前提でもなければ、ドグマでもない。それは現実の前提であって、空想をもてあそばないかぎり、何人といえどもそれを無視することはできないのである。それは、現実の個人であり、個人の行動であり、かれらの生活のための物質的な諸条件である。これらの生活条件の中には、人間にとってあらかじめ与えられたものもあるし、また、人間が自分の行為によって作り出したものもある。

だから、このような諸前提は、純粋に経験的な仕方で確認され得る。」

純粋に経験的な仕方で確認され得る歴史の諸前提、――それは人間であり、人間の行為であり、人間の生活のための物質的な条件である。唯物史観は、こういうきわめてあたり前な、当然至極な、そうして地道な前提の下に立って、人間の歴史を解明しようとする。それは、まさに経験主義であり、個人としての人間の活動を越えた何ものかの力によって歴史が動かされるというような見方を排斥する理論であり、その意味で、形而上学に反対する立場である。それが、「唯物史観」といわんよりは、むしろ、まさしく「人間史観」と呼ばれるにふさわしいものであることについては、この言葉から見て、疑いをさしはさむ余地はない。

もちろん、唯物史観は、歴史考察の根本前提の一つとして、人間生活のための「物質的」な諸条件を数える。これも、きわめて当然である。人間は身体をもっている。人間は、五尺から六尺ぐらいの身の丈をもち、二本の脚で立って歩き、二本の手で物をもったり細工をしたりする。この人間のもつ肉体的条件をはなれて、人間の生活はなく、したがって、人間の歴史というものもあり得ない。さらに、人間の生活には、さまざまな物質的な所与が必要である。人間の生活は、大地によって支えられ、大地の上に育成する植物と、その種子や果実などによって養われる、石があったればこそ、原始人は石斧を作った。樹があったればこそ、丸木小屋を作って住み、枯枝をすり合せて火を作った。火を作り得たればこそ、砂鉄を融かして鉄製品を作り出すことができた。水を沸騰させて蒸気を作り、それで機械や交通機関を動かすようになった。それには、地下に埋没されている石炭が、何にもまして役に立った。火力から水力から、電力というエネルギイが得られ、それが人間の生活や生産活動に多大の貢献をもたらした。もしも地球を構成する物質の中に鉄がなかったならば、石炭がなかったならば、人間の生活は、人間の歴史は、ずっと違ったものになっていたに相違ない。その意味で、人間の生活や歴史は、すべて、人間に対して与えられた物質的条件に依存している。もしも唯物史観を否定することがこの事実を否定することであるならば、それは、子供にでもわかるあたり前の真理を否定することにほかならない。

人間は、与えられた自然の物質を利用して生活する。しかし、人間は、自然の物質を自然のままの状態で利用することには満足しない。それだけで満足し、それ以上のことをなし得ないならば、人間と他の動物との間に差別はない。人間は、自然の物質をそのままに用いるだけではなくて、その上に加工を施し、生活のための資材を自分で生産する。このように、人間が食糧その他の生活資材を自分の力で生産するようになったとき、そのときに、人間は他の動物からはっきりと区別された意味での人間になりはじめたのである。

このように、人間は、自分の力で食糧を生産したり、道具を作ったりするが、しかし、それらの生産活動は、常にさまざまな物質的条件によって制約されている。なぜならば、すべての生産は、人間の肉体的存在を維持し、増殖するために行われる。したがって、人間の肉体的存在そのものが一つの物質的条件となって、人間の生産活動を制約する。さらに、すべての生産活動は、それを可能ならしめている物質的条件によって制約されるし、それによって生産される生活資材がどんなものであるかということによっても、制約される。かくて、人間の生産活動というものは、そのままに人間の生活の仕方となってあらわれる。いいかえると、人間とはいかなるものであるかということと、人間が何を、どういう仕方で生産するかということとは、全く一致する。さらにいいかえると、人間が何であるかは、人間のおこなう生産の物質的な諸条件に依存する。

人間の生活は、とりもなおさず人間のおこなう生産活動のあらわれであり、人間のおこなう生産活動は、生産のための物質的諸条件によって条件づけられる。——この命題は、明らかにその中に唯物史観の根本の立場を示している。

人間の生活といえば、まず、人間が何を食べ、何を著、どんな家の中に住むかというような、物質的な生活を意味する。しかし、単にそれだけではない。人間は、人間の作ったものを所有する。したがって、人間の生活は、いろいろな財産の形態の中にあらわれる。人間は、自分自身の需要を満たす以上の数量の物を作って、それを、他人の作った別の物と交換するであろう。故に、人間の生活は、さらに分業や交換や交通の関係の中に表現される。それらを、一括して「生産関係」と名づけるならば、人間の生活は、すべて生産関係によって規定されていることになる。それらの生産関係は、所有の関係であり、交換の形式であるという意味では、法的関係である。さらにまた、そうした法的関係を権力によって維持するという意味では、政治的組織である。人間は、それらの法関係を正しいと考え、それらの政治組織を、神の定めたものであると信じたり、尊厳な支配者の栄光につつまれたものであると考えたり、いかにももっともらしい政治哲学の論理によって意義づけたりする。そこに、道徳だの、宗教だの、哲学だのというような、さまざまなイデオロギイが発達する。けれども、そのようなイデオロギイは、すべて、物質的な生産関係が意識の面に投影されたものであるにすぎない。したがって、意識が生活を規定するのではなくて、生活が意識を規定する。あらゆる法的政治的な上部構造や、あらゆる哲学的宗教的倫理的なイデオロギイは「物質的な生産関係」によって規定されている。しかも、物質的な生産関係は、さらにそれの根柢にある、生産のための物質的な諸条件と、それによって媒介された人間の労働力、すなわち、「物質的な生産力」によって制約されている。

これが唯物史観の根本の物の見方である。マルクスは、この見方をのちに『経済学批判』の序文の中で簡単に要約して示した。その場合、かれは、社会の基盤をなす生産関係や、歴史の原動力たる生産力をいいあらわすのに、常に「物質的」という形容詞をつけている。そのために、この立場は、人間の生産活動も、社会の生産関係も、法や政治も、哲学や宗教や道徳も、ことごとく非人間的な「物質」の諸条件の下に置かれているとする、文字どおり「唯物的」な社会観であり歴史観であるように受け取られがちである。

けれども、前に見たように、人間の生活を規定している物質的な諸条件というのは、決して単なる自然のままの事物ではない。それは、人間によって加工された物であり、人間の発明した道具であり、人間の工夫した技術である。人間の肉体そのものといえども、修業や熟練の力によって、自然のままではとうてい不可能な能力をも発揮できるようになる。したがって、人間の社会生活を規定している物質的な諸条件と称せられるものも、決してただの物質ではなくて、その大部分が人間の目的と意志と努力の産物であるといわなければならない。いいかえると、人間の社会生活を規定している物質的な諸条件は、さかのぼっては、さらに人間の創意や工夫や社会的な協力によって規定されている。しかも、それらの人間の創造的な社会活動は、何にもましてまず人間の経済生活の維持にむけられている。唯物史観が、実は人間史観であり、経済史観であるといわれ得るゆえんも、またそこにある。

このように、人間が、自分自身の歴史を自分自身の力で築き上げて行くものであるということは、すくなくとも経験主義の性格をはっきり示している面での唯物史観の、明らかに認めているところであるといってよい。

すなわち、『ドイツ・イデオロギイ』の著者たちはいう。――世界史の流れの中で、歴史を転換させて行くものは、「自覚」とか、「世界精神」とか、その他の言葉で呼ばれているような形而上学的怪物の仕業ではなくて、経験によって指さし示し得るところの実質的な人間の行為にほかならない。それが何者の行為であるかは、そこに立ち、ここを歩き、物を食べ、水を飲み、著物を著ている個々の人間を見れば、すぐにわかる。

そのような人間は、その生命を維持するために、そもそものはじめから生産という行為をおこなって来た。つまり、食べものや、住む家や、著る著物を作るというような仕事をつづけて来た。かくのごとくに、人間の生活のための慾望を満足させる手段を作るという仕事をはじめたのが、人間の歴史のはじまりであり、その意味で、人間は、常にその歴史を作って来たのである。

ところで、一つの慾望を満足させるための一つの手段が作り出されると、次には、その手段や道具そのものが、新らしい慾望の的となる。そうして、その新らしい慾望を満足させるために、新らしい生産が行われる。このようにして、歴史がだんだんと進展して行く場合、おのおのの時代の人々が、前の時代の人々によって作り出された道具や生産手段や生産様式を継承することは、いうまでもない。その意味では、どの時代の人々の生活も、前の時代から伝えられたところの「物質的」な生産手段によって制約されている。しかし、後代の人々の生活を制約している「物質的」な生産手段の遺産も、かつては、前の時代の人々が自らの生活のために自らの手によって作り出したものなのである。のみならず、後代の人々といえども、もとより、単に前の時代から伝承された環境や生産様式をそのまま受けついでいるばかりでなく、常に新たな生産の手段を作り出し、それによって、前代からの遺産としての「物質的」な生活環境を変化させて行くのである。だから、一つ一つの時代は、それに先立つすべての時代から譲りわたされた道具や、技術や、生産力を利用しつつ、その生産の活動をつづけて行くと同時に、その上に、新たな活動の方式を加味することによって、古い環境を絶えず変貌せしめる。歴史は、かようにして、時代から時代へと引きつがれて行くのである。

唯物史観は、歴史をこのように説明する。そうして、歴史をこのように説明する唯物史観に対しては、歴史とは世界理性とか世界精神とかいう怪物のひとり歩きの舞台であると見るドイツのイデオロギイ論者たちをのぞいては、おそらく何人も反対することはできないであろう。それはごくあたりまえのことであり、経験の示す事実であり、科学的に立証され得る真理である。そこに、唯物史観の科学性があり、反形而上学的性格がある。とくに、唯物史観は、経済的な生産のための活動が、人間の歴史生活の根柢をなしていることを明らかにした。この点も、その生産活動そのものが人間の意志と目的とによって規定されていることを認めるかぎり、それまで人のあまり注意しなかった歴史解明の重要な側面を開拓したという意味で、唯物史観の大きな功績とするに足りる事柄であるに相違ない。

三

しかしながら、いま述べたのは、唯物史観の一つの側面であって、その全貌ではない。その全貌においてとらえられた唯物史観の中には、経験主義的な唯物史観がまさしく排斥してやまないところの形而上学的断言が、いつの間にかはいりこんで、しかも、この特異の歴史観の中心点にどっかりと座をしめている。それは、まさに唯物史観の二重人格性であり、ジキルとハイドの両面性である。そうして、さらにその根本の源泉をつきとめていうならば、この両面性は、科学者としてのマルクス、エンゲルスと、革命家としてのマルクス、エンゲルスとの両面性にほかならない。

すべての時代を通じて、人間は、それに先立つ時代から受けつがれた歴史的環境に制約されつつ、その下に生活をいとなんでいる。しかし、それらの歴史的環境も、永い間の人間の創造活動によって作り出されたものであって、決して自然にそれがそうなったわけではない。のちの時代の人々は、前の時代から伝えられた環境の制約の下に生活している。それは、そのかぎりにおいては、人間の力でどうすることもできない歴史的の所与である。けれども、人間は、単に与えられた環境をそのままに受け取り、その制約の下に、身動きもできぬ筋道にしたがって生活をしているのではなく、歴史的所与を土台としながらも、その上に常に何がしかの新たなものをつけ加え、環境をモディファイする力をもっている。それが歴史である。歴史は、人間が不断に作りつつあるものであり、その意味で、歴史をもっているものは、人間だけである。人間以外の動物の生活には、歴史はない。マルクスやエンゲルスも、このことは明らかに認めている。それを認める以上、歴史の発展に対する人間の能動性というものが、あわせて承認されるのは、当然のことでなければならない。人間は、その意志と目的と努力とによって歴史を作り、環境を主体的にモディファイする。そこに、人間の自由があり、創造がある。そこまで認めるとすれば、唯物史観は、そのままに西ヨオロッパ的な人間観、歴史観と一致するものということができよう。

ところが、唯物史観によると、人間が与えられた「物質的」な諸条件の制約の下に生活しつつ、逆にその目的活動によって所与の環境をモディファイして行くうちにだんだんとこの関係の中に著しい変調が生じて来る。すなわち、人間によって作り出された生産手段や生産組織が、主体的な人間そのものから離脱して、それ自身の必然性にしたがって動くようになり、その動きが一方的に人間を支配しはじめるのである。そこにいたるまでは、人間が或る点まで、歴史の舵を取ることができた。その意味で、そこには、不完全ながら自由があった。しかし、いまや、歴史は、人間の主体性からはなれた「物質的生産力」のひとり歩きの舞台と化する。そうして、この怪物のような物質的生産力が人間からあらゆる自由を奪い、あらかじめ定められた方向にむかってすべての人間を引きずって行く。物質が神秘の魔力を発揮して、人間はそれにあやつられる「物」と化する。かくて、自由は跡方もなく抹殺されて、必然が人間社会の動きを規定する。このように見るのは、唯物史観の、人間史観から必然史観への転換であり、経験主義から形而上学への前ぶれもない切りかえである。ジキルは影をひそめて、ハイドが活躍する。

マルクスやエンゲルスによれば、かような転換が行われるにいたった根本の原因は、人間の分業と、それにともなう階級の分裂である。

分業は、そもそものはじまりにおいては、同じ共同体の中での、たとえば家族の中での、男と女、親と子との協働という形で行われる。そのうちに、奴隷というものができて、主人のために自由を奪われた労役に従事するようになる、さらに、人々の間に、猟師とか漁夫とか牧夫とかいうような職能種別が生じて、それぞれ特殊の仕事をいとなむにいたる。かような分業が高度化して来ると、人々は、もはや自由に一つの仕事から他の仕事に移ることはできなくなる。したがって、職能は固定して、階級となり、一つの階級の利益が他の階級の利益と対立することとなって、階級の間の闘争がはげしくなる。そうした分業の組織も、また、それぞれの職業に従事する人々がいとなむ社会活動も、もともとは人間の作り出したものなのであるが、それが固定し、硬化することによって、人間の上に君臨する「物的な力」となる。この物的な力は、もはや人間の力の思うようには動かない。われわれがそれを何とかしようとしても、その期待は裏切られる。われわれが、それはこうなるであろうと希望しても、そのような希望は何の役にも立たない。

階級が固定し、階級と階級との間の闘争が激化するということは、支配的な階級にとっても、好ましいことではない。支配者たちは、かれらの支配がいつまでも安定して行くことを欲するし、また、そのような安定した秩序が、かれらだけの利益になるわけではなくて、全体の利益と合致するというふうに見せかけることを求める。かように、階級支配の関係を確保するとともに、その秩序によってもたらされる利益を全体の利益であると見せかけるために、やがて、国家という制度が発達して来る。しかし、国家が全体の利益の担い手であるというのは、もとより、単なる粉飾であり、仮装であって、その中でますますはげしく行われる階級闘争のうわべを蔽いかくしているだけである。民主主義や貴族主義や君主主義の争い、あるいは、選挙権をめぐっての闘争などというものは、真の闘争の幻影的な仮象形態にすぎない。真の闘争は、国家権力を独占する階級と、その下に圧迫されている階級との間の血みどろのたたかいである。被圧迫階級がこのたたかいに勝つためには、政治上の権力を支配者の手から奪取する以外に方法はない。高度化した資本主義社会でのプロレタリアアトの権力闘争は、まさに、国家権力を独占するブルジョアジイに対する最終的な階級闘争である。この闘争は、必然的に激化する。そうしてそれは、必然的なプロレタリアアトの革命によって終止符を打たれる。闘争の必然性、そうして、それにつづくプロレタリア革命の必然的な勝利、――歴史は、人間のあらゆる願望や、予期や、闘争回避のためのはかない努力をふみにじって、ひたすらにこの巨大な転換にむかってなだれ込んで行く。

分業によって規定された社会活動の複合的体系は、一つの社会力であり、多岐にわかれたところの生産力である。大ぜいの人々は、この生産力の組織の中にあって働いているのであるが、かれらがこの組織の中に組み入れられているということは、かれらの自由な意志によるところではなくて、必然的にそうなるように運命づけられているのである。したがって、この力は、本来は自分たち自身の結合された力であるにもかかわらず、かれら自身にとっては、そうは思われずに、自分たちとは縁もゆかりもない外部的な力となって、かれらの上に圧迫を加えるようになる。人間は、この力がどこから来て、どこへ行くかを知らない。人間は、もはやこの力を支配する能力を失う。それどころか、それは、人間の意欲や行動から独立した力となって、逆に人間の意欲や行動を支配する。そうして、社会生活の様相や発展段階を規定するにいたるのである。

これこそ、まさに、唯物史観のいわゆる「自己疎外」の現象である。人間の作り出した力、いや、それ自身の中に人間の労働力を主たる要素の一つとして含む生産力が、それを作り出した人間から疎外されて、反対に人間を首筋でとらえ、人間の意志や努力ではどうすることもできない方向にむかって、人間を必然的に駆り立てて行くというのである。それは、まさしく弁証法的な百八十度の転換であり、人間の自由の絶対否定の段階であり、さらにまた、逆に百八十度の転換が行われることによって、人間の自由の完全な回復にむかってすすむための、必然的な跳躍台を意味する。そこでは、唯物史観の創唱者たちの中から、地味な経験科学者の姿は消えて、人々をプロレタリア革命へと突撃させる形而上学的予言者の姿が、それにかわって立ちあらわれる。どんなに矛盾や社会悪が累積して来ても、すべての人間の自由な意志と努力と目的活動とを組織化して、それを矯正し、それを除去し、それを改善しようとしてやまない西ヨオロッパ的な民主主義の態度は否定されて、少数の前衛闘士の指導の下に、一路まっしぐらな変革にむかって突進しようとするドイツ的な指導者主義が、大きくクロオズアップされて来る。

このような、唯物弁証法的な政治変革の必然性を論証するために、マルクスは、その生涯の大著たる『資本論』の中で、資本制社会に内在する巨大な矛盾を、どこまでも深刻にえぐり出して示そうと試みた。

資本主義経済は商品流通経済である。人間は、自分自らの生活に必要な物を生産するのであるが、分業の発達とともに、各人は、自分自身の直接の需要とは無関係に、同じ品物の大量を生産するようになる。そうなると、生産された品物は、商品となって市場にもち出され、他の品物と交換されることになる。ところで、変換が成り立つためには、交換される商品は等価でなければならない。しかるに、商品はすべて労働によって生産されるのであり、したがって、商品の価値は、それを生産するために投入された労働量によって決定される。社会的な平均労働時間によって測定され得る価値が商品の中に内在し、それが等価交換の基準となるのである。

故に、労働は、あらゆる価値を、したがって、価値のあるあらゆる商品を作り出す源泉である。しかるに、原料や、商品や、工場や、あるいは、いつでもそれらの品物と引きかえることのできる特殊な商品としての貨幣の相当量をもっていない労働者は、自分のもつ労働力を唯一の商品として資本制社会の市場に提供せざるを得ない。その場合に、労働力という商品だけは、等価交換の原則によらないで、事実上不等価をもって交換される。すなわち、たとえば、十二時間の労働に対して、六時間の労働が生み出した価値にひとしいだけの貨幣が、賃金として与えられる。そうして、労働者は、辛じて明日の労働の再生産に堪えるだけの生活を維持しているとき、それを越えて生み出された価値は、すべて余剰価値として資本家の手に収奪される。

資本制社会の市場で流通する商品は、そのような特殊な生産関係を、したがって、階級的に規定された社会関係を、物化された形で示している。企業家がそれを生産することによって利潤を得、商人がそれを取りひきすることによって差益を獲得する商品の中には、プロレタリアから収奪した余剰価値が内在している。そこに、商品のもつこの上もない魅力がある。そこで、人々は、商品にあこがれ、商品の前に膝まずき、商品の入手のために狂奔する。人間の作り出した商品は、物神となって魔力を発揮し、人間は逆にその魔力に翻弄される。いや、個々の商品ばかりでなく、商品流通経済の全生産機構そのものが、人間から疎外された巨大な物神と化して、人間に対する神通力を発揮する。

このような生産機構の中にはいりこむと、資本家は、いやでも応でも競争に負けまいとして、余剰価値の収奪にやっきとなり、利潤追求に血まなこにならざるを得ない。それは物に支配された人間の浅ましい姿である。まして、労働者は、自分の生み出した価値の中からの僅かなわけ前にあずかるだけで、それをどんなに不合理と思ってもどうすることもできず、団結の力を発揮しようとすれば、ただちに法と権力との弾圧を受けるという境遇に沈淪せざるを得ない。

かつて人々は、資本主義経済の場所たる市民社会では、自由と平等と所有とベンタムとが支配すると考えた。なぜならば、そこでは、人々は自分たちの自由意志によって取りひきすることができ、商品の所有者として、相互に不等の立場に立って等価交換を行い得るからである。そうして、そこでは、人々が自分自身の物を支配するという形で、所有があり、だれもが自分のことだけを考えて行動しているにもかかわらず、目に見えない予定調和の手にみちびかれて最大多数の福利が実現するという意味で、ベンタムの提唱した原理が行われるはずだからである。

しかし、そのような「天賦人権の楽園」は、実際には夢と化した。資本制社会の階級構成は、極端な不平等となってあらわれ、法によって保障されたはずの自由は、砂上の楼閣のように崩れ去った。所有権は資本を擁護する牙城となり、ベンタムの説いた私益相互の調和のかわりに、階級間の闘争はますます深刻の度を加えた。かくて、自由は人間の手から奪い去られた。必然の法則が社会を動かし、歴史の方向をただ一筋に破局にむかうように決定するにいたった。

自由の否定と、必然の支配!!!

しかし、それは決していつまでもつづくわけではない。このいきおいのきわまるところ、ついに大規模な変革が行われて、必然の支配は止揚され、自由はふたたび、しかも、はじめて完全に人間の手に取りもどされる。すなわち、資本制社会の中で生産力が大規模な発展を遂げると、必然の結果として、社会の富は少数者の手に独占され、それらの少数の人間は、思うがままの教養を身につけることができる。その反面、ますます多数の無産者が産出され、それが世界的なひろがりをもった窮乏として、普遍化される。そうなると、その矛盾は、もはや人間として堪えしのぶことができないまでに拡大され、最後に、共産主義の革命が、先進諸民族の中で、一度に、そうして同時に行われる。そうして、それによって、資本主義の生産関係とともに、その上に構築されたすべての法や政治の組織、および、さらにその上にそそり立つもろもろのイデオロギイの形態が根柢から崩壊する。それとともに、人間から自由を奪い去っていた一切の物質的諸条件の支配は取りのぞかれ、人間の「自己疎外」は終りをつげ、人間が生産力を自由に、人間自らの共同の福祉のために用いることができるようになる。

そこで、唯物史観は説く。

人間社会の歴史は階級闘争の歴史である。過去においてさまざまな形でくりかえされて来た階級闘争は、社会的な生産力の変化によって生ずる必然的な矛盾のあらわれにほかならない。しかも、このような矛盾は、資本制社会に内在するそれにおいて、まさに「最終」の段階に到達しているのである。したがって、共産主義の革命によって、人類を悩ましつづけて来たこの最後の矛盾が解消すれば、人間の作り出した物的な生産の組織によって人間それ自身が支配されるという逆転現象は、もはや発生する原因がなくなる。そうして、階級の対立のない、したがって、一つの階級による他の階級からの収奪の行われることのない世界が実現する。エンゲルスの言葉をもってすれば、「それは、必然の王国から自由の王国への人類の跳躍である。」人類は、そうなってはじめて、自由に自分たちの歴史を作り得るようになる。故に、この転換は階級闘争の歴史に終止符を打つことにはなるが、真の歴史はむしろそこからはじまるのである。マルクスが、共産主義社会の形成とともに、「人間社会の前史」が終るといったのは、まさしくその意味にほかならない。

四

これまで考察して来たところを綜合すると、唯物史観は人間の歴史を次のように見ていることがわかる。

人間が歴史をもつようになったのは、人間が自分たちの生活のための手段を自分で作るようになったときからである。そのような生産は、さまざまな自然条件によって制約されている。しかし、生産それ自身は、人間がそれらの自然条件を利用して行う活動であり、人間は、それによって自ら人間の歴史を作って来たのである。だから、この段階においては、人間には不完全ながら自由があった。しかるに、そのうちに、人間によって作られた生産力や生産組織が、だんだんと人間から疎外されて、逆に人間を支配するようになった。この過程が昂進するにつれて、自由は人間から奪われ、人間に対する物の支配が、したがって、人間社会に対する必然法則の支配が確立されるにいたった。この必然の法則は、人間をますますはげしい階級闘争にかり立てる。そうして、階級闘争の最後の段階たる高度資本主義社会の自己矛盾は、人間の歴史を必然的に大規模なプロレタリアの革命へと追い込む。かくて、この必然的な革命が必然的に成就するとき、そのときこそ、弁証法の示す否定の否定が完成し、人間を抑えつけていた必然の法則は霧散・消失して、人間の手に完全な自由が取りもどされる。それが、近い将来に約束されているところの共産主義の社会である。

不完全な自由から自由の完全な否定へ、自由の完全な否定から自由の完全な実現へ。――この完全な弁証法の図式は、まさに完全に形而上学的である。しかも、何にもましてヘエゲル的である。なぜならば、ヘエゲルの場合にも、人間の共同生活の歴史的発展は、自由から必然へ、必然からふたたび自由へと転換して行くからである。

ヘエゲルは、人間の歴史をば自由の理念の自己実現の過程として示した。しかるに、自由とは、自己以外のものによる限定を受けないことである。したがって、人間の意志が真に自由であり得るためには、それは、限定された「個別意志」ではなくて、個体の限定を越えた「普遍意志」でなければならない。人間は、個人の立場に執着しているかぎり、真の自由をわがものとすることはできない。個人が、単なる個人として自己を主張しているのは、我慾や執念によって意志が支配されている状態であり、したがって、そこでは、理性的な意味での自由は否定されているのである。人間は、そのような個人の孤立している状態を越えて、普遍的な共同体の立場に立つことによってのみ、自由をわがものとすることができる。ヘエゲルによれば、自由な意志は、単なる個人の意志ではなくて、超個人的な普遍者の意志であり、共同体の意志である。だから、ヘエゲルは、即自の素朴な自由を、個人の自覚がまだ未熟な状態にある家族の中に求めた。そうして、家族の生活の中に芽生えた自由な意志は、最後に、国家の普遍意志となるにいたって、即自および向自の完全な実現段階に到達すると説いた。

かように、家族や国家を、自由の理念が自己を実現する場所と見たヘエゲルの立場は、もとより唯物史観とは内容上何らの共通性をもたない。マルクス主義の国家観からいえば、国家は、自由の自己実現であるどころか、全く反対に、階級支配の道具であり、支配階級が権力を独占して被支配階級を圧迫する場所である。ヘエゲルとマルクスとは、ともに人間の問題の中心点を自由に求めた。しかし、ヘエゲルは、その自由が国家において完きを得るものと見て、プロイセン国家の現実を哲学的に美化して示すことにつとめた。それがマルクス主義とは正反対の立場であることは、いうまでもない。

それにもかかわらず、ヘエゲルが、家族から国家への発展を否定的に媒介する市民社会をば、人倫の喪失態としてとらえたことは、唯物史観の思想的先駆者として、重要な意味をもつ。

市民社会は、ブルジョア社会である。そこでは、多数の個人が、個人個人の露骨な慾望にしたがって生活し、単なる個人個人の利益を求めて行動する。したがって、家族の場合に見られた普遍的な人倫意志は、市民社会には見出され得ない。市民社会の人々も、治安維持のためには国家を必要とし、共通の目的のために団体を形成する。けれども、その国家や団体は、個人の利益を守るために設けられた単に形式的な統一態であり、名のみの存在であって、実体性をもたない。故に、家族において即自の普遍者として形づくられた人倫意志は、市民社会では単なる「仮象」と化する。それは、「人倫の喪失態」であり、人倫意志の自由が自己自身を否定した段階にほかならない。

ブルジョア社会の活動の原動力となるものは、各人の慾望である、慾望は、元来、主観的であり、したがって、各人各個まちまちである。ところで、慾望が満足せしめられ得るためには、人は物をもたなければならない。しかも、自分の多様な慾望を満足せしめ得るだけの物は、とうてい自分一人の力で作り出すことはできない。そこで、各人は、それぞれまちまちの慾望にしたがって行動しつつ、それなるが故に、互に他人の同じような慾望充足のための活動に依存することになる。いいかえると、自分の勤労の成果を他人のために提供することによって、そのかわりに、他人の勤労の成果をわがものとすることが必要になる。その結果、大ぜいのブルジョアたちの間に、利害の共同性が成立して来るように見える、それが、ヘエゲルのいう、ブルジョア社会における「慾望の体系」である。

慾望の体系を基礎とする市民社会の秩序は、外観だけを見ると、多数の人々が互にすすんで協力し合っている倫理的な秩序であるように思える。しかし、その一枚の外皮を剥いで見ると、その中では、多ぜいのブルジョアたちが、自分の利益のみに汲々としてひしめき合っているのである。ヘエゲルが市民社会を人倫の仮象と見たのは、そのためである。人倫がその実体を失えば、人倫意志の自由もまた失われる。市民社会でも、人々は自分では自由だと思っている。けれども、その自由は、単に形式だけの自由である。自分だけの慾望によって、自分だけの利益のために行動している世界には、真の実体的な自由はない。我慾跳梁のブルジョア社会は、人間が自らの自由を見失った世界にほかならない。

マルクスの資本制社会の分析が第十九世紀中葉のイギリスの資本主義隆昌期に主として取材したものであること、および、その理論がイギリスの個人主義経済学の影響を受けていることは、前に述べた。そうして、このことは、或る点までヘエゲルの市民社会の分析についても認められる。すくなくとも、ヘエゲルは、アダム・スミスやリカルドの経済理論を参照しつつ、市民社会における主観的慾望の相互調和の関係を叙述したものと思われる。

しかし、ヘエゲルは、先進資本主義の国としてのイギリスの市民社会は、そのままでは、決して自由の王国ではあり得ないことを看破した。アダム・スミスやベンタムは、市民社会に生活する多数の人々が自由に自己の利益を追求し、自由に自己の事業を経営して行けば、その間に行われる自由競争が自らに需要供給のバランスをもたらし、見えざる手にみちびかれて私益と公益とが調和すると考えた。ヘエゲルは、マルクスに先んじて、マルクスのいわゆる「天賦人権の楽園」が、決してこれらの楽観的な自由経済理論のいうような形では実現され得ないことを知った。それどころか、ヘエゲルは、市民社会の自由は仮装の自由であって、真の自由ではないと断定した。そこでは、自由な意志のかわりに、主観的な欲望が跳梁する。しかるに、自由のない世界には、歴史は決して永くとどまり得ない。歴史は、かならずそのような自由の否定の段階から自由の実現の段階にむかって動く。ヘエゲルは、そこに市民社会の必然的な行きつまりを洞察したのである。市民社会が行きつまれば、かならず市民社会の否定が行われる。いいかえれば、市民社会は、弁証法的必然性をもって崩壊する。そう考えたのが、ヘエゲルである。そうして、その考えは、そのかぎりにおいては、まさにそのままにマルクスによって継承されたものといってよい。

ブルジョア社会は、自由の喪失態である。故に、自由が回復されるためには、ブルジョア社会は崩壊しなければならない。その過程は、弁証法的な必然性をもって行われる。そうして、自由の否定の段階が再否定されることによって、人間の歴史は、はじめて完全に自由の実現される段階へと飛躍する。

そう見ている点で、ヘエゲルとマルクスとは、全く軌を一にしている。ただ、ヘエゲルは、市民社会の克服は、自由の理念の自己発展によって行われると考えた。そうして、そののちにきたるところの自由の王国をば、人倫の最高形態たる国家として描いた。これに反して、唯物史観は、ブルジョア社会の崩壊は、資本制経済に内在する生産力と生産関係との間の矛盾によって必然的に促進され、最後に、プロレタリアの革命によって一挙に実現されると説いた。そうして、そののちにきたるところの自由の王国をば、共産主義による共同体的生産社会に求めた。そこは違う。しかし、歴史の変革の筋道を、自由から必然へ、必然から自由へという図式で示している点では、両者の間に根本的な著想の一致が見られる。

しかも、唯物史観は、共産主義社会という自由の王国が確立されたとして、歴史がそこからどこへ、どうして動いて行くかについて、何ごとをも語っていない。マルクスは、プロレタリア革命の完成によって、人間社会の「前史」が終るといった。しかし、そうなった上で、そこからはじまるはずの「真の歴史」がどのようにして進展して行くかは、マルクスやエンゲルスの理論からは引き出すことができない。もしも歴史が常に弁証法的に動いて行くものであるならば、そうして、歴史の弁証法的発展が常に階級闘争に媒介されて行われるものであるならば、階級がなくなり、したがって階級闘争の生ずるはずもない将来の完全な共産主義社会に、そもそもどうして「歴史」があり得るか。唯物史観の根本の立場を棄ててしまわないかぎり、それから先には、時の流れはあるにしても、それはもはや「歴史」ではないといわなければならない。そこに、マルクス主義の終末観的性格があることは、多くの批判者の指摘するとおりである。

同様に、ヘエゲルもまた、国家が自由の理念の真の自己実現として立ちあらわれたのちに、世界史が、そこから、どこへ、どういうふうに動いて行くかについて、ほとんど何ごとをも語っていない。世界審判としての世界史は、強国の興亡や交替をくりかえしつつ、東洋国家の時代からギリシャ国家の時代へ、ロオマ帝国の時代からゲルマン帝国の時代へと発展して来た。哲人ヘエゲルはそれを叙述した。しかし、世界史はさらにいずこに行くか。哲学が世界史の歩みをそこまで叙述したときには、世界そのものはすでに年ふりて、灰色につつまれている。そうして、哲学が、灰色の筆で灰色の世界を描いて見ても、生命の焔はもはや若がえることはない。ミネルヴァの梟は、せまりきたる黄昏とともに飛びはじめる。——この有名な『法哲学綱要』の序文こそ、まさしく典型的な終末観の表現ではないか。そこでも、ヘエゲルは、まさにマルクスおよびエンゲルスの先駆者ではないか。

イギリス流の経験主義の衣をもってよそおわれた唯物史観の中に、ヘエゲル哲学を頂点とするドイツ固有の形而上学がいかに牢固として蟠踞しているかは、この事実一つによっても、きわめて明白に示されているといわなければならない。

五

近世の西ヨオロッパに発達した民主主義の社会観は、すべての人間は個人として尊厳なものであるという、人間尊重の精神に立脚している。かように、人間が個人として尊重せらるべきであるのは、人間が自由な存在者として、自らの意志で、自らの幸福を築き、自らの生活を規律して行くだけの能力をもっているからである。すでに、すべての人間が自由な存在者であり、自由な個人として尊厳であるならば、それらの個人の間に生まれながらの差別を設けるべきでないことは、いうまでもない。そこで、民主主義は、個人の自由とともに個人の平等を社会構成の根本原理としてかかげる。自由であって、しかも平等な多数の個人が、共存し、競争し、協力し、繁栄する社会、それが民主主義の目標であることは、むかしも今も変りない。

第十八世紀の終りになって、民主主義の社会組織が西ヨオロッパやアメリカで確立されたころには、人間の平等は、まず、すべての個人の「法の前の平等」の保障として実現された。人は、たれしもがひとしく権利の主体として取りあつかわれる。したがって、たれしもが自分の財産をもつことができ、その財産は法によって公平に保護される。しかも、人間は互に平等であると同時に、自由である。それ故に、人は、自分の財産を自由に利用し、それを基礎として、思い思いの事業を経営することができる。人々は、平等な立場に立って、自由に他人と取りひきを行い、自由に売買や貸借や雇傭の関係を結び、力倆次第、努力次第で、自分たちの幸福な生活を築き上げて行くことができる。かくて、法的な自由と平等とは、自由交換経済の土台となり、企業の自由と契約の自由を支柱とする資本主義の生産と流通とを発達せしめた。

このようにして急速な発達を遂げた資本主義の経済が、市民社会の基本原理たる人間の自由を、次第に形式的な名目と化して行ったことは、ヘエゲルが早くも指摘したとおりである。ことに、資本制生産の高度化とともに、資本はますます少数の財産家の手に集中し、大資本は蓄積され、ついに企業の独占化を見、中小商工業の没落をうながし、労働者階級をみじめな生活状態におとしいれた過程は、マルクス主義の経済理論によって、最も深刻に論述された。初期民主主義の描いた「天賦人権の楽園」の期待は、物の美事に裏切られた。市民社会のこの矛盾と、資本主義のこの弊害とが、永くその状態にとどまり得ないものであることは、だれしもの認めるところであるに相違ない。

ただ、資本制社会の内部に大きな矛盾が生じ、そのために初期民主主義の理想が裏切られ、市民社会が重大な行きつまりに逢着したからといって、それが、もはや人間の意志や努力によっては打開することのできない状態に立ちいたっていると見るかどうかは、全く別個の問題である。

ヘエゲルやマルクスやエンゲルスは、そこにはもはや人間の自由はあり得ないと見た。ことに、マルクスやエンゲルスは、そこでなおかつ自由について語ることは、ブルジョア社会の根もない粉飾であり、気やすめであり、悪らつきわまる欺瞞であると断定した。唯物史観が必然観であるかぎり、それは、根本においてそうならざるを得ない。

かくて、マルクスに最も忠実な使徒たちは叫ぶ。——自由のない世界、そこでは必然が支配する。世界が必然の法則にしたがってただ一筋の変革にむかってすすんで行きつつあるとき、自由な言論とか、自由な選挙とか、自由な投票とかいうようなブルジョア民主主義のきまり文句をくりかえし、議会の多数によって、保守主義の政治を行ったり、修正資本主義の薬味を利かしたりしても、それは、刻々に死期に近づきつつある病人に、はかないカンフル注射を施すにひとしい。世に、必然の運命にさからい得るものはない。そこで必要なことは、歴史の必然の方向を洞察することだけである。それを洞察し得る者は、ブルジョアジイの階級意識を完全にふりすてた、共産主義陣営の前衛の闘士あるのみである。そうであるとすれば、プロレタリア革命の指導者たちが、多くの迷える羊どもに強烈な階級闘争の意識を植えつけ、崩壊の運命にある資本主義の崩壊を促進させるために、あらゆる手段を講ずることは、当然である。ブルジョア民主主義の擁護者は、そのような共産主義の闘争手段や共産主義革命ののちにきたる「プロレタリアアトの独裁」に対して、口ぐせのように、自由のじゅうりんであるという非難を加える。けれども、すでに資本制生産機構の自己疎外によって、人間の自由が全く奪い去られているのに、自由を名として共産主義革命を阻止しようとするのは、偽装の自由の名において真の自由の実現をさまたげるゆえんである。すでにない自由に未練をもつな。共産主義革命のための煉獄と、そののちにきたる共産党独裁の鉄の紀律とをしのべ。真の自由は、その彼岸に光りかがやいている。

このような共産主義革命の雄たけびは、歴史が唯物弁証法的必然性をもってただ一筋に百八十度の転換にむかってなだれこみつつあるという、形而上学的な断定によって勇気づけられている。いや、唯物史観が、経験主義の科学性をもって歴史を解明しつつあるうちに、突然に形而上学的決定論への豹変をあえてしているのは、マルクスやエンゲルスが、すぐれた科学者である以上に、最も情熱的な革命家であったためである。その亜流が、マルクス主義の公式以外に真理の可能性を信ぜず、しばしば狂信的なメシア主義に走るのも、また故なしとしない。

これに対して、形而上学の天降りの命題の前にひざまずくことを肯んじないイギリス経験主義の社会観は、それとは別の道を歩んだ。

歴史の経験の示すところによれば、人間はあらゆる自然の制約の下に置かれつつも、次第に物質を利用し、自然の悪条件を克服して、人間のための人間の社会を築き上げて来た。その永い努力によって、自然の力が、だんだんと人間に対する脅威から人間のための侍女に転化しつつあったとき、人間は、他方では、さらに人間に対する人間の脅威とたたかわなければならなかった。かつては、専制君主が絶対権をふるって、人民どもを圧迫し、人民から血税をしぼり取った。それに対して、まず、貴族や富豪が抗議を提起しはじめた。そうして、君主も、租税の主たる負担者たるかれらの支持を失い得ないという必要上、その要求を容れて、これらの特権階級の政治に対する発言権を認めた。つづいて、都市の商工業者が政治上の権利を獲得し、時代とともに、政治に参与し得る資格をもつ者の範囲は、都市から農村へ、独立の商工業者から財産をもたない賃労働者へと拡大されて行った。政治の方向を決定する権利は、一人の君主から少数の貴族へ、少数の貴族からやや多数の有産者へ、有産者からさらに無産者へとひろめられた。それは、すべて、特定の人間が他の人々を支配したり、圧迫したりするという、社会制度の不合理を取りのぞくための、人間の永い間の努力の結果にほかならない。

もちろん、このようにして、法制度や政治組織の上での自由と平等の範囲を拡大して行っても、それは、そのままでは経済上の公正な配分の保障とはならない。資本制生産の中に大きな矛盾が内在していることは、マルクス主義の指摘したとおりであり、そこから常に深刻な社会問題が生じて来ることは、まぎれもない事実である。

けれども、経済的配分機構の不合理といえども、結局は人間の生み出したものであり、したがって、人間にその意志と努力とがあれば、それを次第に緩和させて行くことができないはずはない。他面、また、自由企業には自由企業のよいところがあり、配分面の公正化をはかるという目的だけのために、生産の面での自由経済の長所を一概に棄て去るわけには行かない。それを比較衡量しつつ、民主主義が法的形式の上で保障した自由と平等とに、実質の裏づけをして行くことは、近代社会に課せられた最大の任務である。民主国家の国民は、有産者から無産者へ、男性から女性へと拡大された政治への発言権によって、ひとしくその任務を遂行し得べき立場に立っている。国民の多数が支持する方針によって、政治を一つの方向へおしすすめて見た上で、その結果が思わしくなければ、国民の輿論は、自らにして、それとは別の政治方針にかたむくであろう。第二の方向へ行きすぎれば、ふたたび第一の方針が政治の主導権をにぎるであろう。そのようにして、哲人や予言者の下した形而上学的断言命題にみちびかれてではなく、社会生活の実際にたずさわっているすべての人々の判断と経験とを生かしつつ、歴史の発展方向の舵を取って行くのが、政治における経験主義である。経験主義が国民の日常生活の血となり肉となっているイギリスの社会は、かような政治方式を活用して、資本制社会の矛盾を徐々に解決し、革命の破局に陥ることなしに、次第に社会主義の方向への転換をなしとげて行った。

若年のマルクスやエンゲルスが見聞したのは、第十九世紀中葉の、野放しの状態にあったイギリスの資本主義社会である。そこには、資本主義生産組織のかもし出した矛盾が、生のままの傷口を露出させていた。マルクスやエンゲルスが、これがこのままますすめば、かならず資本主義経済の自己崩壊が起って、プロレタリア革命による世紀の変革に到達するに相違ないと見たのは、無理のないことであったともいい得る。

しかし、マルクスやエンゲルスは、その変革の必然性を予断するにあたって、イギリスから学んだ経験主義から、ドイツ固有の形而上学への乗りかえをあえてした。しかるに、形而上学は、一つの命題の絶対的妥当性を主張することによって、別の真理や他の解決方法の可能性を否定する。たとえば、唯物史観は、資本制社会には真の自由はないと断定するけれども、いかに資本主義の高度化が働く人間から自由を奪い去るといっても、資本制生産機構が人間から疎外されて、人間の意志や努力ではどうすることもできない必然の道をひとり歩きしはじめるというのは、それが単なる比喩ではないかぎり、形而上学の生み出した怪談であるといわなければならない。まして、そこから必然的に招来されるプロレタリア革命の彼岸に、「各人はその能力に応じて働き、各人にその慾望に応じて与えられる」地上の天国を約束するのは、信仰化した形而上学の夢物語りである。手堅い経験主義に立脚する西ヨオロッパの民主主義は、そのような形而上学の夢物語りに耳を傾ける前に、自由と平等とが空手形と化することを防ぐためのたゆまぬ努力をつづけた。百年後の今日にいたるまで、百年前のマルクスやエンゲルスの予言が先進資本主義の国々ではついに当らずに来たのは、あくまでも人間の意志と協力とに信頼する経験主義の実践が、哲人予言者の下す形而上学的断定

に優越したためであるといわなければならぬ。(註)

(註) 唯物史観の創唱者たちの予言がなぜ当らなかったかという問題に対して、今日のマルクス・レエニン主義の用意している答えは、レエニンによって説かれた帝国主義の理論である。つまり、当時の先進資本主義の国々は後進的な国々を植民地化し、そこでの生産を独占的な金融資本の支配下に置くことによって、そこからの収奪に寄生し、それによって、自国内部の内乱を防止して来たと説くのである。

歴史に対するこの分析は、唯物史観によれば当然に起らなければならなかったはずのプロレタリアアトの暴力的な革命が、イギリスをはじめとする西ヨオロッパの国々で起らなかった一つの理由を説明してはいる。しかし、それによって唯物史観の真実性が積極的に証拠立てられたことにはならないし、人間の主体的な善意と協力とが、もしも人間が憎悪と分裂とにかり立てられて行ったならば起ったかも知れない破局を防止するのに役立ったという事実が、そのために否定されたことにもならない、しかも、それにもかかわらず、歴史が依然としてマルクス・レエニン主義の唯物弁証法的必然性をもって階級闘争激化の一路を辿るとするならば、そうして、そういう信念の下にますます闘争的な実践に拍車をかけて行くならば、その結果として人類を待ち受けている運命は何であるか。レエニンの帝国主義論は、単一政治社会の内部での階級分裂を、帝国主義を実行して来た国々と、その下に収奪されて来た諸民族との間の横の対立にずらした。このようにして国際的に横にずらされた階級闘争が、世界史的な規模をもって激化して行くならば、その帰結は戦争以外の何ものでもあり得ないであろう。もしも将来の歴史の蓋然的な方向がそこにあるとするならば、それこそ、人間があらゆる努力を傾けて阻止しなければならない方向なのである。

社会的緊張の研究

ユネスコ（United Nations Educational, Scientific and Cultural Organization. 国際教育科学文化連合）では、社会科学関係の事業計画として、「社会的緊張」（social tension）の研究ということをきわめて重要視している。ユネスコ憲章の前文に、「戦争は人の心の中ではじまる。だから、平和の防壁は人の心の中に築かれなければならない」という有名な言葉がある。人が人に対して対立を感じ、反感をいだき、敵意をもつということは、すべての闘争のみなもとである。そのような社会的緊張が階級と階級との間にけわしく起って来れば、暴動や内乱になるだろうし、同じような緊張の関係が民族と民族との間に深い溝を掘るようになれば、ついには戦争にまで発展するおそれが生ずるであろう。そこで、そうした社会的緊張の発生する原因を窮め、どうしたらそれを取りのぞき得るかを研究することに力を注ぐのは、教育や科学や文化における国際的相互理解を通じて世界平和の確立に寄与しようとするユネスコとして、きわめて適切なる著想であるということができよう。

社会的緊張をひきおこす原因には、いろいろなものがある。経済的な不平等も、その一つである。人口の過剰ということも、見のがせぬ緊張の原因である。昔は、宗教上の立場の相違がしばしばけわしい緊張の種となった。人種の間の偏見も、敵意と憎悪とをつのらせる。近くは、民族至上主義や国家絶対主義が、国際的な緊張の関係を激化させて、それを大規模な戦争にまで発展させてしまった。しかし、今日の時代において、戦争か平和かの鍵をにぎる最大の社会的緊張が、自由と人権とを何にもまして重んずる西ヨオロッパ的民主主義と、自由を犠牲にして経済的平等を急速に実現しようとする共産主義との間に、日一日とけわしくなりまさりつつあることは、何人といえども否定し得ない事実であるといわなければならない。

民主主義と共産主義との間のこの緊張こそは、ユネスコが最大の問題として取り上げ、それを除去するために最善の努力を傾注すべき、当面の最も重要な課題たるはずなのである。しかるに、この緊張は実際問題としてあまりにも深刻であるために、ユネスコとしてもそれと正面から取りくむことを妨げられている実情にある。なぜならば、共産主義の基礎理論たる史的唯物論の立場からいえば、戦争は、資本主義が金融資本を独占する段階にまで発展し、独占した金融資本を後進国に輸出して、そこでの低廉な労働力を収奪しようとあせり、互に植民地の獲得に狂奔する結果として必然的に生ずる現象であり、したがって、「戦争は人の心の中にはじまる」というようなユネスコの哲学は、最初から全くの観念論的なナンセンスにすぎないことになるからである。

だから、共産主義の祖国たるソ連は、最初からユネスコに参加していない。東ヨオロッパのソ連圏からは、チェッコスロヴァキア、ポオランドおよびハンガリイの三国が加盟しているが、これらの国々は、ユネスコの運動に協力しようとするかわりに、ドイツにユネスコ運動を展開しようとする民主主義諸国の意図を非難攻撃することに力を注いで来た。それればかりでなく、一九五〇年の五月から六月にかけてイタリイのフィレンツェに開かれた第五回ユネスコ総会では、チェッコおよびハンガリイの代表は、中国国民政府代表の資格を否認する動議を提出して、それが圧倒的多数で否決されて以来、会場にその姿をあらわさないという態度をとった。かくて、ユネスコの場合にも二つの世界の間の溝はますます深くなるばかりである。いいかえると、ユネスコは、ほとんど全く、こちら側の世界だけでのユネスコになってしまった観がある。これでは、ユネスコがいかに民主主義と共産主義との間の緊張を何とか緩和させようと思っても、その努力を実行に移すための手がかりさえ失われようとしている有様であるというほかはあるまい。

そこで、現在のユネスコ加盟国の中には、民主主義の世界観と共産主義の世界観との間に緊張緩和の橋をかけ渡すということは、すくなくとも共産主義諸国がこのような態度にでているかぎり、事実上不可能だという見方が強くなって来ているように見える。それは、ユネスコ本来の理想から考えると、まことに遺憾千万なことである。しかし、当の対手が全くそっぽをむいているのに、こちらからいかに相互理解の手をさしのべて見たところで、先方の理解が得られる見こみは全くないばかりでなく、その努力はかえって先方によって逆に利用されるばかりである。したがって、アメリカ合衆国を中心とする現在のユネスコの主流は、二つの世界の間に相互理解の橋をかけるという、事実上不可能で、しかもきわめて危険な企てを、ここしばらくは断念して、こちら側の民主主義の世界を向う側からの赤色侵略の脅威から守るという、現実主義的な態度を取ろうとしている。

その考え方からいえば、民主主義の社会は「自由の世界」である。これに反して、企業や取引のような経済活動の自由ばかりでなく、言論や思想や信教や投票の自由に対してさえ大幅の統制を加えている共産主義の社会は、それを美化するためにどんな麗句を用いようとも、事実に照して見て、「自由のない世界」であるといわなければならない。それなのに、共産主義の側は、民主主義の立場を帝国主義的侵略者の態度であると誹謗し、あらゆる手段を用いて、この自由の世界の周辺を全体主義的独裁政治の縄ばりの中に取りこもうとしている。民主主義は、自由の世界をば断乎としてこのような赤色帝国主義の侵略から守らなければならぬ。そのためには、民主主義の社会が特に共産主義による政治的および思想的攻勢の当の矢面に立っている地域を選んで、そこに、自由の世界を防衛するための精神的防壁を築き上げることが、当面の急務である。ユネスコの計画も、まさにこの基本方針にしたがって重点的におしすすめられる必要がある。第五回ユネスコ総会は、このような観点に立脚して、一九五一年のユネスコ活動の重点を、まず第一にドイツの精神的復興に求め、それにつづいて、日本に対するユネスコ活動を積極化するという方針を決定した。その中でも、東ドイツから千二百万以上の避難民の流れこんで来ている西ドイツを、いかにして恐るべき精神的荒廃から守るかということは、特に教育部門でのユネスコ活動の最も切実な問題点とされている。

このようにして、現在のユネスコは、ますますはっきりと、こちら側の世界だけでのユネスコになりつつあるが、しかし、こちら側の世界においても、社会的緊張の問題の中心点が民主主義と共産主義との間の対立にあることには、依然として変りはない、なぜならば、民主主義が言論・思想・集会・結社の自由を重んじ、色とりどりの世界観的立場に対して寛容であろうとすればするほど、共産主義の勢力は、その民主主義の寛容性を利用して「自由の世界」の内懐に深く喰いこみ、いたるところに文字通りの細胞を結成し、あらゆる手段を用いて、そのいわゆるブルジョアデモクラシイの急激な脱皮または覆滅をはかろうとしてやまないからである。しかも、民主主義のひろい枠の中での意見の対立や見解の相違とはちがって、民主主義と共産主義との間の対立は、相互に共通する世界観的な最大公約数をもたないために、尋常の手段では、とうていこれを妥協と協力との関係に転化させ得る見こみがない。したがって、労働組合の中に共産主義の勢力が侵入して来ると、やがて組合が二つに分裂する。自由主義の大学当局がひとたび学内に共産党細胞の結成を許すと、平和な学園の中に、たちまち憎悪・抗争・悪罵・騒乱の嵐が吹きすさぶ。自由世界の周辺地帯がこうした状態に置かれている以上、そこに生ずる深刻な社会的緊張は、すべて共産主義の根本の態度と深く結びついている。いいかえると、共産主義の問題にふれないでなされるあらゆる社会的緊張の研究は、急所からそれた、問題の焦点からはずれた、二階からの目薬的な研究でしかあり得ない。

ところで、日本ばかりでなく、ひろくアジア地方での共産主義勢力の動きを見わたすとき、そこに一つの大きな共通の特色として、共産主義と民族主義との結合という現象が見出される。すなわち、そこでは、同じ一つの政治社会の中でのブルジョアジイに対するプロレタリアアトの闘争ということもさることながら、それと同時に、いや、それ以上に、外国の――先進資本主義国家の――独占金融資本の帝国主義的侵略を排除して、被圧迫民族を解放するということ、つまり、「民族の独立」ということが、闘争の最も大きなスロオガンとしてかかげられているのである。

元来、共産主義の根本の性格はインタアナショナリズムであり、それがナショナリズムと結びつくということは、そもそも不自然なのである。ドイツ・イデオロギイを書いたころのマルクスやエンゲルスによれば、プロレタリアアトの革命によって世界史の転換がなしとげられるためには、一国の内部での階級闘争が激化するだけでは不十分であり、主要な国々のプロレタリアが横に結びついて、資本主義の打倒のためにたたかうことが必要であるはずであった。だからこそ、一八四八年の共産党宣言は、「されば、万国の労働者よ、団結せよ」という言葉で結ばれているのである。さらに、共産主義の理論からいうと、国家は支配階級が被支配階級を抑圧し、後者の勤労の果実を収奪するために発達して来た機構であり、したがって、将来階級の対立のないプロレタリアの一元社会が実現した暁には、階級支配の道具としての国家もまた当然に消滅してしまうべき運命にある。ただ、革命の進展する過渡期にあっては、プロレタリアアトの政権は、なお当分は内外の「敵」とたたかわなければならない関係上、支配および防衛の組織としての国家を利用する必要があるというにすぎない。これが、共産主義のもつ本来の国家観である。そうして、このような国家観をもつコンミュニズムが、同時に、国家に価値の重心を置くような意味でのナショナリズムであるということは、コンミュニズム本来の性格とは矛盾した現象であるといわざるを得ない。

しかも、それにもかかわらず、今日、特にアジア大陸の東南方にむかって勢威を伸張しつつある共産主義が、同時にナショナリズムの甲冑に身を固め、それによって後進諸民族の人心を鼓舞激励しつつあるのは、単にそれが現実政治の上の効果的な戦術であるためばかりでなく、理論的にも深い理由づけをもつものであることに注意する必要がある。

初期のマルクス主義の立場からいうならば、資本主義の牙城にむかっていどむプロレタリアアトのたたかいは、原則として単一政治社会の内部での階級闘争を意味した。「万国の労働者」が団結して、プロレタリアの、革命のために蹶起するといっても、それは、それぞれの国の内部で、被支配階級が資本主義の倒壊を目ざして共同の戦線をおしすすめることにほかならなかったのである。共産党宣言を書いたころのマルクスやエンゲルスは、資本制社会を動かす必然的な運動法則によって、このような大規模な赤色革命が先進資本主義の国々の内部に同時に勃発する時期は、決して遠くはないと予想した。しかし、それにもかかわらず、マルクスやエンゲルスの予言したような大規模で急激な変革は、実際には先進資本主義の国々のどこでも起らずに今日にいたっているのである。この事実は、民主主義の立場からいえば、一方では資本主義の弊害を取りのぞくために、他方では勤労階級の生活の保護と向上とをはかるために、国民の意志によって法を改善し、政治を合理化して来た、永い間の努力の結果にほかならない。しかし、そういう説明は、資本制社会の崩壊をば人間の意志や努力では阻止も回避もできない必然法則の帰結と見る共産主義の理論にとっては、労働者階級の革命への意欲に水をさす異端邪説でしかあり得ない。そこで、現代の共産主義は、宗祖の予言が歴史の現実によって裏切られたという理論上の破綻を蔽いかくすと同時に、人類の歴史をば別の角度から赤色革命の破局にむかってなだれこませるために、資本主義発達の新らしい段階とその崩壊とについての新たな説明を加えるようになって来ている。そこに、一九一七年にレエニンによって書かれた『帝国主義論』の歴史的意義が存する。

レエニンの帝国主義の理論によれば、先進資本主義の国々が、当然に逢着するはずであった第四階級解放の破局的革命を回避し得たのは、マルクスやエンゲルスの予言が間ちがっていたためではなくて、最高度の段階に達した資本主義が帝国主義的な植民地獲得政策に狂奔し、独占した金融資本を後進国に輸出することによって、そこでの産業の果実に対する新たな収奪を行うようになった結果にほかならない。帝国主義の国々が、収奪の対象を国内でのプロレタリアアトの生み出す余剰価値から、海外の後進諸民族の提供する低廉な労働力に移せば、それらの国々の内部における階級闘争は、当然にそれだけ緩和されることになる。それと同時に、それらの先進国の内部におけるプロレタリアアトは、もはや真のプロレタリアアトではなくなって、資本家階級とともに植民地の生産力に寄生するブルジョアジイの一種と化する。イギリスやフランスの国内革命が予定の経過を辿って爆発するかわりに、ブルジョア民主主義の漸進政策が一応成功をおさめて来たように見えるのは、そのためにほかならない。しかし、まさしくそのことによって、収奪者と被収奪者との対立は、一国内部の階級闘争から、独占金融資本の威力を頼みとする国々と、解放を求める植民地的被圧迫民族との間の広汎な対立に推移して来たのである。今日の共産主義運動が、先進資本生義国の内部でのプロレタリアアトの革命的実践行動よりも、後進諸民族の蹶起と解放と独立とをうながすことにその焦点を移して来たのは、マルクス主義がレエニンのこの帝国主義論によって大幅に修正されたことの当然の帰結にほかならない。原始マルクス主義にとっては本来矛盾であり、不自然であるべきはずの共産主義とナショナリズムとの吻合は、現代のマルクス・レエニン主義によっては、広大なアジアの諸地域にその勢力を拡大するという目的に最もよく適合した、理論上の根拠と戦術的な価値とを兼ね備えたものとなって来ているのである。

故に、戦争の危機をその中に孕んでいる最大の社会的緊張の関係を探究しようとする者は、何よりもまず、共産主義と民族主義とのこの結合を問題としなければならない。資本主義社会の矛盾を痛撃し、これをすみやかに崩壊させて、そのかわりに階級的対立のない社会主義社会を実現しようとする共産主義の計画は、戦後の苦難な経済事情の下にあえいでいる大衆を動かす強い力をもっている。また、一つの民族が政治的な自主性を獲得し、外国の経済的な支配から離れて、自己の手による自己の生活経営を行おうとする民族主義の要求もまた、大衆の心に強く喰い入る大きな魅力たることを失わない。この魅力にかの力をかけ合わすことによって生ずる社会的なエネルギイが、第二次大戦後の混乱に乗じて、アジア大陸の色取りをひろく塗りかえることに成功したのは、決して偶然ではない。

しかしながら、このような社会変革のエネルギイが、唯物弁証法的な変革必勝の信念によって駆り立てられつつ、図に乗り、かさにかかって、既存国際秩序の城壁を一挙に打ち破ろうとしてすすむならば、そのことそれ自身が平和への最大の脅威を意味することは、あまりにも明白である。——北鮮軍による北緯三十八度線の強行突破を見よ。——マルクスによって説かれた単一政治社会の内部での階級闘争は、レエニンによって、先進民主主義の国々と自由の恵沢を知らない後進諸民族との間の国際的な闘争にまで拡大された。しかし、一国の内部での階級闘争に終止符を打つものは、その結果たる赤色革命の完成以外にはないというマルクスの変革必然論が、そのままレエニンの帝国主義論のライト・モティイフとしてもちこまれている以上、国際的に横にずらされた階級闘争は、必然的な戦争となって爆発するまで、とどまることを知らないという結論に到達するほかはないであろう。かくて、革命必然論は恐るべき戦争必然論にまで発展した。あらゆる手だてをつくして自由と平和とを守ろうとする現代人の叡智は、この恐るべき戦争必然論を破砕するために、人間相互の理解と協力とをもってすれば、一見必然と思われる破局をもついには防止し得るという信念を、力強くおしひろめて行かなければならない。

必然の理論は、自由の否定の上に成り立つ。社会変革の必然性を断言する歴史哲学は、変革の過程にあって人間の自由が大幅な制限を受けることを、人民の完全な解放にいたるまでの当然の煉獄として甘受せしめようとする。理論としては社会正義に訴える多くの魅力を有する共産主義が、ひとたび実践の世界に移し入れられると、言論と批判の自由を封じ、上からの鉄の紀律によって人々を劃一的な行動に駆り立てる全体主義的な「強制の体系」と化するゆえんは、まさにそこにある。故に、自由の世界が、共産主義に内在する理論と実践との二重人格性を看破し、自由を代価とする平等への誘いを毅然として拒否することは、戦争の危機を避けるための第一の条件である。しかし、単にそれだけでは、真の平和の確立は期しがたい。自由の世界が、自由な言論と批判と協力とによって、共産主義が約束するような経済的平等と社会的正義の実現にむかって、実効性に富む不断の進歩を遂げて行くことこそ、第一の条件より以上に重要な平和の建設のための第二の条件として、高くかかげられなければならないのである。

Ⅱ

自由論

はしがき

一九二九年（昭和四年）の初秋、その年の春に始めてヨオロッパの地をふんだ私は、しばらくベルリンでドイツの生活に親しんだ上で、かねて尊敬していたケルゼン先生の下で国家学の研究に着手するために、プラアグを経てウィインにむかった。

プラアグでは、ホテル・ウィルソンという宿に泊った。この都会の中央停車場にも、ウィルソンの名が冠せられていた。ウィルソン大統領の民族自決主義を指導理念として成立したヴェルサイユ条約によって、ドイツ民族への隷属から解放されたチェッコスロヴァキア国民にとっては、ウィルソンの名は、自由のシンボルのようにひびいたのであろう。つづいて、ウィインでは、下宿を探すまでの間都心に近いホテルで数日をすごした。そのホテルの面している広場は、第一次世界大戦の終了以来、フライハイト・プラッツ、すなわち「自由の広場」と呼ばれていた。ドイツと敗戦の運命をともにしたオオストリアは、みじめな小国になり下ったけれども、帝政時代の国家権力の圧迫から解き放たれた喜びは、それにもかかわらず大きいというのが、当時のウィイン人の気もちだったのだろう。

しかし、それは、ほんの束の間の喜びにすぎなかった。私のいたころ、すでにオオストリアでは、地方を地盤とする右翼運動が強力になって来て、首都ウィインを根城とする左翼政治勢力との抗争が激化しはじめた。ウィイン大学においては、シュパンの全体主義理論がいきおいを得て、その攻撃は、まず著名なマルクス主義者たるマックス・アドラアにむけられ、つづいて、法学の政治的中立性を強調するケルゼン先生をも指向しはじめた。先生は、ついにウィインを去って、ケルン大学に転任された。そのころのドイツは、オオストリアにくらべれば、それでもまだはるかに自由の重んぜられる国だったのである。

ところが、私が三年間の在外研究を終って、帰国の挨拶をするためにケルゼン先生を訪れた一九三二年（昭和七年）の春には、もうナチス政治勢力の奔流がドイツ全土に浸透しつつあった。先生の地位は、ふたたび危うくなって来た。翌三三年の一月三十日には、ヒトラア内閣ができ、ナチス独裁政権による自由の焚殺事業が開始された。先生は、難をジュネエヴに避け、さらに一九三九年には、リスボンから飛行機でアメリカ合衆国に退避せられた。現代の生んだ典型的な自由主義法学者たるケルゼン教授の辿った運命は、第二十世紀における自由受難史の一断面であるということができる。私は、それを回想すると同時に、先生に別れを告げてイギリスに渡り、さらに大西洋を横断した私の乗船が、ボストンに着いたとき、そこではじめてニュウヨオク・タイムスで、祖国日本に起った五・一五事件を知ったときのことを、思い出さずにはいられない。

それでは、停車場やホテルにまでウィルソンの名をつけ、アメリカ合衆国からもたらされた自由の贈物に感謝していたチェッコスロヴァキアは、それからどうなったか。ミュンヘン会談に際してイギリスの取った宥和政策は、ヒトラアをしてやすやすとズデエテン地方の奪取に成功を収めしめた。つづいて、ポオランド回廊地帯の問題は、ついに第二次世界大戦の発火点となり、ナチス独裁主義は、チェッコをもふくめて、ひろくヨオロッパ大陸に君臨するにいたった。その後、戦局の推移とともに、チェッコは、ファッシズムの政治から「解放」されたけれども、今度は、改めてソ連衛星国の一つに編入されてしまった今日のチェッコ国民に、はたしていかなる「自由」があるであろうか。今日のプラアグ人は、いや、プラアグの共産主義者たちは、かってウィルソンの名に自由のシンボルを求めたメンタリティイを、「狂気の沙汰」と感じているかも知れない。しかし、そのかわりにかれらが実施しつつある「プロレタリアアトの独裁」は、そもそも真の自由への道であり得たであろうか。

現代人は深く自由に憧れているだけに、そうして、自由という言葉が不思議な魅力、いや、魔力をもつだけに、人々は、まだまだ自由のあるところに、自由はないと見かぎりをつけたり、自由という言葉だけあって、現実には自由のないところに、現実の自由があると信じこんだりしがちである。それだけに、いやしくも自由の問題について小論をものし、それを発表するほどの者は、大きな責任を感ぜざるを得ない。

折しも、——私がこの小著の原稿をほぼ完了し、印刷所へまわす準備にとりかかった二月二十日に、——いわゆる「東大事件」が起り、学問の自由および大学の自治の問題が世の大きな関心の的となるにいたった。私自身も、事件の渦中にあって、自由の問題についてさまざまの具体的な角度から検討を加える機会を得た。その生々しい体験のさ中に、わずかの余暇を利用しつつ原稿を曲りなりにも仕上げて、勁草書房に手交したが、再読・三読した結果として、全体の論旨はこれでよいという信念を新たにしたので、ここにこの書を世に送ることとする。自由のあり方について思い悩む読者諸賢の御参考ともなるところがあれば、さいわいである。ただ、そのような事情の下に、予定の期限までの完成をいそいだので、仕上げに粗雑な点があるであろうことをおそれている。

一九五二年三月二十一日

著者

第一章　意志の自由

一　自由と必然

人間は自由を有するという。単に自由を有するというだけではない。人間のもつあらゆるものの中でも、最も尊いもの、死をもっても護るべきものは、実に自由であるといわれる。しかし、それほどにまで尊ばるべき自由とは、一体何であろうか。

牢獄の独房に幽閉されている囚人も、椅子にすわって瞑想にふけったり、あるいは、鉄棒をはめた小窓に近づいて灰色の空の一角を眺めたりする自由をもっている。けれども、人はそのような囚人の自由を自由とは認めない。封建時代の暴君は、わが君の仰せには御無理御尤もと随順する臣下たちに取りまかれ、何ごとにも意のままにふるまい得る生活を送り、その命令にそむいた家臣を手討ちにする自由をさえ有した。けれども、近代人は、倫理学者ならずとも、そこに尊ばるべき人間の自由があったとは考えない。近代社会には、所有権の自由があり、企業の自由があり、政治の自由があるといわれる。しかし、インフレエションの嵐におそわれて、三十年の粒々辛苦によって積み得た財産を一朝にして失ったり、民族の興隆を叫んで蹶起した人々の政治行動が、乗りかけた船の激湍に吸いこまれるように戦争へと発展し、かえって民族の運命を覆滅にみちびいたりするのも、近代社会なればこその現象である。しからば、人の求める自由とはいずこにあるのであろうか。自由とは幻影であり、巨大な必然の流れのままに流されて行く泡沫が、流されながらも自らに流れる自由があると意識しているのにも似て、はかないものなのではないのか。未来の希望、民族の繁栄、正義の勝利、平和の理想、それらのものがいずれもやがては無惨にふみにじられる運命の下に置かれているにもかかわらず、その運命を直視したくないと思う人間感情が、自由のない世界に自由があるかのごとき錯覚をいだかしめているにすぎないのではあるまいか。

自由とは「選択の可能性」である。登山隊は、最高峰につづく鞍部に出て、いまや最後のアタックを試みようとする態勢にある。基礎的なトレエニングから出発の準備、根拠地からベエス・キャンプへの前進、氷雪を切りひらいての登攀路の開設など、千辛万苦の功あって、前人未到の処女峰の上にピッケルを打ち立てるべき機会は目前に迫った。しかるに、いままで好調であった天候はにわかに悪化して、頂上は吹雪におおわれるおそれが濃厚になって来た。隊員の多くは、あくまでも前進を主張する。老練なガイドは、頭を左右にふって後退をすすめる。危険をおかしてもこの機会を逸せずに目標にむかって突進すべきか。あるいは、隊員の安全を第一義として、ここでベエス・キャンプへの引き上げを命ずべきか。選択の可能性は隊長の決意一つにかかっている。そこに自由がある。

戦争中から戦後にかけて、洋書の輸入は全く杜絶していた。それが、ようやく外国学界の消息も伝えられるようになって、いろいろ新らしい理論が唱えられていることもわかって来た。大学での仕事を終っての帰路、たまたま洋書専門店の店頭に立ちよって見ると、よもやと思った待望の新刊書が美しい装釘を誇るように飾窓の中に置かれている。その学者の懐には、いましがた受取ったばかりの俸給袋がはいっている。買おうと思えば、買える。しかし、買えば、袋の中味の三分の一は減ってしまうであろう。家には、月末をひかえて支払いに苦慮している妻が待っている。それにもかかわらず、思い切って買ってしまうか。それとも、断念して、そのまま帰るか。選択の可能性はかれの胸の中にある。買うも、買わぬも、かれの自由である。

しかし、第一の場合、隊長が天候急変の危険を十分に予知しつつ、しかも登山隊に前進を命じたとするならば、その決意は、前進基地の食糧の保有量などから見て、この機会を逸しては二度とこの地点に達する見こみはないというような事情によって、「制約」されていたに相違ない。これに反して、かれが万全を期して後退の決断を下したとするならば、それは、過去のエヴェレストやナンガ・パルパットの悲劇をくりかえしてはならないという配慮、今年はむなしく引き上げても、来年はさらに十分な資金や準備をととのえて、待望の登攀に成功する公算があるという見こみなどが、前進への衝動を阻止した結果にほかならないであろう。そうであるとすれば、その登山隊長が、来年の再挙に期待をかける余地は全くないという事情の下に、犠牲や失敗の可能性が大きいことを覚悟の上で前進を命じたとして、その場合のかれに、二つの道の中の一つを選ぶ自由があったといい得るであろうか。

第二の場合、その学者は、月給袋をかかえたまま、書店の前を行きつもどりつしたのちに、ついに本を買わずに家に引き上げた。もしも今日の日本の研究者の俸給が、日常の家計を支えるに足りるばかりでなく、月々若干の洋書を購入することを許すほどのものであったならば、かれは躊躇せずにその書物を買い求め、紙ナイフで新らしい頁を切って、ひさびさにかぐ印刷インクの香りをなつかしんだであろう。諸般の事情がかれにそうする余裕を与えず、購入を断念して帰らざるを得なかったとするならば、かれの消極的な意志決定ははたしてかれの自由にまかされていたといい得るであろうか。かれは、学問にたずさわっているが故に、新刊書の魅力に圧倒されて、しばらく店頭にたたずんだ。しかし、結局は、その本の入手をあきらめるほかはなかった。そうするほかはなかったかれに、そうするもしないも意のままであるという選択の自由があるであろうか。そうすることを余儀なからしめられているというのは、自由ではなくて、「必然」ではないであろうか。

自由の否定は必然である。必然の支配するところには、自由はない。だから、古来の哲学者の多くは、意志の自由を立証するためには、必然観や決定論を克服することが先決問題であると考えた。しかし、万物は必然の法則によって支配されており、人間の行動もその例外ではあり得ないという認識は、はたして理論上克服し得るものであろうか。

われわれの認識する世界では、すべての現象は因果関係によって規定されている。およそどんな事柄でも、原因がなくて発生するということはあり得ない。或る現象が起るには、それをそうならしめただけの原因がなければならない。その原因をさらに吟味して見れば、それはまた、過去のさまざまな原因の結果として、そうなったものであることが知られる。一つ一つの現象が、それをそうならしめたところのさまざまな原因の複合結果であるということは、それらの現象が「必然」の経過を辿って起ったということにほかならない。いいかえると、それをそうならしめた諸原因・諸条件が備わっているかぎり、それは当然そうなるべくしてそうなったのであり、それらの諸原因・諸条件が備わっていたにもかかわらず、そうして、そこから生ずる結果を阻止するに十分な他の原因が働かなかったにもかかわらず、それがそうならずにすむということは、絶対にあり得ないのである。そうであるとすれば、客観世界に起る現象は、一つとして必然の帰結でないものはなく、必然を否定するような意味での自由について語り得る余地はないというのが、科学的な世界認識の唯一の結論とならざるを得ないであろう。

もちろん、人間の行為や、人間の行為が無数にからみ合って生ずる社会現象の場合には、事情はきわめて複雑である。しかも、人間の社会活動は、単なる自然現象とはちがって、精神によって動機づけられ、判断によって方向を与えられる。しかるに、一定の事情の下にどのような精神の動きが行為を動機づけ、どういう判断にもとづいて行動がなされるかは、人によって多岐にわかれ、容易に予断を許さない。したがって、そのような人間の行為の無限の集積となって推移して行く社会現象については、自然現象を支配しているのと同じような必然の法則を発見することは、不可能とも見える。そこで、人々は、自然現象については必然の支配を認めると同時に、社会現象に関しては、必然に還元することのできない高次の法則が存在すると考え、その法則にしたがってなされる人間の行為の中に、必然を越えた自由が存すると主張しようとする。かくて、人間は、自然の一部分たる物質的存在としては、必然の法則にしたがって動く。しかし、人間の行動が精神によって方向づけられているかぎり、その動きは、因果律にかかわらず、人間によって自主的に決定される。人間精神の自律性を強調する人々は、かように考えて、そこに意志の自由の根拠を求める。

たしかに、人間は自然の環境によって決定的な影響を受ける。人間の素質や才能が遺伝によって左右されるのは、血統の正しい馬が駿足を誇り、雑種の犬が狩猟に役立たないのとことならない。風土や気候が民族性の上にはっきりとした刻印を与えることは、どんな精神主義者といえども否定しないであろう。しかし、それと同様にたしかに、人間は、単に遺伝や環境の影響を受けるだけではなくて、逆にそのような所与の上に働きかけて、これを人間の目的にかなうように作り変える力をもっている。教育のいかんによっては、民族の素質を変化させることもできる。すてて置けば、洪水や山崩れが起り、村の耕作地は全滅するかも知れないというような場合に、村人が協力して護岸工事や砂防設備を完成すれば、災害を未然に防ぐことができる。国際間の緊張が増大して、いわゆる一触即発の危機が切迫した場合にも、大政治家があらわれて外交関係の調整につとめ、外に対しては国の威信を失わず、内にむかっては国民感情の鎮静に努力するならば、起る戦争も起きずにすませ得る。教育を振興しなければ、粗野な民族性はいつまでも粗野なままに放置されたであろう。村人の必死の協力がなければ、村は洪水で全滅したかも知れない。凡庸な人物が国政の衝にあたっていたならば、おそらく戦争の惨禍は不可避であった。それがそうならないですんだのは、人間の意志と努力の賜物である。人間の意志が、それがなければ起ったに相違ない必然の結果を、物の美事にくいとめた。そうした意志活動の能動性の中に人間の自由を認めるのは、十分に理由のあることであるといい得る。

しかし、その場合にも、教育の普及や村人の協力や大政治家の経綸は、原因なくして生じたのではない。教育によって民族性の陶冶が行われ得たのは、粗野な民族性の中にも陶冶に値するだけの素質が備わっていたためであり、その民族性のうちに、教養の普及と品性の向上とを目ざして教育の道に挺身する多数の人々を輩出せしめるだけの下地があったからにほかならない。ひろく礼楽を興して世道人心を教化しようとした孔子も、「朽木」や「糞土の牆」に対しては陶冶を施す道なしと歎ぜざるを得なかったのである。洪水を防いだのは村人の努力の結実であったが、村人の努力が結実し得るためには、治山治水の抜術がそれだけに進歩し、すでにそれが方々で実施されて、効果を上げていたことが必要であった。それを別の反面からいえば、日本の水害頻発地帯で今日ただちにＴＶＡと同規模の大治水工事を起そうとしても、技術や資本の制約に妨げられて、とうていできない相談だということにならざるを得ないのである。同様に、経綸のある政治家も、無為無能の宰相も、遺伝された天性、幼時以来の教育や環境、閲歴や交友関係、よい指導者の有無、その人をその地位にえらんだ国民の判断や君主の気まぐれなど、あらゆる原因の結果の綜合として、出でるべくして出でたのであって、その人物の一挙手一投足といえども、仔細に見て行けば、いや、仔細に分析することが可能となった暁には、複雑な因果関係の錯綜によって、必然にそうならざるを得ないように制約されていることが明らかになって来るであろう。そう考えるならば、人間の意志や努力や決断といえども、因果必然の筋道を阻止して、無から有を生ぜしめるような意味で「自由」であることはできないといわなければならないであろう。

だから、人間の自由を立証するための前提として、必然の法則を否定する必要があると考えるかぎり、科学的思惟は自由の問題について乗り越えがたい障壁に逢着せざるを得ない。この障壁に直面した場合、取られ得る態度には、おおよそ三つあるということができよう。第一は、必然の法則の普遍的な支配を認めることによって、自由を単なる空想・希望または錯覚として否定する態度である。第二は、物質の世界に関するかぎり、必然を越えた自由はあり得ないことを承認すると同時に、精神の現象についてはは物質変化の法則とはちがった独自の法則が発見され得ると考え、そこに意志の自由を肯定する根拠を求めようとする立場である。第三は、単に自然現象ばかりでなく、人間の決断や行為にも、それをそうならしめたところの原因や制約があることを認めつつ、それにもかかわらず、人間の自由について語り得る十分な理由を発見して行こうとする見地である。自由を幻影として否定してしまうならば、これ以上自由について論ずることは、意味をなさない。自由を積極的に問題にするかぎり、取らるべき道は、物質の法則とは次元をことにする精神の自由を認めるか、あるいは、物心両界ともに原因・結果の同じ法則の下に制約されているという事実を承認しながら、しかも、そこになおかつ人間の自由を肯定する根拠があると考えるかという、二つの中の一つ以外にはあり得ない。

二　初発原因としての自由意志

一つの原因からその結果が生じ、結果がまた原因となって、別の結果を生み出す。このようにして一切の現象が継起して行くことは、「物質」の世界については疑いのないところとされている。しかし、「精神」の世界に関してもそれと同じ法則が認められなければならないかどうか。さらに、精神と物質、とくに精神と人間の肉体との間にも、同じような因果律が支配していると考えられなければならないかどうか。もしも、精神と肉体とが互に因果の法則によって関係づけられているのであるとすれば、意志が行動を決定するということがいわれ得ると同時に、行動を方向づける意志の作用も、或る肉体物質の変化によって決定されるということになり、意志の自由は否定せられざるを得なくなるであろう。だから、一部の形而上学者は、スピノザの用語にしたがいつつ、何らの先行原因の支配をも受けることのない精神的実体の働きがあって、それが「初発原因」（causa sui）となって行為を起動させることがあると認め、それによって意志の自由を根拠づけようとする[1][2]。

しかし、スピノザのように、初発原因たる実体を神として規定する場合は格別、精神の働きや意志の作用が、何らの原因もなしに突然の初発原因として起り、それが行為を結果すると見ることは、人間現象の認識としては、あらゆる経験を無視した独断にすぎない。路上を疾走する自動車の運転手が、まりを追って車道にとび出した幼児を見て、とっさにハンドルを切って巧みに危害を避けたという行為は、かれの習得した運転技術、網膜に映じた幼児の姿、ブレエキをかけたのでは間に合わないとか、乗客に衝撃を与えるとかいうような瞬間の状況判断、等による綜合結果であって、決してかれの意志が初発原因となってその行動を規定したのではない。ベエトオヴェンが自殺を決意してハイリイゲンシュタットの遺書を書いたのも、ついにその決意を実行に移さずに、悲壮な創作活動と苦悩の人生行路を継続するにいたったのも、ともに十分にそうせざるを得ないだけの理由と原因とがあってのことであって、決して、この大作曲家の精神の中に「無因の因」としての自由意志が働いたためではない。もしも意志の自由を認めることが、人間の教育や体験や運命や修養の綜合結果としては説明され得ないような、初発原因的な精神作用を想定することを意味するのであるならば、われわれは、そのような自由意志をもって行動する人物の心境を理解することもできないし、それに同情したり、共鳴したりする余地も、全くなくなってしまうであろう。原因もなく、理由も説明され得ない、無因の因としての自由意志のもち主がかりに存在したとしても、それは人間ではなく、この世のものならぬ怪物でしかあり得ないであろう。

初発原因としての意志の自由を説く者といえども、そこに行われた意志決定が行為の原因となり、さらにその行為によってさまざまな結果がひき起されることを、否定するわけには行くまい。なぜならば、それを認めないかぎり、いうところの自由な意志は、それに先行する何らの原因にも制約されないと同時に、それに後続するできごとに何の影響をも及ぼし得ないことになる。したがって、それは、道徳・政治・経済の実務にとって全く無意味な現象になってしまうからである。さて、しかし、自由な意志が後続のできごとの上に影響力をもつと認めることは、そのかぎりにおいて、精神から物質へ、また、物質から精神への因果関係の行われることを承認する結果となるであろう。同僚が背任行為に着手しつつあることを知った者は、かかりあいになることをいとい、または同僚の背後にあるボスの復讐を恐れる気もちから、見て見ぬふりをするか、あるいは、友人を道義的顚落から救うために、強い忠言によってその企図を阻止すべきかについて、思いなやむであろう。しかし、かれは、公人としての自己の責任と、友人が悪魔のとりことなることを黙視してはならないという義務とに鑑みて、手紙を送って同僚の非行を思いとどまらせることを決意した。かれは、徹宵心をこめて手紙を書いた。その手紙は同僚によって披見された。烈々の文字は、同僚の視神経に焼きついた。同僚は苦悶と反省との末に、一切を上司に自白すると同時に、公務を辞する決意を固めた。――こうした一連の事象が行われたとすると、それは、明らかに、意志が行為を生み、行為が他人の心を動かし、他人の心境の中に、その行為がなかったならば起らなかったであろうところの決意を生み出さしめたことを意味する。それなのに、最初の起動因となった精神作用だけが、それと同じような因果系列の制約を受けずに、純粋の初発原因として働いたのであり、それ故に、そこに因果を越えた自由があると見るのは、はなはだしい独断であるといわざるを得ないであろう。起動因となった、同僚に忠告をしようという決意も、明らかに、それに先行するさまざまな精神的・物理的諸原因の綜合結果にほかならないのである。

人間の意志について初発原因としての自由を肯定しようとする主張が陥る、もう一つのディレンマは、この主張をつらぬいて行こうとすると、行為に対する責任を追及する根拠が見失われてしまうところにある。人が意志の自由を認めようとするのは、人間を人間として、いいかえれば、人間をはっきりと禽獣から区別された尊厳な存在として取りあつかおうとする精神に立脚している。しかるに、人間を尊厳なものとして取りあつかおうとすればするほど、尊厳なるべき人間が、それが自分自身であるといかなる他人であるとを問わず、人間の尊厳を侵害し、冒瀆するような行為をした場合に、その行為の責任を追及することが必要となって来る。ところで、もしも人間の行為が「無因の因」たる自由意志の所産であるとするならば、人がどのように行動するかは、だれにも予測できない偶然性の支配の下に置かれることにならざるを得ない。しかし、人が自己の行為について責任を負い得るのは、それが偶然の行為であるからではなくて、自己の受けた教育、自己の積んだ教養や経験などからいって、それが、当然そうせざるを得なかった行動であるがためである。人間の行動は、それがその人の「人格」のあらわれである故にこそ、その人の行為として称讃もされ、非難の的ともなる、ウィンデルバンドのいうとおり、人間が行為選択の自由を有するということは、人の行為の中に「人格の因果性」を認めることにほかならない[3]。あの人だからあの行為をなすことができたのであると見なされ得るだけの「必然性」の中にこそ、その人として責任を完うし得たと考えられる拠りどころがある。この意味での必然性を否定し、行為を人格から切りはなされた偶然の支配の下に置くような理論をもってしては、責任という概念を説明することはできない。原因なしに起ったことは、何人の責任にも帰せしめられ得ない。なぜならば、それはまさに責任を問わるべき原因をもたないからである。だから、行為のよってきたるゆえんを行為者の人格に求めることを不可能ならしめるような初発原因の原理は、責任の帰趨を宙に迷わしめる。イェリングが、初発原因の自由を説く理論を批判して、それはあたかも、自分の髪の毛を自分で引き上げることによって、泥沼に沈むことを防ごうとするにひとしいといったのは、この種の考え方に対する最も適切な鉄鎚であるといってよい[4]。

故に、人間の意志の作用は、いかなる場合にも初発原因とは認められ得ない。それにもかかわらず、およそ初発原因と名づけられるようなものがあり得るとするならば、初発原因として働く意志のもち主は、「神」以外には存在しないということになるであろう。神の意志は、何ものによっても制約されない。したがって、神の意志のみが自由である。神は、その自由な意志によって世界を創造し、世界の中の存在者として人間をつくった。人間は、神の意志にしたがって行動し、神の定めた軌道のとおりに生活する。だから、一切の人間の行為は、神による天地創造のはじめから予定されているのである。――神の意志のみを初発原因と見る思想は、このようにして徹底した必然観に帰着する。かくて、この見解は、神の絶対の自由を肯定する代償として、人間の自由を否定せざるを得ない立場に追いこまれる。[5]

しかし、もしも人間に意志の自由がなく、人間の行為はすべて神の定めた世界計画によって必然に定められているのであるとするならば、人間の社会に存在する「悪」の起源はどこに求められ得るか。神の定めたとおりになされる人間の行動に悪があるならば、その悪の責任は神に帰せらるべきであるのか。しかし、そうなると、神の神たるゆえんの無過誤性は否定されざるを得なくなるのではなかろうか。それとも、人間の浅見短慮の前には邪悪と見えることも、すべて神の世界計画の一環であり、したがって、実は悪ではないのであろうか。スピノザは、のちの考え方にしたがって、罪悪に満ちていると思われるこの世のできごとも、「永遠の相の下に」(sub specie aeternitatis) 眺めれば、ことごとく神のあらわれでないものはないと説いた。ヘエゲルもこれにならって、世界理性の自己実現として展開される歴史の中に、人間の浅知慧をもってすれば邪悪・惨虐と見えることが多々あるとしても、それを邪悪・惨虐と感ぜしめているのは、「理性の狡智」(List der Vernunft) のなせる業であって、哲学の省察をこれに加えるならば、すべての「現実的なものは理性的である」とうそぶいた。[6][7] しかし、一切の邪悪の中にも神を見、惨澹たる戦争をも理性の筋書として意義づけることは、レンズ磨きに一生を送ったスピノザの諦観か、しからずんば、たそがれに飛びまわる「ミネルヴァのふくろう」をもって任ずるヘエゲルの放言ではあり得ても、邪悪の政治に苦しみ、戦争が起れば惨死の運命をもまぬかれない、「普通人」の哲学となる資格はない。悪は、――何が悪であるかを判定することはむずかしい問題であるにしても、いやしくもそれが真の悪であるかぎり、――あくまでも否定され、排除されなければならぬ。そうして、悪の責任が神に帰せらるべきでない以上、悪を認めることと、悪の原因を人間に求めることとは、不可分に結びつく。神の掟にそむいて悪に走った人間は、その悪についての責任を負わねばならぬ。それは、神にしたがうか、神にそむくかの岐路において、人間に「選択の自由」が与えられていることを意味する。だから、シェリングは、人間自由の本質を究明する鍵を人間悪の発生に求めた。[8] 人間が神にしたがうのも、神にそむくのも、それぞれ原因があり、理由があってのことであるに相違ない。しかし、どういう原因、どういう理由があるにせよ、神にしたがう者の栄光と、神にそむく行為の罪業とは、ともにその人間それ自身の責任に帰せられる。それは、無因の因の責任ではなくて、有因の結果がさらに新たな行為の選択の原因となるところをとらえて、そこに責任の所在を求めることを意味する。そうして、そのような責任を負うところの主体として、人間は、因果の系列の中に置かれているにもかかわらず、川の表面を流れて行く木の葉とはちがって、選択の自由を有するものと認められるのである。

要するに、人間の行為の「初発原因」を人間自身に求め、人間の意志を「無因の因」と見ることは、決して自由の問題を解決するゆえんとはならない。いいかえると、われわれは、人間の意志決定にも、そのよってきたる十分の原因や理由があることを認めつつ、そうした認識の上に立って、なおかつ人間の自由を肯定し得べき道を探究して行かなければならない。そのような道は、一体どうすれば開拓され得るであろうか。

三　精神と物質

人間の意志が初発原因として作用するという意味での意志の自由は、否定されざるを得ないとして、次に問わるべき問題は、精神と物質、とくに精神と人間の肉体との関係である。

人はふつう、精神と物質との間には因果関係があると考える。前に述べたように、初発原因としての意志の作用を認めることも、意志が初発原因となって、そこからさまざまな肉体的動作や外界への影響が結果して来ることを肯定することにほかならないのである。いいかえると、そこでは、何らの先行原因をももたない精神の作用が起動原因として働き、その結果として、一定の物質の変化が生ずるものと見なされているのである。しかるに、意志の初発原因としての働きが否定されたということになると、物質の変化の原因として作用した精神の働きも、それに先行する諸原因の結果として説明されることにならざるを得ない。精神の働きの上に作用する諸原因には、それ自身精神的な意味をもつものもあるし、単なる物質の変化もあるであろう。しかし、精神作用の原因がさらに精神作用である場合にも、原因たる精神作用は同時に物質的の変化をともないつつ、結果としての別の精神作用の上に働きかけるであろう。刺がささって痛みを感じ、傷口が化膿して堪えがたい不快を覚え、ついに医者に治療を乞おうと決意するのは、単なる物質の変化が精神の上におよぼした影響である。心をこめた友人の手紙を読んで、深く心を打たれ、ただちにペンを走らせて返事を書くのは、精神が物質を媒体として別の精神作用の上に働きかけ、後者がさらに肉体的な動作の起動因となっている場合である。いずれにせよ、そこには、物質から精神へ、精神から物質への原因・結果の連鎖があるということになる。それは、物心相互間の因果関係の肯定にほかならない。

しかし、物心相互間の因果関係を認めるということは、厳密に考えるならば、精神と物質とがそれぞれ全く独立して存在しつつ、それが互に作用しあうことを承認することにほかならない。事実、唯心論者は、何らの物質的裏づけをもともなわない純粋の精神作用があって、それが物質、とくに身体を動かすのであると考えるであろう。逆に、唯物論者は、すべての精神作用は、物質的変化の結果もしくはそれからの流出物にすぎないと見るであろう。けれども、そもそも、およそ人間の精神作用であって、しかも全く物質の変化をともなわず、あるいは、全然肉体的な裏づけをもたないものがあり得るであろうか。まさに、その点に問題がある。

およそ考えられ得る精神的存在の中で最も純粋なもの、あるいは「物質からはなれた精神」の中で最も典型的なものは、霊魂——とくに死後の霊魂——であろう。人はよく、肉体はほろんでも精神は残るという。たしかに、偉人の薫陶を受けた人々が、偉人の死後もその精神を受けついで、各方面にかがやかしい活動をつづけて行くことは、一種の「死後の生命」であるといえよう。学者の死後、その著書がいつまでも人々に読まれ、芸術家の作品が、のちのちまでも人の心に感銘や感激を与えるというようなことは、人間の「精神の不滅」であるといってよい。しかし、信仰上の問題は別として、科学的認識の上に立脚するかぎり、人間の死後、その霊魂が肉体からはなれて「あの世」に実存するということは、無稽の臆測たる以上には出で得ない。なぜならば、肉体からはなれた霊魂の存在は、経験によって実証さるべき何らの手がかりをもたないからである。だからこそ、俗説や迷信にもとづく霊魂実在のあらゆる主張は、かならず感覚に訴え得べき証拠を提示しようとする。幽霊は、足はなくても、目に見え得べき「姿」をもち、耳に聞える「声」を発する。それは、幽霊といえども、感覚にふれる「肉体」なしには存在し得ないことの証拠にほかならない。心霊術によってとらえられ得るとされる霊魂も、人間の感覚に対して何らかの徴表を示し、または、写真の乾板に怪し気な映像となってあらわれるところを見ると、やはり、物質の裏づけを全くもたないわけではないことが知られる。しかも、実在するといわれる霊魂のそのような正体が、実はすべて「枯れ尾花」にすぎないことが明らかにされるにつれて、肉体からはなれた霊魂が実存するという臆説の根拠は、次第に崩れ去って行く。プラトンのいったように、「肉体の洞窟」の中に閉じこめられているということは、実在の世界での霊魂の例外のないあり方なのである。[1]

精神は肉体とともにある。すべての精神作用は、物質によって裏づけられている。人間の精神が思索にむかって凝結しつつあるときには、大脳への血液の供給も活潑になっている。頸動脈をおさえて、血液が頭部にむかって流れることを阻止すれば、ただちにすべての正常な精神作用は休止し、まもなく昏睡状態におちいる。消化器から吸収された酒精が脳にまわれば、あるいは快活となり、あるいは昂奮し、あるいは誇大された悲哀を感ずるというような、大なり小なり異常な精神作用が起る。或る日本の若い音楽家は、自分の指揮の下に演奏さるべき作曲を期日までに完成するために、朝からウィスキイを飲み、覚醒剤の注射を打ち、いわば人為的に作り上げられた精神的緊張のうちに連日の創作過程を強行していたが、ついに右頭部のはげしい疼痛を訴えて倒れ、入院ののち死亡した。病名は出血性脳炎と判定された。解剖の結果、大脳の左半部は血管に充血の跡が存在するだけであるのに、その右半分にはおびただしい出血が見られ、発病当時の疼痛は、脳膜の間の出血が脳を圧迫したためであることが判明した。しかも、大脳の右半分が音楽的機能を、左半分が言語的作用をつかさどるものであることは、現代の生理学・心理学の定説となっているのである。脳や神経の作用の神秘は、今日の科学をもってしても、ごく小部分しか明らかにされていないけれども、脳や神経を構成する無数の細胞の物質的変化が、知能や感情の働きと不可分に関連していることは、これらの事例を見ただけでも十分に推定され得る。

すべての「主観精神」は、肉体に支えられて活動し、身体物質の変化によって裏づけられつつ作用する。しかし、精神が物質を基盤として存在するのは、単に主観精神についてだけのことではない。精神の「客観的」な表出や伝達もまた、常に物質を媒介として行われる。すなわち、思想や感情は、主として言葉を通じて表出される。語られた言語は音響であり、書かれた文字は色や形であるが、それらの「物質的媒体」がなくしては、人と人との間の理解や共感は成り立たない。眼が口よりも多く物をいう場合にも、眼の光りや瞳の深さが、言葉以上の言葉を語っているのである。音楽は、いかなる文章でも表現できないような深い感情や、美しい情緒を表出する。絵画は、物を——静物を、人物を、風物を——描いて、その中に、人間が精神的に追求してやまない美や聖や、静寂や活動や調和を客観化して示す。しかも、管や絃や声帯の発する音響なくして音楽はなく、絹本の上に描かれた淡彩、もしくは、キャンヴァスの上に塗られた油絵具、等を取りのぞけば、絵画はもはや絵画ではあり得ない。精神の世界は、物質の基礎の上に展開される。物質の支柱を取りのぞけば、いかなる高次の精神作用や芸術的労作も、一瞬にして消えさるほかはないのである。

精神と物質との不可分の関連性を認める立場に対しては、二つの反対があり得る。

第一に、人はいうであろう。物質をはなれて精神はないというけれども、いうところの物質とはそもそも何であるか。われわれが物質の存在を確認したと思っているとき、その確認の通路となるものは、われわれの「感覚」であることを忘れてはならない。物質とは、人間の感性知覚に与えられた表象が外界に投影されて、感性知覚からはなれて実存すると考えられているものにほかならない。私の目の前に赤い花が咲いている。私は、私をはなれて赤い花が実在すると思っている。しかし、そこにある花の形も、赤い色も、私自身の感覚としてそこにあるのであって、感覚からはなれて、なおかつそこに「赤い花」が実存するということの証拠は、一つもない。他人も、外界も、外界に存在すると考えられている無数の物質的な対象も、いな、私自身の手や足ですらも、私がそれを感覚でとらえ、感覚の中に与えられているとおりのものが客観的に存在すると思っているかぎりにおいてのみ、実存するにすぎない。だから、すべての対象は、感覚的にのみ存在する。いや、すべての対象は、感覚の中にあるのであり、「表象の束」として存在しているのである。しかるに、感覚といい、表象の束という。いずれも心理現象であり、精神過程にほかならない。故に、精神をはなれて物質があると考えたり、すべての精神は物質を基礎としてのみ存在すると主張したりするのは、ともに本末顛倒の謬論であり、認識成立の根拠がどこにあるかを忘れた迷妄にすぎない。――こう考えるところに、バアクレイなどに端を発するところの絶対観念論の哲学が成立する。[2]

しかし、もしも感覚のみが人間に与えられた唯一の認識の源泉であり、感覚によってとらえられた対象が、「対象自体」として、感覚の示すとおりの姿で客観界に実在するということの証拠は、すべて否定されざるを得ないとするならば、他我が自我と同じように感覚をもつ認識主体として実存するということもまた、立証できなくなってしまうであろう。なぜならば、私がそれによって対象を認識する感性知覚は、「私の感覚」であって、いかなる他人の感覚でもない。「他人」は、鏡に映した私と同じような形をした人間として、「私の感覚」の中に与えられているのである。その他人が、私と同じような感覚をもって外界を認識しているということは、私がそう思うだけであって、他人の感覚を私がそのままに覚知し得るわけではない。私の感覚がおよぶかぎりにおいては、他人も、すべての山川草木が感覚の中に与えられているのと同様に、単に私の感覚の中にある一つの「表象の束」にすぎないのである。だから、もしも一切の対象が感覚としてのみ存在するのであって、感覚からはなれた客体として実存するという何らの証拠もなく、したがって、その客観的対象としての実在性を否定せざるを得ないとするならば、およそ実在と名づけ得るものは、無限に多様な「私の感覚」だけであることとなり、私の友人も、私の妻も、私の子供も、私の感覚の中にある単なる「表象の束」に還元されてしまうであろう。かくて、そのような推理は、とどのつまり「唯我論」に到達する。スティルナアが、真に具体的に存在するものは自立自存の個我のみであると考え、他我とか世界とか称せられるものは、唯一者としての個我がその表象の中に生み出したものであるにすぎないと主張したのは、唯我論哲学の典型である。[3]

私は、スティルナアの著した「唯一者」という本をもっている。私は、その本を書棚から取り出し、机の上に置き、頁を開き、活字を読むことができる。そのとき、「唯一者」という書物は、たしかに私の感覚の中にある。けれども、私がその本を読むことによって次第に理解されて来るスティルナアの「思想」は、もはや私の感覚の中にはない。感覚の中に与えられているものは、古ぼけた書物であり、色の変りかけた紙であり、昔風のドイツ語の活字である。それらの活字を通じて私が「理解」するスティルナアの奇妙な推理は、感覚の中に与えられた「物質」とは次元をことにするところの、この奇矯な自我中心主義者の「精神」である。しかも、そこに理解され得たような一方的につきつめた推理は、「私の感覚」をどのようにくみあわせて見ても、その中からはでて来ない。それは、私とは全くちがった他人、そうして、記録によれば、いまから百年近くも前に死んだドイツの哲学者の思想であり、それが、かれの著した書物を通じて、かれ自身とは何のゆかりもない後世の日本の一学究によって理解されつつあるのである。スティルナアは「唯一者」を書いた。だが、かれは唯一者ではなかった。かれの思索は文字で書きあらわされ、それが書物となって今日私の研究室の一隅に置かれている。しかし、私が感覚をもってふれることのできる書物は、「物質」であって、かれの思想ではない。かれの思想、かれの精神は、「理解」の対象とはなるが、感覚の中には与えられない。われわれは唯一の実存であって、世界はことごとくわが意識の中にのみあると考えたスティルナアは、実は、やはり、世界に存在する多数の精神主体の一つであって、その思想は、かれと別個の精神主体たる私の理解の対象となっている。かくて、私の推理は唯我論を克服する。あわせて、実在は「表象の束」であるという学説を克服する。世には、感覚の対象となり得ない存在や作用がある。それが精神である。しかも、それと同時に、その意味の精神とはちがって、明らかに感覚の中に与えられるもの——書物、紙、活字、印刷インク、等——がある。それが物質である。唯心論者は、物質は感覚の中にのみあるといって、物質の実存を否定しようとするが、実は、感覚では直接にとらえられ得ないものが精神であり、感覚の中に与えられるものが物質なのであって、その意味での物質の実存は、感性知覚をもつ人間であるかぎり、何人といえども否定できないところであるといわなければならない。

精神と物質との不可分の関連性を認める立場に対して、人は第二にいうであろう。精神と物質との間に不可分の関連性があるというけれども、それを説くことは、物質からはなれた精神の独自性を認めることにはならない。むしろ、そういう主張は、どんな精神の作用でも、その「本体」は物質であることを証拠立てているのである。原因としての物質の変化は、その結果として別の物質的変化をひきおこす。そうして、結果としてひきおこされた物質的変化が、さらに新たな物質上の変化の原因として作用する。その場合、その作用の一部分が精神現象として意識されているにすぎないのである。足の裏に刺がささった。その結果、足から脳に伝わる神経細胞に、次々に物理的変化が生ずる。それが大脳によって「痛み」として受けとられる。脳細胞には、その反応として変化が起り、その変化が逆に手に伝えられ、手の筋肉を動かして、刺を抜き取るという動作をひき起す。その場合の大脳内部の物質的変化が、「ささった刺をぬかねばならぬ」という判断として意識されるのである。だから、精神の作用は物質的変化の随伴現象にすぎない。もっとつっこんでいうならば、人が精神と呼び、思考と名づけているものは、詮じつめれば物質の作用であり、物理的エネルギイの変化の一種にすぎないのである。かように考えるところに、ビュヒナアやモレショットなどによって代表される唯物論の哲学が成立する。(4)(5)

しかしながら、唯物論哲学がいかに精神作用を物質的変化の一部分として説明しようとしても、その物質的変化が人間によって精神現象として受け取られ、唯物論者自身によっても精神の作用として説明されているという事実を抹殺するわけには行かない。人が思索にふけっているときには、脳細胞の中に活発な物理・化学的変化が起っているに相違ない。しかし、思索はあくまでも思索であって、脳細胞の変化ではないのである。人が他人から侮辱されて、顔面を紅潮させて怒るという場合には、たしかに脳や顔面の血管が膨脹しているのである。けれども、怒りはどこまでも怒りであって、血管の膨脹そのものではない。管絃楽の発する複雑な音波が鼓膜を震動させ、それが聴神経を伝わって、脳の内部に一定の物質的な作用をひき起す。その物質的作用を、音楽を聞いて人間の感ずる「美」であると説明して見たところで、それは美の説明にはならない。だから、唯物論哲学が、「思想」とは脳細胞の中のエネルギイの変化であるとか、「精神」は物質の作用の中の一部分であるとかいっても、それは思想の何たるかを物語っているのでもなく、精神の本体を究明したことにもならない。思想は思想であり、精神は精神であって、物質ではなく、物質の変化ではない。

精神は精神であって、物質ではなく、物質の変化ではない。しかし、それにもかかわらず、精神の作用は常に物質の変化によって裏づけられている。もしもわれわれが、概念の内容を拡大して、このように考える立場をも「唯物論」と名づけるならば、われわれは唯物論の真理性を承認していることになる。この意味での唯物論は、第一に、前に述べたような形での唯心論や観念論を克服しようとする。すなわち、それは、物質とは感覚であり、「表象の束」にすぎないというような議論に対して、人間が感覚によってとらえている事物は、人間の感覚や意識からはなれて、客観的に実存すると主張する。故に、この意味での唯物論は、実在論である。しかも、この実在論は、客観的な実在の中で第一次的な意味をもつものは物質であり、思想とか意識とか感覚とか呼ばれるものは、その高度の発達の産物であると見る。その意味で、この種の実在論は、第二に、決して精神の独自性を否定しているわけではない。ただ、それは、精神は物質の基礎の上に出現し、発達したものであると説明しようとするのである。たとえば、レエニンが、「物や環境や世界は、われわれの感覚、われわれの意識、われわれのわれわれおよび人間一般から独立に存在する」といい、「物質は一次的なものであり、思想、意識、感覚は、きわめて高度の発展の産物である」といっているのは、この種の唯物論の立場を代表する。(6) それは、精神を「高度の発展の産物」と規定している点で、精神を強いて物質に還元しようとするような「唯物論」ではなく、感覚の対象が感覚をはなれて実在すると見ている点で、むしろ単に「実在論」と呼ばれるのに適している。マルクス・レエニン主義の哲学を「唯物論」と呼ぶことは、かえってこの哲学の本質を誤認にみちびくゆえんである。ひろく用いられている唯物論哲学という名称を取りはずして見るならば、精神と物質との関係に関するかぎり、この哲学の立場はきわめて常識的な真理を肯定しているものであるといってよい。――ただし、自由の問題との複雑な関連において、この哲学の上に全体としていかなる批判と価値判断とが下さるべきであるかは、のちの検討にゆずられなければならない。

精神は物質に裏づけられて作用する。しかし、精神は精神であって、物質の作用そのものではない。このように考えるのは、精神と物質との間の「相互作用」を認めることではなくて、精神と物質との間に「平行関係」が存在することを肯定するゆえんである。一方において、物質の裏づけをもたない単なる精神の作用を想定する考え方を否定し、他方において、物質は物質であり、精神は精神であって、その中の一つを他の一つに還元することはできないと見る以上、われわれの推論は、当然に平行論に帰着する。名演奏家のピアノのタッチが、自動ピアノのかなでる正確な和音や旋律と、「音響」としてどこかにちがったところをもっていることは確かである。しかし、両者が鼓膜と聴神経とを通じて大脳に与える影響の相違は、測定できぬほどに微妙なものであるにちがいない。しかも、それにもかかわらず、その微妙な相違は、「精神」の面では感銘の度合の大きな相違となってあらわれる。重病人の病室に、はじめて名医の往診が行われた。重厚な風貌、落ついた診察ぶり、明確な診断、行きとどいた手当ての指示、それらのものはすべて視覚や聴覚を通じて病人によって「物理的」に受け取られる。その場合に、病人の大脳に生ずる物理的変化は、往診中の医者が藪医者である場合と、ほとんどことならないかも知れない。しかも、それが名医である場合には、その診察は、「精神」の上においては、大きな安心や信頼をもたらし、それが適切な手当てと相俟って、病気に好転の機会を与える。精神は物質とともに働く。しかし、精神の作用は決して物質の変化としては説明され得ない。われわれは、われわれの日常身辺の体験の中に、いくらでも同じような物心平行現象の生きた例証を見出すことができるであろう。

「精神物質平行論」は、フェヒネルやパウルゼンなどという比較的に著名でないドイツの哲学者によって、かなり前に唱えられた理論である。(7)(8)(9) われわれは、自分自身の体験によって、精神の作用が肉体の動きや変化にともなって起ることを知っている。悲しみとともに涙がこぼれ、突然の喜びや期待にともなって心臓の鼓動がたかまるというような現象は、物心平行現象の簡単な実例である。そこからして、われわれは、自分のみならず他人もまた、そのような物心平行現象の主体であることを知ることができる。妻の泣くのは、妻の悲しみの表現であり、わが子の歓声は、遠足につれて行くという約束がわが子に与えた欣喜の表示である。さらにわれわれは、高等動物もまた、同じように精神作用の主体であり、動物の心理が肉体の動きや変化によって表出されることを知っている。尾をふる犬は、明らかに喜びをあらわし、毛を逆立てた猫は、確かに怒りまたは恐怖を感じているのである。そのような類推をおしひろめて行くならば、下等動物にも知覚や好悪の鑑別能力があると見ることができるし、さらに、植物にもひろい意味での「心」がないとは断定できない。いな、自然現象の中に何らかの意味での心的作用が内在していると考えることも、決して一概に荒唐無稽の臆測としては斥けられ得ない。古代ギリシャの自然哲学者の中には、万物を構成する極微の原子は、物質の単位であると同時に、心的な力を備えていると見て、いわゆる物活論を唱えた者もあった。直径一万分の一ミクロンの原子を分析して、原子核の構造と、それを取りまく電子の運動とを明らかにしつつある現代科学の進歩は、やがて、ギリシャの哲学者の想像に科学的基礎づけを与えることができるようになるかも知れない。すくなくとも、フェヒネルやパウルゼンは、およそ物質の存在するところには、同時に何らかの意味での精神的な作用がともなうという想定に立って、一種の汎心論の哲学を提唱した。物心平行論をおしすすめて行くならば、そのような汎心論哲学に到達することは、推理の当然の筋道であるとも見ることができよう。

汎心論は一つの形而上学である。カントは、感性知覚の中に与えられる対象が、それ自身としていかなる実体を備えているかという問題は、認識能力の限界を越えるものであるとして、一応その前に停止した。しかし、感性知覚が単なる自我の所産ではあり得ない以上、感覚の背後に感覚を触発する何ものかがあると認めざるを得なかった結果として、そこに「物自体」(Ding an sich)の問題を残した。[10] しかも、カントの場合には、自然認識の彼岸に残された物自体の世界は、かれの道徳形而上学の領域としてふたたび取り上げられ、そこに自然法則とは次元を異にする精神活動の原理が行われていると見られるにいたったのである。[11][12] パウルゼンは、ここにかれの汎心論を樹立する手がかりを求め、物自体を不可知であるとするカントの認識論の立場に停止するかわりに、感覚でとらえられる物質の背後には、感覚を越えた精神の世界がひろがっていると考え、その点でフェヒネルの構想にしたがった。この形而上学的推定がどこまで根拠づけられ得るかは、今後の科学の発達に待つほかはない。しかし、われわれは、ここでは、太陽を追うて回転運動をする向日葵にも心があるかとか、天体に類似した運行をつづけている原子の中に、一定の条件の下で精神作用となってあらわれるような心的エネルギイの萌芽がひそんでいるかとかいうがごときことを、問題としようとしているのではない。われわれの問題は、「人間の自由」である。そうして、この問題に関するかぎり、われわれは、パウルゼンの試みたような形而上学的実体論にまで立ち入る必要はない。したがって、ここでは、人間の精神が常に物質的変化に裏づけられているということ、しかも、精神の作用はあくまでも精神の作用であって、物質の変化ではないということ、の二点を確認し、その意味で精神物質平行論の立場を認めることをもって、必要で十分な認識であるとすることができるであろう。

四　道徳の要請としての自由

物質の世界が例外なく因果の法則の下に動いていることについては、疑いをさしはさむ余地はない。したがって、もしも精神の作用が常に物質的変化の裏づけを受けつつ行われているのであるとするならば、精神作用を裏づけている物質的変化は因果律によって必然に継起するのであるから、精神作用だけが基盤の必然関係とは無関係に自由の世界を飛びまわるという可能性は、否定されなければならない。もちろん、精神現象について認められる法則は、物質現象を支配しているのと同じ機械的因果法則ではないであろう。イェリングのように、物理現象は因果律によって支配されているのに対して、精神現象を動かすものは目的律であると考えることは、十分に理由があるであろう(1)。けれども、人間の行為を規定する目的といえども、決して原因なくして設定されたものではあり得ない。生きるための目的は、人間が生きねばならぬ肉体をもつことによって規定されている。人間の生存に必要な衣食住をはじめとするあらゆる目的設定は、すべてそれに先行する物質的・社会的・歴史的の諸原因によって制約されている。それを必然というならば、精神物理的存在としての人間は、必然の過程の中に生き、必然の法則にしたがって行動していると見られなければならない。

それにもかかわらず、人間の自由について語ることができるとするならば、その根拠はそもそもどこにあるか。一体、自由という言葉はどういう意味に用いられているか。自由について語ることは、必然を排除する意味なのか、あるいは、必然を予想した上での話しなのか。

籠の中に鳥が飼ってある。人はそれを見て、その鳥には自由はないと考える。鳥は籠から放たれた。限界のない大空にむかって飛び立った。人はそれを眺めて、鳥が「解放」されたという。野山に棲息する野鳥や野獣は、その意味では「自由」である。そういう場合の自由は、もとより必然を排除しない。鳥や獣は、それぞれ生まれながらの習性にしたがって生活し、自然のままの慾望に動かされて行動している。そこには、明らかに必然が支配している。しかも、それにもかかわらず、鳥や獣は自由を享有している。その場合の自由とは、「行動の拘束を受けていない」という意味にほかならない。

それでは、人間の自由について語る場合、人は「自由」という言葉をそれと同じ意味に用いているであろうか。或る場合にはそうである。しかし、他の場合にはそうでない。奴隷が鎖につながれている。護良親王が土牢の中に幽閉されている。俘虜が収容所に入れられて、毎日きまったノルマを遂行することを強制されている。それらの人々には、自由はない。そういう場合には、それらの人々は、籠の鳥に自由がないのと同じ意味で、自由を奪われているのである。だが、逆にいって、もしも人々が慾望のおもむくがままに行動し、衝動や本能にしたがってなされる行為に対して、何の拘束も、何の制御も加えられない状態に置かれたとして、それをはたして自由であるということができるであろうか。それが人間ではなくて鳥や獣であった場合には、その状態を自由と名づけることは、いま見たとおりである。しかし、人間の場合には、人はそうは考えない。人は、それらの人々は慾望の「虜」となっているというであろう。衝動に駆られ、本能の奴隷となって行った行為は、決して自由の名に値しないと思うであろう。なぜならば、人間には「理性」がある。人には道徳的な「責任感」がなければならぬ。本能のおもむくがままにふるまうことは、動物的存在としての自由ではあっても、人間の自由ではない。そこでは、慾望によって理性が拘束され、本能によって責任感が盲目ならしめられている。かくて、人は、理性によって本能を制御し、慾望を抑えて責任を完うするところにこそ、真の意味での人間の自由があると考える。

けれども、理性とは一体何であろうか。責任感とはそもそもどのようなものであろうか。人は、理性にしたがうべきことを教育によって学ぶ。単に理性にしたがえということばかりではなく、理性的な行動とはどんな内容のものであるかということも、教育によって教えられる。その教育体系の背景には一定の社会組織や政治権力があって、教育の方針もそれによって制約されているであろうし、理性的な行動と呼ばれるものも、社会の既存秩序の温存に役立つように仕むけられているであろう。そうであるとするならば、人が理性にしたがって行動しつつあると意識している場合にも、それは「自律」ではなくて、「他律」であるともいえる。孫呉空は、金斗雲に乗って世界の涯まで飛んで、そこにそびえ立つ五本の巨大な柱に大きく署名して帰った。しかし、かれは、実はわずかに釈伽の掌の中で行動し、その指の一本に名を記したまでのことであることを悟らしめられた。人間の理性的自由といえども、人間の置かれた社会的・歴史的基盤という釈伽の掌の中ににぎられているのではないと、だれが断言できようか。ましていわんや、「責任」とか「責任感」とか称せられるものにいたっては、或る時代に社会を支配している通念が、習性や教養を通じて個人の行動を拘束する原理となっているものであるにすぎない場合が多い。戦時中、「滅私奉公」の責任感にしたがって行動していた日本人は、終戦とともに、それが一部の国粋主義者や軍国主義者の作った筋書に踊らされていた結果にすぎなかったことを悟った。かくて、過去の生活の指針をすべてかなぐりすてた人々の中には、道徳を蔑視し、責任を嘲笑して、デカダンスの享楽を追う者もすくなくなかった。しからば、責任感に燃えて忠君愛国の義務を遂行するのが自由なのか。反対に、あらゆる責任から解放されて、競輪やストリップ・ショオにうつつをぬかすのが自由なのか。そのいずれもが否定されなければならないとするならば、ついに人間には自由はないと断定せざるを得ないのか。自由という言葉はかように多義であり、どういう意味で自由を肯定するかは、かくのごとくに困難な問題である。

因果の法則は、実在界を科学的に認識するための根本前提である。したがって、単に物質の世界ばかりでなく、人間心理の作用も因果律にしたがって動いていると認めるのは、科学の態度としては当然のことである。このことを最も首尾一貫して説いたのは、カントであった。カントによれば、因果律は、時間および空間とならんで、人間の構成する世界像の基本原理をなすものであり、したがって、経験の中に与えられた世界に関するかぎり、すべての事象は例外なく原因・結果の連鎖を追うて継起する。それ故、人間も、経験的存在としては、因果律を越えて意志し、行動するという意味での自由はもたない。[2] ウィンデルバンドのいうとおり、カントは、直観と概念とによって構成される科学的認識に関しては、「決定論」の立場を最もひろい範囲にわたって是認したのである。[3] しかし、カントの信念にしたがうならば、人間が必然の法則のままに意欲し、行動するものであるかぎり、普遍妥当的な道徳の原理を確立することはできない。なぜならば、真の道徳は、現実には快楽を追い、慾望に動かされて行動する人間が、それにもかかわらず、普遍的な道徳律にもとづく純粋の義務観念にしたがって行為の選択をなし得ることを予想しない以上、無意味となるからである。そこで、カントは、経験的実在界に関するかぎり、因果律が隅なく通用することを認めると同時に、因果律の通用をば経験界に限定することによって、経験を越えた「叡智界」(intelligible Welt)には道徳律が妥当するものと認め、そこに、道徳の「要請」(Postulat)としての自由を打ち立てようと試みた。経験界の道徳は、「汝はなし得る。だから、汝はなさなければならない。」と教える。これに対して、カントは、叡智的人格者たる人間にむかっては、「汝はなさなければならない。だから、汝はなし得る」と説く。人間の能力はまちまちであるから、各人のなし得る範囲内で義務を履行することをもって満足するかぎり、その道徳は普遍妥当性をもち得ない。さればといって、普遍妥当的な道徳律を定立して見ても、人がそれを履行する能力がないことを認めるならば、その道徳は無意味である。だから、カントは、可能性から当為性をみちびき出すかわりに、まず、だれもが承認せざるを得ないような当為の法則を確立し、そこから出発して、だれもがそれを実行し得るという可能性――自由――を演繹しようとしたのである。カントの倫理学が厳格主義といわれるゆえんは、まさにここにある。[4]

しかしながら、もしも叡智的存在者としての人間のもつ自由が、経験界の存在者たる人間の行動の必然性にもかかわらず、現実的に肯定され得るとするならば、人間は、一方では自由でありながら、他方では自由でないこととなり、議論は収拾すべからざる二律背反におちいる。その場合、もしもプラトンのように経験の世界を実体性のない仮象界であると断定し、叡智的人格者としての人間のみを実体と見るならば、その意味での人間は、原因なくして意志し、自ら初発原因として行動し得ることになるかも知れない。だが、かような初発原因としての意志の自由を認めることが、人間の自由の問題を正しく解決するゆえんとなり得ないことは、前に述べたとおりである。そこで、叡智的自由の実体性を否定し、それを道徳の「要請」として受け取るならば、カントのいう自由はすべての実在性を喪失し、単なる「当為」にすぎないものとならざるを得ない。人間は、現実には全く自由をもたない。しかし、道徳が成り立つためには、人間は自由たるべきである。そういうふうに論ずることは、自由の肯定ではなくて、明らかに自由の否定である。なぜならば、人間の自由は、あるべきものではあるが、あるものではないということは、経験界の事実としての自由を否定することにほかならないからである。要するに、カントの自由論については、それを形而上学上の実体的自由の主張と見るか、倫理学上の要請としてかかげられたにすぎないものと考えるかという、二つの解釈の可能性しかない。そうして、もしも、カント哲学に対する最大の理解者の一人であるウィンデルバンドのいうように、カントの自由論に建設的な意義を認めるためには、それから一切の形而上学的形態をはぎ取る必要があるとするならば[5]、カントは、自由を肯定しようとして、実は自由を否定する結果におちいってしまったことになる。さらにいいかえると、自由を肯定するためには人間の精神を因果的被制約性から解放することが必要であると考えるかぎり、自由論はその所期の目的を達成する見こみはないといわなければならない。

だから、はなはだ逆説的に聞えるかも知れないけれども、われわれは、人間精神の因果的被制約性を前提としつつ、その前提の上に立ってなおかつ自由を肯定するための道を探究して行かなければならないのである。ウィンデルバンドもカントの自由論を検討した上で、科学の立場からは人間精神の因果的被制約性を否定する余地はないことを認めた。それにもかかわらず、人間は自由であるということができるか。もしも、人間精神の因果的被制約性を認めつつ、それでも人間には自由があるといい得るとするならば、その根拠はどこにあるか。ウィンデルバンドによれば、人間の行為は、それが因果律によって制約されているという事実から離れて、価値判断の対象となることができる。そうして、人間の行為が、事実の如何から離れて、価値の立場から評価され得るというところに、人間の自由が認められる。すなわち、人間の意志は、先行原因をもたないという意味で自由であることはできない。すべての意志は、因果の系列によって制約されている。しかも、人は、因果的被制約性の下でなされた意志決定について、あるいはそれを正しいとし、あるいはそれを不当とするというような、「評価」を下すことができる。そのような評価は、評価の対象たる意志決定が因果的に制約されているという事実からはなれてのみ下され得る。なぜならば、人間の意志決定が必然の帰結であるという事実に拘泥するかぎり、なおかつ、その中の或るものを正しいと評価し、他のものについてはその責任を追及するということは、無意味となるからである。ウィンデルバンドは、そこに、因果的必然性を度外視することができるという意味で、自由を肯定する道があると主張する。(6) これが、「カントを通りながら、しかも、カントを越えて」到達した、ウィンデルバンドの自由意志論の骨子である。

たしかに、価値の観点をみちびき入れることは、自由の問題を考察するためにぜひとも必要である。のちに述べるように、人間は、価値を創造する者として自由である。さらに、人間の創造した価値の立場から、そのなした一つ一つの行為について善悪・正邪の評価を受ける者として、責任をもつ。しかし、ウィンデルバンドのように、一方で人間の意志や行為の因果的被制約性を認めながら、他方では、人間の意志決定をその因果的被制約性から離れて価値判断の対象とすることができるというところに、意志の自由を肯定する道を求めるというのは、なお消極的・回避的な態度であることをまぬかれない。なぜならば、そこには、因果的被制約性を認めたままでは、正面から自由を肯定することはできないという先入観念が、依然として残存しているからである。われわれは、むしろ、人間精神の因果的被制約性を堂々と認めつつ、——それは、科学的認識に立っての要請である。——しかも、それにもかかわらず、人間の意志の自由を肯定する——それは、人間が人間であり得るための条件である、——立場を取らねばならぬ。人間は、精神物理的な因果の系列の中にあって、判断し、意志し、行動している。その意味で、或る人が或る場合に或る行動に出でるということは、「必然」である。しかも、それが、その人にしてはじめてなし得る行動であるとき、もしくは、その人の個性や人格がにじみ出た意志決定であるとき、そこに人間の「自由」がある。それは、必然を排除する自由ではなくて、大きな必然の系列の中において認められる「人格的自由」にほかならない。

五　人格の形成

人間は、精神物理的存在として地上に生を享ける。そうして、精神物理的な生活環境からの決定的な影響を受けつつ、人間として生長して行く。人間の生長の上に影響を与える事情の中には、もとより、純粋に物質的な原因もかぎりなく含まれている。紫外線の不足が佝僂病の原因となり、ヴィタミンBの不足によって脚気が起るような場合が、それである。しかし、そのような場合にも、父母が幼児に必要な日光浴をさせることを怠り、本人が食物の偏向に注意しなかったという事情があるかぎり、それは同時に精神的な原因によるものであることを失わない。昔は、胎教といって、妊娠中の女性の平静な心がまえが、生まれ出る子の健康や性格に重大な影響を与えるものと考えられていた。無心に乳房をさぐる嬰児は、母乳とともに母親の愛情を吸収する。子供が本能のおもむくままにわがままを発揮するとき、親が愛に溺れた甘やかし教育をするか、栴檀に対しても双葉のうちからのしつけを重んずる方針でのぞむかは、わが子の人となりや生涯の運命の上に重大な影響を与えるであろう。もしも親が、些細なことにも短気を起して、愛なきしもとをみだりに加えるような態度をくりかえして行けば、わが子は、親を恨み、世を白眼視する不良児となり、親にとってのきびしい現世の応報をもたらすこととなるであろう。人間の生長は、覿面の因果によって規定される。家庭は、人格が形成されるための、第一次的な精神物理的生活環境である。

人は、さらに、幼児のころから近隣の影響を受ける。郷土の風物が知らず知らずの間に人間の性格形成に作用することは、否定できない事実である。少年犯罪の原因として社会環境がいかに重要な役わりを演ずるかは、犯罪統計や刑事社会学をまつまでもなく、明らかなことである。すすんで学校教育を受けるようになれば、校風や教師の感化などが大きく物をいう。教師の指導は決して単なる「精神」の作用だけにとどまるものではない。「手を取ってみちびく」という言葉は、空間の近接や肉体の接触が、教育においていかに本質的な意味をもつかを、如実に物語っている。たどたどしく筆を動かしている小さな手を上からおさえて、正しい運筆の方法を教える教師の掌の温かさは、教師を「恩師」たらしめ、児童を「教え子」たらしめるであろう。そのような教師の「現前性」こそ、教育の実績を上げるための不可欠の要素である。多数の学生を大教室に収容し、教授が講演のごとくに講義する大学の教育でも、放送講義や通信教育とは本質をことにするものをもっているのは、なおかつそこに、最小限度の「現前性」があるためにほかならない。しかも、それだけでは大学教育における精神物理的接触が明らかに不十分であればこそ、小人数の演習や、教授と「膝をまじえて」の小集会が必要となるのである。学生は学生で、せめて年に一回でも、出身校別の懇親会などを開いて、同じ鍋の肉をつつく。いずれも、大学生活に欠如しがちな人間相互の「精神物理的現前性」を補おうとする。人間本然の要求のあらわれであるということができよう。

かように、人間の形成される過程は、単なる肉体の成長のみにとどまるものではなく、さればといって、単なる精神の修練や情藻《ママ》の陶冶につきるものでもない。知能の習得や品性の向上にも教育における精神物理的現前性が必要であることは、いま見たとおりである。逆に、肉体の発達にも、精神的な指導や鍛錬を欠くことはできない。棒高跳びの選手は、肉体的に優秀な素質を備えている上に、適切な指導と、不断の錬磨とを加えることによって、はじめて四メエトルのバアを越え得るようになる。大選手ともなれば、晴れの競技の当日には特別の緊張を感じ、必勝の決意をいだくであろうけれども、いよいよスタアトを切って、棒を立て、身体を浮かせ、バアを越える瞬間に棒をはなすときは、おそらくそれらの動作を「夢中」で行っているに相違ない。かれには、永い間の意識的な練習の綜合効果が、一つの精神物理的なコツとなって「身についている」のである。ピアノの名手が、始めて手にした楽符を、すこしもまちがうことなく、しかも、ゆたかな表現力をこめて弾きこなしてしまうとき、かれは、決して一つ一つの鍵盤を意識して叩いているのではない。それは、かれが幼時から一つ一つ努力して覚え、習って来た技巧が、いまではもはや全く肉体の中に同化して、かれの「血」となり、「肉」となっているがためにほかならない[1]。かくて、肉体的な高度のはなれ業が意志と努力とによって習得されるのと同様に、精神的な文化や芸術もまた、微妙な肉体の発達を基礎としてのみ創造され得る。すなわち、精神の陶冶なくして横綱の力倆は発揮され得ず、肉体にしみこんだ技術を基礎としないでは、画伯の描く名画は生まれない。それらすべて、精神物理的な綜合原因から来る精神物理的な綜合結果でないものはない。

人間は社会に生活する。社会生活が人間形成のために演ずる最大の役わりは、先人の習得した知識や経験や技術を、短かい人一人ずつの生涯を越えて、はるか後代にまで伝えて行くところに存する。人間が他の高等動物にくらべて比較にならぬほどに知能が発達している理由として、人はしばしば、人類の生育が緩慢であり、親の保導を必要とする期間が永く、その間に複雑な知識や経験を習得する余裕をもつ、という事情を挙げる。しかし、もしも知能の習得が人間一代ごとに振り出しから更新されなければならないものであるとするならば、チンパンジイの子の保育期間が二年であり、人類のそれが十五年であるとしても、その差はいうに足りないものであるにすぎない。しかるに、人類の場合には、社会集団の組織が発達していて、はるか昔の世代からの経験や知識の集積が慣行や言語を通じて後代に伝えられ、その上に各時代ごとに何がしかの新たな経験や知識がつけ加えられて来たからこそ、人間の精神活動はかくも偉大な進歩を遂げ得たのである。それとともに、人類の大脳や神経系統も、各個体の錬成によって生じた微妙な変化の遺伝を重ねて行くうちに、それらの豊富な知識や技術を潜在態において蓄積し得るだけの複雑な組織をそなえるにいたったものと思われる。ギエルケは、「人の人たるは人と人との結合による」といった。(2) しかし、もしもそのいう「人と人との結合」が、同一世代の個体相互の結合にすぎなかったとするならば、そこからは人の人たるゆえんは導き出され得なかったであろう。人の人たる真のゆえんは、人と人との結合が単なる同時存在の横の結合たるにとどまらないで、幾世代をもつらねる縦の系列であることによるといわなければならない。

　人間は、右のような意味での社会的存在である。したがって、人は、個人として自己自身を保全しようとすると同時に、人間存在の不可欠の前提をなしているところの社会生活を存続・発展させるための条件として、さまざまな掟にしたがう。「おのれの欲せざるところ、これを人に施すことなかれ」というのは、自利の本能をうつして、他人の人間としての存在を尊重し、社会共存の基礎を確立するための根本条件である。「人のために謀りて忠ならざるか、朋友と交わりて信ならざるか、習わざるを伝えしか」という曾子の三省は、同時存在としての人と人との間の忠信を説くとともに、世代を縦につらねて真実を後世に伝える責任を明らかにしている。(3) 人倫の道は社会の支柱である。人の人たるゆえんは道徳を通じて築かれる。そこに「人格」の形成がある。

　人間が道徳を身につける筋道としては、耳からの教えや目からの読書も大切であるに相違ない。しかし、道徳は、何にもまして実践を通じて「体得」される。友人との信義を破れば、人は親友を失うであろう。夫が妻を冷遇し、親が子を虐待すれば、家庭は墓場のようにつめたい空気に満たされるであろう。親しい人々との間の文字どおり肌のふれあう「現前性」を失うことは、社会的生物としての人間にとって堪えがたい苦痛である。その苦痛の経験が人を道徳に立ちもどらせる。事業に成功するには、よい協力者を得なければならない。従業員の親身の努力を期待する者は、まず従業員の徳望の的とならなければならない。共同の文化目的にむかってともどもに助け合う人々は、失敗に会って屈しない勇気と、建設によって報いられる喜びとを共にするであろう。もちつもたれつの世の中が、オアシスとなるか沙漠と化するかは、そこでの社会関係が深い倫理性によって裏づけられているか否かにかかっている。カントは、おのれ自身をも、また、いかなる他人をも、常に同時に自己目的の存在者として取りあつかい、決して単なる目的のための手段として用いることがないように行動することを、道徳の至上命令としてかかげた。(4) ＪＳミルは、社会に生活する人々の最大多数のために幸福をもたらそうとする社会実利主義の立場は、おのれの欲するところを人に施せというキリストの山上の垂訓の精神に帰着すると説いた。(5) 自他を通じて人間の権利と尊厳とを確保すべしとする近代民主主義の原理は、政治の理念たるに先立って、まず社会生活の基本道徳としての意味をもつ。「すべての人間は、生まれながらにして自由であり、尊厳と権利とにおいて、平等である」という世界人権宣言の言葉は、この原理を普遍人類的規模において確認したものにほかならない。(6)

人間は、過去からの精神物理的遺産と、現在の社会道徳的環境との影響を受けつつ成長する。しかも、人はそれぞれ素質もちがうし、能力もことなるし、環境の影響も教育の受け取り方もまちまちであるために、そこに千差万別の「個性」が発達する。それをどう伸ばすか、あるいは、それをどう矯めなおすかは、周囲の人々のみちびき方や、おのれ自らの心がまえによって、さらに多方向にわかれる。しかし、いずれにせよ、人格の形成と個性の発達が、それらの千変万化する諸動因の結果であることには変りない。一切の教育体系は、かように千変万化する人格形成の因果的系列の上にきずき上げられる。もしも人格形成の因果性が否定せられるならば、およそ教育というものは無意味になってしまうであろう。いかに教師が熱心に教えても、教え子の一人一人の中に「初発原因」が働いて、教育の効果が常にあらぬ方に逸脱してしまうならば、何人も教師たることを志さないであろう。教育は、教育効果の予測可能性の上にのみ打ち立てられ得る。たまたま予測を裏切る結果があらわれても、それにはそうなるだけの別の原因が働いていることが明らかにされることによって、教育の進歩が行われる。神童の出現や天才の登場といえども、人格形成の因果系列を否定するという意味での「奇蹟」ではあり得ない。いかなる奔放自在の人物の行動といえども、人間の上に働き、人間を通じて作用する、精神物理的因果系列が中断されているという意味で「自由」であることはできない。

だから、自由は、必然の否定によって生ずるのではなくて、必然の中に存するのである。それは、他律や強制によるところの必然ではなく、特定の人間の個性と人格とから見て、当然そうなければならないはずの意志決定としての必然なのである。

もちろん、人間の個性は多様であり、形成された人格は複雑・微妙な構造をもつから、或る人が或る事情の下にどう行動するかは、類型的には期待できても、その一つ一つを具体的に予測することは不可能である。したがって、特定の人間の個性と人格とから見て当然そうなければならないはずの意志決定といっても、われわれがそれを常に正確に予見し得るという意味ではない。むしろ、この事情の下にあってあの人物がどうでるかが問題であるような場合にこそ、人格と客観的事態との間に自由な対決が行われるのである。そのような場合、人は、慎重な考慮ののちに或る一つの決断を下すであろう。その決断は、その場面を、見守る人々にとって誠に意外なものであるかも知れない。しかし、どんなに意外な決断が下されても、それは、当事者の意志が「無因の因」となって働いたためではなく、かれの人物や日頃の信念などから見て、やはりそうするのが当然と考えられるような意志決定であることが判明するであろう。それは、その人の全人格をかたむけた熟慮の結果である点で、「必然」である。しかも、それは、他人に強いられたり、外力によって自己の真意をため曲げられたりした結果ではないという意味で、「自由」である。そうして、その着想やその決断が、普通の人々の考え得る尺度を越えたものである場合において、「創造」である。紛糾した局面にあたって、長考三十分ののちに呉清源九段の下した一石は、この天才棋客の修練と勘と熟考とによって生まれた名手であるが故にこそ、必然と自由と創造の三つの属性を兼ね備えたものであるということができる。かくて、誠の自由には常に創造がともなう。

人間のもつ自由とは、人間が、自己自身の人格や個性の主導性を保ちつつ、可能ないくつかの行為のうちのどれかを選択し得るという状態を意味する。自己自身の人格といえども、歴史という縦の系列および社会という横の連関によって精神物理的に規定されているという意味では、因果法則の外に置かれているものではない。しかも、それらの諸条件の制約の下にすでに形成されている人格の立場から見るとき、与えられた事情に当面して、考えられ得るいくつかの可能な行為の中のどれを選ぶかは、その人格的存在それ自身の決定にゆだねられている。そういう場合に、反道徳・無責任の本能や衝動にしたがうのでもなく、外部からの誘惑や強制によって己れを曲げるのでもなく、むしろそれらのものに打ちかって、自らその中の一つを採択し得るという能力が、すなわち「意志」である。「自ら省みて直ければ、千万人といえどもわれ往かん」というのは、道義の信念に燃えた大勇の人物としては必然の態度であろう[7]。しかも、その大勇の人物が、「富貴も淫すること能わず、威武も屈すること能わず」という自律性をもって、毅然たる行動を選ぶのは、まさに必然の上に成り立つ「意志の自由」である[8]。このような意志の自由は、孔子・孟子にしてはじめて到達し得る稀有の境地ではない。「三軍も帥を奪うべし、匹夫も志を奪うべからず」というところに、尊厳な「普通人」の自由がある[9]。自由は、カントの考えたように必然の否定ではない。むしろ、「六尺の孤」を託するに足りる人物が、かれとして当然そうしなければならない筋道にしたがって行動するところにこそ、真の自由が存するのである。

第二章　世界を作りつつある存在

六　人間と世界

ハイデッガアは、人間存在の存在性を規定して、「世界の中での存在」(In-der-Welt-sein) であるとなした。[1] 人間存在の意味を明らかにするためには、人間の置かれている場所から考察してかからなければならない。或る対象は、それが置かるべき場所に置かれることによって、はじめてその真価を発揮する。花は花瓶に生けられ、花瓶は床の間に置かれ、床の間は茶室の中にあり、茶室は風雅な庭園の一隅にしつらえられている。生花の味わいは、層々相重なりあってそれを取りまく場所と環境との中においてのみ、正しく鑑賞せられ得るであろう。人間もまた、人間の住む精神物理的な世界の中にあって、不断にその影響を受けつつ、社会的歴史的基盤の上に立って生活している。その意味で、人間実存の姿を「世界の中での存在」としてとらえようとしたハイデッガアの意図は正しい。

しかし、人間は世界の中に存在していると同時に、その世界はまた、その中に住む人間によって絶えざる造出と変容とを受けつつある。ハイデッガアは、人間存在を取りまく環境を、まず「道具」の世界として描き出した。人は家に住む。家は人の住むための道具である。家はいくつかの座敷に区分され、戸棚があり、押入があり、台所がついている。住居には、台所道具がなければならない。しかし、台所道具を客間に置いたのでは、物の用に立ち得ない。鍋は蓋を必要とするが、鍋からはなれた蓋は道具としての役に立たない。客間の受信機は立派な道具であるけれども、遠くはなれたところにある放送局がその機能を停止するとき、受信機は受信機たるの意味を失って、単なる置物と化する。かように、道具は、互に相倚り相俟って、一つの有機的な「道具全体」(Zeugganzheit) を形づくっている。[2] 人間がその中に住む至近の環境は、かくのごとき「道具全体」の世界である。しかるに、道具全体の部分としてある一つ一つの道具は、すべて人間によって作られたものである。単に個々の道具だけではなく、家全体は建築師によって設計され、放送局と幾十万の受信機とを有機的につなぐ放送機構は、あるいは会社によって、あるいは公共企業として設立されている。ドイツ語の「道具」(Zeug) という言葉は、明らかに「作る」(erzeugen) という動詞と同根語である。道具の世界は、人間に対して与えられた世界であると同時に、それに先立ってすでに、人間によって作られた世界である。人間は、「世界の中にある存在」であるより以前に、まずもって「世界を作りつつある存在」(Welt-erzeugend-sein) なのである。

人間の本質は、「工作人」(homo faber) たる点にあるといわれる。フランクリンは、人間を「道具を作る動物」(tool-making animal) であるといった。[3] 原始人が石器を作り、弓矢を用い、枯枝を摩擦して火を起す方法を知ったとき、そこに人間を他の動物から区別する標準がはじめて確立されたと見てよい。それ以来、何万年の歳月を経る間に、人間の用いる道具は驚異の発達を遂げ、複雑・精緻・大規模な機械や設備や建築が作り出されて、生存の必要、交通の要求、そのほか万般の需要を満たすようになった。鉄道や船舶や飛行機やダムや発電所のようなものまで道具と呼ぶのは、言葉をあまりにひろく用いすぎるきらいはあるが、それら、およびその他の数かぎりない事物を用いて行われている尨大な企業・生産・加工・配分・消費の活動は、人間による不断の世界建設のいとなみにほかならない。人間は、人間をはぐくみ育てた自然界にむかって、逆に積極的に働きかけ、永い年月と無数の人々の協力とによって、自然界の面目を全く一新するような人間の王国を築き上げた。

すべての道具は、物質を材料として作られている。しかし、道具は、単なる物質の合成体ではなくて、人間によって考案され、工夫され、人間の諸目的にかなうように製作されている。したがって、道具には常に人間の精神が宿っている。いいかえると、道具によって構成された人間の王国は、精神物理的な世界である。精神物理的な存在としての人間は、精神物理的な世界を作り上げて、そこに住み、絶えず新たに世界創造の活動をつづけている。そこに、「世界を作りつつある存在」としての人間の本領がある。

しかし、人間の作り上げげつつある王国は、決して単なる「道具の世界」だけにとどまるものではない。人間は道具を作るが、作られた道具を使うのも、また人間である。しかるに、道具を作るにも使うにも、一人の力ではできない仕事がたくさんある。そこで、道具を作り、かつ使う場合には、人々の協力が必要になって来る。単に協力が必要になるだけではない。生産には資本がいる。産業を経営するには、資本を集めるだけでなく、企業体の組織をきめてかからなければならぬ。資本の融通を仰ぐのも、生産に必要な原料を仕入れるのも、労働者を傭うのも、生産した製品を販売するのも、すべてひろい意味での取引きである。鉄道は人や貨物を運び、船舶は原料を外国から、そうして、製品を外国へ輸送する。商店は営業を行い、市民は買物に出かけ、新築したわが家にもち帰って、部屋の設備をととのえる。契約を履行せぬ者がある。借金をかえさぬ人がいる。すりがいる。泥捧が横行する。それらを取りしまったり、争いを裁いたり、犯罪を処罰したりするためには、警察を置き、裁判所を設け、刑務所も建てねばならぬ。子供が生まれる。種痘をさせねばならぬ。適齢に達する。学校に入れなければならない。ひろく公衆のために保健所を経営し、大中小の学校を整備し、健康保険や社会保障の方法によって勤労大衆の生活を護るというような仕事は、国家や地方公共団体の手にゆだねられる。国家をはじめとする各種の政治社会の組織は、よしんば最初は自然発生的であったにせよ、その発達した形態から見るならば、いずれも人間の作ったものである。人間は社会の組織を作り、制度の中に住み、組織や制度の上に不断の改革を加える。戦争防止のために作られた国際連盟は失敗に終ったが、現在では国際連合という組織が設けられて、平和の確保という大事業と取りくんでいる。人間の住む世界は、社会制度の世界である。人間は、もろもろの制度を工夫し、審議し、設置し、改革してやまないものであるという意味でも、「世界を作りつつある存在」なのである。

制度は、制度の運用にあたる人々の執務の場所として、建物や部屋をもたなければならない。その意味で、制度は道具と不可分に結びつく。しかし、制度の本質は、建物や部屋にあるのではない。制度は、一定の目的のために設けられた人間の組織であり、人と人との間の組織的な協力の関係である。設けられた制度が死物と化さないかぎり、制度はそれを組織する人々の行為や活動を通じて運営される。しかるに、人間はそもそも精神物理的な存在である。したがって、人間によって構成された社会制度もまた、精神物理的な存在である。言葉の最広義の使用が許されるならば、社会制度は、多数の人間を組み立てて作った、目に見えない複雑な「道具」であるということもできるであろう。

人間は世界の中に生まれ、吉凶禍福ともに世界からの決定的影響を受けると同時に、絶えず世界にむかって働きかけ、世界の人間化を行ってやまない。そこに、人間によっていとなまれる不断の創造がある。農家が米を作るのも、技師がラヂオ受信機を改良するのも、学者が剰余価値説を唱え、あるいはテレヴィジョンを発明するのも、芸術家が創作や作曲を行うのも、国会が民主主義の憲法を作ったり、国際会議によってユネスコを設立したりするのも、すべて人間のいとなむ世界創造の階梯ならぬはない。人間は、神を「創造者」と見る。そうして、創造者たる神を、人間の姿に形どって描き出す。ヴァチカンのシスティン・チャペルの天井に描かれた天地創造の大壁画の中で、ミケランジェロは、神を威厳に満ちた男性の姿において表現した。神が人間の姿において創造者であるのは、人間が人間それ自体として創造者であることの象徴であり、投影である。イェリングのいったように、すべての「被造物」の中で、人間のみが神と同じ肢体をもつと自覚することは、人間が被造者でありながら、しかも同時に創造者であり、神の創造活動の継承者であるということの自覚にほかならない。[4] そこに、人間の、人間のみに許された使命と誇りがあると同時に、創造の失敗がただちに人間の運命の上にふりかかって来るという危険と苦難とが存する。

七　世界の意味構造

人間は感覚によって世界を認識する。山を眺め、鳥の歌を聞き、樹の肌を撫で、花の香をかぎ、木苺の甘さを味わう。そこに認識されているものは、すべて物質的存在である、しかし、逆はかならずしも真ではない、いいかえると、物質的存在のすべてが感覚によって認識されるわけではない。物質の世界には、いまでも、人間の感覚にふれ得ない彪大な領域が残されている。しかも、それと同時に、科学・技術の進歩とともに、直接または間接に感覚によって認識され得る物質の世界は、次第に拡大されつつある。望遠鏡の発達は、いままで見えなかった数多くの天体の発見に役立った。電子顕微鏡が用いられるようになって、極微の物質の構造にも科学のメスが加えられるにいたった。レントゲンの放射線は目に見えないが、乾板の上に与えられる物質的変化を目に見ることによって、その作用を確認することができる。一万分の一ミクロンの直径しかもたない原子の構造も、サイクロトロンやシンクロトロンによる実験が行われ、大規模な原子爆発が実施されつつある今日では、もはや仮説ではない。このようにして、人間は、物質界の秘奥への探究をすすめて行く。それは、常に、感覚的可知界の拡大となって行われる。故に、物質界とは、直接・間接に感覚によってとらえられ、もしくは、とらえられる可能性をもつところの世界であるということができよう。

しかし、物質界に存在するものを一つ一つのまとまった「対象」として考察するとき、われわれは、対象の「全体」というものは感覚だけではとらえられ得ないことに気がつくであろう。大宮口から富士山を仰ぐ者には、吉田口の斜面は見えない。頂上に立って火口をのぞきこんでいる場合には、中腹や裾野は視界の外にある。われわれは富士山を常に「部分」において見ている。しかも、われわれは、富士山が単なる部分としてではなく、高距三七七六米をもつ円錐形の世界的名山として「全体的」に実在することを知っている。そのような全体認識は、部分の感覚の単なる寄せあつめではなくて、いかなる部分を見ている場合にも、部分の感覚とともに働く全体への「志向作用」によって与えられるのである。さらに、一つの対象が対象としてもつ「同一性」もまた、単なる感覚の所産ではない。昨日までの初秋の富士には、万年雪の影も見えないほどであったのが、一雨ふった今朝は、初雲の化粧が施されて、水際立った美しい姿でそびえている。しかし、われわれは、昨日の富士も今朝の富士も、同じ一つの対象であることを知っている。感覚の中にあらわれている姿だけについていうならば、昨日の富士と今朝の富士とは明らかにちがっている。しかも、それにもかかわらず、われわれの前にそびえているものが同一の山であるという認識は、単なる感覚だけからはでて来ない。春夏秋冬、朝昼夕、天気の変るごとに、太陽の陰影の動くにつれて、色取りに変化する富士、太平洋の上空を飛ぶ飛行機の窓からはるかに見える黒い小さな三角形が、見る見るうちに大きくなって来て、事務長のアナウンスを聞いた旅客たちが「フジヤマ、フジヤマ」と連呼しつつ立ち上って眺める富士、それが常に同じ一つの対象であるということは、千変万化する感覚とともに、「同一の全体」へむかって働く志向作用によってのみ把握される。そこに、すでに、人間の世界認識の超感覚性がある。

感覚は作用であり、作用であるが故に、無限の変化である。しかも、無限に変化する感覚作用のノエシスは、常にそこに変化しない「一つのもの」を志向している。かような志向作用が束のように集まって行くノエマ的極点に、自己同一的な全体としての対象があらわれる。したがって、対象の全体としての姿は、感覚のノエシスによって直接にとらえられるのではなくて、志向的体験のノエマとして超感覚的に実在するのである。対象は感覚を越えたノエマの束であればこそ、現実のノエシスの作用が転変・消滅しても、依然として自己同一的に存在することができる。落暉を浴びて紫紅色に照りはえていた冬姿の富士は、夜のとばりに包まれて見えなくなった。しかし、われわれは、ノエマ的全体としての富士が、依然として目の前にそびえていることを知っている。列車の進行とともに、いましがたまで車窓に見えていた富士は視界の外に去ってしまった。かくて、富士のノエシス的現前性は失われたけれども、ノエマの世界の富士までが消滅したわけではもとよりない。人間のもつノエシス的現前性の領域——フッサアルはそれを「地平」(Horizont)と名づけた——は、きわめて局限されているし、また絶えず移動する。したがって、地平の中に現前するごくかぎられた対象以外のすべての対象は、純粋のノエマの世界に存在する。ノエマの世界に対象が存在するのは、単なる「記憶」の働きによるのではない。かつて見たロンドンの街は、記憶からはうすれ去ってしまった今日でも——ドイツ空軍の爆撃で破壊されなかったかぎり、または、或る事情で改造されてしまわないかぎり——依然として昔のままの姿で実在している。エヴェレストを見た記憶をもつ日本人は、数えるほどしかいないにしても、日本人の大部分はエヴェレストが世界一の高山として存在していることを知っている。一人一人のミクロコスモスにとって、世界を構成している大部分の対象は、直接のノエシスで照射することのできない純粋ノエマの領域に、感覚を越えて実存しているのである。

世界を構成している対象が、直接のノエシスの照射をはなれたノエマの領域にあるという、そのあり方は、対象の「意味的存在性」であるということができよう。ノエマとしての対象は、目に見えるのでもなく、耳に聞えるのでもなく、記憶の中にあるのでもなくて、「意味」として存在しているのである。その存在が、意味としての存在であるということは、それが「名称」を有するということと、不可分に結びついている。人間が知るかぎりの対象は、すべて名称で呼ばれている。アラビアには沙漠があり、信州には日本アルプスがあり、関東平野には利根川が流れており、北海道にはひぐまが棲息し、石狩川では鮭が取れるというように、われわれは、世界に存在するもろもろの事物を「普通名詞」で呼び、さらに必要に応じて「固有名詞」を付している。人はその物を見ないでも、その名を聞き、その形態や色合や大きさや性状などを説明してもらうことによって、実在する対象を「理解」することができる。それは、感覚でとらえられないでも、名称によって呼ばれ、語られたり書かれたりした言葉を通して理解される対象であるが故に、まさに「意味」である。人間に関係のあるすべての事物は、意味をもち、人間に対して意味的に存在している。

けれども、「意味」として存在する事物は、そのすべてが「実在」しているとはかぎらない。天文学者の中に、火星の表面に見られる条痕を運河であると推定し、そこから逆算して、火星には一種の人類が棲んでいると考えた人がある。かくて、「火星人」というものが意味として存在することになった。しかし、その後の研究によれば、火星の条痕は運河ではなく、火星表面の温度や気圧の関係から見て、火星の世界は、高等動物の棲息し得るような状況には置かれていないと断定されているようである。将来、天体観測儀が飛躍的に発達し、あるいは、ロケットを用いて火星を近距離から撮影し得るようになれば、火星に若干の下等な生物が存在するかどうかということも、いっそうはっきりするであろう。かって浅草に十二階というものがあった。人は十二階を見物し、その頂上に登ることができた。意味として存在していた十二階は、人々がそれをノエシス的直接経験の中に現前せしめ得るという状態において、同時に「実在」していたのである。しかるに、十二階は、関東震災のために倒壊した。人々は、今日でも十二階について語るであろうし、それを見たことがない人も、それについて理解することができるに相違ない。しかし、今日では、十二階は、古い写真の上で見る以外に、ノエシス的現前性の領域に取り入れられる可能性をもたない。すなわち、十二階は、今日はもはや実在しない。かように、事物は、ノエシス的現前性の中にとらえられる可能性をもつということにおいて、実在する。いいかえると、対象の実在性を確証するものは、それに対するノエシス的志向の直接照射にほかならない。

しかし、そうはいっても、世界はひろく、マクロコスモスの中に存在する事物は無数である。それに対して、人間がミクロコスモスとしてもつ直接経験のホリツォントの場は、きわめてせまい。したがって、人間は、世界に存在する事物の実在性を確証するために、それらの事物を一つ一つ「自分」のホリツォントの中に取り入れることは、とうてい不可能である。しかも、われわれが、世界には多数の事物が実在することを知っているのは、それが無数の「他人」の直接経験の照射によって確証されているからである。他人がノエシス的に実見した事柄は、言葉によって自分に語られる。人は、その言葉のもつ真実性のひびきによって、あるいは、同じ事実について語る人々が他にも多数あることによって、自分が見る機会をもたない事物についても、その実在を確認することができる。たまたま、「見て来たような嘘」をいう人があっても、他の人々の実見談によって、やがてそれの虚偽性が判明する。そのように、言葉を通じて互に相補い得る多数の直接経験のホリツォントの相関性を、フッサアルは「間主観性」(Intersubjektivität)と名づけた。人間の世界認識は、間主観性の作用を通じて、不断にひろめられ、深められる。その間にあって、個々のミクロコスモスは、人類の共同財として得られた世界認識の大部分を、言葉から、授業から、新聞から、書物から、「意味的」に学び取っている。科学は、精密な間主観性の作用を人類の永い歴史を通じて積み重ね、いくたびか誤謬を犯しては、さらに誤謬を訂正することによってでき上って来たところの、信頼するに足りる意味的世界認識の体系である。もちろん、「百聞は一見に如かず」という言葉は、常識たると科学たるとを問わず、千古に通ずる真理である。真実を知るためには、対象を「自己」の直接経験のホリツォントに取り入れて見るに如くはない。科学が実験を重んずるのは、そのためである。しかし、それにしても、世界認識のすべてが意味認識として成立しており、そのわずか一部分のみが「自己」のホリツォントの中にとらえられ得るにすぎないことには、変りない。われわれの世界認

識は、結局は「世界の意味構造」の認識にほかならないのである。[1][2][3][4][5][6][7]

世界を間主観的に構成された意味複合体として認識しているということは、人間の特性であり、人間の特権である。人間は、そのような世界認識をもつことによって、人間たり得たのである。人間の住む世界は、「世界そのもの」としては動物の住む世界と同じものである。しかし、人間と動物とでは、世界の受け取り方を全くことにする。動物は、直接の感覚とその記憶とだけによって世界を認識している。かれらは、敵を見ればのがれ、仲間の声を聞いて近より、どこに飲むべき水場があるかを知り、獲物を求めて遠くさまよっている間でも、棲家へ帰るべき道を記憶している。しかし、かれらは、そのような直接の生活環境よりもさらにひろい世界があることを知るすべをもたない。また、祖先の得た経験を「意味」の領域に蓄積し、これに新たな経験をつけ加えて、それらを言語を通じて子孫に伝えて行く方法も知らない。これに反して、人間は、個体のもち得る直接経験の領域よりも、はるかにひろい世界があることを知っている。ケエニヒスベルグの郊外以上に遠く赴いたことはないといわれるカントは、それにもかかわらず講義の中で日本についての知識を学生にわかち与えることができた。人間のもつ世界の意味認識は、かように間主観的に横につらなっているばかりでなく、意味の恒常性の故に、歴史を通じての縦の連続性を有する。われわれは、安政の地震や三陸の海瀟がどんな惨害をもたらしたかを、人から伝え聞き、記録の上で読むことができる。人間がそれによって世界を認識する「意味」は、個体の経験を越えた客観性を有し、世代の交替によって消えさることのない恒存性をもつ。人間の世界認識は、意味認識であるが故に、社会的に普遍化され、歴史的に連続する。その点から見て、それは、単なる自然界の認識である場合においてすら、社会的歴史的な基盤の上に成立するものといわなければならない。

八　意味賦与と意味創造

これまで考察して来たのは、主として物質界あるいは物理的世界の構造である。われわれは、それらの考察によって、物質界の対象といえども、ノエマ的対象性においては感覚そのものの中に直接には姿をあらわさないこと、まして、ノエシス的直接経験のホリツォントの中に取り入れられていないすべての対象は、名称で呼ばれ、言葉で語られ、説明を通じて理解されるところの意味的存在であることを知った。ふつうには、感覚によって認識されていると考えられているところの物質界といえども、このように、「目に見えない」意味の世界としての構造をもつことを明らかにしたのは、フッサアルの現象学の偉大な功績である。

世界を構成しているもろもろの対象の意味は、認識の作用によって与えられたものである。だから、フッサアルは、ノエシス的な意識の働きをば「意味賦与の作用」(Sinngebungsakt)と呼んだ。対象がノエシス的に志向されながら、ノエシスの中にはそのままの姿をあらわさない「意味」として存在するのは、感覚に内在する志向的体験が意味賦与の作用をいとなむためである。それらの対象は、意味として存在するばかりでなく、その意味存在としての存在性を明らかにするために、それぞれに区別して呼ばれるところの「名称」をもっている。人間は、世界を認識しつつ、世界の中に発見されたもろもろの対象に一つ一つその名を与えた。人間のもつノエシス的現前性のホリツォントがきわめて局限されたものであるにもかかわらず、人間が広大な世界の複雑な事象についてくわしい認識を有し得るのは、それらの対象が意味として存在し、名称によって区別され、概念をもって把握されているからである。人間によって知られ、人間に対して何らかの関係をもつすべての対象は、その意味を表示する名を有し、その名が、その対象をば意識の中に超感覚的に現前せしむべきインデックスとしての役わりを演じている。それらの名称は、もとよりすべて人間によって与えられたものである。もちろん、物を表示する名称は、国語によってことなる。山とmountainとBergとは、視覚に映ずる文字の形から見ても、聴覚にひびく言葉の音響からいっても、全く別のものである。しかも、それによって表示されている「山そのもの」は、対象として同じであり、意味として一つであるからこそ、われわれは、ドイツ語を日本語に、日本語を英語に翻訳することができ、そこに共同の意味を理解し、同一の対象像や世界像を描き出すのである。そのようにして構成された意味の世界、言葉の世界は、人間の作ったものである。かくて、意味賦与の作用は、同時に「意味創造」の過程として働く。

けれども、純粋の自然界に関するかぎり、人間はそこにある対象の意味を構成し、それに名称を与えることはできても、「対象そのもの」を人間の力で作るわけには行かない。富士山は昔から東海の天に白扇をさかしまにかけ、星は永劫に人の手のとどかぬ無窮の空に光りかがやいている。小説「三四郎」の中に出て来る広田先生の言葉をまつまでもなく、「富士山は日本人の作ったものではない」のである。もちろん、人は山や星に似たものを作ることはできる。庭師は築山を作り、商店にはクリスマスの飾物に使う金銀の星がならべてある。だが、人間の作った山は、どんなに大きなものであっても、自然界にあるがままの山ではない。金銀の星は飾物に使う道具であり、プラネタリウムの蒼穹は、科学知識普及のための設備であって、星ではなく、星空ではない。かように、純粋に物質的な対象は、対象そのものとしては、人間にとって「与えられたもの」であって、人間によって「作られたもの」ではない。人間は「世界を作りつつある存在」であり、意味の世界は人間の行う意味賦与や意味構成の働きの所産ではあるが、自然界それ自体は人間の創造とは全く無関係に存在している。そこに、日月星辰から山川草木、さらに動物および人間までも作ったとされる神の創造の万能性と、それらの自然の事物を「所与」として受け取らざるを得ない人間の創造の局限性との相違がある。人間は神の似姿をもつが、人間は人間であって、神ではない。

けれども、他面において、人間は自然界を単なる自然界としては受け取らないという性向を有する。世界に存在するもろもろの事物は、人間の生活に対して、あるいは役立ち、あるいは恵沢をおよぼし、あるいは危害を加え、あるいは脅威を与える。したがって、人間は、それらの事物に対してさまざまな価値判断を下すばかりでなく、あるいはこれを敬い、あるいはこれを怖れ、さらにすすんでは、その崇敬もしくは畏怖を対象の上に実体化して、そこに超自然的な「神」を見出すようになる。日の神の恵み、雷神の怒り、山の魔神、水の妖精というようなものが、直接経験の裏づけをともなわないにもかかわらず、実在するかのごとくに信仰され、古代人や未開人の住む世界に独特の神秘的な意味構造を与える。科学の進歩とともに、そのような未開信仰の対象界は次第に領域をせばめられて来たけれども、それとは別の角度から、自然の対象にその対象から受ける主観的な印象を客観的に移入するという心理作用は、文化人の間にもひろく行われている。氷雪の山を攀じ、風浪の海に帆走を試みる人々は、そこに、日常性の世界には見出し得ない「壮美」や「雄大」を求める。牡丹を「豪華」と見、野菊を「可憐」と眺めるのも、物質界への価値投入であり、自然現象の人格化にほかならない。人間は、自然界に人間的な意味を与える。それは、もはや単なる意味賦与ではなくして、すでに一つの積極的な「意味創造」である。なぜならば、そこでは、人間が自然の事物を素材としつつ、素材たる事物の上に人間的な意味を認め、物質的対象を物質を越えた価値形象に作り上げているからである。

自然の事物の上に自然のままには存在しない意味を認め、これを一つの価値形象に作り上げるという働きは、もっと実際的な「実用」の方面にも見られる。原始人は、自然の洞穴を住居として利用した。源頼朝は、大木の根元の空洞を敗走の途次の避難所に用いた。村人が野中の一本杉に道標としての意味を与え、山麓の農民が高山の残雪の形が鳥のように見えるころを種蒔きの時期とし、旅人が北極星によって方角を測り、船乗りが南十字星を仰いで針路をきめるというような場合には、自然の事物は、自然ありのままの形態において「道具」としての役わりを演じつつあるものということができよう。

しかし、生活環境に対して人間の行う意味創造の作用がさらに一歩すすむと、単に自然の事物の上に実用的な意味を与えるというだけではなく、意味創造の作用とともに、自然の素材を、創造された意味にかなうように加工するという仕事が行われるようになる。原始人が自然の洞穴を掘りひろげて住家となし、石をすりへらして食器や斧を製作したのは、その第一歩であった。人間が火を作り、高熱を利用することを習得してからは、道具の種類は急速に多様化し、その構成や性能もいちじるしく進歩しはじめた。道具を作るための材料も、石材から木材、木材から金属へと拡大され、鉄の利用は人間の住む世界の「道具具的構造」に革命をもたらした。道具の生産に必要な動力は、人力から水力、蒸気力から電力へとすすみ、大工場の中の巨大な機械がかるがると動いて、衣食住の必要品、建築資材や車両・船舶の類を大量に、また大規模に作り出すようになった。現代では、大は数万噸の商船から、小は精巧なカメラ・時計などにいたるまで、無数の複雑な加工品が作り出され、人間の住む世界の内容をゆたかにし、その実用価値を高めつつある。実に、道具の世界の建設こそ、まさに最も人間的な世界創造の働きであるといわなければなるまい。(1)

人間によって創造される道具は、すべて物質を材料としている。しかし、道具を道具たらしめているものは、単なる物質ではなくて、物質に形相を与えているところの意味であり、目的である。だから、道具の製作の中核となるものは、目的の設定であり、意味の創設である。道具を道具たらしめているところの意味連関――たとえば、音響を電波に変えて放送し、これをキャッチする機械の中で、電波をふたたび音響に復元するという構想――は、最初は学者や技師の知脳の働きによって、研究され、工夫され、設計される。すなわち、それは、まず第一に純粋の「意味形象」として作り上げられるのである。そのような意味形象の中には、実際の材料を用いて設計通りに作り上げて見ても、計画によって示されたような役に立たないものも沢山ある。鳥の翼に類似したものを動かして空を飛ぶという計画は、計画としては存在したが、実際には失敗に帰した。しかし、失敗に帰した計画も、構想された意味連関としては学界に発表され、その欠陥を究明して改善をはかるための文化的共同財として利用される。かくて、最初の目的どおりの機能を発揮する道具や機械の製作に成功すれば、よしんば試作品が焼失しても、意味形象としての作品は客観的に存在しているから、設計どおりのものをあとからいくつでも作ったり、それを土台としてさらに改良を加えたりして行くことができる。そこに、道具や機械の社会的歴史的文化財としての生命がある。

現代人の生活環境を形づくっている高度に発達した文化財の世界は、その中に内在している意味を理解し得ない者にとっては、「猫に小判」であるにすぎない。もしも、文明の光りに接したことのない未開人を、突然に現代の大都市の生活に接せしめたとするならば、かれはそこに何を見るであろうか。もしも、二百年前の哲学者を地下から甦らせて、今日の最新式の通信装置や精密機械を見せたならば、かれはそれを何と解釈するであろうか。感覚の対象としてそこにあるもの、物質の複合体としてそこに組み合わされているものは、未開人にとっても、二百年前の哲学者にとっても、はたまた現代の文化人にとっても、全く同一なのである。人々は、すべて、そこに同じ形、同じ色の大小さまざまな物体を見ているのである。しかし、未開人は、それが電車であり、飛行機であることを知らない。二百年前の哲学者は、原子爆弾製造工場に案内されても、人類が戦争によって絶滅してしまわないかぎり地上に永久の平和が訪れることはないかも知れないと考えたかれの百五十年前の憂慮が(2)、決して根拠のない杞憂ではなかったと知るまでは、原子物理学の基本概念や広島・長崎の悲劇についての詳細な説明を聞く必要があるであろう。未開人の生活環境と、二百年前の哲学者の住んでいた世界と、現代人の活躍する舞台との間には、「物質的」に見てももとより大きな相違がある。しかし、その相違の本質は、決して単なる物質条件の違いにあるのではなく、それらの物質条件の違いを成立せしめたところの「意味」や「目的」が違う点に存する。しかるに、物質は感覚に触れるけれども、物質を素材としてその中に自己を実現せしめている意味や目的は、目には見えない。現代人の住む世界は、物質を素材としつつ、その上に客観化されている複雑な「意味」の世界であり、巨大な「精神」の領域である。そうして、そのような精神物理的の世界として、それはまさに、人類の社会的歴史的創造活動の所産なのである。[3]

人類によって創造された客観的な意味複合体は、決して単なる「個物」ではない。試作品として作られたテレヴィジョンの受信機はただ一個完成しただけであっても、テレヴィジョンの構造や設計は個物への適用に尽きることのない「普遍性」を備えている。だからこそ、人々は、普遍的なテレヴィジョンの設計にしたがって、いくつでも同一もしくは同一種類の受信機を作ることができるのである。これに反して、自然の対象は、単なる個体であって、そのような普遍性をもたない。犬は、ポチであり、ジョンであり、ハチ公であって、「犬一般」という動物がいるわけではない。ポチでもジョンでもハチ公でもない単なる「犬」は、個体のもつ偏差を捨象して得られた類概念であり、単なる「名」であるにすぎない。プラトンは、個物は仮象にすぎないと考え、真実在たるイデアは、個物を越えた普遍性をもつ概念によってのみ、近似値的に認識され得ると説いた。[4]中世の正統スコラ学派の学者たちは、プラトンにならって、概念的普遍者の実在を唱えた――「普遍は実在する」(universalia sunt realia)――。それが、「実念論」の立場である。これに対して、経験主義の傾向の強い人々は、個物のみに実在性を認め、個物以上の普遍性をもつところの概念は、単なる名目にすぎないと論じた――「普遍は名である」(universalia sunt nomina)――。これを「唯名論」という。実念論と唯名論との間のこのいわゆる「普遍論争」(Universalienstreit)は、実在界の構造についてきわめて興味のある示唆を与える。[5]われわれの見るところによれば、自然界に存在する単なる物質的対象は、すべて個物としてのみあるのであって、共通の特徴をとらえて人間の作った類概念は、指称の便宜や思考の整理に役立つところの単なる名目以上の何ものでもない。その点では、唯名論の主張は正しい。これに反して、およそ精神的な意味をもつ対象であって、一定の目的のために役立つ道具や制度は、個物を越えた普遍性において実存する。グウテンベルヒが活字を発明したとき、そこに発明され、それによって実在性を獲得したものは、単なる個々の活字ではなくて、個々の活字を組みあわせたり、解きほごしたりすることによって、どんな言葉や文章でも構成でき、かつ、それを何枚でも印刷し得るという、普遍的な技術である。社会保障制度はまずイギリスに発達したが、それは、国家が適当な財源からの収入によって勤労大衆を出産や疾病や失業や老齢などのような生活の脅威から護る制度として、次第にひろく現代の民主国家で採用され、それだけ普遍的な実在性をもつようになって来つつある。その意味で、普遍は実在すると論じた実念論の理論は、正当である。人間は、普遍的な意味を創造し、かつ、創造された意味に物質の裏づけを与えることによって、人間のみがその能力をもつところの世界建設の巨歩をすすめて行く。

九　財貨の生産とその配分

われわれは、これまで、人間の創造活動をば主として「道具」の産出という角度から考察し、人間によって創造された世界の意味構造を分析して来た。人間が道具を作るのは、生活の目的や要求を満たすためである。したがって、道具は、人間の目的や要求から見てかならず何がしかの「価値」をもっている。これを逆に考えるならば、人間が物質を材料として作った生活目的の手段であって、人間にとって何らかの価値をもつものは、すなわち道具であるということができよう。しかし、そうなると、茶椀や机や鋤や車が道具であるばかりでなく、大建築や大工場やダムや都市も一種の道具となり、さらに、米・麦・肉・野菜のたぐいも道具に数えられ、道具という言葉の意味があまりにひろく拡大されるきらいがある。また、別の角度から見ると、人間が物質を素材として創造するものの中には、絵画や彫刻その他の芸術的作品、哲学書や学術論文のような学問的労作など、見方によっては、生活目的の手段ではなくて、人間の生活をそれを創造するための手段たらしめているような、自己目的の文化財も存在する。これらを「道具」

と呼ぶことは、むしろそれらのものに対する冒瀆とも感ぜられよう。そこで、これらを総括して考察の対象とするために、それが人間によって物質を材料として作られたものであり、かつ、それが人生にとって何らかの価値を有するという点だけに着目して、「財貨」という名称を用いることとしよう。

財貨は価値をもっている。したがって、財貨を生産することは、当然に価値の造出を意味する。しかるに、財貨を作るためには、人間の労働を必要とする。だから、価値は財貨とともに人間の労働によって作り出される。それでは、財貨を作り出すための労働は、どのようにして組織されるか。また、作り出された財貨の価値は、客観的にどんなふうに決定されるか。さらに、価値ある財貨は、社会に生活する人々の間に、どういう具合にして配分され、利用されるか。

われわれのこれまでの考察は、主として「道具の世界」の意味構造にむけられていた。しかし、人間の住む世界は、単なる道具の世界ではなくて、同時に「制度の世界」である。そうして、制度の世界の意味構造は、最も根本的には、これらの問題の処理方法のいかんによって左右される。

ロックは、国家という制度のまだ存在しない自然状態においても、人間はすでに人間として存在し得たと考え、そこでの人間の生産活動と、生産された財貨の帰属との関係を論じて、そこから「自然法」の原則を抽出しようと試みた。

ロックによると、人間はすべて生きる権利をもっている。しかるに、人間が生きて行くためには、物を利用しなければならぬ。人間が生存を維持するために必要な物は、いたるところに存在している。したがって、生きる権利を有するところの人間は、当然に、世界にあるもろもろの物を利用する権利をもつ。その意味では、世界にあるもろもろの物は、土地であれ、木や草であれ、鳥や獣であれ、だれのものでもある。それらの自然の事物はだれのものでもあるから、一人の人間だけがそれを独占して、他の人間の利用をそれから排斥するという権利は、だれについても認められ得ない。いいかえると、それらの物は、特定の人の排他的支配には属さないという意味では、だれのものでもない。だから、世界に存在する自然ありのままの事物は、だれのものでもあると同時に、だれのものでもないという関係において、人間によって利用される。

しかし、自然の事物は、そのままの状態では、原則として人間によってただちには利用され得ない。人間がそれらの物を人生に役立たせるためには、その上に大なり小なり労働を加える必要がある。木を伐って丸太小屋を作り、土地を耕して穀物を収穫し、鳥獣を捕獲して食料とするがごとき、それである。川の水ですら、それを汲んで運んで来なければ、家で用いる飲料にはならない。かように、自然の事物は、労働を加えることによって、人間にとって価値のあるものになる。ところで、人生に直接に役立つような価値をもつ財貨は、だれかが独占的に利用することになるから、そこにいたってはじめて人と物との間の専属的な関係が生ずる。それが「所有権」である。しかるに、財貨のもつ価値は労働によって生まれたものであるから、価値のある財貨は、労働によってその価値を作り出した人に帰属するのが、当然の筋道である。したがって、自らの労働によって財貨を生産した者は、その財貨に対する所有権を取得する。

ただし、労働によって財貨を生み出し、その財貨を衣食住の必要に充当する範囲には、自らにして一定の限度があるから、人間はその限度を越えて、自分の力の及ばないような、あるいは、自分だけでは消費し得ないようなものまで、自分の所有物であると主張することはできない。自己の耕作能力を越えた土地や、積み上げただけで空しく腐って行く穀物などは、その人の所有権の限界外にある。ロックは、このように論じて、私所有権が自然法上の権利であることを根拠づけると同時に、私有財産には事柄の性質から来る当然の限界があることを認めた(1)。

価値のある財貨、または財貨に内在する価値は、人間の労働によって作り出される。それは、ロックのいう通りである。それでは、財貨は、労働によってそれを価値あるものたらしめた人に、当然に帰属するであろうか。それは、そうあるべきであるという「当為」の議論としては、多くの人々に共感を呼び起すであろう。だが、実際の社会制度は、いまだかって「当為」の要求するとおりに行われたためしはない。財貨は労働の所産である。価値は労働によって創造される。しかし、作られた財貨は、かならずしもそれを作った人の所有に属するとはかぎらない。それどころか、人類の永い歴史を通じて、労働によって造出された価値は、自分では労働をしないで、労働者の上に支配力をふる人々によって「収奪」されて来た。そのように労働価値を一方的に収奪することを許す制度は、来る日もはげしい労働に従事しながら、人間らしい生存の根拠を剥奪されようとしている労働者の反抗によって、ついには打倒されてしまうにちがいない。マルクスやエンゲルスは、そこにプロレタリア革命の必然性を認めた。[2][3] しかし、暴力革命によらなければ、労働によって生み出された価値が、そのまま労働者の手に帰属するような社会は出現しないと見るのは、あまりに偏狭な考え方である。民衆の意志が議会によって代表され、そこで制度の改革が行われ得る組織の下では、実力の行使によらないでも、労働による収益を労働者の手に帰属させるような社会の実現をはかることは、決して不可能ではない。アントン・メンガアは、そう考えて、そのいわゆる「全労働収益権」(Rechte auf den vollen Arbeitsertrag)の獲得を、議会による社会主義立法の目標としてかかげた。[4][5] いずれも、ロックが国家成立以前の自然状態ではそうであったと説いた価値の配分の関係を、社会の発達の将来に期待しているのである。

労働の成果として生ずる価値を、価値を造出した者に配分するという組織は、一般論としてはきわめて望ましいものであるに相違ない。しかし、それを具体的に実現することは、至難であるために、現実の人間社会は、ロックの示したような自然法的所有権の形態からは、常にいちじるしく逸脱した制度の上を歩んで来た。おそらく、原始的の完全な自給自足経済の場合には、人々は、自分たちの必要とするものだけを自分たちの力で作り、それを自分たちで使用したり、消費したりしていたであろう。しかし、その場合にも、家族や氏族は、協働によって生産にあたり、共同にその成果を享有していたであろうから、各人がその生産した分だけを自分のものにするというような個人単位の配分は行われなかったものと思われる。その点で、ロックによる人間の自然状態の描写は、すでに事実を忠実に伝えてはいないのである。まして、需要充足の手段が分化し、生産活動が分業によって行われ、ことなる財貨相互の交換が必要となるにつれて、労働によって生産された財貨は、主として「他人」によって利用されることとなり、自分の労働の成果を自分自身のものとするという関係は、自ら丸太小屋を作って住み、無主の荒野を開墾して、その畑の主となるというような、稀な場合のみに局限されるにいたった。そのようにして、ロックのいう自然法の原則が崩れて行くにつれて、人間の我慾や貪婪性の跳梁する余地がますます大きくなり、働く者と働きの成果を享受する者とが分離して、さまざまな社会悪を生み出すようになった。人間の作った「制度の世界」には、人間の不完全性や罪悪性がいたるところに根を下している。そこに、神の創造と人間の創造との根本のへだたりが存する。それは、いいかえれば、理想と現実との間のへだたりにほかならない。

人間が、他人の労働によって生産された財貨を取得する方法のうち、最も露骨で粗野なものは「掠奪」である。自分の労働によって生み出した価値を自分のものとするのが自然法的な所有権取得の道であるとするならば、直接の実力行使による掠奪ほど自然法の掟に反する行為はあるまい。しかるに、古代社会においては、掠奪は不法または罪悪とは見なされなかったばかりでなく、しばしば、最も正々堂々たる財産獲得の手段とされた。[6] それは、「強者の権利」であり、[7] 強者が弱者を打倒してもち帰った財宝は、「名誉の象徴」でさえあった。戦争は最もはげしい労働であるけれども、戦利品は戦闘行為によって「生み出された」価値ではない。しかも、戦いに敗れれば、粒々辛苦して価値を生み出した者の手から価値ある財貨が奪い去られ、それが勝者に富と栄光とをもたらしたのである。単に財貨ばかりではない。敗者それ自身が財宝とともに勝者の国に運び去られ、勝者の意のままにあらゆる勤労に従いつつ、かれら自らは何の権利をももつことを許されない状態に置かれた。そこでは、人間は、牛や馬より以上に役に立つところの、しかし、牛や馬と同じようにもち主の思うとおりに売買されるところの、「物」に顛落する。[8] 奴隷という制度の行われているところでは、労働によって価値が生産されるという現象が不変の原理として存在すると同時に、その価値がことごとく労働をしない人間のものとなり、後者に安楽と、豪華と、快適とをもたらしていたのである。

掠奪というような暴力行使が禁ぜられ、取引きの秩序が保たれている社会では、分業によって生産された財貨は、交換によってそれぞれの需要者の手に帰属する。財貨Aのもつ価値aが、財貨Bのもつ価値bと交換されるのである。その場合、Aの生産に専従している甲にとっては、Aはあり余っているのであるから、価値aは価値bよりも低い。反対に、Bを生産した乙にとっては、自分では生産することのできない財貨Aは、財貨Bよりも高い価値をもっている。すなわち、甲にとっては、a<bであり、乙にとっては、a>bである。このように、ことなる人間主体から見て、AとBとが逆の方向においで「不等価」であるということが、交換の成立するための根本条件なのである。

マルクスは、価値を造出するものが労働であるという疑いのない事実から出発して、一切の商品の中には「社会的平均労働時間」に還元して計量され得べき等質の「価値」が内在しているはずであると考え、AとBとの交換が成立するのは、aとbとが等しい場合であるという、「等価交換」の法則を提唱した。(9) しかし、財貨のもつ価値は「評価」によって定まるのである。しかるに、評価は人間が財貨に対して取る主観的な態度であるから、当然に、人により、場合によってまちまちになる。同じ財貨に対する人々の評価がこのようにことなるからこそ、交換が行われ得るのである。したがって、財貨のもつ価値がどれだけの労働によって造出されたかということは、交換の成立とは一応無関係であると考えられなければならない。ヨオロッパの貿易商がアフリカの沿岸におもむき、そこで原住民との間に、ガラス玉の首飾りと象牙との交易を行ったからといって、ガラス玉と象牙とが同じ労働時間によって生産された財貨だということにはならないし、したがって、それらがマルクスのいう意味で等価であるということにもならない。アフリカの原住民にはガラス玉が象牙よりも貴重に見えたのであり、貿易商は、その心理を利用して、ガラス玉とは比較にならぬほど価値の高い象牙を原住民から巻き上げ、それによって巨利を博したのである。一切の交換は、大なり小なりかような「不等価交換」として行われる。マルクスが、一方では価値造出の源泉を労働に求めつつ、他方では財貨の交換という事実から逆算して、交換された財貨の中には等量の「労働価値」が内在していると断定したのは、価値の「創造」と財貨に対する「評価」という、系統をことにした二つの事柄を混同した論理であるといわなければならない。

マルクスが、商品交換の過程を分析して、商品に内在する価値が貨幣によって表出されるまでの発展を論述する際に用いている方程式は、およそ神秘的なものを含んでいる。その神秘的なものとは、「労働量によって定まるところの商品の価値」にほかならない。マルクスによれば、商品のもつ「価値」は、そのもつ「使用価値」と混同されてはならない。使用価値も価値も労働によって造出されることに変りはないが、使用価値に関しては、商品に内在する労働は「質的」な差異においてとらえられる。服地を作る機業工の労働と、上衣を裁断する裁縫師の労働とは、性質がちがう。そのことと、服地と上衣との間に使用価値の相違が存するということとの間には、不可分の関連がある。これに対して、商品に内在する価値は、あらゆる質の相違を捨象して、純粋の量において規定される。それは、その商品の中に投入された人間の労働の量であり、したがって、労働のために費されたところの時間によって測定される。もちろん、手工業から機械工業へといった具合に生産力が変化するにつれて、一時間の労働によって造出される価値量も変って来る。また、同一の生産力の段階においても、熟練工と見習工とでは、生産する価値量に相違がある。しかし、同一の時代について見るならば、一定量の価値を造出するために必要な労働時間は、社会的に平均されてきまって来る。その社会的平均労働時間が価値となって商品の中に内在し、それが等価であるという関係において、使用価値のことなる異質の商品相互の交換が成り立つのである。マルクスは、こう考えて、交換される商品を常に等号で結びつけ、その中に内在する価値の等価性を、証明するというよりも、むしろ前提として、その理論の構成をはかった。[10] マルクス労働価値説のもつ神秘性は、まさに、この「純粋に量的に計測され得る価値」なるものが、証明されるまでもなく前提されて、そこからすべての推論がみちびき出されているところにある。

財貨はそれぞれ使用価値をもっている。服地があれば洋服が作れるし、洋服があれば人前に出てもみすぼらしい思いをしないですむ。すなわち、財貨はそれぞれ自分のもつ使用価値を表出している。しかし、或る商品に内在する価値――社会的平均労働時間によって計量される価値――は、その商品それ自体によっては表出され得ない。二十ヤアルの服地は、その有用性の故に、それだけですでに一つの使用価値を表示している。これに反して、二十ヤアルの服地の中にどれだけの価値が内在しているかは、二十ヤアルの服地をどうひっくりかえして見ても、出て来ない。二十ヤアルの服地は二十ヤアルの服地の価値をもつといって見ても、価値の表現にはならない。マルクスによると、商品のもつ価値は、ひとりただ「相対的」に、他の商品の使用価値を通じてのみ自己自身を表出するのである。たとえば、二十ヤアルのリンネルは一着の上衣にひとしいというとき、服地のもつ「価値」は、上衣の「使用価値」の中に自己の姿をあらわしているのである。いいかえると、前者は、後者との相対関係においてはじめてとらえられ得る価値形態であり、後者は前者との等価性において前者の価値を表出する形態である。そこで、マルクスは、20ヤアルのリンネル＝1着の上衣、という方程式において、前者を「相対的価値形態」（relative Wertform）と名づけ、後者を「等価形態」(Aequivalentform) と呼んだ(11)。

マルクスが、等価交換の方程式の左辺に、それ自身独立しては価値を表出し得ない「相対的価値形態」を置き、それを間接に表出する「等価形態」を、右辺に置かれた商品の使用価値として規定していることは、注目に値する。なぜならば、そのことは、マルクスのいう労働価値なるものは、それと等価に置かれた他の商品の使用価値を通じてでなければ測定され得ないということを告白しているからである。もちろん、物々交換の形態においては、二つの商品の等価性をあらわす方程式の左辺と右辺とは、任意に取りかえることができる。われわれは、20ヤアルのリンネル＝1着の上衣、といってもよいし、1着の上衣＝20ヤアルのリンネル、と書いてもよい。しかし、左辺に置かれるものは、常に相対的価値形態であって、その価値は、右辺に置かれた商品の使用価値を通じてのみとらえられ得るものであることには、変りはないのである。一着の上衣の使用価値は、着て見ればわかる。しかし、上衣のもつ「価値」は、それが二十ヤアルのリンネルの使用価値と等価関係に置かれなければ、判明しない。マルクスは、使用価値の側からでなければとらえられ得ないものを、すべての価値現象の出発点に措定した。そうして、使用価値は明らかに主観的評価の所産であり、質的相違をもつものであるにもかかわらず、そこから逆算されるところの労働価値は、質の差別を越えた純粋に量的な規定であり、その生産のために投入された社会的平均労働時間によって計算され得ると説いた。そのような推論は、すべて、交換は等価において成立するというドグマから導き出されている。しかるに、経験現象としての交換は、主体甲と主体乙とが、商品Aおよび商品Bに対して、方向の逆になった不等価の評価を下しているからこそ、成立し得るのである。それにもかかわらず、マルクスがあらゆる交換の根柢に存在するものと想定しているところの「純粋に量的に計測され得る価値」なるものは、物々交換に関するかぎり、実体のない思惟の産物であるにすぎない。

ところで、交換の方法が発達して来ると、物々交換の形態は後退して、交換の媒介物たる貨幣があらわれ、貨幣が「価値の尺度」としての役わりを演ずるようになる。貨幣は、最初のうちは、比較的に普遍性の大きな使用価値を有する財貨であったが、のちには次第に抽象的な価値標識となり、ついに、それ自身としては何らの使用価値をもたない紙幣が出現するにいたった。この段階にまで達した貨幣は、それ自身としては何の使用価値ももたないから、それによって表示されている価値は、一切の質的相違を捨象した純粋の価値量を表示する。「純粋に量的に計測され得る価値」は、歴史上の貨幣制度の発達の結果としてあらわれて来たのである。マルクスは、この歴史上の発達過程を逆転させて、商品交換の出発点にそのような純粋量としての価値の存在を予想し、かつ、そこから商品交換社会における価値現象を論理的に導き出そうと試みた。その理論は、歴史と論理とのすり替えであり、帰結と前提との倒錯の上に成り立っている。

今日の貨幣は、それ自身何の使用価値をももたないにもかかわらず、法的強制によって裏づけられた支払いの手段として通用している。その意味で、貨幣は、単なる「物」または「道具」ではなくて、一つの最も重要な「制度」なのである。この制度が発達した結果として、人々は、貨幣の中に、質的にことなる使用価値のあらゆる種類を、「可能態」において蓄積して置くことができる。人が財貨を売って貨幣に替えるのは、いままでもっていた財貨の特定した使用価値よりも、貨幣のもつ可能態における使用価値の方を、より高く評価しているからである。人が貨幣を支払って物品を購入するのは、貨幣に内在する可能態の使用価値よりも、購入した物品を利用することがいっそう切実に要求されているためである。かように、貨幣による売買といえども、各人にとって常に一つの「不等価交換」として成立する。それは、貨幣を媒介とする財貨と財貨との間接不等価交換である。ただ、この間接交換の中項たる貨幣が、一切の質的相違を捨象した純粋の価値量を表示するために、客観的には、交換された財貨と財貨とが「等価」であったということになる。売った古本の値段が千円であった。買ったレコオドも千円である。かくて、古本とレコオドとは等価である。それは、古本やレコオドの生産のために投入された社会的平均労働が等しいためではなく、二つの財貨に対する社会的評価の平均が、大体として千円という単位に落ちついていることから生じた等価性にほかならない。

貨幣制度が発達すると、造出された価値の配分も、主として貨幣によって行われる。造出された価値が、労働によってそれを造出した者の手に帰属するということは、勤労社会の理想であるが、実際問題としては、特定の人によって造出された価値を貨幣によって正確にどれだけと量定することは、不可能な場合が多い。アントン・メンガアは、全労働収益権の確立ということを提唱したけれども、駅の改札係や銀行の出納係や登山の案内人などの労働がどれだけの「収益」をもたらしたかは、測定し得ない。そこで、勤労に対する報酬は、原則として、勤労者の技術や熟練や信頼性を考慮しつつ、時間給・日当・月給・年俸といったような時間的の枠にしたがって支払われる。それは、便宜な方法である。しかし、この方法によるために、勤労もまた一種の商品のように貨幣価値に換算して取引きされることになる。その場合、雇傭者と勤労者の経済上の実力に大きな優劣がある結果、勤労が不当に廉く評価され、勤労によって生み出された価値が、一方的に雇傭者によって収奪されることになりやすい。マルクスは、労働という商品もまた、賃金と等価交換の法則にしたがって交換されると見た。すなわち、賃金は、労働者の労働再生産の条件を満たすに足りる限度において、いいかえると、労働者が明日も今日同様の労働に堪えるために必要とする物資の価値との等価において支払われる。しかるに、資本制社会では、一日の労働時間が、賃金と等価の価値を生産する限度をはるかに越えて引きのばされるから、その限度以上の労働は「余剰労働」となり、余剰労働によって生産された「余剰価値」が資本家の手に搾取されて行く。[12] マルクスは、かように、労働の取引きにも等価交換の原則を強いてあてはめて説明しようとしたのであるが、余剰価値を生みつつある労働力に対して、労働再生産に必要な賃金だけしか支払わないのは、明らかな不等価交換である。その結果として、社会における価値の配分はいちじるしく不均衡となる。その極端な場合は、資本制社会に働く労働者の地位を、経済上の奴隷にまで顚落せしめるであろう。

マルクスの価値理論は、そうした状態を一挙に打破して、造出された価値がそれを造出した労働者の手に配分されるような社会を出現せしめる道を、資本制社会の唯物弁証法的運動法則に求めるための前奏曲にほかならなかったのである。人間社会には、価値の造出および造出された価値の配分の面で、たとえばこのような数々の不合理が存在する。しかも、それらの不合理な制度を生み出したのも人間なれば、それらの不合理を是正するために努力したり、闘争したりしているのも、また人間である。人間は、その意味でも「世界を作りつつある存在」である。それでは、人間によって作られつつある「制度の世界」が、どのようにして人間から自由を奪うか。どういう意味で、それにもかかわらざる自由が保障され得るか。——それらの点は、のちに改めて考察の対象に取り上げられるであろう。

一〇　規範意味の世界

道具の世界がそうであるのと同様に、制度の世界もまた、本質的に見て「意味の世界」である。貨幣制度が実施されるためには、貨幣と呼ばれるものが、あるいは金属を用いて鋳造され、あるいは印刷された紙片として製造されなければならない。しかし、それらの物質は、それがそういう形で鋳造され、そのような紙質の上にそのような印刷が施されているということによって、すでに「貨幣」であるわけではない。それらの物質は、それが一定量の価値を表示し、あらゆる財貨の価値を測る尺度として用いられ、その表示する価値において財貨相互の交換を媒介するという「意味」をもつことによって、はじめて貨幣となる。その意味を失えば、金は金塊ではあり得ても、もはや金貨ではない。その意味を理解し得ない者にとっては、山吹色の楕円形物質は、「猫にとっての小判」であるにすぎない。インフレエションを喰いとめるためにレンテン・マルクが発行されれば、それまでの紙幣は名実ともに貨幣としての意味を失う。物質としての貨幣は、意味としての貨幣の「素材」として、これに実在界における拠りどころを与えているのである。

制度の実体を形成しているところの「意味」は、人間にむかって或る行為をなす資格を与え、あるいは、人間に対して或る行為をすることを命ずる。貨幣制度の、確立されている社会では、それ自身としては何の使用価値をももたない紙片であっても、それが「千円札」である以上、それを所持する人はそれを千円の支払いに当てることができるし、それを提示された側は、その支払いを拒むことはできない。貨幣制度のもつ意味は、貨幣を所持する人に、それを以て表示された金額の支払いをする権利を与えると同時に、他の人々を、その支払いを受理するように義務づけているのである。

町の中央にいかめしい建物が建っている。人々はそれを裁判所という。しかし、裁判という制度は、決して単なる建物ではない。裁判制度は、一つの複雑な意味複合態である。権利の侵害を蒙った人は、裁判制度のもつ意味にしたがって、裁判所に訴訟を提起することができる。裁判所がその訴訟を受理すると、裁判官は当事者の申出でを聞き、被告に陳述の機会を与え、弁護人は弁論を行い、証人が喚問され、証拠調べが行われる。裁判官は、それらの結果を綜合的に判断することによって、事実を認定し、法律にもとづいて判決を下す。裁判制度のもつ意味が、それらの人々に、これらの行為をなす権利または権限を与え、または義務を課しているのである。人々は、義務を履行しなければならない。他人の正当の権利または権限の行使をはばんではならない。制度のもつ意味は、このようにして、人間の行為の準則となり、尺度となる。故に、それは、単なる意味ではなくて、「規範意味」である。人間の住む世界に存するもろもろの制度は、すべてかような規範意味の複合態として理解されなければならない。

制度の世界を形成する規範意味の中には、人間の社会生活の永い歴史を通じて、いつとはなしにでき上って来たものもすくなくない。貨幣の制度にしても、最初は、だれか特定の人々が工夫したり、考案したりしたわけではなくて、交換の便宜上自然に発達したものであるに相違ない。しかし、それが或る程度以上に進歩した段階にまで達すると、従来の制度の欠陥を改めて、新らしい構想による幣制を採用するというようなことが、意識的に行われるようになる。紙幣を発行したり、金本位制を採用したり、兌換を停止したりするたびに、貨幣制度を組み立てている規範意味の体系は、計画的に変革されて行くのである。全く方面はことなるけれども、家族制度というようなものも、もともとは、人間の本能と、自然の愛情と、それに若干の経済的目的とが働いて、自らにでき上って来たのである。そのうちに、家産とか家系とかを重んずる意識が、それに適合した家族生活の規範を生み出し、家の中心をなす家長または家父の権力が加わり、女性や子供はこれに従属する地位に置かれ、いわゆる封建的な家族制度を形成するにいたった。これに対して、個人の尊厳と両性の本質的平等とを重んずる風潮が強まって来るにつれて、外部の広汎な社会制度の変革とともに、家族生活内の封建主義も崩壊し、婚姻や離婚の自由、妻の地位の向上、男女長幼均分の相続権といったようなことが確認されるようになる。かって、「成る」ものでしかなかった諸制度も、かくて次第にひろく「作られる」ものになって行く。

制度を形作っている規範意味は、元来は社会に生活する人々の意識のノエシスから生まれたものである。悪性の通貨膨脹を何とかして喰いとめようとする一国の財政担当者の苦慮や工夫は、ノエシス的な意識の働きである。しかし、かれの考慮や構想が一つの結論に到達し、それを閣議にはかった上で、政府の決定として或る措置を発表し、それを即日施行するということになれば、そこに、ノエシス的意識の作用を超越した客観的な規範意味が定立されたことになる。封建的な家族制度の束縛の下に、人間性の自由を奪われて生活している多くの人々が、そうした状態に悩み、苦しみ、悲しみ、あるいは反撥を感ずるというのは、日々にくりかえされる現実生活における現実意識のノエシスである。しかるに、そのような意識が次第に社会にむかって吐露され得るようになり、それが一つの政治力となって家族制度の封建性の打破に成功し、そこに、男女両性の平等に立脚する婚姻法・離婚法などの成立を見、すすんで婦人参政権が確立されるというような事態に立ちいたったとするならば、それは、もはやノエシス的意識の流動性にかかわらない新たな規範意味体系の樹立を意味する。現代の政治社会では、それらの規範意味は、国家の法律や命令といったような形で、客観的に表明される。そうして、客観的に表明された規範意味は、それを発案した人が死亡しても、あるいは、すくなからぬ数の人々が新らしい法制の成立を知らず、もしくは、それに反対の気持をいだきつづけていたとしても、人々に新たな権利を賦与し、義務を賦課する、社会生活の準則として通用する。社会制度とは、かようにして客観化され、客観的な通用力をもつところの、規範意味の体系にほかならない。[1][2][3][4]

現代の人類は、複雑かつ尨大な規範意味の世界の中に住んでいる。安心してわが家に住んでいることができるのは、家屋の所有権や貸借権の保護、ならびに、憲法による住居の不可侵の保障などがあるからである、家を出て、電車に乗る。それは、厳密にいうと、商法上の運送契約という制度にもとづくところの、交通機関の利用にほかならない。勤務先の官庁に到達すれば、多くの公務員が整然たる組織の下に活動している。上司の命令を受け、法規を按じて事務を処理する一つ一つの行為は、いずれも国家制度の一部局的運用を意味する。届出を受理し、申請を却下し、許可を与えるといったようなルウティン・ワアクを通じて、官庁機構の巨大なメカニズムが動いて行く。俸給を受け取って家に帰り、それぞれその一部をもって、商店の支払いにあて、妻の下着を買い、子供の月謝袋を満たすというような平凡な一連の行為を通じて、公務員としての権利、売買契約、夫婦間の扶養の義務、子の教育についての親の責任などといった、さまざまな規範意味が歩々にその実現を見つつあるのである。電車の運転手が一瞬の注意義務を怠れば、悲惨な交通事故が起るであろう。公務員に汚職の行為があれば、やかましい責任問題や政治問題が発生するであろう。俸給日の帰途、悪友に誘われて袋の中味を遊興に蕩尽すれば、悔いてもおよばぬ家庭争議に悩まざるを得ない結果に立ちいたるであろう。人間の社会生活は、微妙な規範意味の軌道にしたがっていとなまれる。軌道からの一歩の逸脱は、たちまち社会秩序の円滑な運行に大なり小なりの障害をおよぼすのである。

規範意味は、意味それ自体としては感覚の対象界にその姿をあらわさない。強制通用力をもっていた紙幣は、その流通が禁止されても、色や形を変ずることはない。ただ、その紙片を通貨として流通せしめていた規範意味が、政府の命令によってその紙片から取りはずされただけなのである。一人の人物が裁判官に任命される前と後とで、その人の外貌に変化があるわけではない。しかし、任命手つづきが行われることによって、同じ人に、前にはなかった裁判官としての資格や権限が賦与され、国家の司法制度という規範意味体系の中でかれの演ずべき役わりが定められるのである。それらの措置や手つづきは、政府の布告や辞令といった形で文字に書きあらわされ、あるいは、口頭で語りつたえられるであろう。けれども、紙上に印刻された印刷インクの色や形、鼓膜に伝えられる言葉の音響といったようなものが、一定の紙片から貨幣としての通用力を奪い、特定の人物に裁判官たる資格を与えたわけではない。それらの変化は、感覚を越えた精神的意味の世界に起った現象なのである。しかも、規範意味の体系がおよそ「実在性」をもつためには、定立された意味が感覚的対象とさまざまな形で結びつく必要がある。新らしい貨幣制度は、新たな形態の物質——新たな紙質、新たな標識、新たな模様、等をもって印刷された紙片——の上に、貨幣としての意味を実存的に刻印する。裁判制度が機能しはじめるとき、おごそかな建物には裁判所の看板がかかげられ、その中の部屋には何号法廷というような名称が附せられ、法服をつけた裁判官が証拠しらべをしたり、弁護人が弁論を行ったりするといった、「物質的」な現象が生ずる。制度という精神的な規範意味の体系は、さまざまな道具や人間の行為を素材として、その上に実在性を発揮する。その点で、制度もまた、人間によって作られつつ、その中に人間が住むところの「精神物理的世界」なのである。[5]

社会制度がどのように作られるかは、その中に住む人間の運命にきわめて重大な関係をもつ。奴隷制度は、人間からあらゆる自由を剥奪した。封建制度は、同じ社会に生れた人々の間に身分上の高下の階層を作り、かつ、この階級を永く固定させた。所有権を神聖不可侵の権利として尊重する制度は、一方では、各人の生活や企業の基礎を確立するための根本前提となったと同時に、他方では、ひろく企業および収益の自由が認められることと結びついて、資本主義発達の最も重要な礎石たるの役わりを演じた。企業ならびに契約の自由を大幅に認めれば、各人の営利心や企業慾が活溌に作用して、社会経済の活動が旺盛になる。しかし、その反面、主要な生産手段が少数の大企業体の手に集中し、独占化された企業が社会の富を一方的に吸収するために、勤労大衆の貧困を増大させる。その弊害を是正するためには、資本主義制度の下で独占の禁止や失業救済や社会保障などの措置を強化して行くことで足りるか。それも、どのくらいの速度でどの程度まで押しすすめて行くか。あるいは、全生産手段の私有を禁止する社会主義体制への移行をはかるか。その移行を、議会立法を通じて実現することが可能であるか。あるいは、実力を行使する革命の手段によらざるを得ないか。――奴隷制度や封建制度を歴史の過去に押し流した近代社会に生活する人々は、新らしい階級構成の原因となった資本主義制度の処理方法をめぐって、これらの問題につき、真剣に研究し、工夫し、構想し、討議し、討議して得た結果を実行し、あるいは平和裡に協力し、あるいははげしい闘争をくりかえしている。

人間は、「道具を作る動物」(tool-making animal) であると同時に、「計画を立てる動物」(plan-making animal) でもある。人間の立てる計画は、道具についての計画と制度に関する計画とに大別され得るであろう。新らしい道具――噴進式の飛行機、テレヴィジョン、地熱利用の発電装置、海水から金を採る設備、原子力の発動機など――の製作が、度々の失敗を重ねて、ついには成功するのと同じように、制度の計画についても、人類は数かぎりない無駄と失敗とをくりかえしつつ、あるいは権力者の下す裁断によって、あるいは多数の人々の同意の下に、そのごく一部分を実行に移しているにすぎない。今日、人類の当面している最も大きな問題は、戦争を有効に防止し、平和を確実に維持するために必要な世界的規模の安全保障制度を、どう計画し、どう実行し、どう運用するか、である。カントが、この目的のために国際連盟という制度を考察したのは、第十八世紀の終りごろのことであった。第一次世界大戦ののちに、ウィルソン大統領がこの計画を取り上げ、ヴェルサイユ条約によってはじめて現実の国際連盟ができ上った。制度を計画するものが人間であるように、制度の運用もまた人間に待たなければならない。しかるに、人間には、理想への深い憧憬があると同時に、制度を歪曲してそれを失敗にみちびく、自己中心主義の罪業がある。人間のエゴにまつわるこの深い罪業の現実を見ないで立案された計画は、かならず失敗に終る。カアのいうように、国際政治の問題はユウトピアの計画だけでは処理し得ないのである。[6] 国際連盟が失敗に終り、それに代って国際連合が、成立した今日、その現実の姿にあきたらない人々は、ふたたびまたユウトピア的計画を立案することに忙しい。平和を祈る運動を組織化したり、世界国家を夢見たりするのは、そのあらわれにほかならない。もとより、人間は夢を排斥すべきではない。なぜならば、夢もまた、それを夢見る人々の「数」とつらなることによって、「実現され得べき理想」にまで凝成されることがあり得るからである。けれども、現実主義者たちはまた、多くの人々に美しい夢を抱かせるような提案の背後に、エゴ中心主義の罪業に立脚する恐るべき策謀が伏在していることを看破しようとする。アメリカの科学者たちが世界連邦を提唱したとき、ソ連の学者は一斉に立ち上って、それをアメリカ中心の世界制覇主義であるとして非難した。共産主義者たちによって企画され、戦争をおそれる自由主義者の間にも支持者を見出しつつある、ストックホルム・アッピイルのような平和運動に対しては、アメリカの文化自由会議が、それこそ戦争への直接の準備であるという痛撃を加えている。平和世界の建設は、人類の当面する最大の課題である。この課題の解決にあたるためには、常に、美しいヴィジョンと醜いエゴの罪業との間にさまよう人間性の本質への反省を怠ってはならない。なぜならば、人間こそすべての制度の――したがって、平和のための国際制度の――素材であり、それ故に、素材の性質についての慎重な吟味を欠いた制度の立案は、材料についての周到な検討を経ないで作られた道具と同じように、計画はよくても、作って見て実際に役に立たない場合が多いからである。

第三章　政治の自由

一　政治社会の構造

人間がその中で生活している制度の中で、あらゆる意味で人間生活との関係が最も深く、したがって、人間の自由という観点から見て最も多くの問題を包蔵しているものは、国家である。

国家のもつ最も大きな特徴は、それが強力な権力制度であるという点にある。国家には、単一の権力中枢があって、そこから発せられる命令によって人間生活や社会活動が統制される。権力を背景として行われるこのような統制は、「政治」と呼ばれる。故に、権力制度たる国家は、常に同時に政治制度である。人間は、政治の影響から全く離脱することはできない。国籍の離脱ということは可能であるが、一つの国籍から離脱した人は、当然に他の国籍を取得しなければならない。人間の生活には、常に国家がつきまとう。国家制度の中に凝結した人間悪を嫌悪する人々は、無政府主義を唱える。しかし、歴史上、無政府主義が実現し、もしくは、実現に近づいたためしはない。トオマス・モオアのユウトピアは、理想ではあるが、国家のない理想ではなく、理想の国家制度を描き出したものにほかならなかった。[1] アリストテレスのいうとおり、人間はポリス的な動物である。[2] ポリス成立以前の完全に自由な人間生活というものは、近世自然法思想の「仮説」として以外には考えられない。人間は自由を追求するが、人間の追求する自由は、積極的にせよ、消極的にせよ、国家との関連をもつ自由であって、国家を全く度外視した自由ではあり得ない。

国家に内在する権力の本質が何であるかは、すこぶる見きわめがたい問題である。国家権力がその直接の手段として物理力をもつものであることは、事実の示すとおりである。盗賊を捕える刑事の腕前や、その逃亡を防ぐための手錠は、国家の用いる物理力の最小限度である。対外政策を強行するために出動を命ぜられた大艦隊や、敵国の重工業基地を一挙に壊滅せしめる目的の下に作られた原子爆弾は、国家の所有する物理力の最大限を示すものということができよう。しかし、単なる物理力は、それだけですでに「権力」であることはできない。物理上の力は、本来一つの中性的な力である。火薬の爆発力は、人を殺し、要塞を破壊することができる。しかし、それを用いて岩を砕き、トンネルを穿って、汽車を通し、坑道をひろげて地下資源を採掘する場合には、同じ物理力が平和な建設作業の要具ともなる。国家権力にとって物理力が不可欠であることは明らかであるけれども、物理力が権力の一要素となるためには、それを権力の手段として正当化するところの「意味」が加わらなければならない。権力は、無意味な力ではなくて、意味のある力である。十字軍が聖地の回復を目ざしてすすむとき、そこには、武力行動を方向づける意味があり、従軍する騎士たちを鼓舞する精神が存した。意味が逆転し、精神が倒錯すれば、権力の親衛隊は、たちまち化して、権力打倒の革命軍となる。物理力をともなわない権力があり得ないのと同様に、精神的意味づけをもたない物理力もまた、権力とはならない。権力は、その意味で、常に「精神物理的」な力なのである。

次に、権力は、明らかに経済力としての要素をもっている。権力と経済力との結びつきには、三つの側面があるということができよう。第一に、権力が物理力をもつということそのことの故に、権力は経済力を必要とする。警察力を整備し、親衛隊を設置し、すすんで対外防衛力を強化する場合に、莫大な財政支出が要求されることは、いうまでもない。富国強兵が帝国主義国家の根本国策とされたという事実は、経済力と物理力との不可分の平行関係を物語ってあますところがない。第二に、権力は、その政治目的を遂行するために、多々ますます弁ずるところの経済力を必要とする。権力は政治権力であり、政治権力には目的がある。政治の目的は、産業の振興にせよ、教育の拡充にせよ、治安の確保にせよ、社会保障制度の発達にせよ、対外援助にせよ、軍備の充実にせよ、予算なしには一歩も前進しない。経済力の裏づけをともなわない政治権力は、無為にして化することを理想とした尭舜の昔ですら、現実には存在し得なかったのである。第三に、権力は、一般的にいって権力を掌握した者の手に利益をもたらす。したがって、権力には、そのかかげる政治目的の看板の美しさにかかわらず、常にそれを富の蓄積に利用しようとする誘惑がともなう。それと同時に、経済力を有する者が直接または間接に政治権力と結びついて、政治の方向について強い発言力をもつようになるという傾向もまた、いつの時代にも見られるところである。そこに、政治の腐敗しやすい最大の原因があるといってよい。だからこそ、西のプラトン、東の孔子をはじめとして、古今の識者はいずれも政治の基調を道徳に置くべきことを強調して来た。だが、政治の浄化を急務とするあらゆる声や主張にもかかわらず、現実政治の面では、影の形に添うがごとくに、財力は常に権力と結託する。マルクス主義の理論をしていわしめるならば、国家権力は階級支配および搾取の道具以外の何ものでもないということになるであろう。[3] はたしてそうであるならば、マルクス主義の政治勢力が資本制社会を崩壊させて、国家権力の奪取に成功した場合にも、「国家の枯死」という超ユウトピア物語りが現実と化するまでは、そこでの政治権力が国家資本を駆使して強権政治を行うという事態が発生することをまぬかれないであろう。資本主義国家でも、社会主義国家でも、政治権力は経済力を吸収する。そのことそれ自身は、政治が経済力を必要とするという普遍的な性格から来る結果であって、事の善悪には関係ない。もしも政治が経済力を必要とすることそれ自体を邪悪であるとするならば、権力それ自体を否定する以外に、その邪悪を避ける道はない。政治の善悪は、政治が「清貧」に甘んじているか否かにあるのではなくて、――政治家の清貧は美徳であり得ても、清貧の政治は無力の政治の別名でしかあり得ない、――むしろ、経済力を吸収した権力がいかなる目的のための手段として用いられるかによって定まるのである。[4]

政治権力は、物理力を用い、経済力を備えたところの、精神力である。しかも、それは、一方からいえば、権力を有する者それ自身の精神力であるに相違ない。ヒトラアの野望なくして、ナチス・ドイツの猪突猛進ぶりはあり得なかったであろう。ダンケルクの敗退をはじめとする悪条件の連続にもかかわらず、対独戦に最後の勝利を得たのは、イギリス国民の粘り強さによるとはいえ、チャアチル首相の確信に満ちた指導がその最大の要因の一つであったことは、何人も疑わないであろう。しかし、政治権力を支える精神的要因の根源は、むしろ政治社会を構成する一般大衆の中に存するのである。ヒュウムは、「力は常に被治者の側にある」といった[5]。いかなる専横な権力といえども、民衆の中にその権力組織を神化し、聖化する気もちが行きわたっていれば、永く盤石の安きにあることができる。議会政治がいくつかの失敗を記録しても、国民が民主主義の正しさについての信念をもちつづけているかぎり、独裁主義に喰いこむ隙を与えない。思い切った社会主義を実行し、そのために鉄の統制が必要となり、人民の自由が大幅に制限されることになっても、それを「解放」として意義づけるイデオロギイを確立することによって、人心の動揺を防ぐことができる。だから、政治ほど偶像を必要とするものはない。マッキイヴァアのいうとおり、神話は政治組織の不可欠の要素である[6]。大義名分は政治力の源泉である。政治が宣伝に力を注ぐのも、民衆の支持なくしては、権力機構は一日も安泰ではあり得ないがためにほかならない。

政治は、権力を通じて行われる人間社会の目的活動である。したがって、政治社会には、権力の所在を明らかにし、権力がだれの手によってどう行使されるかを定める規範意味の体系がなければならない。近代国家では、政治社会の基本構造を定めているそれらの規範意味は、成文憲法の条章としておごそかにかかげられることを常とする。多くの民主国家の憲法は、至高の権力、すなわち「主権」は、国民に存することを明らかにし、国民の主権が国民の代表者によって行使される筋道を規定している。国民主権主義は、政治権力による統治の客体と、政治権力の最高の担い手との根本的な同一性を主張するところの原理である。この原理によって、国民を対象とする一切の統治や支配は、国民自らの「自治」として意義づけられる。それは、政治社会において行われるすべての政治拘束を、それが「拘束」であるにもかかわらず、「自由」と矛盾することのない自己拘束であると認めしめるためのイデオロギイである[7]。しかし、現実には、議会の多数党の意志によって、多くの国民の予期しない、または、国民のすくなくない部分が反対している法律が作られ、人々はその法律にしたがって行動するように強制される。国民の手にあるはずの主権が、金権と結びついたり、少数の政治ボスによって独占されたり、あるいは、外国政府のいうなりに動く傀儡政治を、表むきそうではないように見せかけるための名目と化することもある。それにもかかわらず、主権は国民に存するというのは、よくいえば「理念」であり、悪くいえば「粉飾」である。近代民主主義のかかげる国民主権の原理を常に単なる偶像と見なすことは、あやまりであるが、それが往々にして偶像的性格をおびるものであることもまた、否定しがたい。

国家における政治権力は、憲法の定める組織にもとづき、憲法によって規律された筋道にしたがって行使される。近代国家においては、そのような権力意志の表現は「法」の形態を取る。法は、第一には、国民に対する遵守の要求である点で、規範である。しかも、法は、第二に、権力がそれにもとづいて行使さるべき筋道である点で、国民に対する規範であると同時に、権力そのものに対する規範である。国家は、法によって組織立てられ、その組織を通じて不断に法を生産しつつあるところの巨大な制度である。その意味で、国家は法規範の複合体以外の何ものでもないと見たケルゼンの認識は、たしかに正しい。(8)

しかし、法体系としての国家は、規範意味の世界の中での国家の存在性格であって、それだけで国家の実存する姿が説明しつくされているわけではない。すべての規範意味は、それにもとづく人間の行為の中に自己自身を実現すべき運命を担っている。行為となって実現されることのない規範は、書かれ、読まれ、語られ、聞かれるところの「命題」ではあるが、現実の社会を動かす力にはならない。これに反して、国家の法は、権力行使の筋道を定めているという、まさにそのこと故に、権力によって裏づけられている。租税を滞納すれば差押えられる。内乱を起せば軍隊の力で鎮圧される。政府が金融引しめの政策を取れば、物価の高騰は抑制されるが、中小企業の中には、倒産をまぬかれないものも出て来る。国民が国家の政治イデオロギイに感激して、反逆者を憎悪する空気につつまれているような時代に、少数の人々が独裁化した政府の至上命令に反対して見ても、濁流にさからう扁舟にもさも似た運命にさらされるであろう。権力と強制とを背景とする法は、人々をして原則としてそれを遵守せしめるだけの力をもっている。政治力によって支えられた法秩序の中では、人々は、政治目的の示すところにしたがって、分業し、協力し、生産し、建設し、あるいは、時として、人間の行う最大の破壊および殺戮の行為たる戦争に従事する。精神物理的な人間の行為の中に自己を実現しつつある実定法秩序は、単なる規範意味の体系ではなくて、それ自身精神物理的な存在様式をもつところの人間活動の複合態である。国家は、法によって方向づけられた人間活動の複合態として実在する。法によって「国民」として資格づけられた数千万の人々の大部分は、外貌、骨格、気質、伝統、文化を共通にするところの、同一の「民族」である。法によって「領土」として意味づけられた土地は、同胞の生活を支え、その活動の基礎をなし、永い歴史を通じて耕作され、建設されて来たところの、したがって、そこに住む人々にとって深い愛着の対象となっているところの、単一の「国土」である。国法によって構成され、国土の上に存立している国家は、もはや単なる規範意味の体系ではなくて、血縁および地縁によって有機的に統括された巨大な精神物理的存在にほかならない。(9)

一二　国家からの自由

権力の組織は、人間が人間を支配し、被支配者を生産・加工・建設のためのあらゆる労働に従事させ、支配者が労せずして栄誉と尊厳と逸楽とを独占するために利用された。国家の法は、そのような支配関係を不動の秩序として固定させ、被支配階級から自由を奪い、支配者に対する一切の抵抗を、重刑をもって抑圧する道具となった。権力との結合は、人間の罪業を野放図もなくつのらせる。しかも、政治の中枢を偶像視する社会心理は、権力をもって鎧われた人間悪の巣窟をすら、高貴・尊厳の名によって粉飾することを許す。そうした粉飾をのぞき去り、政治権力の実体をありのままに暴露し、しかるのちに、それをどう評価し、どう利用するかを考えるようになったのは、近代合理主義の発達の成果であり、科学的政治学のもたらした産物である。国家制度に対する人間の自主性の樹立は、ここからはじまる。

国家は強大な権力制度である。それだけに、国家にまつわる悪の根は深い。しかし、人々が、国家以外に、国家より以上に呪うべき存在があると見た場合には、それらの人々が、国家の打倒を企てるより前に、まず国家悪以上の社会悪を克服するために国家制度を利用しようと考えたとしても、すこしも不思議ではないであろう。

近代初期の政治学者は、絶対主義の世俗的権力機構に堕したロオマ法皇庁の権威を打ちひしぐために、国家の力を利用しようとはかった。マキァヴェリが、ロオマ法皇庁の権力の秘密は、世俗的政治勢力に対する「分散させて支配する」(divide et impera)政策にあることを看破し、これに対抗するためにイタリイ国民国家統合の必要を力説すると同時に、その本心では古代ロオマの共和制を理想としていたにもかかわらず、権力集中の便宜的手段として君主制弁護の論陣を張ったのは、毒を制するに毒をもってする手法の典型であったということができよう。[1] 近代国家が、一つには、カソリック教会の教権に対抗し、二つには、地方に割拠する封建諸侯の勢力を抑え、三つには、競い立つ他の近代諸国家に引けを取らないために、中央集権的権力体制の整備を急いだのは、当然の成りゆきであった。ボダンが、他の何ものにも依存することのない国家権力の至高性を表示するために、始めて「主権」という言葉を用いたのは、このような時代の要求にうながされたものということができる。[2] しかし、国家権力の正当性を承認し、むしろその絶対性を主張する見解は、既存の権威に対抗するという必要だけから説かれたのではない。近代合理主義の思想家の中には、国家を、人間が人間悪もしくは人間闘争の自己抑制の手段として作り出した機構であると見、したがって、国家は、人間の闘争本能に活動の余地を与えないだけの強大な権力と、有無をいわせぬ統制力とを備えたものでなければならぬと考える者もあらわれた。ホッブスの描いた人間像によれば、人間は貪婪あくなき自利心によって行動する生物であり、したがって、無統制の自然状態に置かれた場合の人間は、絶えざる闘争の可能性におびやかされざるを得ない。国家は、そのような恐怖の状態から脱却し得るための唯一の救いとして、人間によって考案され、人間によって作り出された。すでに、国家が自然状態における闘争と恐怖とに終止符を打つために作り出された制度である以上、国家内部の生活について、ふたたび闘争と恐怖とを惹起するおそれのある「自由」が認められ得ないのは、当然である。かくて、国家は、自由を求めようとする人民の虚栄心を蹂躙するレヴァイアサンとして、人民の上に君臨する。ここに、ホッブスによる国権絶対主義の正当化の論理が存する。[3][4]

しかし、右のような君主主権論や国権絶対主義が近代主権国家の基礎の確立という歴史的役わりを果したのちは、今度は逆に、市民的自由の領域を拡大し、さらに、拡大し得た自由の縄ばりを国家権力の介入から護ろうとする目的が、政治思想の中心課題として取り上げられるようになった。同じイギリスの哲学者であり、国家成立以前の人間の自然状態という同じ想定から出発し、国家は自然状態にはまぬかれがたい危険を防止するために合意によって成立したものであるという同じ推論を用いながら、ホッブスとロックとが、国家権力と人間の自由との関係について全く逆の態度をもってのぞんだのは、政治思想の歴史的役わりのこうした逆転の最も典型的なあらわれと見ることができる。ロックの場合には、国家は、自由な人間性の発揮――ホッブスにとってはそれは「万人に対する万人の闘争」にみちびく――を封殺するレヴァイアサンではなくて、人間本来の自由と権利とをば、自然状態のままではなお時としてまぬかれがたい侵害の危険から守るための庇護者として意義づけられる。それが原始契約の目的である以上、現実の国家権力に対しては、常にその行使にあたってこの限界をふみ破らないという保障が与えられなければならない。その保障を与えるものは、国民の意志によって作られた法である。かくて、法は、政治権力によるところの支配の道具ではなくなって、権力がその分限を越えて自由の縄ばりを侵すことを防ぐための防壁となる。法は、権力者が人民を支配するために設定した規範ではなく、むしろ、権力の行使を国家存立の目的から逸脱しないように限定することを目的とする規範と化する。国法によって保護された範囲内での自由は、もとより、国家の成立する前に人間の享有していたような無限界の自由ではない。人間は、原始契約によって国家を作ったとき、国家設立の目的にかなうかぎりにおいて政府の命令にしたがうことを約束しているのである。しかし、その代償として、国民は、自然状態においては期待することのできなかった自由、すなわち、他人の恣意によって侵害されるおそれのない自由をかち得た。[5] ロックから出発する第十七・第十八世紀の自由主義は、この貴重な自由が、それを護る任務をもつものとして設置されたはずの政治権力によって、逆に不当に侵犯されることがないようにすることを、国家制度合理化の大目標としてかかげたのである。

国家は、人間天与の自由を、自然状態にはあり勝ちであった侵犯の危険から護るために、のちにその国家の国民として資格づけられたところの人間全員の合意によって成立した。ロック的自然法思想はこのような原始契約の仮説をかかげる。しかるに、国家が成立し、政治権力の組織ができ上って見ると、国民の自由を擁護すべきはずの国家権力が、権力をその手にゆだねられた人々の利益のために濫用されて、自然状態の危険よりももっと大きな自由侵害の危険性を発揮するようになる。それが、政治悪の根本様相である。それを防ぐためには、権力行使の筋道たる法を定立する権能を、権力の濫用のいかにおそるべきものであるかを熟知している国民の手に取りもどし、自由社会の秩序がそれを必要とする場合以外には、国家権力の発動する機会がないような仕組みを作り上げなければならない。そのような仕組みができ上れば、人々は、政治悪のおそいかかることを防ぐ堅固な法の防波堤の中にあって、安らかに人間天賦の自由と権利とを享有することができる。しかし、自由が保障されているところでは、一人の自由行動がいきおいあまって他人の権利を侵害し、自由と自由とが互に衝突して争いをひき起す可能性がある。そういう場合には、権利侵害の被害者や争いの当事者は、法によって客観的に争訟を裁くために設けられた裁判所にむかって訴訟を提起し、国家権力の介入によって、侵害された自由の救済と、そこなわれた権利の回復とを求めることができる。そうなれば、国家権力は、自由を享有しつつある人々に対する支配者ではなくなって、人々がそれを必要とする場合にのみ自由社会のために秩序維持の用を弁ずるところの、忠実な侍女となる。それによって、国民は国家の主人であり、権力行使の衝にあたる公務員や裁判官は、自由な国民につかえる「公僕」であるという関係が確立される。

このようにして確立された自由は「国家からの自由」である。[6] なるほど、近代民主主義の「原理」からいえば、国民は国家の主人である。主人は、その公僕を自由に選び、好ましからぬ公僕を罷免することができる。公僕がどのように権力を行使すべきかという規準もまた、主人たる国民の意志によって立法される。かくて、国家の主権は国民にある。しかし、それは、どこまでも「原理」であり、「建前」の上での関係である。原理が原理どおり事実であるならば、国民は「国家からの自由」を求める必要はない。主人たる国民は、用があれば公僕を呼んでサアヴィスをさせ、用がなければ国家を遠ざけて、自由人相互の水入らずの団欒を楽しんでいればよい。だが、建前は建前であって、それがそのままに現実であるわけではない。現実には、主人たる国民は権力をもってはいない。現実の権力は、公僕たるべき政府の手ににぎられている。しかも、主人は、一人や二人ではなくて、何千万という国民である。その国民の一部分が政治権力と結託すれば、他の多数の国民は、容赦なく税を取り立てられたり、営業を禁止されたり、命令一下戦場にかり立てられたりする。権力行使の筋道たる法は、国民の意志によって作られるという。しかし、法は、国民が直接に作るのではなく、国民のえらんだごく少数の「代表者」たちが、立法を行うのである。のみならず、代表者をえらぶ権利もまた、身分とか富の程度とかによってせまく限定されている。そういう場合には、国民の多数は、自分たちの窺い知り得ない政治の舞台裏で用意された法律によって、いつ縛られたり、獄に投ぜられたりするかわからない。一八〇〇年のイギリスの「団結法」(Combination Act) は、一切の労働者の団結を禁じ、労働組合を非合法団体とし、ストライキを犯罪として処罰した。権力とはそのようなものである以上、国民は国家権力の主人であるという単なる「名目」の上に安んじているわけには行かない。国民の自由が確実に保障され得るためには、権力の行使される範囲は、必要の最小限度にまで引きしりぞかなければならない。権力は、いかなる弁護の言葉をもってしても、それ自身としては害悪であることをまぬかれない。その害悪が、害悪であるにもかかわらず容認されるのは、それがそれ以上の大きな害悪を防ぐために必要なかぎりにおいてである。ここに、国家は「必要な害悪」(necessary evil) であるといい、あるいは、国家を「夜警」(Nachtwächter) になぞらえるというような、第十八世紀的な、国家に対する消極観が成立する。

それでは、なぜ人間には、国民としての自由といわんよりは、むしろ市民としての自由、すなわち「国家からの自由」が保障されなければならないのか。なぜ国家は、秩序の維持とか、治安の確保とかいうような夜警的任務だけに専念して、それ以外の建設的な仕事は、あげて市民社会の自由活動にゆだね、あえてそれに干渉しないという分限を守るべきであるのか。なぜ、市民社会の法たる民法は、それ自身としては国家の法たる形式を備えているにもかかわらず、私所有権の不可侵、企業の自由、契約の自由といったような根本原則をかかげ、私人相互の取りひきに公権力の介入することがないようにするための防塞としての役わりを演ずるようになったのか。一般に、民事法は、なぜただ、当事者間に紛争が生じたときに、当事者の申し立てを待って行われる裁判についての、客観的な規準を示すにとどまり、国家の側からすすんで紛争の裁定に乗り出すことはできないような仕組みになっているのか。なぜ、刑事法ですらもが、犯罪を処罰するための積極的な強権発動の規定であるというよりも、むしろ、国家の刑罰権が過剰に行使されることを防ぎ、可罰性の限界を厳重に劃することによって、「犯人のマグナ・カルタ」たるの任務をはたすべきものとされているのか。権力そのものがしばしば社会の大きな邪悪として働くおそれをもつから、それをできるだけ制限するという理由は自明であるとして、市民社会にそれだけ大幅な自由を与えるということの積極的な根拠なり効用なりは、そもそもどこに存するのか。

このような問いに対して最も明快な答えを与えたのは、ベンタムの実利主義の理論であろう。ベンタムによれば、道徳および立法の窮極目標たる「最大多数の最大幸福」を実現する道は、社会に生活するすべての人々にできるだけ大幅な行動の自由を認めるにある。なぜならば、各人にとって何が幸福であるかを最もよく判断し得る者は、ほかならぬ本人自身である。何が自己にとって快適であり、利益であるかを判断し得ないような人間は、白痴以外には存在しない。だから、人が二つの行為の中の一つを選択すべき場合にのぞんだときには、可能な二つの行為から生ずるであろう結果を考えて、より多くの幸福または快楽をもたらすと思う方を採ればよい。そのようにして選ばれた行為の結果が、かえって本人に不幸をもたらす場合もあろうけれども、人間が経験を積むにつれて、そうした誤算はすくなくなって行くであろう。したがって、社会に生活する人々が、それぞれ利益と幸福とを追求し、経験を生かして自由に利害得失を判断することができるようにして置けば、結局においてそれが、すべての人々に幸福をもたらし得る世の中を築き上げるための最も確実な道になる。人と人とが契約を結んで、それぞれ特定の行為をする義務を負うことについても、同様である。各人は、原則として自分の利益についての最適の判断者なのであるから、よしんば、ときとして人が自己の損失をまねくような約束をすることがあっても、契約の内容について干渉を加えることは極力避けるべきである。ベンタムはこのように考えて、自由放任主義の原理を徹底させることを力説した。この思想がアダム・スミスに負うところの大であることはいうまでもないが、「国家からの自由」をできるだけ大幅に確保するという方針に関しては、ベンタムはスミスよりもいっそう積極的な態度を示したものということができる。[7][8][9]

それでは、ベンタムは、立法の効用についてどのように考えたか。

ベンタムによると、法には強制がともなう。したがって、法が行われることによって、大なり小なり人間の自由が制限される結果になる。その意味で、法は元来一つの悪である。だから、立法は、それによって法そのもののもたらす害悪以上の害悪を防ぐことができる場合にのみ、行わるべきものである。すなわち、一人の自由が行きすぎて、他人の自由を侵害したり、人々の間に争いが生じたりすることを防ぎ、あるいは、すでに生じた犯罪や争訟を裁くという必要のみが、法による自由の制限を正当化するのである。ベンタムは、そのかぎりにおいて法の効用を認め、国家の正当性を肯定した。しかし、ベンタムにとっては、その限度を越えた国家の市民社会への干渉は、すべて最大幸福という目標に近づくためのマイナスを意味する。幸福追求の自由は、社会の最大幸福を実現するための唯一の確実な筋道として、各人にひとしく認められなければならない。このように説かれたベンタムの思想は、一方で、自由と自由との摩擦や衝突を防ぐという点での国家の効用を認めつつ、他方では、その必要の限度を越えた国家の干渉は一切排除すべきことを主張している点で、国家に対する第十八世紀的自由主義の態度を最もはっきりと示したものといってよい。

一三　普遍意志の自由

第十八世紀のイギリス政治思想は、市民社会のもつ「国家からの自由」を謳歌した。そこには。マグナ・カルタ以来数百年の伝統を積み重ねてきたところの、「イギリスの自由」へのかぎりない誇りがあった。人間天賦の自由と権利とを主張する自然法の思想は、大陸では炎のような変革への情熱の原動力となったのに対して、イギリスでは、同じ自然法の理論が、自然法はすでにコンモン・ロオによる「法の支配」の中に実現され、確保されているという自信と結びついて、ブラックストオンによって代表される保守主義の伝統を築きあげた。(1) フランスに革命が起ったとき、イギリスの輿論は一時はこれに対して同情的に傾いたけれども、やがて、革命後の混乱がジャコバン党のテロリズムの政治を生むにいたって、同情は反感に転じ、かえってイギリス国内の保守主義を強化するのに役立った。(2) 第十九世紀の二十年代をすぎるころには、さすがに牢固たる保守主義も退潮の傾向を示すにいたったが、これにかわって時代思潮を指導したものは、アダム・スミスの自由主義にさらに輪をかけた自由放任政策をかかげる、ベンタムの最大幸福の原理であった。[3]各人の自利心には、たれはばかるところのない自由の翼が与えられ、各自の幸福を追求する生のいとなみは、可能なかぎり一切の拘束から解きはなたれた。人間の幸福に物質的基礎を与える経済上の利益をめざして、政治権力の干渉から解放された多数の人々の間に、はげしい自由競争が展開された。折から進展しつつあった生産技術の飛躍的な変化は、自由競争の世界に目まぐるしい栄枯盛衰の絵巻物をくりひろげ、新興市民階級の活躍によって産業の殷賑と国富の増進とがもたらされた。かくて、アダム・スミスの「国富論」の論旨は、大英帝国の経済的世界制覇という事実によって物の美事に裏書きされたのである。

しかし、国家権力の拘束から解放された人間の自由は、同時に個人の我慾に思う存分の跳梁を許し、それが、一方では目もくらむような繁栄をことほぎつつあった市民社会に、他方で大きな暗影を投げかける端緒となったのは、やむを得ない成りゆきであったといわなければならない。

ベンタムによれば、人間はだれしも、何が快楽をもたらし、何が苦痛の原因となるかを判断する能力をもっている。その場合にいう快楽とは、単なる目前の快楽ではない。目前の快楽にふけることによって、将来の不幸を招来することは、決して真の幸福の追求ではない。だから、人は、将来の喜びを減退せしめるおそれのない範囲内においてのみ、現在の楽しみを求めるべきである。そればかりでなく、人間は、おのれ自身の快楽だけを追求してはばからないものではなく、同時に、家族や友人や同胞の喜びをも喜びとする。道徳および立法の規準としてかかげられるものは、単なる「最大幸福」ではなくて、「最大多数」の最大幸福である。したがって、眼前に約束された快楽が自分自身を一定の行為にむかって誘うからといって、それが自分のために不幸の種子を蒔き、または他人に苦痛を与えるであろう場合には、道徳はそのような行為をなすことをさしひかえるように要求する。そうすることによって、各人の幸福は他人の幸福と調和し、多数の幸福にかなうような社会が実現する。もしも、このような道徳の約束を無視する者があらわれ、一人の自由を過剰につらぬくことによって、他人の自由を侵害するような行為がなされた場合には、法が介入してこれを制御する。それ以外は、各人すべて、自己の良識を信じ、自己の経験を重んじて、自由に行動すべきである。そこに、ベンタムが人間に対して寄せた大きな信頼があった。それは、貴族や教養の高い人々に特に寄せられた信頼ではなくて、あらゆる「普通人」に対する信頼であった点で、まさにイギリスにおける民主主義の発達を一段とおしすすめるだけの意味をもつ考え方であった。(4)

けれども、分業が複雑に発達し、生産された財貨が消費生活面に行きわたるまでの間に、平凡な頭脳ではとうてい計量のできないような利害の綾が錯綜している市民社会の取引き関係の中で、どういう行為が自己の将来に利益を約束するかを確実に見定めることは、きわめて困難である。したがって、自由な契約は、しばしば賭博的性格を帯び、一方には予期以上の利益を、他方には思いもかけぬ損失をもたらす。ベンタムは、社会に生活する各人をして自己自身の利益の判断者たらしめよ、という。何がおのれ自らにとっての愉悦であるかを判断し得ない者は、白痴であり、子供の能力にも劣る、と説く。しかし、利益追求のための虚々実々の駆け引きがたたかわされている市民社会では、勝利の神はともすれば貪婪と狡智との上にほほえみ、人間が往々にして狐狸にひとしいことを見ぬき得ない者は、高徳の賢者であっても、零落の運命を辿ることをまぬかれがたい。ベンタムは、偉大な博愛の精神のもち主であった。かれの愛情は、「最大多数の人間」にむけられていたばかりでなく、ひろく禽獣・草木にもおよんだ。(5)もしも、現実の社会に生活する大多数の人々が、ベンタムにあやかり得るだけの人間愛の精神のもち主であったならば、かれの説く自由放任は、かれの期待したとおりの万人平等の福祉をもたらし得たであろう。だが、罪業の深い人間は、自由放任の世界では、決してベンタムの予期したとおりには動かなかった。その父ジェエムス・ミルを通じてベンタムの教説を継承・発展せしめたJSミルは、(6)ベンタムの実利主義が利己主義と取りちがえられたり、低俗な快楽主義であると非難されたりしたのにかんがみて、最大幸福説の中にふくまれている利他主義の側面を強調し、かつ、幸福の中に質的な区別を導入して、「愚者の幸福よりもソクラテスの苦悩を」高く評価すべきであると論じた。ミルによれば、最大幸福の原理は、決しておのれ一人の利益に汲々たれと教えるものではなく、むしろ、多くの他人の幸福のためである場合には、一身を犠牲にする行為に高い倫理的価値を認める立場なのである。前にも述べたように、「おのれの欲するところ、これを人に施せ」といったキリストの教えこそ、ミルの解する実利主義の精神の最高の表現なのである。(7)しかし、ミルはこう説いたけれども、行動の選択がもっぱら各人の自由にゆだねられている社会では、人々は、キリストの教えにしたがうよりも、まず地上に財宝を積むことを求める。天国に入ること難しと戒められても、針のめどをくぐり得ない駱駝として肥えることを欲する。そうして、おのれ一人が駱駝として肥えるとき、かぎりある牧草を巨獣に独占されたか弱い羊たちが、そのために瘠せ細ることは、駱駝の良心に何の痛みも感ぜしめないのである。

もちろん、市民社会には、秩序もあり、規律もあり、フェア・プレイの原則もある。したがって、そこで行われる自由競争は、「君子の争い」ではないにしても、すくなくとも表面上は「紳士的」に行われる。法の支配の重んぜられている社会では、人々は、直接に他人に危害を加えたり、他人の財物を掠奪したりするような野性はもちあわせていない。むしろ、人々は、つとめて社交に習達し、顧客に対しては愛想よくふるまい、取引先の機嫌を取りむすぶことに余念がない。しかし、その実、一皮むいた人々の心の中にあるものは、おのれの利得以外の何ものでもないのである。それらの人々といえども、他人の不幸を眼前に見た場合には、惻隠の情を動かし、救援の手もさしのべるであろう。しかし、各人がそれぞれ自由に企業を経営し、自らすすんで他人と契約を結び、各自の行為について、権利を主張すると同時に、義務を負う世の中では、それによって富を築き得た成功者がある反面、事業に失敗して、失意のどん底に顚落する者が出ても、前者は後者の不幸に対して責任を感ずる必要はない。いや、合法性の枠からはずれないかぎり、目先の利く甲の行為が、実務にうとい乙の損害の直接の原因となっても、それは甲の「手柄」であるにすぎない。かくて、テンニイスのいわゆる「利益社会」の発達は、そこに住む人間の共同社会的な愛情と理解と理性とを曇らせる。[8] アダム・スミスの国富論は、資本主義を未曾有の繁栄にみちびく理論的根拠となったけれども、その反面、「富への道は徳への道である」といったかれの予想は、市民社会の自由が「慾望の体系」と化することによって、仮藉なく裏切られざるを得なかった。市民社会における「国家からの自由」は、決して永く人間の安住し得る自由の王国ではないことが、次第に明らかにされるにいたった。

市民社会の基礎構造を「慾望の体系」(System der Bedürfnissen) として規定したのは、ほかならぬヘエゲルである。かれは、市民社会の中に、実現された自由の王国を見出すかわりに、むしろ、自由実現のための歴史的発展の中での弁証法的否定面を発見した。カント、フィヒテ、シェリングのあとを受けて、第十九世紀の初頭に大を成したドイツの哲学者ヘエゲルが、第十八世紀のイギリスでは希望と光明とをもって迎えられた市民社会の自由を、逆に、自由にむかってすすむ歴史の過程の否定段階として位置づけたことは、かれの慧眼のしからしめるところである。しかし、それと同時に、当時の後進国ドイツでは、イギリスのように漸進的に「国家からの自由」を獲得することはもとより、フランスのごとくに革命によって新興市民階級の解放をかち得る見こみもなかったという事情が、市民的自由を消極的にしか価値づけようとしない哲学の態度を生み出したと見ることも、一つのうがった解釈といってよいであろう。すでに、カントも、各人が、快楽を追い、幸福を求めて行動することを自由の実現と見るかわりに、そのような行為は、慾望によって制約されているという意味で、自由の否定であると考えた。そうして、人間が、道徳律から導き出された純粋の義務観にもとづき、利益の打算や幸福の衡量を越えて行動するところにこそ、真の意志の自由と人格の自律とがあると説いた。[9] 市民社会における自利心の自由を否定的に取りあつかう態度は、カントにもヘエゲルにも共通する特色であったといってよい。

ヘエゲルの「慾望の体系」の理論は、明らかにアダム・スミスの影響を受けている。ヘエゲルによると、市民社会に生活する人々は、すべて個々の特殊的な慾望の充足を求めて行動している。しかるに、特殊に分化した慾望は、その充足のための手段や充足の方法の特殊化をうながし、特殊化された手段や方法はさらに相対的な目的として慾望の直接の対象となるために、慾望の分化は無限にひろがって行く。そのように分化した慾望とその充足のための手段とは、当然に、慾望を満足させるための仕事を分化させるから、慾望の体系は同時に「分業の体系」となって発達する。分業の体系たる市民社会においては、人々は、自分自身の利益のために働くことそのことによって、多くの他人の慾望を満足させ、自分自身はまた、すべての他人が利己的に行動した結実を享有して、おのれの慾望の満足をはかっている。かように、人々がそれぞれ自利心によって行動しながら、その間に「見えざる手」による需要・供給の相互依存と相互調節とが行われるということこそ、アダム・スミスの目には市民社会的自由の福音として映った偉大な事実なのである。しかるに、ヘエゲルは、このような慾望および分業の体系の中にかもし出される邪悪をはやくも察知して、そこでは自由は単なる形式と化すること、したがって、そこには実体的な自由は実現され得ないことを指摘した。すなわち、市民社会の中では、一方において無限に分化した慾望をかぎりなく満足せしめる享楽と奢侈とが幅をきかせると同時に、他方においては克服すべからざる困窮と苛酷な運命とが拡大して行くことをまぬかれない。かくて、スミスが、市民社会の中では富への道は徳への道と合致すると見たのとは正反対に、ヘエゲルは、市民社会こそ人間精神の頽廃する世界であり、「人倫の喪失態」(Verlust der Sittlichkeit)にほかならないと断定したのである。[10]

それでは、人倫を喪失し、私利我慾のひしめく修羅場と化しつつある市民社会を乗り越えて、倫理に立脚した人間の自由を回復するための道は、どこに求められ得るか。

この大きな問題に直面して、第十九世紀の代表的な思想が提示した解答は、大別して三つあるということができる。その一つは、市民社会を克服するチャンピョンとして道義的な国家を登場させ、国家の普遍意志の中に誠の自由の実現を求めようとする行き方である。第二は、市民社会――ブルジョア社会――の中に内在している矛盾を分析し、社会の運動法則が階級間の闘争をますます大規模に激化させることを明らかにして、市民社会的呪縛からの人間解放の鍵を、必然不可避のプロレタリア革命に期待しようとする態度である。第三は、過激な手段を用いて市民社会を崩壊させることを避け、立法を通じての社会改良主義を実施することによって、単なる形式に堕した市民社会の自由を、実質を備えた自由に脱皮させて行こうとする方針である。第二の態度がマルクスおよびエンゲルスによって宣明され、第三の方針が第十九世紀後半以降のイギリス民主主義の歩んだ道となったのに対して、第一の「普遍意志の自由」をふりかざしたのがヘエゲルであったことは、近世社会思想史上最も興味のある分岐点と見なしてよいであろう。

ヘエゲルの「普遍意志」(der allgemeine Wille)の思想は、明らかにルウソオから来ている。ルウソオは、国家生活をいとなんでいる人間が、なおかつ自由であり得るためには、法を定立する原動力を国民の「普遍意志」(volonté générale)に求める以外に道はないと考えた。国家の中での生活は、すべて法の規律の下に置かれている。しかるに、法の規律は、自由に対する拘束を意味する。他人の作った法律によって拘束され、強制され、処罰されるものは、奴隷である。人間がこのように法の拘束を受けながら、しかも、なおかつ奴隷ではなくて、自由であるといわれ得るのは、法が国民の「普遍意志」によって直接に作られる場合にかぎられる。なぜならば、その場合の拘束は、人民が人民自らに対して行う自律であって、自己を他人の意志の下に従属させるところの他律ではないからである。ルウソオは、そういう意味で、法を作る権能としての主権は国民に存しなければならないこと、および、主権は国民総会において直接に行使さるべきであることを主張し、国民代表の議会を通じての間接立法に反対した[11]。ヘエゲルが普遍意志の自由を唱えた思想史的背景が、ルウソオのこの理論にあることは、疑いを容れない。

　しかし、すこし立ち入って考えて見ればすぐわかるように、ルウソオのいう「普遍意志」は、法の「理念」をかかげたものであって、現実の立法意志を指示しているのではない。なぜならば、ルウソオは、普遍意志は常に「公共の福祉」を目ざし、したがって、「常に正しい」といっている。しかるに、現実の立法意志が「常に正しい」ということは、とうていあり得ないからである。常に正しいものは、法の理念である。だから、シュタムラアのいうとおり、ルウソオの普遍意志は法の理性的本質を示したものであって、それと、多数決できめられた現実の立法意志との間には、理想と現実とのずれがあると見られなければならない[12]。ところが、ヘエゲルの一元論哲学にとっては、現実的なものは理性的であり、理念は実在である。だから、ルウソオの場合には、現実を越えた理念として追求され、したがって、実体性をもつとは考えられないはずの普遍意志も、ヘエゲルの手にかかると、現実の国家意志として実体化される。ヘエゲルによれば、意志の自由とは、意志の「無限定性」を意味する。無限定性は、かぎられていないということであるから、「普遍性」というにひとしい。それ故に、自由な意志は、「普遍意志」でなければならない。これに反して、「個別意志」は、個我の立場に限定された意志であり、慾望に拘束された精神であるから、真の意味での自由をもち得ない。個我が跳梁し、我慾がばっこする市民社会が、自由喪失の場所たらざるを得ないのは、そのためである。市民社会は、各人各個に私利を追求している世界であって、そこでは、国家によるところの人間の普遍的なつながりは見失われているのである。だから、人間を市民社会から解放するためには、そこでは全く見失われているところの「普遍性」の回復をはからなければならない。しかるに、真の意味で具体性をもつ普遍者は、国家以外にはない。かくて、自由の理念は、国家の普遍意志の登場によってはじめて現実的となる。国家に生活する人々は、国家の道義的使命をわが使命とし、自己の個別意志を国家の普遍意志と合体せしめることによって、自由を獲得し、人倫を回復する。ヘエゲルのこの論理が自由の建設を目ざすものであったことは、疑いを容れない。しかし、かれは、自由を喪失した市民社会から人間を解放するために、国家による市民社会の克服を必然の過程と見なし、「国家からの自由」を否定して、そのかわりに至上・絶対の国家の普遍意志を導入してしまったのである。[13]

もちろん、ヘエゲルも、近代精神の巨大なる代表者の一人として、決して単なる国権絶対主義の復活をはかったわけではない。かれは、国家の統一性や普遍性の契機を表現するものとして君主制を肯定すると同時に、国民の各階層の代表者が一堂に会して、特殊の立場から普遍の国事を討議することの効用を高く評価し、プロイセンの立憲君主主義に理念的な根拠を与えようと試みた。しかし、かれの立憲主義は、決して正当な意味で言論の自由を公明な政治の原動力と認めたものとはいいがたい。その証拠には、ヘエゲルは、輿論の中に真贋の二種類を区別し、国家の普遍意志が多数の国民の声を通じて自己を表明している場合にのみ、輿論を尊重すべきことを説いているのである。いいかえると、それぞれ特殊の利益を追求する多数の個別意志の間に、単に表面上の一致が見られる場合に成立する輿論は、国家の普遍意志の動向を基礎とするものではないから、これを蔑視すべきであるというのが、ヘエゲルの理論なのである。それでは、国民の多数の支持している見解が国家の普遍意志の動向を示すものであるかどうかは、だれによって判定されるか。ヘエゲルによれば、その役わりを演ずるのが偉人なのである。すなわち、輿論が国家の普遍意志を表現するときには、多数の意見にしたがって事案を決定すると同時に、そうでないと認めた際には、ここで語られ、かしこで論ぜられている民の声を平然と無視し得るほどの人物こそ、偉人である。[14]そうなると、偉人は、或る場合には多数の支持を受けて経綸を行い、他の場合には多数の意見を抑えて独自の方針をつらぬく権限をもつことになる。そのいずれを選ぶかは、偉人一個の判断にゆだねられているというのは、最も明らかな独裁主義の体制にほかならない。「偉人」をして国家の普遍意志のあり方を語らしめようとするヘエゲルの法哲学は、「国家指導者」(Reichsführer) の指さすところを「民族」の決断として権威づけたナチズムの原理と、その本質をことにするものとはいいがたい。ヘエゲルによって説かれた普遍意志の自由は、かようにその本体を暴露して見れば、近代精神の追求した自由とは、まさに逆の方向にそびえ立つ怪物であったといわなければならない。

一四　自己疎外からの解放

もしもヘエゲルの見たように、市民社会は自由を実現する場所ではなく、むしろ人間の自由を「人倫の喪失」に陥れる世界であるとするならば、自由へ通ずる道を開拓する第一前提として、市民社会の克服または打倒が必要であると考えられて来るのは、理の当然である。ヘエゲルは、そのような論理に立脚しつつ、市民社会を克服する原動力を超個人的な国家の普遍意志に求めた。これに反して、同じく市民社会を自由の否定段階として位置づけつつ、これを打倒する力をば、市民社会の中で最も露骨に自由を奪われているところのプロレタリアアトの団結と蹶起とに求めたのは、いうまでもなく、マルクスおよびエンゲルスである。

マルクスやエンゲルスが、市民社会において人間の自由が失われて行く過程を説明する仕方は、ヘエゲルよりもはるかに実証的であり、かつ独創的である。かれらは、人間をば、生産および商品交換行程という、主として経済的な活動や機構の中に置いて考察し、その中で人間の演ずる役わりを明らかにしつつ、人間の精神的能動性が次第に唯物的な生産力ならびに生産関係のために圧倒されて行く有様を示そうとする。そのような考察過程の最初の段階にあらわれて来るのは、さまざまな物質的条件の下に制約されながらも、自らの目的にしたがい、自らの意志によって、その生活環境を築き上げて行く人間の姿である。しかるに、分業が発達し、階級が分化し、複雑な商品生産や商品交換経済が行われるようになるにつれて、社会構成の根柢をなす物質的生産力の変化が歴史の動きを決定的に支配するにいたり、人間はその意志や目的に応じて社会活動の舵を取る能力を喪失する。従来の階級秩序をそのままに維持して行こうとする支配者のあらゆる努力にもかかわらず、社会の運動法則は階級間の闘争をますます激化させ、必然のいきおいの赴くところ、革命による社会組織の顚覆が行われる。人間が歴史の必然法則の支配を脱して、誠の自由を取りもどす道は、階級意識に目ざめたプロレタリアアトの団結によって、この必然の破局をできるだけすみやかに通りぬけてしまう以外にはない。そこに、マルクスやエンゲルスが一図《ママ》に見つめていたところの、自由の王国への扉があったのである。

だから、マルクスやエンゲルスが歴史の出発点として描き出したのは、決して物質の支配の下にのみ置かれた完全な被制約者としての人間ではなくて、逆に、物質を自己の生活目的のために利用する能力をもった能動的な人間像である。この人間像は、「人間は道具を作る動物である」という命題によって要約される。(1) 人間は、その生存のための必要を満たすために、さまざまな道具を用いる。したがって、道具の生産は特に人間的な活動である。もっとも、蜘蛛が昆虫を捕えるために網を張り、蜜蜂が食糧の貯蔵や育児の用にあてるために巣を作るのも、道具の生産といえないことはない。それどころか、蜘蛛が網を張る技術は、織工の仕事のように精妙だし、蜜蜂はしばしば建築家を赤面せしめるほど巧みに巣を作り上げる。しかも、最も拙劣な建築家すらもが、その拙劣さにもかかわらず蜜蜂とちがうところは、人間は実際の建築に着手する前に、あらかじめそこに建築せらるべきものの形体を表象し、計画するという点である。(2) 人間の人間たる特色は、単に物質の上に働きかけてその形状に変更を加えるだけでなく、その中に人間の「目的」を実現して行くところにある。人間による道具の生産は、このような意味で「主体的」である。そこに、人間の自然に対する能動性があり、人間による人間の住む世界の創造が存する。

もちろん、人間による世界の創造は、いろいろな物質的条件によって制約されている。人間の肉体の構成は、人間の生存をさまざまな物質に依存せしめる。人間の身体の大きさや物理的な力は、人間の能動性をして一定の限界を越えることを許さない。しかし、その範囲内では、人間は自己の生活環境の上に積極的に働きかけて、これを人間の生存に適合するように変化させて行く。後代の人間は、そこにいたるまでの永い歴史的所与を受けつぎ、先祖から伝えられた道具や技術を継承し、生まれる前から確立されている制度の中で生活する。そのような所与の環境から勝手に飛び出すことは、だれにもできない。「ここがロオドス島だ、ここで踊れ」というのは、人間のひとしく置かれている宿命である。(3) けれども、人間は、過去から伝えられた環境や生活条件によって、ただ　方的に制約されているわけでは決してない。人間は、それらのものの上に絶えず創意と工夫とを加え、動く社会生活の舵を取って行く。そのような人間の能動作用による歴史の変貌は、一つ一つとして見れば微細なものであっても、つもりつもれば大きな創造の過程となってあらわれる。その意味で、歴史を動かすものは、物質ではなく、人間である。「唯物史観」と呼ばれるマルクスやエンゲルスの歴史観も、この事実を認める点では、決してやぶさかな態度を示してはいない[4]。

しかしながら、唯物史観にしたがうと、歴史の進展とともに、社会の運動法則が人間の意図や目的を超越して客観的に確立され、それが逆に人間の生活や行動を支配するようになって来る。とくに、物質的な生産力がそれ自身の法則にしたがって発展するようになり、人間はもはや思うようにその舵を取ることができなくなる。もちろん、物質的な生産力といっても、その主要な内容をなすものは、道具を使って行われる労働とか、多様に分岐した分業とかいうような人間の力である。しかし、その場合の人間は、自己の自由な選択にしたがって生産に従事しているのではない。それとは逆に、客観的に構成された複雑な生産の組織それ自体が、人間を、その仕組みにしたがって職場に配置し、好むと好まざるとにかかわらず、そこでの諸条件の下に制約されて働かざるを得ないように仕向けて行くのである。だから、そこに働く人々は、もはやそのような社会機構そのものを自分たちの意志で動かして行く力をもたない。かくて、個々人の意志や行動を越えて作用する社会力が、人間を支配し、人間を駆使しつつ、それ自体に内在する法則性にしたがって一定の方向へ社会を動かして行く。人々は、その力が、どこから来て、どこへ行くかを知らない。そこでは、自由は失われて、必然が支配する。それがマルクスやエンゲルスのいう人間の「自己疎外」(Entfremdung)であり、人間の「物化」(Verdinglichung)の現象なのである[5]。

このような自己疎外の行われる根本の原因は、分業にある。分業が発達して来ると、一つ一つの職能に従事する人々の地位が、身分的に固定するようにならざるを得ない。農民は、手なれた鋤や鍬をつかって、先祖代々の耕して来た田畑を耕作するように運命づけられる。年少の頃から父親にしたがって狩猟に従事していた子供たちは、成人後もやはり狩猟によって生計を立てて行かざるを得ない。農民が文筆業をはじめたり、猟師が都会で商業をいとなんだりすることは、不可能でもあるし、それをあえてすることは、生きる道を失うゆえんともなる。だから、分業は、分業に従事する人々を、特定の身分に釘づけにする。それが「階級」の発生である。それと同時に、社会の中に、分業に従事しているもろもろの階級の勤労の成果に寄生しつつ、自分自身は何らの生産的活動をもいとなまない特殊の階級が発生して来る。かれらは、特権的な身分を独占し、政治権力を掌握し、武器をもつ親衛隊によって護衛され、支配と収奪とを行って、豪奢な生活にふけることができる。(6) しかし、これらの特権的支配階級の地位も決して永久につづくものではない。なぜならば、生産の技術が進歩し、工業生産力が飛躍的に増大して来ると、それによって富を蓄えた市民階級が発達し、この新興階級が企業や取引きの自由を獲得するために、それまでの身分的に固定した階級構成を打破しようとしはじめるからである。かくて、封建的な階級構成を打破する市民革命が行われ、農業や手工業のような経済基盤に適した動きの鈍い社会制度は崩壊し、新たな生産力の段階にかなった、流動性に富む新らしい生産関係が確立される。平等な所有権の保護や企業および契約の自由の保障は、このような新たな生産関係の法的表現にほかならない。(7)

しかし、市民革命の成就は、決して人間の自己疎外からの解放を意味しない。なぜならば、自由を約束し、法の前の平等を保障する市民社会は、まさにそのことのために自由経済から資本主義機構への発展をうながし、資本と労働という新らしい階級対立を発生させ、人間による人間の搾取と人間の物化とをさらに深刻化せしめるからである。

市民社会は、自由商品交換の世界であり、それらの交換はすべて等価の法則の下に行われる。そこで生産される商品は、他の商品と交換されるために市場に送り出されるが、交換は貨幣を媒介として行われるから、その交換は、生産した商品を売って金に替え、その金で原料を買うといったような形を取る。ところが、売るべき商品も、買うために必要な貨幣ももたない人々は、労働を提供し、資本家から賃金をもらって生きて行くほかはない。この、労働と賃金との交換もまた、等価交換の法則にしたがう。すなわち、提供される労働の中には、労働者が一日の生計を立て、明日も今日と同じような状態で働くことができるために必要な生活物資と、ひとしい価値が内在している。その価値は、労働者が一日に消費する物資——たとえば食料——の生産のために投入された社会的平均労働時間によって計量される。だから、資本家は、その価値——労働者の労働再生産に必要な物資の総量の価値——と同じ価値を一日の賃金として支払えば、それによって労働と賃金との等価交換が成立する。しかるに、労働者が一日に働いて生産する価値の総計は、一日の労働時間の大小によって変化する。だから、かりに、労働再生産のために消費される物資と同一の価値量が六時間の労働によって生産されるとして、資本家が「労働日」を十二時間と規定するならば、そこに六時間の余剰労働がなされることになり、それによって六時間の労働量にひとしい余剰価値が生ずる。資本制社会では、この余剰価値が、労働と等価の賃金しか支払わない資本家によって収奪される。(8)

かようにして、市民社会では、資本は搾取によって利潤の吸収と資本の再生産とをもたらすから、社会の富は一方的に資本家の懐の中に集中して行くことにならざるを得ない。さらに、余剰価値によってふくれ上った商品は、複雑な交換行程の途中でも中間利潤をまきちらすから、商人はそこを狙って、買いしめや物価の釣り上げに狂奔することをまぬかれない。商品は、商品を商品として購入する力をもっている何人にとっても、最大の魅力の対象となる。中でも、交換を媒介し、価値を蓄積することを本来の機能として発達して来た貨幣は、最初から収奪の血にまみれた姿をもって立ちあらわれ、それを大量に所持する者の手に、さらに大きな収奪の利益をもたらすことを約束する。黄金を見て目がくらむのは、人間に対する物質の支配力の最も端的なあらわれである。かようにして、人間によって作り出された物は、いまや人間をその前にぬかずかしめる「物神」として、思うがままの魔力を発揮する。(9)その反面、一切の富から見放された労働者は、自らの労働によって造出された価値を、「自由な雇庸契約」によって収奪され、辛くも明日の労働再生産を支え得るだけの賃金を得て、家族もろともに、泥沼のような貧困に沈淪する。中小企業は大企業との間の「自由な競争」に敗れ、中産階級は続々としてプロレタリアアトに顚落し、労働力の過剰をもたらす。かてて加えて、独占企業の発達とともに、需要とのバランスの取れた生産よりも、特に国外市場をねらう企業家のもくろみ生産が行われる結果、景気の変動によってそのもくろみがはずれ、生産過剰におちいれば、たちまち恐慌が起り、企業の収縮によってちまたにあふれでる失業者の群は、「産業予備軍」となって労働条件の悪化をうながさざるを得ない。このような運命に翻弄される人間の姿こそ、資本制社会に見られる「自己疎外」または「人間物化」の恐るべき実証といわなければならないのである。(10)

かくて、マルクスおよびエンゲルスは、こうした自己疎外から人間が解放される道は、プロレタリアートの激増と、激増したプロレタリアートがブルジョアジイに対して結束していどむ階級闘争の激化と、その結果として必然的に到来する資本制社会の崩壊以外にはないと断定する。資本制社会では、資本が国家権力と結託して、一切の収奪機構の温存と強化とをはかり、労働者の反抗を極力弾圧しようとするから、これに対するプロレタリアートの階級闘争も、政治権力をブルジョアジイの手から奪取することを当面の目標とすることにならざるを得ない。しかし、市民社会の要塞と化した近代国家においては、立法の動向を左右する議会は金権にその魂を売ってしまっているから、勤労大衆の意志を議会立法の上に反映させ、それによって資本主義を倒壊させるという方法——平和革命方式——も、見込みは立たない。そこで、資本制社会に内在する矛盾は、生活苦に切羽つまったプロレタリアートによる実力革命という最後の手段によって解決される以外に、手はなくなって来る。[11] つまり、必然のいきおいをもってそこへなだれこんで行く社会の運動法則は、これを回避することも、立法の手段でこれを緩和することもできないのである。したがって、社会としてなし得るただ一つのことは、すすんでプロレタリアートの団結戦線を拡大し、革命の時機の到来を積極的にうながし、結局は避けることのできない新らしい時代の生みの悩みを、できるだけ早めるということ以外にはない。[12] かくて、プロレタリアートの全面的革命が成就し、階級の対立が解消し、人間が人間を搾取するという余地のない社会が実現すれば、人間ははじめておそるべき「自己疎外」の呪いから解き放たれ、巨大な生産力を全勤労大衆の福祉のために、そうして、ただその福祉のためだけに利用し得るようになる。そこにいたって必然の支配する世界には終止符が打たれ、人類は「自由の王国」に飛び移ることができる。[13] 革命の彼岸はるかに横たわる完全な共産主義社会には、「各人はその能力に応じて、各人にその欲求に応じて」(Jeder nach seinen Fähigkeiten, jedem nach seinen Bedürfnissen) という旗がひるがえるのである。[14]

マルクスやエンゲルスによっておおよそこのように説かれている唯物論的歴史観は、市民社会における「国家からの自由」の欺瞞性や自己撞着性を鋭く衝いている点で、まさにヘエゲルの遺鉢をついでいる。しかも、ここに指摘された市民社会の行きつまりが、市民社会のなだらかな脱皮によって救われ得るものではなく、市民社会とは本質をことにする新たな歴史の発展段階への急角度の転換を通じて、はじめて打開されることを説いている点では、かれらは、ヘエゲルの弁証法の論理を継承しつつ、ヘエゲルよりもはるかに尖鋭化した態度を取っている。そうした弁証法的転換によって市民社会が歴史の舞台裏にかくれ去ったあとで、それにかわって、実現された自由と回復された人倫という二色のかがやかしい脚光をあびつつ登場する新たな主役は、ヘエゲルにとっては「普遍意志」によって行動する国家であった。それが、ヘエゲルによっては「理性的であると同時に現実的な」自由の理念の実現として讃美されたにもかかわらず、実は「普通人の自由」を侮蔑する「偉人の自由」であったことは、前に見たとおりである。マルクスやエンゲルスは、もちろん、ヘエゲルの採ったような国家至上主義に対しては、真正面から攻撃を加えた。かれらにとっては、ただにヘエゲルの観念論哲学が頭を下にして逆立ちしている弁証法であったばかりでなく、市民社会の行きつまりを国家の威力によって打開しようとしたヘエゲルの歴史観も、進歩の方向を逆転させる反動主義にほかならなかったのである。[15] それでは、マルクスやエンゲルスの唯物弁証法によるプロレタリア革命必至の予言は、人類に「自己疎外」の鉄鎖からの解脱を約束するものであり得たか。革命に続行して登場する「プロレタリアアト独裁」の国家形態は、はたして人類に「自由の王国」をもたらす救世主としての資格をもつものであろうか。それらの点は、のちに改めて検討の対象として取り上げられなければならない。

一五　国家への自由

一八四五年に、当時二十七才の青年であったマルクスが、かれよりもさらに二才年少のエンゲルスとともにイギリスに渡り、ロンドンでイギリス古典経済学などを研究した上で、産業の中心地たるマンチェスタアを視察したころは、[1] イギリスの資本主義はすでに爛熟期に達していたと同時に、資本制社会のかもし出す弊害もその露骨な姿をさらけ出していた。産業革命の波に乗った大企業が貪婪な利潤吸収力をほしいままに発揮していた反面、労働条件の低下を防ぐための何らの法的・政治的支柱をもちあわせていなかった労働者は、惨澹たる窮迫状態に追いこまれた。その窮迫した有様は、エンゲルスが「イギリスにおける労働者階級の状態」の中で描写し[2]、マルクスが「資本論」の「労働日」という章の中に引例しているとおりであったものと思われる[3]。若い革命家たちの胸裡にたぎり立つ人道主義の情熱は、この救いがたい現実に対する憎悪・痛憤となって凝結した。しかも、ヘエゲル以来の弁証法の論理を体得していたかれらは、主観的な社会改革の熱情をそのままの形で行動の上に表現するかわりに、資本の重圧からの人間解放を客観的な社会の運動法則の進展に期待した。しかし、社会の運動法則の進展といっても、「世界理性」が動くのでもなければ、「物質」がひとり歩きをするのでもない。自己疎外の犠牲になっているとはいえ、歴史の発展の先頭に立って、当然きたらざるを得ない時代の生みの悩みを促進するものは、戦闘的プロレタリアアトの行動であり、労働者の国際的な団結の力である。一八四八年の「共産党宣言」が、「されば万国の労働者よ、団結せよ」という言葉で結ばれているのは、マルクスおよびエンゲルスのそのような情勢判断から来た「主体的実践」への雄叫びにほかならない。

しかし、マルクスやエンゲルスのこの雄叫びは、当のイギリスでは、かれらの期待していたような形では受け取られなかった。第十九世紀中葉のイギリスは、もとより資本主義発達の尖端にあった。そうして、唯物弁証法の理論からすれば、資本主義の最も高度に発達した国々において、まずプロレタリア革命が不可避的に起るはずであった。しかも、マルクスやエンゲルスは主としてイギリスにあって、革命への計画に参画し、マルクスの病身のためにその活動は常に積極的であったとはいえないにしても、思想の上では疑いもなく指導的役わりを演じていた。一八六四年にロンドンに成立した国際労働者団体——第一インタアナショナル——には、最初からマルクスが加わっていたばかりでなく、かれの影響力は次第に強まって行った。イギリスでのマルクスの最も優れた門弟であったハインドマンは、フランス革命の百周年にあたる一八八九年をば、「完全な国際社会革命」(the complete international Social Revolution)の勃発の年として予定した。それまでしばしば革命到来の時期について目測をあやまり、きたらざるものをきたるとして、稔りのない祝福をくりかえしていたマルクス・エンゲルスも、八十年代には、待望久しい革命の機会の到来は必至であると信ずるにいたった。しかし、その年も、かれらの期待を裏切って、むなしくすぎ去った[4]。イギリスにも社会主義の思想が起り、労働者の団結がすすみ、労働運動が展開され、社会化立法が進展したけれども、それは革命ではなくて、進歩であった。(5) 唯物弁証法の論理が確信をもって打ち立てた予言は、はずれた。マルクスが、それを立法的措置によって阻止することはできないと断言した革命の破局は、まさに議会による立法的措置を通じて平和な社会改革の軌道へと方向を転換せしめられた。西ヨオロッパ民主主義は、マルクスやエンゲルスの目の前で、かれらの理論から見ればあるべからざるはずの仕方で、脱皮をはじめた。無産階級の窮迫を救うには、国家の積極的な措置が必要であると認められ、そのための立法は国民の輿論によって指導されるにいたった。それは、一言にしていえば、「国家からの自由」より「国家への自由」への転換であったということができよう。

マルクスの理論が、イギリスではマルクスの期待したような形では一向に受け容れられなかったのは、一つには、この歴史観の予想するプロレタリア革命の暴力性が、イギリス民主主義の根本信条と相反していたためである。イギリスの伝統にとっては、「法の支配」こそ自由の護り札である。現実の法に欠陥があって、自由を守るべきはずの法が、逆に国民の多数から経済上の自由を奪う結果となったとしても、それを立法手段によって是正するだけの力は、国民自らの手中にある。それは、輿論の力であり、輿論によって操作される議会立法の機構である。なるほど、イギリス民主主義の初期には、ロックが自然法と国家契約の理論を樹立し、人間生活の安全を保障するために作られた国家の中で、もしも政府が権力を濫用して国民の自由を圧迫した場合には、国民はこれに対して反抗権をもつことを認めた。しかし、それは、主権に対して議会の力がようやく伸長しはじめた「光栄革命」直後の話しである。第十九世紀のイギリスは、まさにダイシイのいう「立法輿論」(legislative public opinion)が、円滑にその機能を発揮している社会である。イギリス国民の良識が暴力的な社会変革の企てを排斥したことは、もとよりいうまでもない。社会主義的な改革を熱心に主張していた人々といえども、その点に変りはなかったのである。だから、パリ・コンミュウンの崩壊にあたって、第一インタアナショナルが全評議員の署名入りでマルクスの「フランスにおける内乱」を出版したとき、評議員の中の或る人々は、労働者が暴力で政府を倒すような企てを支持する書物に署名していたことを知って、大いに驚き、憤然としてインタアナショナルから脱退したといわれる。(6) イギリスの進歩主義者たちが目ざしていたものは、法を通じての法の改革であって、法を破る不法の変革ではなかったのである。

しかし、イギリスを中心として発達した西ヨオロッパ民主主義が、マルクス流の社会変革論を受け容れなかった根本の理由は、社会の動きに対する両者の見方の世界観的相違にあったというべきであろう。マルクスの理論は、イギリスやフランスの経験主義的社会科学の影響を多分に取り入れてはいるけれども、その根柢にはヘエゲルから出発したドイツ形而上学の態度が牢固として横たわっている。とくに、ヘエゲル―フォイエルバッハ―マルクスと継承された弁証法の論理は、単なる「論理」ではなくて、「実在」の発展法則であり、しかも、その発展の様式は常に非連続的である。そこでは、テエゼはアンティテエゼによって克服されざるを得ず、アンティテエゼの再否定なしにはジンテエゼへの向上はあり得ない。この論理を人間自由の実現過程にあてはめるならば、それは、最初の段階での自由の素朴な肯定、それにつづく自由の否定の段階の出現、そうして、最後に、必然の支配するアンティテエゼの段階を乗り越えることによる完全な自由への到達、という三つの経過を辿ることになる。人間は、最初は素朴な意味で自由であり得た。しかるに、市民社会の発達は人間から自由を奪った。だから、自由が歴史の回廊を一巡した高さにおいて実現されるためには、市民社会の弁証法的否定が行われなければならない。この全面転換をなしとげるものは、ヘエゲルの場合には個人を超越する国家の普遍意志であり、さらにその根本に働く世界理性もしくは世界精神の歩みである。マルクスの場合には、それは、物質的生産力の発展によって規定された社会の運動法則であり、この運動法則の方向を見きわめたプロレタリアアトのひたむき微塵な革命的実践である。両者の間には歴史の方向の見透しについての大きな相違はあったにしても、超個人的・人間疎外的な客観力に依存することによって市民社会を克服しようとした点では、ヘエゲルの立場とマルクスの態度とは全く軌を一にする。これに対して、西ヨオロッパ民主主義の立場は経験主義であるから、そのような超人間的客観力への依存を行動の信条とはしない。神による世界創造のはじめは別として、およそ経験の世界に関するかぎり、社会を動かし、歴史を築くものは、人間であり、人間以外の何ものでもあり得ない。資本主義の発達は、無産勤労大衆の経済生活の自由をおびやかしつつあるけれども、そこでの自由の喪失は相対的であって、絶対的ではない。政治の自由は国民の手にある。国民の多数の意志が合致すれば、法によって資本の力を抑え、勤労大衆の生活の向上をはかることができる。人間による人間社会の改革過程は、非連続線による飛躍ではなくて、連続的な前進である。前進には、また後退がともなうかも知れない。しかし、行きすぎた前進を抑制することは、健実な前進のために必要な場合もある。進歩の鍵は、人間の企画と、企画の実行と、実行して見た結果の経験と、経験による既定方針の是正とをくりかえして行くところにある。ＪＳミルは、人間の理性が信頼に値するのは、それがあやまりを犯さないためではなくて、あやまりを是正する力をもっている点にある、といった。[7] 人間の自由とは、企画し、実行し、経験し、是正する能力である。社会の改革といっても、それ以外に道があるわけではない。こうした信念が、プロレタリア革命による世直しの予言によって動かされ得なかったことは、当然であったといわなければならない。

もちろん、第十九世紀中葉のイギリスでは、野放しの資本主義の弊害は十分に意識されていた。しかし、それを是正する道は、市民社会の生活原理たる民主主義の放棄にではなくて、民主主義を政治生活から経済生活へと深めて行くことに求められた。民主主義の政治社会では、政治は法にもとづいて行われ、法は国民多数の意志によって定立される。国民の多数が資本主義の弊害を矯正することに熱心であれば、労働運動を弾圧していた法律を廃止することもできるし、重要産業を国有に移す法律を作ることも可能になる。しかし、国民が私企業のもつ生産力や自由競争の利益を高く評価するようになれば、社会主義の方向に二歩前進した立法も、自由経済へのコオスに一歩引きもどされることにもなるであろう。だから、資本主義から社会主義への転換といっても、公式論的に一挙に断行せられるものではなく、一進一退の漸進過程を辿らざるを得ない。むかし、ロオマの名将ファビゥスは、カルタゴ軍の侵攻に際して、あくまでも正面衝突を避け、きわめて退嬰的な避退作戦をつづけたのちに、ついに最後の戦機をつかみ、猛将ハンニバルを国外に撃退することに成功した。一八八四年に、シドニイ・ウェッブやバアナアド・ショオなどによって設立されたイギリス社会主義者の団体が、ファビウスの名にちなんでフェビアン協会と称したこと、および、フェビアン協会が、一九〇〇年に結成されたイギリス労働党の政治理論の頭脳的役わりを演ずるにいたったことは、ひろく知られているとおりである。

資本主義の弊害を矯正し、勤労大衆の生存権を擁護するためには、第十八世紀以来の自由放任主義を改め、国家の政治力を活用して、独占化した企業を国家の管理に移したり、協同組合の発達を促進したり、社会保障制度を強化したりして行かなければならない。それには、それまでの消極的な「国家からの自由」を固執する態度を改め、ひろく「普通人」(common people)の声を国政の上に反映させ、自由経済の上に国家の適正な干渉を加えることによって、「普通人」の利益を向上させるような政治体制をととのえる必要がある。それは、新らしい民主主義の確立であり、自由放任主義への弔鐘である。かくて、一八八五年の「急進派綱領」(The Radical Programme)は宣言した。いわく、民主主義は前進しなければならない。民主主義が、それにむかって、おそらくは次第に早められた歩調をもって前進して行くべき目標は、強者に対して弱者のために、資本に対して労働の利益のために、奢侈と安逸とに対して窮乏と苦悩とのために、国家の干渉を導入することである――と。[8]それと前後して、数次にわたる選挙法の改正と、貴族院に対する庶民院の優位の確立とは、国家権力の行使についての「普通人」の発言を次第に重からしめて行った。それは、「国家からの自由」の凋落であり、「国家への自由」の擡頭である。しかも、急進派綱領が、「急進派」と自称していたにもかかわらず、その政治目標を設定するにあたって、民主主義はそれにむかって「おそらくは次第に早められた歩調をもって前進して行くであろう」というような気長な表現を用いているところにも、急変を好まないイギリス社会主義の面目が、躍如としてあらわれている。

「国家の干渉」(State intervension)によって財産の自由や資本の利益を抑える目的は、放縦な私益の追求を制限して、ひろく社会公共の利益を優先させるところにある。そこに、「公共の福祉」(public welfare)という思想が登場して来るのは、当然のことである。しかし、公共の福祉の名において一般に個人の自由を制限するということは、ややもすれば全体主義が国家権力を独占するための口実として利用されやすい。後年のナチス・ドイツにおいて、「公益は私益に先んずる」という言葉が独裁主義の標語となったのは、その典型である。これに対して、イギリスでは、「公共の福祉」とか「公共の利益」とかいっても、個人を越えた「公共」なるものがあって、それが福祉や利益を享有するというような、全体主義的形而上学の入りこむ隙は存在しなかった。政治の目標としての公共の福祉とは、すべての「個人」に対する福祉の公正な配分であって、それ以外の何ものをも意味すべきではない。そこにも、イギリス社会主義の特色がある。だから、コオルのいうとおり、フェビアン主義は、「最大多数の最大幸福」を追求するという意味では、新らしいベンタム主義にほかならない。ただ、そこへ到達する方法として、ベンタムは自由放任を説いたのに対して、フェビアン主義は、社会の経済力に対する団体的規制を強化するという方針を採用しようとしたにとどまるのである。(9) しかも、この団体的規制も、行きすぎれば人間の自由と自主性に致命的な圧迫を加える。国家の力を借りて大衆の生活向上をはかるのはよいが、その結果、国民の自頼心を失わしめるようになっては、目に見える当面の利益のために、目に見えない大きな宝を喪失することになる。だから、そこには、ダイシイのいわゆる「国家の援助は自助の精神を殺す」(State-help kills self-help.) ことになってはならないという、きわめて賢明な配慮が働く。(10) ここに、市民社会には自由は存在しないときめてかかるマルクス的自己疎外論とはことなるところの、西ヨオロッパ的民主社会主義の本質があるということができるであろう。

第四章　経済の自由

一六　自由企業と利潤分配

政治の自由につづいて、最も切実な問題となって来たものは、「経済の自由」である。ここにいう経済の自由とは、いわゆる自由経済のことではない。自由経済は、むしろ、政治の世界での「国家からの自由」がもたらした産物である。生産や交換や消費を目的とする社会の活動から、できるだけ国家の干渉を排除し、各人の生活経営に大幅の自由を与えれば、人々はそれぞれ自己の利益と幸福とを求めて仕事に精励するから、結局多数の人々の福祉を増進することができるというのが、ベンタム的自由主義の筋書であった。しかるに、実際の結果としては、このようにして発達した自由経済は、多数の人々から経済の自由を奪った。「国家からの自由」が確保されている市民社会では、各人は「企業の自由」を有する。しかし、思うように企業を経営するだけの資本をもたぬ者にとっては、この自由はないにひとしい。そこでは、所有権は各人に対して平等に保護されている。けれども、保護されるほどの財産のない者は、このような「法の前の平等」を食べて生きて行くわけにはいかない。そこで、それらの人々は、市民社会の建前となっている「契約の自由」にしたがって、企業家に労務を提供し、雇傭者から賃金を受ける。その賃金は、わずかにその日その日の最小限度の消費生活を賄うに足りるだけにすぎない。こういう境涯に置かれた最大多数の人々は、思う企業も、思う商売もできず、寒さにふるえる子供のために冬着一つを買う金もない。かくて、政治の自由によってもたらされた自由経済は、誠に逆説的にも、多くの人々から企業の自由、交換の自由、消費の自由を大幅に奪うにいたった。政治の自由は経済の不自由を招来した。政治の自由につづいて問題となって来た経済の自由とは、このような経済の不自由を打開するための努力の目標にほかならない。

だから、経済の自由の獲得にむかってすすむにあたっては、「国家からの自由」を守るために設けられた私的自治の防壁をゆるめて、自由経済社会の中に国家権力を大なり小なり積極的に導入して来なければならない。この導入が「社会主義」と呼ばれる程度にまで積極化すれば、企業の自由は大幅に制限される。所有権の自由も、主要な生産財貨の私有が禁止されることによって、ずっとせまくなる。公企業によって生産された財貨は、物資配給の機構を通じて消費面に行きわたるようになるから、中間利潤を吸収する商業の影は薄くなり、自由な契約によって奔放に行われた、売った、買ったの商取引きも、闇の裏街道は別として、社会の表面からは没し去り、公設市場の廉価販売や消費組合の取次販売がこれに代ることとなるであろう。逆説的ではあるが、大衆に対して経済の自由を保障する必要は、自由経済を排斥する。そうして、自由経済の法的保障としての役わりを演じていた私法自治の原則は崩れ、経済活動に対する公法的規制がそれに代って登場する。

しかし、このような形で行われる資本主義から社会主義への切りかえは、いろいろな点でマイナスの面をともなう。その一つは、官僚統制の弊害である。社会主義的な統制国家が、権力を掌握した官僚組織によって運営せられるときは、計画の非現実性、実施の非能率性などのために、随所にウェエストやロスを生ずるおそれがある。まして、官僚機構の中に「汚職」がひろまれば、その弊は資本主義制度のそれといずれぞやということになるであろう。第二に、それと関連して、社会主義制度の下では高度資本主義社会に見られるような横溢する生産意欲を求めがたい。第十八世紀の自由主義が、人間の自利心に自由の翼を与えることを、国利民福の源泉と見たのは、それによってかもし出された自由経済の弊害にもかかわらず、依然として真理である。自由競争の下に置かれた私企業なればこそ、各生産者は競って良質の製品を廉価で生産することに努力し、企業の運営にともなう経費の節約をはかる。そうした必要と、そういうふうに力めれば力めるほど高利潤を上げ得るという魅力とを失ったあとの社会主義国家は、生産力の低下によって、国民に低い水準の経済的平等を、すなわち、貧窮の平等を約束することになる可能性がある。したがって、第三に、社会主義の政策は、生産力を向上させ、事業を重点的に推進するために、全体主義的独裁体制に接近しやすい。国家の権力は少数の指導者の手ににぎられ、そこで決定された計画は鉄の統制によって下部組織にまで行きわたり、反対の意見や批判ならびに懐疑は猿ぐつわによって封ぜられる。自由経済の追放は、ただに企業の自由や契約の自由を抑制するばかりでなく、言論の自由や思想の自由までを圧迫して、一元的な絶対主義政治にまで発展するおそれがある。また、そうなることが、強力な社会主義を実施するための、最も手近で便宜な方法なのである。

だから、資本主義の国々は、他方で徐々に社会主義的な政策を加味して行くかどうかは別として、自由な企業を外からの政治力で圧迫するかわりに、企業それ自体の内部構造を変化せしめ、勤労に対する待遇を企業の収益に応じてスライドさせるという方法を実施することができる。いわゆる「利潤分配」(profit-sharing) の制度がそれである。企業の利益は、主として勤労によってもたらされる。その利益が資本の側に一方的に吸収されてしまうという仕組みは、社会正義の立場から非難されるばかりでなく、自己の権利に目ざめた労働者の側からの攻勢を刺激して、かえって企業の基礎を危うくする。これに反して、もしも企業から生じた利益を、そこで働いている従業員に分配することにすれば、従業員も会社の業績について親身に考えるようになるから、労資一致して企業経営の向上や合理化をはかることができる。さらに、会社が増資を行うような場合に、新株式の一部を無償または有償で従業員に交付して行けば、労働者もまた、労働に従事しつつ、資本に対する利益配当にあずかる立場に立つ。それは、労働者の「企業参加」(co-partnership) である。資本主義は、これらの方法の漸進的採用によって、次第に変貌して来た。それは、外力によって市民社会を崩壊させるという方法とは全く別の、市民社会の内部における資本主義制度の脱皮現象であるということができよう。

このような資本主義の変貌を生ぜしめた原動力には、第一に理想主義の反省があり、第二に現実主義の要求がある。すなわち、労働によって得られた利益を資本家が独占する制度を改革しようとする動きは、まず、企業経営者の側における人道主義的反省によって促がされた。そうして、この反省は、深くキリスト的隣人愛の精神に根ざしていたのである。キリスト者の精神は、すべての人間をキリストにおける同胞と考える。神を愛する者は、同胞を愛さなければならない。故に、企業家もまた、被傭人に対する利潤配当を真剣に考慮すべきである。経営者側がこのように反省すれば、労働者の側にも、いたずらに資本主義に対抗するかわりに、資本主義制度を組合協同主義的に改革して行こうとする動きが生ずる。特に、イギリスでは、新産業福音（new industrial gospel）を説いたロバアト・オオウェンの教説に共鳴して、組合協同主義運動（co-operative movement）に参加する労働者が多くなって行った。[1] かれらは、各人がその自利心にしたがって自由に行動して行けば、自らにして最大多数の幸福がもたらされるという、第十八世紀的自由放任主義の哲学に反対すると同時に、階級闘争によって社会変革を実現しようとする傾向にも追随せず、もっぱら組織の力と、組織を協同主義的に運営する精神とをもって、共同の福祉を向上させようとはかったのである。[2]

しかし、資本家による貪婪な利潤の独占を改めて、労働者への利潤分配を実行するようにうながしたものは、決して単なる理想主義や人道主義の反省だけではない。企業は利益を求めて行われる。しかるに、企業が利益を上げ得るためには、企業体の中で働く人々が、自らすすんで能率を上げ、職場での無駄をはぶいて、事業成績を向上させるように力めることが、きわめて大切な条件となる。ただし、その利益をもたらし得るためには、労働者の精励に対してそれ相応の代償を支払うようにしなければならない。いうまでもなく、労働者も、妻子ともどもに楽な暮しを立てて行きたいと念願している。したがって、もしも自分たちの精励と節約とが企業経営の利益を向上させるだけでなく、自分たち自身にも利得をもたらすということになれば、すすんでそのために努力するようになるであろう。そこに、利潤分配制度の現実主義的な狙いがある。だから、或る工場主がロバアト・オオウェンにむかって、もしも従業員たちがその気になりさえすれば、よい仕事と無駄の排除とによって、年に一万ポンドの増収を上げることができると語ったとき、オオウェンは、しからば、どうしてその中の五千ポンドを従業員たちに配分しようとしないのか、と問うたといわれる。[3] オオウェン的社会主義も、決して単なる理想主義ではなかった。資本家は自由な企業によって利益を獲得し、労働者は利潤分配を楽しみにして仕事に精励する。そこに、自利心こそ社会繁栄の原動力であるといったスミスやベンタムの社会哲学が、企業家だけでなく、労働者にまで拡大された形で脈々と生命を保っていることが知られる。今日、ウォオバスなどを中心として大規模に展開されつつある協同組合運動のごときも、キリストの人類愛やオオウェン的人道主義が、巨大なアメリカ資本主義の繁栄を基盤とし、アメリカ社会の科学性やアメリカ的現実主義と結びつきつつ、大きな発展を遂げたものということができよう。(4)

利潤分配の制度を最初に実施したのは、フランスのエムド・ジャン・ルクレエルであったといわれる。かれは、八十名足らずの労働者を使用して小さな工場を経営しているうちに、労働者の一人一人が頭を働かせて仕事の能率を向上させ、時間の節約をはかるならば、それによって一日に各人の一時間分の給料に相当する費用が浮いて来るはずであることを発見した。そこで、ルクレエルは、労働者たちにそうすることを奨励すると同時に、それによって得られた余剰利潤を労働者に与えるという構想を立て、一八四二年ごろから利潤分配の方法を実行するにいたった。その割合は、純益の五パアセントを資本に対する配当とし、それを差しひいた残りの八十五パアセントを現金または便益供与の形で労働者にわかち、残る十五パアセントを経営者の所得としたというのであるから、かれがいかに労働の価値を高く評価していたかが知られる。(5) この方法はやがてイギリスにも知られ、経済学者たちの注目をひいた。中でも、JSミルは、ルクレエルの試みを高く評価し、イギリスの産業組織の将来について明るい希望をもつにいたったといわれる。(6) ミルは、企業体の内部で利潤分配を行う場合、労働者の能力や熟練に比例してその割合を定めるべきか、あるいは、真面目に仕事をするということの価値は人によって変りはないという観点から、一律の配分を行うか、いずれが適当であるかを問題とし、その可否は、いずれの方法を採用した方が多数の幸福にかなうかという尺度によって決定さるべきであると論じている。(7) かくて、利潤分配の制度はイギリスでもひろく採用され、さらに、労働者の企業参加の方式にまで発展し、大企業の内部構造をいちじるしく変貌せしめるにいたった。

政治の上では民主主義を、経済については資本主義を取っている国々が、社会制度の根本を崩さないで、勤労大衆にとっての「経済の自由」を取りもどすために打ち得る手は、もとより右に述べた利潤分配や企業参加だけにかぎられるわけではない。それらは、経済の自由を取りもどすという困難な問題を解決する上からいって、むしろ、微温的な方法であるかも知れない。資本主義の中に社会主義の要素を取り入れ、経済生活の民主化をはかるための正攻法としては、独占化した重要産業を国有または国営に移すとか、労働組合運動をさかんにして、団結した労働者の発言を強め、企業経営の合理化や待遇の改善についてのその主張が重きをなすようにするとか、所得や相続に対する累進課税から来る財源をもって、各種の社会保障制度を充実するとか、いろいろなやり方があり、また、それが方々の国で実施されている。しかし、それらの方法とあわせて、私企業の内部に利潤分配の制度が行きわたって行くことは、それが自主的に経済生活を民主化する道であるだけに、きわめてのぞましいことであろう。労働組合が赤旗を立ててデモ行進を行い、殺気立った態度で重役室につめかけ、交渉が決裂してストライキに突入するのも、勇ましいといえば勇ましいが、それによって産業が打撃を受け、企業の収入が減退し、最後には会社がつぶれるというようなことにでもなれば、結果としては、労働者は失業するために労働運動を激化させていたことになる。そのようにして醸成された一国経済の破局を機会に、共産主義闘争司令部のひそかに計画する社会主義革命を実行に移すというのならば格別、経済の興隆と産業の平和とを目ざす社会改良主義の実践としては、私企業の内部が音もなく脱皮を遂げ、企業成績の向上と、勤労に応じた公平な利得の配分とが両立して行われるようになることこそ、理想に近い状態であるということができよう。それと同時に、証券市場を民主化して、サラリイマンや主婦なども優良会社の株式を所持することができるようになれば、企業体の内部で増資等の機会に従業員に新株式を割りあてるというような平凡な方法と相俟って、資本家と無産勤労大衆との区別は、次第に相対化される。現状に多くの不満や不合理はあるにしても、このような方法がかなりの程度まで実現され得るようになって来た今日の資本主義制度は、もはや、マルクスやエンゲルスをして自己疎外の現象を呪咀せしめたころの野放しの資本制社会とは、大いに面目をことにしているものといわなければならない。共産主義の教祖たちが指摘した資本主義制度の矛盾は、かれらが不可能であると断定した方法で、徐々に解決にみちびかれて来た。「自己疎外」は、形而上学の物語りとしては真に迫っていたとしても、それは所詮は物語りであって、人間の自由と自主性とは、政治の現実の上で失われてしまっていたわけではなかった。先進資本主義の国々は、政治の自由を通じて経済の自由への道を切りひらき、一般庶民が「国家への自由」を獲得することによって、経済的民主主義の実現へとむかって行った。ここに、西ヨオロッパ民主主義の勝利の記録があり、将来への自信が存する。

一七　植民地の獲得

先進資本主義の国々が、ヘエゲルやマルクスによってするどく取り上げられた市民社会の行きつまりを、急激な変革を用いないで克服することに成功したのは、国内的にだけ見るならば、右に述べたような社会改良政策や、さまざまな社会化立法を実施して来たお蔭である。しかし、単にそうした方法だけしか用いる余地がなかったとするならば、それらの国々が資本制社会の矛盾を漸進的に解決することは、あるいは不可能であったかも知れない。しかるに、それが平和裡に解決されて行ったという歴史的事実の背景には、もう一つ別の重要な要因がある。それは、それらの国々によって競って行われた植民地の経営である。資本主義の高度化は、工業生産品を売却する市場として、また、豊富な原料の供給地として、さらには、低廉な労働力の提供者として、植民地を獲得することを必要とする。しかも、植民地の開発は、そこで得られた利益を本国に回流させることによって、本国の経済的繁栄をもたらし、勤労大衆の生活水準を高めることを容易ならしめ、高度資本主義に内在する矛盾を緩和するのに役立つ。この巧妙な循環が先進諸国家における経済の自由の回復にいかに大きな貢献をなしたかは、改めていうまでもないところであろう。

国家が領土をもつということは、個人が土地を所有するというのと同じように、一つの「意味的」な関係である。植木が茂り、築山があり、池には鯉の游いでいる千坪の宅地は、甲が所有しようと、甲が乙に売却しようと、乙の税金滞納の結果として国庫に帰属するにいたろうと、「事物そのもの」としては常に同じ土地であって、その外貌には——木がいっそう茂ったり、池の鯉が死んだりするというような、自然の変化は別として——何の変化も生じない。土地が甲から乙へ、乙から国庫へと移ったのは、土地所有権の帰属という法的な「意味」の変化にほかならない。しかも、この「意味」の変化は、人間にとってきわめて重大な、現実的な影響を及ぼす。土地を乙に売った甲は、大枚の売却代金を受け取った。しかし、甲は、もはやその土地に勝手に立ち入ることもできないし、庭木一本運び去っても法に触れる立場に置かれる。国家が地表の一部をかぎって領土とするのも、それと同じような意味的支配の関係である。ポオランドの平原は、いつも変らぬ景観をもって東ヨオロッパの一角に横たわっている。しかし、この土地の上に存立していた国家は、かつて、ロシア、ドイツ、オオストリアによって分割されて亡び、第一次世界大戦後のヴェルサイユ会議の結果、独立国として復活した。そのとき、ダンチッヒ自由市に通ずる帯のような細長い地域がドイツからポオランドに割譲せしめられたが、この「回廊」がのちにナチス・ドイツの狙うところとなり、その紛争を解決するためにヒトラアの採った実力行動が、第二次世界大戦の端緒となった。そうして、ポオランドは、緒戦たちまちにしてドイツとソ連とに分割領有されるにいたったのである。ポオランドは、そうしてポオランド人は、現在のソ連衛星国となるまでの間に、歴史上幾変遷の運命によって翻弄された。国破れても残る山河は、目に見えるが、破れ去り、亡びはてた国は、破れ去り、亡びはてる前から、目には見えない一つの機構であった。目には見えないでも、誕生したり滅亡したりする「国」は、一つの制度であり、意味的存在である。国が一定のかぎられた山河を領有するということも、目に見える山河を素材として、その上に賦与された、意味的支配の関係にほかならない。

個人が土地を私有したり、国家が領土の上に主権をもったりするという関係は、複雑な意味構造をもつ発達した社会の産物である。前近代的な社会では、土地の所有権といっても、不明確なものでしかなかった。未開社会においては、ちょうどロックが人間の自然状態について想像したように、土地は「だれのものでもあると同時に、だれのものでもない」という関係に置かれていた。だから、たとえば、日本が韓国を併合した当初のころは、すでに土地の所有権について明確な観念をもつ日本人が、朝鮮に渡って、「だれのものでもない」ひろい山野に針金の柵をめぐらし、それを自分の土地であると宣言しても、だれも抗議を申し立てるものはなかったといわれる。国家の領土についても同様である。未開国家にとっては、国境とは、押せばひろがり、引けば戻る竹のカアテンである。広大な土地がひろがっており、どこへ移動しても他国の「主権」と衝突するおそれのないところでは、一定の領土をもたない遊牧民団も、内部に統一のある政治組織を備えているかぎり、一つの国家であり得た。そのように、土地領有の観念の漠然としている未開地方に、近代国家の勢力が進出して行けば、武力を行使したり、既存の政治社会を征服したりしないでも、いつの間にかその地方を自己の領土に編入してしまうことができる。海上交通機関の発達は、近代国家のために、そのような方法による植民地の獲得を容易ならしめた。アジア、アフリカ、南北アメリカ、オオストラリアの広汎な地域が、ヨオロッパ諸国の植民地となり、植民地の開発が本国の繁栄の基礎をなした。ただ、一七八三年にイギリス本国から独立した北アメリカ合衆国は、東部において急速な資本主義の発達を遂げつつも、そこに生ずる各種の社会問題を解決するための安全弁として、西方へ西方へと伸びて行く資源ゆたかな「辺境」をもっていたために、植民地獲得競争の圏外に立って、比較的に超然とその繁栄を誇ることができたのである。

植民地の開発は、先進資本主義の諸国家を、それなくしてはそこに陥っていたかも知れないところの経済的破綻から救った。それと同時に、先進資本主義の国々が植民地の獲得によって経済の自由を回復することに成功したという事実は、資本制社会の不可避の破局を予言したマルクス主義の歴史観を、その予言が当らなかったことから来る理論的破綻から救った。レエニンが、一九一六年に書かれたその著「帝国主義」によって、帝国主義をば資本主義の最終段階として規定し、資本主義国が帝国主義的植民地経営によって内部崩壊をまぬかれたゆえんを明らかにしたことは、マルクス主義の歴史観をその理論的破綻から救うのに役立ったばかりでなく、その後の共産主義の戦略を大きく転換せしめた点で、きわめて重大な思想的および政治的意義をもっている。(1)

レエニンによると、最高の発展段階に達した資本主義は、帝国主義と呼ばれる形態を取る。この段階で独占的な威力を発揮するものは、産業資本ではなくて、金融資本である。なぜならば、近代的な大企業は巨大な運転資金を必要とするから、産業資本はいきおい金融資本に従属せざるを得なくなるからである。この必要に応ずるために、高度化した資本主義国家の銀行は、社会の各層から預金の寄託を受けて、尨大な融資力を貯え、これを企業家に貸付けて、単に利子を取るばかりでなく、企業の経営方針に対しても支配権を獲得する。さらに、大銀行は、国内の中小金融機関を傘下におさめ、独占金融資本の体勢をととのえる。このようにして独占化した金融資本は、そのあり余る力を国外にもおよぼして、海外の後進地方に資本の輸出を行うようになる。そうして、そこでの後進的な産業を支配し、原料を買占めたり、原住民の労働力を利用したりして、大規模に利潤を吸収する。かくて、最終段階に達した資本主義は、世界の未開地方に植民地をあさり、本国の製品の捌け口をそこに求め、そこでの労働価値の収奪に狂奔することによって、必然的に帝国主義への発展を遂げる。大資本主義国家の比較的に少数の国民が、地表の大部分を植民地として、その上に寄生することになる。資本主義にとっては、これほど安価で、これほど有利なすすみ方は、他にはない。そのため、列強の間の植民地争奪戦は、必然のいきおいとして、ますます激しくなって行かざるを得ない(2)。

先進資本主義の国々が帝国主義政策によってひろい植民地の奪取に成功すれば、それらの国々の内部での階級闘争は、それだけ緩和されることになる。なぜならば、植民地の経営がすすめばすすむほど、収奪される労働力の提供者は、本国でのプロレタリアトから、プロレタリアトとしての階級意識すらもたない植民地の人民に転嫁され、前者はむしろ半ブルジョアジイの地位に向上して行くからである。だから、逆にいうと、資本主義国の内部での階級闘争の激化が、それらの国々をして、貪婪な帝国主義政策に乗り出させる原因となったとも見ることができる。セシル・ロオヅは、一八九五年にロンドン東郊で催された失業者の大会に出席して見て、そこでの発言が、結局は、「われわれにパンを与えよ」という火を吐くような一語に集約されているのを聞き、帝国主義政策の重要性をますますはっきりと認識したといわれる。そのときに、かれは、イギリス本国四千万の民衆を血なまぐさい内乱から救うためには、かれ自身のような植民地政治家は、本国の過剰人口をさばき、本国の製品を消化させる市場を作るために、さらに新たな土地を獲得しなければならないと痛感した。かくて、かれはその友人に、「君が内乱を避けようと思うならば、君は帝国主義者にならなければならない」と語ったという。同様に、フランスでも、国内に鬱積するエネルギイが内部で爆発することを防ぐには、そのはけ口を海外に求める必要があるということが痛感されるにいたった。これによって見ても、第十九世紀から第二十世紀にかけてこれらの国々が活潑に行った植民政策は、国内に迫りきたる革命の危険の肩代りとしての意味をもつものであったことが知られる(3)。

だから、レエニンの解明したところにしたがうならば、イギリスやフランスのような国々で、一八四〇年代にマルクスおよびエンゲルスが、確信をもって予想したようなプロレタリア革命が起らなかったのは、かれらの予言がまちがっていたためではなくて、それらの国々が遂行した帝国主義的植民地経営のお蔭なのである。資本制社会の発展法則は、国内の労働者を収奪してかれらを革命に駆り立てる代りに、巨大な植民地の富源に寄生して、国内の労働者の地位をブルジョアジイのそれに接近させるという方向に動いて行ったのである。この情勢を早くも察知したエンゲルスは、すでに一八五八年に、「イギリスの労働者階級は実際ますますブルジョアになりつつある。このことは、世界中での最大のブルジョアであるこの国が、本来のブルジョアジイとともにブルジョア的な貴族とブルジョア的な労働者とが併存し得るような方向にむかって、事柄を処理しようとしつつあることを示すものと思われる。明らかにこれは、全世界からの収奪を行いつつある国の立場からいわせれば、かなりうまく立てられた筋書きであるにちがいない」と語った。(4)さらに、かれは、一八八二年にはカウツキイに対して、「この国には労働階級の政党は存在しない。ここには、保守党と急進自由主義の政党とがあるだけである。そうして、労働者たちは、これらの両政党とともに、イギリスによる植民地および世界市場の独占の果実をすこぶる静かに楽しんでいる」と書いた。(5)労働者階級がブルジョアになれば、階級闘争の基本条件が失われるのは当然である。マルクスによれば、資本制社会において人間を「自己疎外」の運命から解放する唯一・必然の道は、プロレタリア革命の全面的な爆発であるべきはずであった。この必然の法則がそのとおりに運ばなかったことを、そのままにして置いたのでは、マルクス主義理論の権威は地に墜ちる。レエニンは、資本制社会における経済の自由が植民地の犠牲によって回復され得たことを指摘して、唯物弁証法の歴史観の権威失墜を救済したのである。

そうなって来ると、先進資本主義諸国家のプロレタリアアトの国際的団結をはかり、新らしい時代の生みの悩みを促進して、早急に資本主義打倒の革命になだれこもうとした共産主義の政治勢力も、その当初の戦略を大きく転換させる必要に迫られざるを得ない。すでにそれらの国々でのプロレタリアアトが真正のプロレタリアアトではなくなっているとすれば、かれらを革命の主力とたのむことは、もはや不可能である。資本主義を地球上から抹殺し去るという前代未聞の大変革の原動力は、これまで帝国主義諸国家の植民地または半植民地として収奪されていた広大な後進諸地域の人民大衆に求められなければならない。あたかもよし、レエニンが「帝国主義」を書いた翌年には、ロシアに帝政顚覆の革命が起った。レエニンは、亡命地のスウィスから祖国に戻って革命勢力を指導し、ブルジョア民主革命の段階にとどまろうとするメンシェヴィイキとたたかって、ヴォルシェヴィイキの政権を打ち立てることに成功した。それ以来、共産主義の指導中枢は、営々としてソ連国内の社会主義体制を整備するかたわら、アジア大陸にむかって共産主義思想や反帝国主義運動の浸潤をはかった。クレムリンの剣は、西方に対しては、むしろ防衛の役わりにまわると同時に、ひそかにその切先を東方および東南方に転じて、アジアにおける被圧迫民族の解放を指向しはじめた。西ヨオロッパ諸国の植民地が次々に独立をたたかい取る日が来れば、そこからの収奪の上に安住していたそれらの国々も、ついに経済的な破綻に追いこまれる。ヨオロッパの資本主義が崩壊すれば、アメリカももはやいつまでもその繁栄を誇ることはできない。マルクスおよびエンゲルスの予言は、この迂路を通ることによって、やがて歴史上の事実となる。それが、マルクス・レエニン主義に立脚するクレムリンの指導者たちの世界政策の焦点となったであろうことは、想像するにかたくない。

一八　広域秩序建設の野望

レエニンの帝国主義論は、植民地の収奪の上に寄生する「最終段階の資本主義」の分析であると同時に、資本主義の時代に起る戦争の原因の解明でもある。国家による土地の領有関係の意味構造をすら理解しない未開社会に対しては、先進国の植民地経営者たちは、ガラス玉の首飾りのような安価な魅力を用いて、領土権のない土地を「先占取得」することに成功する。よしんば原住民が若干の反抗を試みたとしても、近代兵器をもつ駐屯軍の力をもってすれば、それを鎮圧することは、赤子の手をひねるよりもなおたやすい。しかし、多数の国々がかぎりある地表の上にできるだけひろく植民地を獲得しようとするから、その間の争奪戦がしばしば本格的な戦争をひき起す。この種のたたかいに、あるいは勝ち、あるいは敗れることによって、スペイン、ポルトガル、オランダ、フランス、イギリスといったような国々が、あるいは興り、あるいは衰えて行った。さらに、白人の植民地が本国から独立するための戦争も行われ、その中から強大なアメリカ合衆国の出現を見た。しかも、植民地経営がすすむにつれて、原住民もいつまでも無自覚の状態にはとどまっていない。したがって、そのような有色植民地が独立をたたかい取ろうと企て、これに対して本国が武力制圧を加えるという形で、戦争の起ることもあり得る。かように、近代の戦争の主要な原因は、植民地の問題をめぐって胚胎する。レエニンの帝国主義論が、このような戦争の原因を解明したという点でも重要な意味をもつものであることは、疑いを容れない。

西ヨオロッパ諸国の植民地経営がすすみ、地球上に「無主」の地域が残存しなくなって来たとき、この趨勢に立ちおくれた国々は、強大な軍事力を貯え、実力を背景として自己に有利な市場を獲得しようと企てはじめた。ドイツとロシアの帝国主義は、期せずしてひとしくバルカンから近東を指向し、イギリスの宝庫とするインドに脅威を与えようとする形勢となった。この険悪な情勢は、バルカンの一角に起った事件を発火点として爆発し、第二十世紀の人類は、ここにはじめて「世界戦争」と名づけらるべき各国入りみだれての修羅場を経験した。西部戦線は膠着状態におちいったが、東部では、タンネンベルヒの殲滅戦に成功したヒンデンブルグ軍がロシア領に深く侵入し、戦いを継続する能力を失ったロマノフ朝の政府は、革命によって崩壊した。極東では、日本が連合国側に立って参戦し、戦争の名に値するほどの犠牲を払うことなしに、漁夫の利を得た。ドイツの採った無制限潜水艦作戦は、アメリカを蹶起せしめ、連合軍の重圧と封鎖との中にベルリンに革命が起って、四ヶ年の戦争にはついに終止符が打たれた。しかし、その総決算として成立したヴェルサイユ条約は、ドイツの上に再起を不能ならしめるような苛酷な条件をおしつけたために、かえって後年のナチスの擡頭に刺激と口実とを与え、よみがえる平和の中にすでにおそるべき次の戦争の種子を蒔いていたのである。

人間社会の秩序は法によって保たれる。法は、社会に生活する各人にとって、何が「かれのもの」であるかを定め、他人の「かれのもの」を侵害することを禁じ、現実に行われた侵害に対しては救済または回復の手段を提供する。そのような、各人に対する「かれのもの」の配分は、もとよりしばしばきわめて不合理であることをまぬかれない。ロックの描いたような、各人が自らの労働によって生み出した価値を自己のものとなし得る状態、あるいは、アントン・メンガアによって説かれたごとき、「全労働収益権」の保障されているような社会は、理想であって、現実のものではない。無能の子にも、貴族の家に生まれれば、将来の栄華が「かれのもの」として約束される。他人の無智に乗じ、あるいは、景気の変動を巧みに利用して得た巨万の富は、いかにそれが道徳上の非難に値しようとも、合法性のボウダア・ラインに沿って獲得されたものである以上、それを獲得した人間に属する「かれのもの」として法の保護を受ける。しかし、国内社会では、各人の有する「かれのもの」の限界は、何といっても流動的である。階級の固定していた封建社会でも、武士が町人になることもあるし、蜜柑船で巨利を博した紀文大尽は、大名もおよばぬ栄華と謳われることができた。自由交換経済の行われているところでは、家を売って株を買うこともできるし、株を譲って宅地をひろげることも意のままである。資本主義社会には経済的階級が発達するが、それでも、一介の皿あらいからはじまって、富豪の列に加わる者もあり得る。それらは、すべて、各人の「かれのもの」の限界の「平和的変更」(peaceful change)である。社会の秩序は流動する秩序でなければならない。それは、前進することによって保たれ、とどまれば倒れるところの双輪車の安定である。法によって平和的変更が可能ならしめられるところに、はじめて秩序は栄える。

これに反して、国家を単位とする国際社会では、各国の領有する「かれのもの」を平和裡に変更することは、不可能といい得るほどにまで困難である。なぜならば、一方の「かれのもの」にプラスする変更は、かならず他方にとってはマイナスを意味するために、双方の合意で現状に変更を加える余地はほとんどあり得ないからである。だから、歴史上、国家の縄ばりの変更は、常に戦争を意味し、また、戦争の結果としてのみ行われたといっても過言ではない。戦争の結果として行われる現状の変更は、「強者の権利」を保障する。それによって築き上げられた各国の「かれのもの」は、見方によっては不合理に満ち満ちているといってよい。しかも、自国自身の「われのもの」の由来について、それが帝国主義的侵略の結果であることを認める国家も、すでにわがものとなった現有領土に対する他国の要求は、「侵略」であるとして排斥するに相違ない。ソ連政府は、一九二四年に国際連盟に提出した覚書の中で、次のようにいった。「一九〇四年に日本の水雷艇が旅順にあるロシア艦隊を襲撃したのは、技術的に見れば明らかに攻撃行動であった。しかし、政治的にいうならば、それは、日本に対してツァアの政府が採った進攻政策の結果としてなされた行為であり、日本は、この危険の機先を制するために、その敵に対して第一撃を加えたのである」と。これは、きわめて公明な反省である。(1) しかし、かってこのような公明な反省を行ったソ連政府といえども、ツァアの政府の帝国主義的侵略によって獲得された彪大な領土の上に、その後も平然と安住して来たばかりでなく、のちになって、ヤルタ協定にしたがって崩壊寸前の日本軍に攻撃を加え、南樺太と千島とを略取したことについて、別段やましさを感じているとは思われない。既得権は、その成立の由来のいかんにかかわらず、自己自身を不可侵のものとして正当づける。そうして、平和の維持をもって最大の課題とする国際法は、一切の現状の変更が戦争の危険をはらむという現実にかんがみて、無理でも固定した「現状の秩序」(status quo) を守って行こうとする。

こういう態度を取らざるを得ないところに、国際法にとって宿命的な危険がひそんでいることは、あまりにも明瞭である。前にいったように、およそ健全な秩序は前進によって保たれる。これに反して、固定・硬直した秩序は、やがて新たな社会事情への適応力を失って、重大な破綻に逢着せざるを得ない。だから、バアクは、「変化のための手段をもたない国家は、自分自身を存続させることはできない」といった。(2) マルクスも、列強がスタトス・クオを固執せざるを得ないということは、国際秩序の破産を不可避的にする、と説いた。(3) このことは、裏がえせば、現状に不満を有し、かつ、実力で現状を変更し得るという自信をもつ国々を、現状打破のための大胆な行動を取るように勇気づける。既存の秩序の中に不正・邪悪の非難に値するものがあり、しかも、国際法がいたずらに既存秩序の維持に汲々としているという状態は、あえて国際法上の不法を犯そうとする国々の国民の気もちから、そうした行動に訴えることにともなう後めたさを脱落させる。既存の法を不法とし、既成秩序から見ての不法を正義とする価値の逆転こそは、国内においては革命の、国際社会にあっては戦争の、最も有力なイデオロギイ的準備工作にほかならない。

第一次世界戦争ののちに、まもなく人類の運命をおびやかしはじめた新たな危機は、きわめて大まかにいって、イギリスを中心とする既存国際秩序に対する、戦闘的新興諸国家の攻撃体制という形を取って出現しはじめた。これは、近代における植民地獲得競争の最大の勝利者がイギリスであり、現状の変更によって利得をはかろうとする新興国家は、是が非でもイギリス中心の秩序に楯つくことにならざるを得ないという事情の、当然のあらわれである。

元来、第十九世紀以来の国際法の任務は、パックス・ブリタニカの維持であったということができる。世界の各地に植民地や自治領を有し、七つの海を支配するといわれた大英帝国の利益は、世界交通路線の安全ということと不可分に結びついていた。現状の変革によって世界交通網のどこかが阻塞されることは、たちまちパックス・ブリタニカに対する脅威を意味した。そこで、イギリスは、世界に共通する単元的国際法秩序を熱心に支持すると同時に、スタトス・クオの維持ということを強く要求してやまなかったのである。これに対して、既成秩序の中にしばられていたのでは、身動きもできず、もしくは経済上の繁栄を築き上げる見込みのないような国々は、不偏・不党なるべき国際法を守ることが、実は、植民地獲得戦に最も巧妙に立ちまわった或る一国の利益を擁護するにすぎないことを、不当とし、不合理であるとする。この不満を理論的に一般化すれば、地球上を一律・普遍の抽象法規によって秩序づけて来た在来の国際法に対する非難となる。そうして、そのかわりに、世界を地政学的な親近性を有するいくつかの広域ブロックにわかち、そのおのおのがブロック内部の具体的な秩序を維持すると同時に、それぞれ高度の自給自足性をもつ経済体制を樹立することが、「正しい平和」への道であると主張する。それがすなわち、世界単元のパックス・ブリタニカを打ち破って、ヨオロッパ、アメリカ、東洋、ソ連圏というような多元国際秩序に再編成することを、正義の理念と経済の要求とにかなった平和のあり方であるとする、新秩序の思想である。この機運を代表する国には、東に日本があり、西にドイツが存した。当時の日本の軍閥政治家や、それに追随する思想家たちは、満洲の一角に起った事件を調査するために、ジュネエヴからはるばると調査団が派遣され、鉄道爆破の状態などを視察して帰り、国際連盟本部のサロンなどで、抽象的な連盟規約や国際法規にてらして合法・不法のけじめを決定するというような「秩序」を、明らさまに非難した。日本は、国際連盟を脱退し、自らが中心となって、「アジア人のアジア」を、そうして「大東亜共栄圏」を建設すると豪語した。ドイツは、ヴェルサイユ体制を痛烈に非難し、ナチス独裁政権の下にふたたび強大な軍事力を貯え、ドイツ民族を中心としてヨオロッパの統合をはかり、アフリカを資源地帯とする自給自足経済圏を築き上げようともくろんだ。そこには、アメリカはモンロオ・ドクトリン以来の孤立主義に立ち戻るべきであり、ソ連圏は現状のままの自給経済体制を動かす必要はないという、虫のよい計算が含まれていた。ナチスの法学者カアル・シュミットの唱えた「広域秩序」の原理は、このような新秩序思想に最も有力な理論的根拠を与えたものということができよう[4]。

「広域秩序論」は、一八〇〇年にフィヒテの書いた「封鎖商業国家論」の現代版ともいうべきものであった。フィヒテも、経済の自由を確保するためには、自由経済を否定して計画経済を採用する必要があると考え、かつ、各国家が計画経済を実施して自給自足体制を確立することをば、永続性のある平和を築くための根本条件であると見たのである。フィヒテによると、人間はすべて人間らしく生きる権利を有する。しかるに、すべての人間が人間らしく生き得るためには、人間はすべて働かなければならない。しかし、各人が勝手に、かつ無計画に働いたのでは、万人に人間らしい生活を保障することは不可能である。そこで、国家は、まず、国民の全部が人間たるにふさわしい快適な生活を維持するためには、何と何とがどれくらい必要であるかを計量し、必要な生産が支障なく遂行され得るように、全人口を必要な職業に適正にわりあてて行かなければならない。そうすることによって、国内生産の自給自足体制が確立されたならば、その国家は対外自由貿易を封鎖すべきである。もっとも、資源の賦存状態や物資の生産能力は国々によってまちまちであるから、或る特定の国家の立場から見ると、どうしても自国内部では生産し得ないものもあり、国内での生産を国内だけでは消費し切れないものもできて来る。そうした場合には、政府の管理の下に、国と国とのバアタア制による物資の交換を行う。そうして行けば、国民の一人一人が、特に奢侈にふけることも許されないと同時に、衣食住に事欠かないだけの生活を送ることができ、かつ、文化の蒼空を仰ぎ、精神的な教養を身につけるだけの余裕をもわがものとなし得る。また、そうして行けば、一国が危険を犯して他国の領土や権益を狙う必要もなくなり、永久平和の基礎条件が確立される[5]。――第二十世紀の広域秩序論は、百五十年前にフィヒテが主張した一国単位の自給自足経済設定の計画を、現代の複雑化した需給関係に適応させるために、数国家をつらねる地域国際ブロックにひろめ、それによって、その地域内部に生活する各人の経済の自由と福祉とを保障すると同時に、地域相互が不脅威・不侵略の原則を確認し合うことによって、新たな平和の基礎を築こうとした試みにほかならない。

しかし、この種の構想は、よしんば動機において純真であり、理想としては正しいものを含んでいたとしても、それを実行しようとすれば、現状に対する重大な変更を加えることになる。フィヒテは、封鎖商業国家を作り上げるためには、国家はその「自然的限界」(natürliche Grenzen)をもたなければならない、と説いた。フィヒテのいう国家の自然的限界とは、一つの国家が大体として自給経済をいとなみ得るに足りるだけの、領土や人口の大きさを意味する。しかるに、現実の国家には、フィヒテのいう自然的限界をはるかに越える領土をもつ大国もあり、その限界に遠くおよばない小国も存する以上、それらの国家の間に領土の再配分を行って、どの国家も封鎖商業国家として成り立つようにすることは、諸国家間の平和な話し合いではとうてい不可能であるといわなければならない。したがって、それを無理にでも実行しようとすれば、どうしても戦争になる。フィヒテは、各国が封鎖商業国家となることを、永久平和の実現のため基本条件であると考えた。しかし、それは、現実には戦争を前提とする平和を意味せざるを得ない。フィヒテの熱愛した祖国が、後年になってフィヒテの構想を拡大し、ヨオロッパとアフリカとを併せた「広域秩序」を建設しようと企てたことは、すべての国民に「人間たるに値する生活」を保障するゆえんではなくて、人間の運命を第一次大戦にまさる悲劇の中に投入する結果をまねいた。この悲劇は、イタリイがドイツに同調し、極東では日本がアジア自給経済圏を樹立するという野望に乗り出したことによって、全人類的な規模にまでひろめられた。「現状の変革」――それは、依然として国際政治の上のおそるべきタブウだったのである。

しかし、歴史の歩みは皮肉である。ドイツと日本とイタリイとが同盟して事を起した第二次世界大戦は、「枢軸」側の完敗に終ったけれども、この戦争は、平和がつづいているかぎりとうてい一朝一夕には成しとげられ得ないような各国の「かれのもの」の縄ばりの変化を、一挙にして成しとげた。ヨオロッパでは、ポオランド、チェッコスロヴァキヤ、ハンガリイ、ルウマニアなどが、ソ連衛星国となって、クレムリンの指揮下に入った。アジアでは、西ヨオロッパの植民地であったインド、ビルマ、パキスタン、インドネシアなどが、次々に独立し、巨大な中国は共産政治勢力の下に統一された。帝国主義の支配下からの後進諸民族の独立というレエニン主義の筋書きは、ドイツや日本の犯した帝国主義的侵略戦争の結果として現実化するにいたった。これが、全人類にむかって経済の自由を保障する方向への動きであるか、あるいは、全人類を三たび戦乱の悲劇におとしいれる端緒となるかは、人類自らが解決しなければならない世紀の課題である。そうして、この課題を解決するためにどういう道をえらぶかという自由は、まだ人類の前に残されている。われわれは、その自由を何にもまして重んじ、自由な選択を行った結果に対する責任の前に、深くおそれつつしまなければならない。

一九　公共社会主義財産の神聖不可侵

資本主義から社会主義の方向にむかう動きは、イデオロギイの面では、私益に対する公益の優越という形を取る。私益の基礎をなすものは、私有財産である。資本主義の下では、私有財産に対してたれはばかるところのないオオル・マイティイが与えられる。だから、資本主義の弊害を是正するためには、私有財産の上に大なり小なりの制限が加えられなければならぬ。重要な生産財貨の私有は禁ぜられ、私企業の利潤に対しては高率の累進課税が行われ、租税収入や国営事業の利益によって社会保障制度が実施され、農地の再配分の断行によって地主と小作人との身分の相違を取りのぞく、等の手が打たれる。その場合、私益の牙城たる私所有権を抑えることを正当化するものは、「社会の利益」であり、「公共の福祉」である。だから、イギリスでも、第十九世紀後半になって社会主義擡頭の時代を迎えるとともに、公共の利益を各人の特殊の私益に優先させるという思想があらわれて来た。[1]一九一九年のドイツ・ワイマアル憲法は、「所有権は義務づける」といい、「所有権の行使は常に同時に公共の福祉のための奉仕でなければならない」と規定して、公益と私益の調和をはかった。今日の日本国憲法が、一方では、「財産権は、これを侵してはならない」といいつつ、他方で、「財産権の内容は、公共の福祉に適合するように、法律でこれを定める」ことを得るものとし、改正民法がこうした根本精神を一般化して、「私権は公共の福祉に遵う」という原則をかかげたのも、資本主義を否定しないで、しかも、その内容を或る点まで社会主義の要求にかなったものとしようとする場合に見られる、一般的な考え方の変化を示すものということができよう。

ところで、こうした傾向が行きすぎると、私益と対立する公益が次第に実体的な意味をもつようになり、公益の名の下に個人の自由が抑圧される危険をともなう。

元来、民主主義の根本の立場は、個人主義である。すべての人間を個人として尊厳なものと見ることは、民主主義の出発点であると同時に、その窮極点である。そこでは、福祉を建設するものも、多数の個人の働きの綜合であり、福祉を享有する主体も、結局は多数の個人以外の何ものでもないとされる。したがって、私利私慾に汲々たる態度を改めて、「公共の福祉」を重んずべきであるということが説かれても、そこにいう「公共の福祉」とは、できるだけ多数の「個人」の福祉であって、それとは別に、福祉を享有する「公共」というものが存在するといったような考え方は、成り立たない。イギリスのフェビアン社会主義が、自由放任政策のかわりに国家の干渉を取り入れた新らしいベンタム主義であるといわれるゆえんも、ここにある。(2)

これに反して、個人の尊厳を中心とする価値観の確立されていない社会で、公益優先主義が強く打ち出されると、それはかならず、いきおいあまって全体主義になる。公益の主体としての民族とか国家とかいうものが、実存する生命体として至上の価値をもつことになり、個人の自由や権利や利益をそのためになげうつことが要求される。かくて、イタリイのファッシズムは国家至上主義となり、ドイツのナチズムは民族全体主義の旗をかかげた。これらの政治動向は、のちになって背後で独占資本とどのような契りを結んだにしても、表むきに標榜するところは反資本主義であり、社会主義である。このことは、ナチの正式の名称が「民族社会主義ドイツ労働党」(Nationalsozialistische Deutsche Arbeiterpartei) であったことによって、最も典型的に示されている。しかも、この種の全体主義は、内に対しては強力な統制経済を実行し、外にむかっては武力による侵略を用意するために、独裁政治体制を確立する。全体主義的独裁政治家は、外国の富を奪取することによって、迫りきたる社会的崩壊の危機を救おうとし、危機を乗りこえるという絶対の必要を呼号して、戦争という最大の危機を招きよせる。(3) その結果として、そこでは、個人の利益はおろか、あまたの人間の生命すらもが、全体の目的を達成するための手段として、弊履のようになげうたれる。軍国主義日本の国民道徳が「滅私奉公」の一語に要約されたのも、その顕著な実例にほかならない。

それでは、経済の自由を見失った市民社会からの解脱の道は、資本主義を根本から崩壊させるプロレタリア革命の断行以外にはないと見る共産主義の立場は、革命によって奪取した政治権力をどのように利用し、いわゆる「搾取のない社会」をどういう具合に建設して行こうとするか。

マルクスやエンゲルスの理論によれば、歴史上あらわれた国家は、すべて階級支配の道具にほかならなかった。いいかえると、支配階級は常に国家権力を掌握し、それによって被支配階級の反抗を抑え、後者の労働の成果を収奪し、その上に座して安逸な寄生生活を送って来た。人間社会のこのような階級構成は、資本主義の下では最後の発展段階に到達する。だから、プロレタリアアトの革命が全面的におしすすめられて、資本主義制度が絶滅し、完全な共産主義の社会が来れば、そこでは階級による階級の支配ということはなくなるから、国家という制度も無用に帰する。労働者は、自分たちの共同の利益のために社会の巨大な生産力を自由に利用し得るから、単に生産手段の私有ということが行われないばかりでなく、消費財貨についても私有財産という制度を存続させて置く必要はなくなる。私有財産がなくなれば、私有財産を保護するための法も存在意義を失う。窃盗とか詐欺・横領とかいうような市民社会的犯罪の行われる余地もなくなり、犯罪を防止するために、国家権力によって強行される法は、図書館の中に蔵せられた記録にのみその足跡をとどめるにいたる。それが、各人はその能力に応じて働き、各人にその欲求にしたがって与えられるところの、完全に経済の自由の保障された世界の姿である。(4)

しかし、このようにして行われる「国家の枯死」は、決して一朝一夕に達成される人類社会の目標ではあり得ない。なぜならば、革命が一応成功した暁においても、国の内外にはブルジョアジイの残存勢力があって、虎視眈々として反動革命の機を狙う時期は、相当永くつづくものと覚悟しなければならないからである。この時期に処するための戦略は、いたずらに国家権力を軽視したり、その枯死を急いだりすることであってはならない。むしろ、国家権力をブルジョアジイの手から奪取したプロレタリアアトは、国家という制度が階級支配の道具としていかに巧妙にできているかを理解し、その利用価値を十分に発揮して、これを逆にブルジョアジイの残党を抑圧するために用いなければならない。それが、いわゆる「プロレタリアアト独裁」の政治形態である。(5)この状態での政治の目標は、一挙に共産主義の完全な実現を求めることにではなく、そこに到達するための前段階として、社会主義の政策を徹底させることに置かれる。それは、完全な共産主義の段階ではないから、消費財貨に対する私有の制度はなお存続している。そこでは、各人はその能力に応じて働き、各人にその労働に応じて与えられるのである。しかし、それは、社会主義を徹底させて行く段階であるから、社会主義化の目標をあいまいなものとし、資本主義への復帰を用意するような反革命的行動に対しては、厳重な取りしまりの措置が講ぜられる。プロレタリアアトの独裁は、その点において、反対の見解の存在を許す寛容の政治原理ではなく、一定の方針だけを強硬におしすすめる絶対主義的強権政治の形態を取らざるを得ない。

一九一七年のロシア革命に成功したレエニンは、マルクス主義の理論を実践に移すと同時に、プロレタリアアトの独裁による社会主義国家の建設に着手した。その場合、場所が広大なロシアであり、反動革命の危険が随所に存在したこと、民衆が永い間ツァアリズムの圧政下に置かれた半アジア的スラヴ民族であり、上からの指導を受け入れるのに適した人的構成をもっていたこと、等の理由は、このいわゆる「過渡期」におけるソ連の政治体制を、マルクスなどが予想したより以上に、絶対主義的強権政治の方向におしやった。そればかりでなく、ソ連国家は、発足の当初から、あたかも一七八九年後のフランスがそうであったように、周囲を多くの強敵によって包囲されるという形勢の下に置かれた。資本主義国家群の攻撃に屈すれば、ロシア革命による新らしい社会の建設は、中道にして挫折せざるを得ない。ソ連は、いきおい、計画経済を強行し、急速に重工業を起し、自己防衛に必要な軍備の拡充に邁進せざるを得なかった。このことは、いっそうソ連の政治体制の独裁主義化をうながした。鉄の規律は国内を支配し、苛酷な粛正はひんぴんとして行われ、マルクス・レエニン主義を讃美すること以外に言論・思想の自由はあり得ないという観を呈するにいたった。これを、なおかつ真の自由への道であるとするか、逆に、専制と隷属との歴史の逆行を意味すると見るかについて、けわしい見解の対立が生じつつあることは、もとより偶然ではない。

第十八世紀以来強く要求されて来た政治の自由は、「国家からの自由」という古い形のままでは、もはや経済の自由と両立し得ない。そこで、社会に生活する多数の人々を、窮迫した経済の不自由から解放するという、いっそう切実な要求のために、「国家からの自由」を或る点まで放棄し、逆に、国家の干渉を自由経済社会の中に導入する必要が先進民主主義の国々でも認められて来たことは、前に述べたとおりである。しかし、そうなっても、そのいわゆる国家の干渉なるものの方針が、少数の権力者によって独断的に決定されるのではなく、国民の輿論が依然として政治動向の舵を取って行く体制にあるかぎり、国家の干渉が強化されても、政治の自由が失われたことにはならない。なぜならば、そこでは、国民の多数が政治に参与する権利をもっているからである。しかるに、国民の多数にとっての最大の関心事は、経済的な生活条件の改善である。だから、国民の多数の意見によって経済に対する国家の干渉の方針が決定されて行く以上、社会経済上の生産と配分とが国民大衆の利益に合致するように運営され得ないはずはない。それは、国民が「国家からの自由」のかわりに「国家への自由」を獲得することによって、同時に経済の自由に近づく確実な道である。西ヨオロッパ民主主義の伝統を守るこのような考え方に立脚する人々の眼に、社会主義社会の建設のためには政治の自由を犠牲にしてはばからないプロレタリアアト独裁の政治方式が、決して「進歩」としては映じ得ないのは、当然のことである。

これに対して、同じ西ヨオロッパ民主主義の伝統の下に立っていても、資本主義を存置していたのでは、現代の政治的・経済的危機を克服することはできないと信ずる人々は、革命以来ソ連の取って来た政治方式に対して、深い理解を示し、高い評価を惜しまない。その点で、かってイギリスの代表的自由主義者であったラスキが、後年いちじるしくマルクス主義の理論に接近し、ソ連で採用されている現実政治の中に自由追求のための巨大な努力を発見することができるとして、そこに「現代の革命への反省」を求めたことは、注目に値する。(6)

もちろん、自由を獲得するために必要な条件を探究している点では、ラスキの態度は、多元的国家論を説いた壮年のころと、現代の革命への反省を試みた晩年とで、変るところはない。しかし、国家の作用を必要な最小限度に限定し、社会の積極的な活動、なかんずく社会経済の活動に対して、「国家からの自由」を保障することは、――後年のラスキにいわしめれば、――「消極的な自由」(negative freedom) を求めるゆえんでしかあり得ない。かれは、このような自由に満足する民主主義を、資本家の民主主義であるとして排斥し、そうした民主主義が抜きさしならない行きつまりに逢着している状態を分析した上で、そこから「計画民主主義」(planned democracy) への転換を主張する。(7)

ラスキのいう計画民主主義は、全産業および全農業の国有化までを意味するものではない。また、それは、歴史的な議会民主主義の方法の否定を要求するものでもない。かれは、むしろ、経済力のいくつかの基礎条件を「社会」(community) 自身の手に帰属せしめ、その運用が少数の利益のためではなく、多数の利益のために行われるようになることを、議会民主主義の枠の中で経済の将来を発展にみちびくための、不可欠の前提であるとするのである。そうして、社会によって所有せらるべき経済力の四つの基礎条件を数え、金融機関の国有、土地の国有と国家管理、貿易の国家管理、交通・燃料・電力の国有および国家管理を提唱する。ラスキは、このような計画民主主義の下においてのみ、人々は、創造の希望に燃えつつ、それぞれの責務を遂行して行くことができるといい、これを真の自由であるとし、これを「積極的な自由」(positive freedom) と名づけ、自由の観念がこの方向にむかって切りかえらるべきことを力説する。かくて、ラスキが将来に仰望したのは、選挙民の決断を前提とするところの社会主義国家の建設である。それは、いいかえれば、経済的独占をして政治的民主主義の主人たらしめて置くかわりに、政治的民主主義をして経済的独占の主人たらしめることにほかならない[8]。

ラスキは、このような観点からロシア革命について反省し、革命後のソ連社会の建設を評価する。その態度がこれに対してきわめて同情的であるのは、当然のことである。

もとよりラスキも、ソ連社会の政治にいろいろな暗黒面があることを看過してはいない。そこで行われて来た独裁主義の政治は、レエニンの指導下からスタアリン現首相の手中に移ることによって、いっそう強化された。そこでは、スタアリン首相の見解に反対することは、それだけですでに反革命的意見の表明と見なされる。そこでは、集団粛正や、集団流刑や、集団的死刑執行が行われる。スタアリン首相の信従者以外には言論の自由も、出版・集会の自由もなく、政治上の裏切り者に対しては、公開された裁判を経ないで、きわめて重い刑罰が科せられる[9]。

けれども、ラスキにいわせると、そのような非人道的で惨酷な行為がいかに多くくりかえされても、ロシア革命とそれにつづく社会主義社会の建設とは、宗教改革以来、人類の歴史が経験した最大の事件たることを失わない。なぜならば、ロシア革命は、——ラスキにとっては、——人間の知り得るかぎりでの最も力づよい、創造的な新時代の開幕を意味するからである。[10] 多くの人々は、ソ連で行われているプロレタリアアトの独裁を、一切の独裁と同じに見て非難する。しかし、ラスキのように同情的な立場から眺めると、この独裁主義は、国内の反動主義とたたかい、資本主義諸国家の武力干渉を防ぐといったような、ヴォルシェヴィズムの当面せざるを得なかった諸条件の必然の帰結であり、それを採用しなければ、ロシアは、折角の革命にもかかわらず、資本主義に逆戻りすることをまぬかれなかったのである。しかも、ラスキによれば、同じく独裁主義といっても、ナチやファッショのごとき正真正銘の反動政治形態とヴォルシェヴィズムとを同一の原理の双生児的様相と見ることは、きわめて皮相の見解にすぎない。何となれば、ヴォルシェヴィズムの国家の目ざすところは、自由の圧殺ではなくて、人間の解放であり、その点で民主主義の理想と何らことなるところはないからである。[11] かくて、ラスキは、プロレタリアアトの独裁の真の性格は、民主主義と自由との純正な探究であるとする。いや、それは、単に自由の「探究」であるばかりではない。そこには、かれ自身が真正の自由と名づけるものが現に存在していると説く。「ロシアの労働者は、イギリスの労働者がチャアチル氏やルウズヴェルト大統領を批判するように、スタアリンを批判することはできないかも知れない。しかし、かれらは、イギリスの労働者にとっては容易になし得ないような仕方で、職工長や工場支配人を批判することができる」。すなわち、そこには、国の最高方針にそむくことに対する厳罰主義があると同時に、個々の労働者の個性の尊重と人格の助成とが行われている。そこに、――ラスキによれば、――まさしく自由の秘密が存する。[12] ここにいたって、ソ連の政治体制に対するラスキの評価は、好意ある同情の域をはるかに越えて、熱烈な支持にまで高められたものといわざるを得ない。

だが、問題は、ラスキの指摘する自由の真のあり方である。ソ連では、国の最高方針に対する批判の自由はない。なぜならば、それは、共産党中央本部政治局の決定したところだからであり、さかのぼっては、スタアリン首相の意志だからであり、さらにさかのぼっては、マルクス・レエニン主義の基本原理に立脚するからである。そのような絶対主義のさらに根柢には、人間社会の歴史は、資本主義の崩壊を経て社会主義から共産主義にむかってすすむという、必然観的至上法則が支配している。このような超人間的必然法則の支配するところには、個人によってことなる世界観と信念とにしたがって行動するという意味での自由はあり得ない。これに反して、ミルが説き、ラアドブルッフが主張したように、ことなる意見が自由に開陳され、その中で多数によって支持された一つが相対的の真理として通用し、それの誤謬が多数の人々によって認められるまでは政治の方向を指導するところにこそ、自由があり、民主主義が存する。(13)(14) これに対して、共産主義の世界観は、社会の変遷を支配する客観的な必然法則の存在を信奉する。しかし、客観的の必然法則といっても、それがマルクスによって発見され、レエニンによって祖述され、スタアリン首相によって布告されたものである以上、それは、あくまでもマルクス・レエニン・スタアリンの見解であって、それが絶対の真理であるという保障はどこにも存在しない。しかも、それにもかかわらず、それが絶対の真理として通用しているかぎり、そこに介在し得る誤謬の是正される道は断たれる。その点で、独裁主義はあくまでも独裁主義であって、民主主義ではない。そういう社会では、神聖化された至上命令の解釈と、その執行の方法については、活潑な論議がたたかわされるに相違ない。労働者が工場長を吊し上げることもあろうし、党の幹部が「自己反省」を行わざるを得ないことも生ずるであろう。もしもそれがイギリスにも求められない自由であるというならば、滅私奉公のあり方についての創意工夫も、軍隊組織の中での下剋上も、個性の尊重であり、真の自由の実現であるという詭弁が成立することになるであろう。

一体、ラスキは、資本主義から社会主義への転換の中に自由実現への道を求めるに急なるのあまり、権力と結びついた人間悪を資本主義の側にのみ認め、同じ弊害が共産主義の立場にあらわれた場合に、これをきわめて軽く見る傾向がある。これは、ラスキのごとき鋭い現実認識を有する学者には、すこぶる似合しからぬことといわなければならぬ。共産主義が、実証的唯物思想たることを標榜しながら、実はユウトピア的理想をいだくものであればあるほど、現実のソ連社会にさまざまな「見せかけ」があることは疑いを容れない。ニイバアのいうとおり、ロシアのもつ「見せかけ」は、他の国のもつそれと同じように、公平に批判されなければならない。一方で、権力を権力なるが故に尊重する独裁主義の政治形態を取りながら、他方で、それをば、人間をすべての権力から解放するために必要な煉獄として是認するようなイデオロギイ的からくりは、共産主義の場合にのみ例外として美化されてはならない。(15) もしも、ラスキ自らの認めるように、公正な裁判を経ない集団的流刑や集団的死刑のひんぴんとして行われて来たのがソ連の現実であるとするならば、それが自由の圧殺であることは、同じようなことがナチス・ドイツで行われていた場合とことならない。まして、政治的粛正の的となった多数の「反革命主義者」の強制労働が、社会主義社会の建設のためのチイプ・レエバアとして利用されているのであるならば、そうした事態を資本による労働力の搾取よりもまさるとして是認すべき論理は、目的による手段の美化以外には求められ得ない。

一九三六年に制定されたスタアリン憲法は、社会主義国家建設の基本方針を明示し、働かざるものは食うべからずという原則を確立すると同時に、人間の権利の保障についても、行きとどいた配慮を示している。この、ソ連における憲法上の基本的人権の保障は、いわゆるブルジョア民主主義国家のそれのように単なる抽象的宣言ではなく、具体的な裏づけをともなっている点に大きな特色をもつ。たとえば、第一二五条の言論・出版・集会の自由の保障は、単なる抽象的な文字の上の保障ではなくて、労働者に対してそのために必要な印刷所や紙や公共建築物を提供するという約束によって裏づけられている。あるいはまた、第一二三条は、民族・人種・文化の相違にかかわらず、ソ連人民が平等の権利を有することを保障すると同時に、人種や民族の相違を理由とする排斥や憎悪や侮蔑の宣伝は、すべて法律によって処罰されるという規定を置くことによって、この保障に具体的な基礎を与えている。これらの規定の仕方は、たしかに、ブルジョア民主主義社会での人権の保障よりも進歩した形態を取っているということができる。

しかも、それにもかかわらず、ソ連憲法の人権の保障が、フランス・イギリス・アメリカなどにおける民主主義の同様の観念と根本から性格をことにしていることは、第一三一条の「公共社会主義財産」(public socialist property)の不可侵性に関する規定の中に示されている。[16] すなわち、この箇条は、公共社会主義財産を保全・強化することをすべてのソ連人民の神聖な義務として規定すると同時に、「公共社会主義財産に対して侵害を加えた者は、人民の敵と見なされる」と宣言しているのである。もとより、これは、単に国有財産に対する窃盗や掠奪行為だけを戒めているものではない。なぜならば、一切の生産手段の私有を禁じ、人間の人間に対する搾取を根絶しようとしているソ連では、社会主義財産のあり方について疑いをもち、その既定の運営方法に反対するというようなことも、すべて公共社会主義財産に対する侵害と見なされ得るからである。したがって、そこでは、資本主義社会での考え方を棄て切れないでいるというような心理的な態度もまた、この観点からの糾弾の的となる。それどころか、公共社会主義財産の保全のためには、社会主義社会における統制の全組織や、その統制の下でのソ連人民の広汎な活動や、「ソヴィエト的愛国心の崇高な感情」(lofty feeling of Soviet patriotism) というものまでが、厳守され、堅持さるべき要件としてかかげられているのである。[17] そうなって来ると、それらの標準に適合しない態度を取ったと考えられる者は、いつでも「人民の敵」という烙印をおされて、社会から葬り去られる可能性が生ずる。だから、ソヴィエト社会のよき研究者であり、同情ある理解者であったベアトリス・ウェッブでも、この点に関連して、「ソ連では、共産党の現にかかげる哲学に対する批判は決して許されない」といい、新らしい社会組織や新たな社会活動の方式についての独創や独立の構想の芽が、それによってすべて断たれていることを歎いている。[18] それは、まさに、「公共」なるものの実体化であり、その下における個人の自由や創意の禁圧である。そこで、ノオスロップのような視野のひろい学者すらもが「ソヴィエトの人権憲章の与えている重要な保障の大部分は、第一三一条の一文章によって抹殺されている」と断定する。[19]

ソヴィエト国家は、資本主義から共産主義にむかってすすむ中間段階の国家形態である。この中間段階においては、資本主義の打倒に一応成功したプロレタリアアトは、自らの奪取した国家権力の全能力を挙げて、革命目的の完遂にむかってすすまなければならない。今日のソ連の権威ある思想家によれば、それは、まだ人々が「自由」について語るべき時期ではないのである。すなわち、ヴィシンスキイをしていわしめるならば、プロレタリアアトがブルジョアジイを打倒して政治権力を掌握しさえすれば、それで完全な自由の王国が到来するかのごとくに考えるのは、似而非マルクス主義者の病的センティメンタリズムにすぎない。エンゲルスのいうがごとく、「プロレタリアアトは、そののちもなお、国家を必要とする。それは、自由のためにではなくて、敵を粉砕するために必要なのである。そうして、自由について語り得るようになったとき、そのときには、国家そのものはもはや存在しない」のである。[20] エンゲルスのこの言葉を引用して、ユウトピアの到来を近い将来に期待することを戒めているのが、現代ソ連の代表的法学者の態度である以上、共産主義の政治理論は、ソ連が国家として存続するかぎり、そこには自由はないことを公式に認めているものといわざるを得ない。[21]

それでは、プロレタリアートの独裁の名の下に、実は党の幹部が独裁権力を掌握し、人民は自由を棚上げして、もっぱら「公共社会主義財産」の増強にはげまなければならない状態は、いつまでつづくのか。

その状態が、資本主義から共産主義に移り行く「中間段階」であるという公式の理論は、それがきわめて暫定的な時期にかぎられているという希望を、まさにその鉄の規律の下に置かれている人々に抱かせるように見える。しかし、ヴィシンスキイは、そのしからざるゆえんを力説する。プロレタリアートの独裁の名の下に、国家権力の強化が行われている段階は、決してそのように生やさしくすぎ去って行く「中間形態」ではないのである。そうであって見れば、この段階がまもなくすぎ去るであろうというような期待を人民にいだかせることは、社会主義国家の経綸をたくましく推進して行く上からいって、はなはだ不得策であるに相違ない。だからこそ、ヴィシンスキイは、とかくに人々にそうした希望を抱かせるような学説を発表している学者――たとえばパシュカニイス、ストウチカ――、および、「国家の枯死」を近い将来に予想している無政府主義的傾向の理論家――たとえばプルウドン、バクウニン――を、破壊者とののしり、背信者ときめつける。ヴィシンスキイによれば、マルクスやレエニンのいう「国家の枯死」の時期が到来するためには、社会主義国家が最高の発展を遂げ、単に国内のブルジョア的残滓が根絶されるばかりでなく、社会主義国家を取りまく資本主義国家群の包囲がなくなり、すべての先進資本主義の国々において共産主義が完全に勝利を占めることが必要なのである。[22] だから、共産主義の政治理論にしたがえば、人類は、共産主義の全世界革命の完成との引きかえにおいて、はじめて「自由」をわがものとなし得ることになる。それがそもそも現実的な自由の約束であり得ようか。それは、裏をかえせば、実は、ますます国家権力を強化・拡大し、鉄の規律のたがをいよいよ固くひきしめる必要があることを、すでに一応は「解放」されたはずの人民に、納得もしくは観念させるための理論以外の何ものでもないのではなかろうか。

そうなって来ると、われわれはここに、ヘエゲル哲学を克服したはずの共産主義の理論が、いつの間にかヘエゲルときわめて類似した立場に逆もどりしていることを見出して、驚嘆を禁じ得ない。ヘエゲルとマルクスとは、ともに市民社会の中には表見上の自由しか存在しないことを発見した。したがって、両者はひとしく、人間の自由が実現されるためには、市民社会は弁証法的に否定されなければならないと考えた。しかし、ヘエゲルにとっては、市民社会が崩壊したあと、それに代って登場する「実現された自由」のチャンピョンは、普遍意志によって活動する国家であった。これに対して、マルクスは、ヘエゲル法哲学のこの反動性をきびしく咎め、市民社会の見せかけの自由を打倒して、人間の手に自由を取りもどす力を、プロレタリアアトの団結と蹶起とに求めた。その目標が階級のない共産社会の実現にある以上、「階級支配の道具」としての国家機構の消滅が、この理論の論理的帰結であることは、いうまでもない。しかも、エンゲルスとともに「ドイツ・イデオロギイ」を書いたころのマルクスは、階級のない共産社会の到来を、革命成就ののちの遠くない時点に期待していたもののごとくである。しかるに、マルクスが思想的成熟を遂げたのちに書かれた「ゴオタ綱領批判」では、プロレタリア革命と、完全な共産社会において見られる「国家の枯死」との間に、プロレタリアアトが国家権力をにぎって社会主義体制の完成につとめる時期が、はっきりと挿入され、この段階の重要性を認めるところに、共産主義理論と空想的無政府主義との相違が求められるにいたった。この点は、レエニンの「国家と革命」によっていっそう強調され、国家の枯死を近い将来に待望するセンティメンタリズムに対するきびしい戒めが加えられた。ところで、社会主義の国家体制が確立・強化された今日では、ヴィシンスキイがソ連における官許の国家思想を代弁して、プロレタリアアトの手ににぎられた国家権力の効用をさらに高度に力説し、「資本主義の包囲」がなくなり、資本主義の国々で共産主義が「完全な勝利」を占めるまでは、この状態がつづくものと断言しているのである。かくて、プロレタリアアトの手によるプロレタリアアトのための国家は、栄光につつまれた、歴史推進の立役者として、不動の地位を占めるにいたった。それが「最高の道義態」であろうと、「プロレタリアアトの独裁」であろうと、国家が政治権力の体系たることに変りはない以上、そこに、市民社会における「人倫の喪失」からの救いの手を国家に期待するヘエゲル的国家主義の完全な復活があると見ることは、決して曲解とはいえまい。ただ、ヘエゲルは、国家そのものの中に自由の「向自・即自」の実現を見出そうとしたのに対して、ヴィシンスキイは、国家の存続するかぎり人々は自由について語り得ないとしているところに、後者の理論の「正直さ」がうかがわれるにとどまるのである。

二〇　二つの広域経済圏の対立

今日の世界には、資本主義を内面から脱皮させて経済の自由を取りもどそうとする原理と、資本主義を完全に粉砕してしまわないかぎり自由は得られないとする信念とがあって、それら二つが互に対立し、反撥し、敵視し合っている。前者は、政治上の見解の多元性を当然のことと認めるから、資本主義を脱皮させて行くについても、一つの絶対的な方針を立てて、それだけをつらぬかなければならないとは考えない。だから、そこでは、自由経済の長所を生かして行こうとする保守主義も、資本主義の脱皮をはやめようとする修正主義も、重要な生産手段の私有を禁じようとする社会主義も、一応対等の立場において存在権を主張することができる。いや、高度の社会主義制度にとどまることをもっても満足しようとしない共産主義といえども、暴力革命を表看板としないかぎり、政治の自由を享有する十分な根拠を与えられる。これに対して、後者は、資本主義を一日も早く崩壊させ、「時代の生みの悩み」を促進することを、ひたむき微塵の目標とする絶対主義である。したがって、後者の下においては、そこに定められている根本の立場に反対したり、それから逸脱したりする考え方は、存在を許されない。共産主義の綱領は鉄則として守られ、いささかでも資本主義に味方するような言動は、裏切者として糺弾される。世界革命が成就するまでは、人類は自由について語り得ないとする立場から見れば、単に国内の裏切者が「敵」であるばかりでなく、資本主義を相対的に容認する体制を取っている諸外国もまた、やがては排除せらるべき「敵」なのである。しかし、敵を排除するために直接に兵を動かすのは、もとより策の下なるものである。さいわいにして、それらの国々は、資本主義を相対的に容認するばかりでなく、社会主義をも相対的に容認し、さらに、共産主義そのものに対しても相対的な存在権を認めている。そこを利用して思想浸透と政治攪乱を行えば、直接に手を下さないでも、資本主義の牙城をゆらがしめることができる。そうなると、前者もまた、いつまでも限界のない相対主義的寛容性の態度だけを取りつづけて行くわけには行かなくなる。政治上の自由を誇示する国が、自由を守るために、共産主義政治活動の自由を制限せざるを得ないというディレンマにおちこむのは、そのためである。かくて、両者の間の溝は次第に深くなり、妥協の余地のない「二つの世界」の対立にまで発展して来たのが、現代の人類社会の姿にほかならない。

このような事態は、西ヨオロッパ民主主義と共産主義との根本性格の相違からいって、当然ここにまで立ちいたらざるを得ない宿命の道を辿ったものということができよう。しかも、それにもかかわらず、両者の対立は、第二次世界大戦が終結するまでは、別の事情によっておおいかくされ、国際政治の表面には顕在化しないですごして来た。なぜならば、西ヨオロッパ民主主義と共産主義とは、それまではともに手をたずさえてたたかうべき共同の「敵」をもっていたからである。ヴェルサイユ条約を破棄し、西欧諸国と対抗する政策を強行しはじめたドイツと、国際連盟を脱退し、アジアからイギリス・アメリカの勢力を駆逐する荒仕事に乗り出した日本とは、別の方面では、「防共」を旗じるしとして「枢軸」の契りを結んだ。これらの両国は、中欧と極東とにおいて、民主主義世界と共産主義世界との直接の接触を妨げる巨大なくさびを打ちこんだのである。しかも、ここに成立した、当時の有力な「第三勢力」は、中立的であるよりも、むしろあまりに戦闘的であったために、アメリカを加えた西ヨオロッパと共産主義ロシアとの間の緩衝地帯の役わりを演ずるどころか、かえって双方の間の結束をうながし、両者をしてファッシズム打倒の共同戦線の上に立ち上らせてしまったのである。ファッシズムと共産主義との外貌の類似性にもかかわらず、その間には本質の相違があることを指摘し、前者に対してはかぎりないほどの憎悪を、後者にむかっては讃美に近い同情を披瀝した、ラスキの「現代の革命への反省」が、この戦争の大勢のようやくはっきりして来た一九四三年に出版されているという事実は、政治の「理論」がいかに政治の「実際」によって影響されやすいものであるかを示す一例とするに足りるであろう。

ところが、この戦争が「連合国」側の完全な勝利に終った結果として、イタリヤを加えた三つの戦闘的第三勢力は壊滅し、西ヨオロッパ民主主義と共産主義とは、互に素肌でふれ合う距離において対決することとなった。ヨオロッパに東西のドイツを、アジアに南北の朝鮮を作り、二つの民族を生木を裂くようにさらに二つずつに分割せざるを得なかった戦争収束方法の不手際のために、両陣営の接触するこれら二つの尖端からは、すぐさま陰に陽に無気味な火花が散りはじめた。一九四五年の夏、サンフランシスコに国際連合が誕生した当時、人類の大多数が描いた「平和な一つの世界」の夢は、破れた。日本の軍事力によって西ヨオロッパの支配力が駆逐されたあとの広大なアジアには、ほうはいたる民族主義の嵐が吹きまくるにいたった。レエニンの帝国主義論によって、先進資本主義国家の中での階級闘争よりも、それらの国々の植民地または半植民地に住む被圧迫民族の「解放」こそ、世界革命への本道であることを学んだ国際共産主義の政治中枢は、ここにその戦略を大規模に実行すべき機会を迎えた。支那大陸は、またたく間に共産政権の手中に帰した。世界革命をめざす共産主義は、そのまぎれもない国際性にもかかわらず、後進諸地域では強烈な民族主義の形を取り、「民族の独立」を第一のスロオガンとしてかかげた。しかも、その真の鉾先は、植民地を国際金融資本の支配下から解放することによって、そこでの収奪の上に寄生していた先進資本主義諸国の中に経済危機をひき起させ、結局はマルクス、エンゲルスの予言したとおりの高度資本制社会の崩壊を不可避のものたらしめようとする目標にむけられている。「自由の世界」の護り本尊をもって任ずるアメリカ合衆国は、この危機を防ぐために、西欧諸国に対する経済援助に乗り出し、後進諸地方の開発による社会不安の緩和をはかると同時に、国際的な再軍備計画を精力的に推進しはじめた。アメリカの世界政策が、対ソ宥和主義を排して、ソ連を対手とする「力による平和」をはっきりと志向するようになった直接の原因が、一九五〇年の六月に起った不幸な朝鮮動乱であることは、いうまでもない。

こうした複雑な情勢の下にあって、何がこの巨大な国際緊張の原因であり、何がその結果であるかを見きわめることは、すこぶる困難である。共産主義者は、すべての侵略は資本主義国家によって行われ、現にまたその手で準備されつつあるという。そうした考え方は、戦争の原因を資本主義の発展に求める共産主義理論から、当然にみちびき出される結論であるに相違ない。しかし、その「理論」の教えるところが現実の恐怖をともなって実感されるにいたった原因が、ロシア革命直後のなお弱体であったヴォルシェヴィイキ政権に対して加えられた、資本主義国家群の武力干渉にあったこともまた、明らかな歴史上の事実である。そのような恐怖は、「帝国主義的侵略」から「共産主義の祖国」を防衛するための、強大な軍事力の建設をうながす。ところが、強大な軍事力を備えた巨大な共産国家ができ上って見ると、それが逆に、資本主義諸国家の側から大きな脅威として受け取られる。この脅威は、資本制社会の世界的規模における崩壊の必然性を予言し、かつ、プロレタリアアトの国際的団結によって「時代の生みの悩み」を促進しなければならないと呼びかける共産主義の理論のために、いよいよ真実味をもって裏づけられて来る。あたかもそのとき、第二次大戦による「反共枢軸勢力」の壊滅は、共産主義政治圏の巨大な進出を許した。バルト三国・ポオランド・フィンランドに対するソ連の略取的行動は、西ヨオロッパの世界に恐怖を植えつけた。フランス共産党の首領が、もしも「解放軍」が帝国主義者を駆逐しつつパリにまで進撃して来たならば、フランスの労働者は歓呼をもってこれを迎えるであろう、と語ったとき、人々はその言葉のもつ重大な意味の前に戦慄した。共産主義の軍事力が東アジアを席捲し、東南アジアに進出し、転じて北鮮軍の三十八度線突破となるにおよんで、「自由世界」の側は公然とこれを「赤色帝国主義の侵略」と呼ぶにいたった。そのような恐怖が深く根を張っている今日、クレムリンの世界政策が一方でしきりに平和主義を喧伝しても、これを単なる「外面如菩薩」の呼びかけとしてしか受け取らない人々が多いのは、やむを得ないことといわなければなるまい。

人間は「恐怖する存在」である。この本性が変らないかぎり、一方の抱く恐怖が、恐怖の対象たる対手に対して何とか安心していられるだけの備えを固めようとする努力となってあらわれ、それがさらに他方に新たな恐怖を与え、緊張を不必要に深刻化させるという現象がくりかえされる。人間の集団が互に他に対して恐怖を抱くより先に、まず対手方の善意を見きわめようと力めることは、自由で平和な世界を築くために何より大切なことであるに相違ない。しかし、遺憾なことには、政治の問題はとうてい倫理だけでは解決されない。カアのいうとおり、ユウトピアを現実と取りちがえることは、第二十世紀になってからの国際政治に度かさなる失敗をもたらした(1)。中でも、ミュンヘンの宥和政策の失敗に懲りた西ヨオロッパ陣営は、目先の平和をこわすまいとすることに急なるのあまり、かえって全面戦争の破局を促進してしまうような愚をくりかえしてはならないと固く決意している。これに対して、共産主義政治中枢の態度は、プロレタリア革命の彼岸に千年王国を夢見るメシア思想をのぞいては、むしろ、徹頭徹尾現実主義的である。したがって、それは、いきおいに乗った進出が行きすぎとなって自由世界を不必要に硬化させたと知れば、しばらく積極的進出を手びかえて、国際関係を緊迫化させた責任を対手方にのみ負わせるような宣伝に力めるであろう。かくて、戦争の危険はかえって戦争を阻み、両体制の共存の可能性を説くソ連の政治担当者の言葉は「方便」であるとしても、その方便の言葉が曲りなりにも事実となって、二つの世界の間に緊張した平和が保たれるところにのみ、人類の運命を最後の破局におとしいれることを防ぐという希望がつながれ得る。

政治および思想の上でこのような緊張がつづいている以上、世界は、経済の面でも二つの大きな国際広域圏に区劃された状態をつづけざるを得ない。いうまでもなく、今日の経済は緊密な国際的連帯性の上に成り立っている。政治の面で、国際秩序の平和的変更がほとんど不可能であればあるほど、各国は、それだけ経済上の交流をさかんにすることによって、それぞれ自活の道を切りひらいて行く必要に迫られる。経済の水は、国家ごとに高く張りめぐらされた政治の垣根を通して、或る程度まで自由に流れ得るのである。このことは、思想および政治の上でけわしく反撥し合っている両体制相互の間についてもいわれ得る。しかし、両者の間の緊張がつづき、戦争の危険をはらんでいるかぎり、対手に戦略物資その他を提供するような取りひきは禁ぜられるために、二つの世界は相対的な封鎖経済圏として互に隔離した状態に置かれざるを得ない。そのいずれが、両経済圏のおのおの中に住む彪大な人口に対してより大きな経済の自由を約束するかは、両体制の将来の優劣を決定する上に重大な関係を有する。したがって、両体制は、それぞれ大なり小なり強力な国際計画経済中枢をもって、未開発地の開発や後進地方の工業化に乗り出すこととなるであろう。その間の競争は、それが戦争を誘発する方向にむかって動かないかぎり、平和の建設と人類の福祉と にとって決してマイナスとはならない。かって、ナチス・ドイツや軍国日本の構想した広域秩序建設の計画は、世界を四つの自給経済圏に再編成しようとする意味をもっていた。この夢はついえ去ったが、その夢を発火点として爆発した戦争は、地球上を、四つの代りに二つの広域国際経済圏に区分するという結果を生み出した。政治、経済、および、その上にさらに文化の面をも加えて、いかにして人間の自由を守り、いかにして平和世界を建設して行くべきかという問題は、さしあたりこの巨大な既成事実の上に立って考察されなければならない。

第五章　文化の自由

二一　文化の創造

「国家からの自由」という形で確立された政治の自由は、人間たるに値する生活をいとなむための条件としての経済の自由を、多くの人々から奪い去るという結果をかもし出した。「経済の自由」を取りもどそうとするあらゆる角度からの努力は、その手段・方法の複雑性と、そのもたらす利害の対立の深刻さとのために、次第に拡大された規模において政治の危機をまねいた。いまや、人類は、目もくらむ破局の断崖の上に立って、平和の破壊を代償とすることなしに自由の王国に達し得べき道がどこにあるかを、必死になって探索している。そこには、苦難がある。恐怖がある。時としては絶望にも襲われる。しかし、そこにも決して希望がないわけではない。その希望の綱は、文化である。人間が、物質を素材として価値を創造し、無意味な自然の上に奥深い客観的意味の世界を築き上げて行くという可能性である。現代の人類は、破局と繁栄との分岐点にあって、前者への運命を阻止し、後者への道を開拓するために、人間のもつ「文化の自由」をいかに用いるべきかという世紀の課題の前に置かれている。

語源からいえば、「文化」(cultura)という言葉は、土地を耕して農作物を作ることを意味した。すなわち、culture は、そもそもは agriculture にほかならなかったのである。このことは、それだけですでに、文化が自然の対立概念であること、しかも、それにもかかわらず、文化は常に自然を素材としてその上に築き上げられるものであることを示している。ところで、文化がすすむにつれて、かって文化と呼ばれたものは、それ自身として文化と呼ばれる資格を喪失し、文化は、むしろ、それを素材としてさらにその上に築き上げられた高次の価値形態、もしくは価値ある対象を意味するようになって来た。今日では、よく耕された麦畑や、黄金の波を打たせている稲田は、文化ではなくて、むしろ自然に近い田園風景として眺められる。しかし、ヴァン・ゴッホが、遠景に丘陵を置き、その前面に赤屋根の農家を、さらに近景には人物や農具を点在させて、一八八八年作の「麦畑」を描いたとき、それは、永く後世に伝えらるべき最高級の文化財の創造を意味した。今日では、紙・印刷インク・装釘、等は、文化財であるよりも、むしろ単なる実用品である。だが、その書物の中に印刷された文字が、連綿相つらなってゲエテのファウストを形成しているとき、人はそこに偉大な芸術を見る。電気蓄音機の針が円盤の上を走ることによって生ずる音は、それがジャズであり、俗謡である場合には、義理にも高級文化とはいい得ない。けれども、それが、ブッシュ・クァルテット奏するところのベエトオヴェン作品第一三二番の絃楽四重奏曲であるとき、われわれはそこに、人生のあらゆる苦悩を乗り越えた寂静・諦観の美を聞くことができる。文化は決して「物」ではない。しかし、自然を素材とし、物質を媒介としないでは、文化は決してあり得ない。そこに、文化の精神物理的存在性格がある。

文化の創造は、人間のもつ自由の最高のあらわれである。なぜならば、高度の文化は、人間の創作意欲と、制作された作品に対する社会の評価とが、政治や経済の制約からはなれてのびのびと発動するところにのみ、栄え得るものだからである。もちろん、文化も、物質を基盤とする客観的意味形象として、永い伝統の下に置かれ、歴史の順序を追うて発達するものである以上、その中で行われるあらゆる創造は、それに先行する歴史的所与によって常に「制約」されている。ベエトオヴェンの巨大なピアノ・ソナタは、ハイドン・モツァルトによるソナタ形式の整備と洗練とを前提としないでは、出現し得なかったに相違ない。しかし、ハイドン・モツァルト・ベエトオヴェンの三巨匠は、それぞれ独自の個性を発揮して、それ以前には考えられ得なかったような境地を作曲の上に開拓し、ドイツ古典音楽の金字塔を築き上げるにいたった。それが、転じて、珠玉のようなシュウベルトの歌曲となり、豪壮なブラアムスの交響曲に発展した過程は、ベルグソンのいわゆるエラン・ヴィタアルの音響芸術の世界での最高の躍動にほかならない。人間の精神を通じてほとばしり出るストルム・ウント・ドラングの創造的エネルギイは、何ものによっても否定することのできない人間自由の明証である。ベエトオヴェンやゲエテのような天才が活躍していた時代には、芸術のもつ価値もまた、あらゆる他の目的系列を越えた自己目的として、芸術家によって追求され、民衆によって評価・鑑賞されていたのである。

しかし、文化が自己目的の価値として尊ばれ、天才が自由・奔放にその創造力を傾けて制作に従事するというような社会は、そういうことを可能ならしめるだけの経済的機構を備えていることを必要とする。天才の出現は、決して天才だけの力によるものではない。天才や巨匠の創造した不滅の業績が歴史の表面に堂々とそびえているとき、ひろい基盤の上にそれらの金字塔を支えながら、自分自身は地平の下に隠れて、世の注意をひくこともなく埋もれている平凡な芸術家や文筆人の多数があることは、北氷洋の海面にそそり立つ氷山が、海面下にかくれたそれに数倍する氷の巨塊の浮揚力に支えられているのと同様である。そのような「縁の下の力もち」をもふくめて、多くの人々が、社会の実利にとっては益するところのすくない芸術的な仕事に専念し得るためには、さらにそれよりもはるかに多数の人々が、人間の物質的生存を維持するための広汎な労働に従事していることを必要とする。古代ギリシャの哲学や文学や造形芸術は、哲学者や文学者や造形芸術家をして衣食の道の苦労からはなれて文化の創造に専念せしめ得ただけの、市民よりはるかに数の多い奴隷の労働に支えられることによって、はじめて千紫万紅の花と競い咲くことができたのである。ドイツの古典音楽の全盛期には、奴隷のかわりに、音楽家に恩寵を施す王侯貴族があって、物質的にむくいられることのすくない作曲家や楽人たちに、ともかくも芸術一路に精進させるだけの便宜を供与したのである。高度に精神的な意味をもつ文化価値が、当面の政治動向や経済目的によって制約されることなしに、自由に客観的に造出されるためには、社会が、そのような自由な文化活動を可能ならしめるに足りる余剰経済力をもつことが、不可欠の条件となるものと思われる。

だから、社会を構成する身分上の階層が崩れ落ちてしまった現代の民主主義の世の中は、高度の芸術の発達にとっては、決してよい条件を備えているとはいい得ない。奴隷の労働の上に寄生することもできず、芸術家のパトロンとなる王侯貴族も存在しない社会では、文化財の創造にたずさわる人々も、自分の創造した文化財を市場に提供することによって、自らの生活を賄って行くことを必要とする。しかるに、文化財の「商品」としてもつ価値と、その純粋に芸術的な価値とは、一致しない場合がすくなくないのである。そこで、芸術家も、生きて行くためには、まず、「売れる作品」を作ったり、書いたり、描いたりして行かなければならない。このことは、純粋の芸術活動を、大なり小なり不純化することをまぬかれない。もちろん、社会的に名声の定まった作品は、高い芸術価値を有すると同時に、その芸術価値にふさわしい高い商品価値として取りひきされるであろう。しかし、新らしい境地を開拓するような創作は、それが目なれず、耳なれないものであればあるほど、容易に世間から正しく理解され、評価されるようにならないのが常である。ワグナアが新らしい手法の和書や旋律を用いて作曲をした当座は、猫が鍵盤の上を歩いてもそのくらいの音は出るとまで酷許されたという。そうした苦境を切りぬける力や自信をもたない人々は、いきおい、芸術的良心をゆがめても、大衆の低俗な趣味に媚びた制作の方に走ることとならざるを得ない。これも、社会関係の万事が商品交換の形態を取る市民社会での、文化の自由の喪失の一様相であると見ることができるであろう。

その反面、また、文化の創造にたずさわる人々が、芸術を売って身の立つ瀬をはからざるを得ないような社会環境は、文化を現実政治の道具に利用するという傾向をかもし出しやすい。政治目的の単なる手段と化した芸術は、もはや独自の文化価値を誇るわけには行かない。しかし、芸術家が、経済の誘惑に乗らず、政治の圧迫にも屈せず、毅然として独自の文化価値の創造に精進し得るだけの足場をもたなければ、画家が「国威宣揚」のために彩管をふるい、小説家が「聖戦完遂」にむかって国民の士気を鼓舞するような創作に従事することとなっても、やむを得ない点がある。文化の栄えた時代の政治権力は、芸術を、政治的な権威にさらに栄光を加えるための装飾と考えて庇護したとしても、芸術家の制作態度に対して、具体的な政治目的に順応させるような干渉または強制を加えることがないだけの寛容性を備えていた。ボッティチェリが、ロオマ法皇庁の権威の下にありながら、なおかつ大胆に異教の神を描いて、その中に文芸復興期の新らしい人間像の理想を表現し、ミケランジェロが、ロオマのシスティン・チャペルに天地創造や最後の審判の大壁画を創作して、硬化した中世カソリックの世界観に対する無言の抗議を表示することができたのは、そのためである。逆に、政治が、絵画や音楽のような純粋芸術に対してまで、たとえば「階級性」というがごとき観点からの選択・評価を加え、芸術家をして「階級的」に絵を描き、「階級的」に作曲することを余儀なからしめるようになれば、そこにもまた、純粋な文化価値の華は咲き得なくなるであろう。

芸術は、文化の最高段階である。それは、絵具とか音響とかいうような物質的素材や物理的現象を基盤とし、したがって、最も直接に感覚を刺激し、官能に訴えながら、よくその上に、最も深い精神的意味や人生の体験を、客観化された形で表出することができる。そのような創作を存分に行わしめるためには、芸術の制作に従事する人々のために、あらゆる現実の制約を越えて、ひたむきにその情熱を文化創造の道に傾けつくし得るだけの自由を保障することが必要である。そうした文化創造の自由を確保するために、どういう制度が採用せらるべきかは、ここに論じ得るかぎりではない。偉大な芸術家は、精神の世界での貴族である。社会の階層構成の中に貴族というものの存在する余地のなくなった民主主義の現代は、もはや、前時代からの遺産を乗り越えるほどの芸術家を輩出させる力を失いつつあるのかも知れない。現代および将来は、人類のもつ偉大な文化財の遺産を、ひろく大衆の価値鑑賞のために解放することに力むべき時代であるともいうことができよう。文化の自由は、創造の自由であると同時に、鑑賞の自由を意味しなければならぬ。極東日本の僻村で、フルトウェングラアの指揮するヴァルキュウレの序曲を農村青年が鑑賞し得る自由がうまれ出るということを、いまから三十年前にだれか予想し得たであろうか。フィヒテは、人間が人間たるに値する生活をいとなみ得るためには、だれもが文化の青空を仰ぐだけの余裕をもたなければならないと説いた。(1) 文化鑑賞の大衆化は、人間のもつ自由にとっての新たな領域の開拓である。政治の激流に奔弄され、経済の圧迫に窒息しまじき人間の魂にとって、政治にかかわらず、経済に左右されず、何人もがひとしく享有し得る文化の自由こそは、絶対に失うことのできない憩いの故里であるといってよいであろう。

二二　思想の自由

人間が、人間の住む世界をどのようなものとして観ずるか。世界の中でも、とくに人間的な世界であるところの社会を、どう受け取るか。世界に住み、社会の中に存在する人間それ自体について、どのような価値判断を下し、それをどうあらしめたいと考えるか。そのような問題について人間のいだく「思想」は、もとより千差万別であり、同一の人間でも、年代により、境遇に応じて、さまざまな思想遍歴を辿ることがすくなくない。それを、上からの権威によってただ一つの型にはめ、それ以外の考え方を許すまいとするのは、思想に対する強制である。思想に対する強制を取りのぞき、秋の月を仰いで千々に乱れる思いを、見る人の心ごころにまかせて置くというのが、「思想の自由」である。しかし、思想の自由が、思想の自由を否定する思想の伝播を助け、思想の自由そのものを危くするおそれのあるとき、人はなおかつ無限界の思想の自由を謳歌することができるかどうか。そこに、自由の問題について直面する現代の悩みがある。

人間が世界をどんなものとしてとらえ、人生についてどういう考えをもとうと、それが全く内面的な思想たるにとどまっているかぎり、いかなる権力者もそれをどうすることもできないはずである。「何人も思想について処罰されることはない」(cogitationis poenam nemo patitur) というのは、古来の刑法の原則である。しかし、それにもかかわらず、一方、確立された権威をして磐石の重きを保たしめようとする者は、その権威を疑い、あるいは、それ以外の別の権威に信従するような思想を、「獅子身中の虫」として憎み、手を代え、品を替えて、これを駆除しようと力める。他方、思想もまた、絶対に行動から遮断された単なる内心の状態だけにとどまっていることが不可能であるために、いかにそれを秘匿しようと努力しても、何らかの機縁によって外面に表出されることをまぬかれない。ことに、世界創造の神秘を解き、人間を超自然的な権威に依拠せしめる信仰の領域では、その権威が二者択一を許さない絶対性を強く要求するものであればあるだけ、一つの立場の他の立場に対する不寛容性が深刻にあらわれ、異教徒に対する惨酷な弾圧の歴史がくりかえされた。カタコオムの奥深く、絶対に陽の目を見ない地下の世界で、ひそかにキリストの教えにしたがって身を処していた敬虔なロオマ人たちも、ひとたび糾弾のしもとの下に本心の片鱗を示せば、無惨にもコロッシアムの舞台の上で野獣の餌食とならなければならなかった。徳川政府の禁令にもかかわらず、観音像に似せて作った聖母マリアの前に、ひめやかな祈りを捧げていた人々に対しては、踏絵というような悪らつな手段によって思想の秘奥を表情や態度の上に表出させるための検問が行われた。人類の歴史を通じて、「信教の自由」ほど苛烈な圧迫を受けたものはない。それだけに、政治権力の介入を許さない信教の自由を確立しようとする要求こそ、あらゆる自由獲得のための切実な努力の急先鋒となり、近代自由主義思想のパイオニアたるの役わりを演じた。近代国家の憲法に書かれている、「信教の自由はこれを保障する」といったような簡単な表現の背景には、血なまぐさい殉教の、目をそむけざるを得ないような永い歴史が横たわっているのである。

信教の自由は、相対主義的な寛容の精神の下にのみ保障される。もちろん、宗教は、「絶対なるもの」への帰依であり、シュライエルマッヘルのいう「ただひたむきな依拠の感情」(schlechthinniges Abhängigkeitsgefühl) の上に成り立つ(1)。したがって、信仰はすべて絶対主義の境地であって、神を疑うことを許すというような相対主義は、宗教の立場からは認められ得ない。しかし、何を信じ、何を信じないかは、各人の世界観の問題であるし、世界観が人によってことなることは、否定できない事実である。これに対して強制を加えることを許せば、宗教が絶対主義であればあるだけに、人間を、およそ考えられ得る最も非人道的な弾圧の犠牲に供するおそれがある。ところが、さいわいにして、最初から世界宗教たり得べき下地をもって発達して来たキリスト教は、普遍人類的な人間愛をその信仰の基調とするものであった。このことが、キリスト教の普及とともに、信教に対する寛容性の態度をつちかうのに、大いに役立ったのである。もとより、キリスト教の世界でも、宗門裁判が行われたり、宗派の争いが内乱や戦争にまで発展したりしたことは、歴然たる史実として示されている。しかし、近世のキリスト教的人道主義がひろまるにつれて、人々は、キリスト教徒がかって受けた迫害をもって異教を遇することは、異教を殺すことであるより以上に、キリストの教えそれ自体を殺すゆえんであることを覚るにいたった。信仰をもつ者にとっては、その宗教の立場は絶対である。けれども、他の信仰に帰依する者が、別の宗教の立場を絶対に守ろうとすることに対して、強制や圧迫を加えることは、人道に反し、人類愛の教理にそむく。別個の世界観主体が別個の信仰に生きる自由は、自己が自己の信仰に忠実であることの自由とともに、重んぜられなければならぬ。ここに、宗教が、それ自身絶対主義の立場に立ちながら、異教や他宗派に対して相対主義的に寛容であり得ること、あるべきことの根拠が存する。すべての人間を人間として尊重するキリスト教の博愛は、政治の世界に相対主義的寛容の徳を導き入れた。その結果として、信教の自由は政治の根本信条として取り上げられるにいたった。その意味で、近代民主主義のもつ自由と寛容とは、「汝を憎む者のために祈れ」というキリストの教えに負うところがきわめて大きいといわなければならない。

さて、しかし、すべての人間をして神の恩寵にあずからしめ、あらゆる個人のために人と生まれた幸福を享受することを可能ならしめるには、一体どうすればよいのか。

神の道を説き、隣人愛を教え、自らもまた、おのれの欲するところを人に施すことに力めるのはよい。しかし、そうして見たところで、社会制度の不合理から来る貧窮や災厄が増大しつつあるのにくらべれば、その功徳は九牛の一毛にもおよばないであろう。ドイツの社会学者オッペンハイマアは、最初は臨床医家として出発し、ベルリン周辺の労働者街で医療に従事していた。しかし、かれに診療を依頼して来る者の大部分は、陽当りも通風も悪い住居にあって、栄養も乏しいのに、生活のために無理を重ねて労働に従事して来た結果、もはや治療の手を加える余地のないまでに病勢のすすんだ患者たちであった。オッペンハイマアが、診療衣をぬぎすてて、社会現象の研究と社会制度の改革にのり出す方が、一人一人の重症患者になおる見こみのない投薬をするよりも、はるかに急務であると考えた心境は、万人の理解し、共鳴するところであろう[2]。けれども、一人の患者の病気の本体が何であり、それを治療するにはどうしたらよいかということについてすら、往々にして名医の間にも意見の対立が生ずる。まして、複雑きわまる社会制度の病弊がどこに起因し、それを除き去るにはどうすればよいかというような問題について、見解が多岐にわかれるのは、当然のことである。その中の一つを打ちこんで研究して見た者は、自分の見解が絶対に正しいと信じ、それをあくまでも主張するであろう。しかし、同じ問題を別の角度から考察している人々は、それを一方的な見解として斥け、別の改革意見を確信をもって提出するであろう。その中のどれが正しいかを、大地を打つ槌のように狂いなく判断することは、神ならぬ人間のなし得るところではない。多数の支持する考えがあやまりであり、奇矯の言として斥けられた少数者の異説が正しいことがあるかも知れない。あるいは、真理は多様な見解の中間にあるのであって、多様な見解はそれぞれ一面の真理であり、一面の真理を全面の真理として主張している点で誤謬であること、あたかも象を撫する群盲の象論のごときものであるかも知れない。そうであるとすれば、一つの見解だけを絶対の真理とし、他の主張を頭ごなしに封殺することは、人間の社会が真理に近づくための道を人間自らの手で閉ざすにひとしい。JSミルは、そこに、「思想の自由」「言論の自由」のあくまでも重んぜらるべき根本の理由を見出した。(3)思想に対するそのような相対主義的寛容性が近代民主主義の生命であることは、ラアドブルッフがその法哲学の理論体系の中で明確に示しているとおりである。(4)

思想の自由は、現代に生きる人間にとっての最大の要求の一つである。しかし、思想の自由がひろく認められている社会では、人々の行動の基準がまちまちであるために、社会全体としての活動が優柔不断に流れやすい。もちろん、思想に対する寛容の上に立脚する民主主義の社会は、異見百出の討議に終止符を打ち、優柔不断の態度を決断にみちびくために、多数決の原理を採用する。けれども、多数できめたことがかならず正しいとはかぎらないという相対主義の反省は、ややもすれば、ひとたび下された決定に対する人心の動揺をかもし出す。法律となり、条約となった事柄に対しても、批判の自由を許す民主主義の社会は、そこに住む人々が民主主義のルウルをしっかりと身につけていないかぎり、とかくに懐疑主義の温床と化しやすい。ことに、その上に、反対の宣伝、疑惑の助長、内幕の暴露、等がさかんに行われれば、疑いぶかい現代人は、表むきの報告を信ずるよりも、その裏にそれとは反対の事実がかくされていると信ずることを、知識人の誇りと考えるようになる。そこを狙った思想工作が功を奏すれば、ひとたび下された決定に対して迫力のある行動の裏づけを与えることは、ますます困難となる。そうして、次の機会に、反対の意見が多数を占め、前の決定をくつがえすような決定が与えられることとなると、社会全体あるいは国全体の行動は一貫性を失い、やり直し、建て直し、新規まき直しがくりかえされることによって、国内には社会的エネルギイの浪費を呪う声が高まり、国際社会に対しては一国の信義を疑わしめる結果ともなる。国民がそのような機会主義の態度にあき足らなくなって来ることは、民主主義社会の危機である。危機は、危機の諸問題を一刀両断に解決すると誇号するところの、絶対主義の思想を歓迎する。絶対主義の思想は、個人主義の分散性を叱咤し、自由主義の懐疑性を嘲笑し、民主主義の日和見性を痛罵し、指導と信従との関係によって結ばれた鉄のごとき団結の必要を絶叫する。[5]しかも、いかなる絶対主義に対しても、平等に市民権を認めることを美徳とする「思想の自由」は、思想の自由を否定し去ろうとする思想や言論を、それなるが故に閉め出すべき理由を見出し得ないというディレンマに追いこまれる。ここに、現代における思想の自由の第一の危機がある。

思想は、単に「内面的」な思想過程として、主観精神の世界に宿っているだけのものではない。思想は、常に「表現された思想」として存在し、社会的歴史的なつながりをもって客観精神の領域に座を占める。したがって、思想はかならず表現をともなうものであり、「表現の自由」を併せもたない「思想の自由」は、ナンセンスにひとしい。しかるに、表現は、すでに一つの行動である。ことに、表現される思想が、単に事実の分析とか、歴史の回顧とかにかぎられず、現代を批判し、将来の変革や新たな建設を志向するものである場合には、そうした思想が大衆にむかって伝達され、宣伝され、それが異常な説得力をもって伝播して行くということは、巨大な政治的実践をさえ意味する。ワイマアル民主主義の悲劇は、民主主義をくつがえそうとするそのような政治的実践に対して、それが「思想」であり、「言論」であるという理由の下に、ほとんど野放しの自由が与えられたところに胚胎した。しかも、この種の思想の目ざすところの目標は、単なる国内組織の変革だけではなくて、結局は国際社会の現状の打破である。それは、そうした「思想」が、現実世界の秩序に対する最も破壊的な「行動」としての、戦争にまで発展する宿命をもつものであることを意味する。現代のファッシズム思想は、思い上った行動に走って、戦争を呼び寄せ、自らの呼び寄せた戦争によって、自ら壊滅に帰した。しかし、それは、そういう危険が第二次世界大戦によって一掃されたことを意味するものではない。

第二次大戦の終結以来、全世界的な規模をもって、民主主義的寛容の立場との対決を迫って来たものは、共産主義の思想である。共産主義の基礎理論は、歴史の動きに対して必然観を取る。人間の社会が、個人個人の善意や協力ではどうにもならない必然性をもって、一つの段階から他の段階へと発展しつつあること、現在の資本制社会においては、二つの階級の間の分裂がますます深刻化して行って、最後にはプロレタリアアトの団結した反抗力による革命が起り、資本主義体制の完全な覆滅を見るまでは、このいきおいは何ものによってもさえぎりとどめ得ないこと、——大まかにいってこのような点で必然観を取るところの共産主義の理論は、歴史をこの方向にむかって推進する態度を人々に要求し、それについて疑いをさしはさむ思想をいだくことを許さない。その意味で、それは、まさしく一つの絶対主義である。この左翼絶対主義は、右翼絶対主義と同様に、民主主義社会の認める「思想の自由」を利用して、説得・宣伝・威圧・煽動、等の手をつくし、大衆の心を把握することにつとめる。しかし、その目的が、共産政治力の勝利を獲得したのちにも、「思想の自由」を擁護するにあるのでないことは明らかである。なぜならば、共産主義が主導権をにぎっている社会においては、マルクスやレェニンの理論の真理性を疑ったり、資本主義機構にも長所があることを認めたりする「思想」は、もとより温存せられ得る余地をもたないからである。むしろ、共産主義の「思想」は、思想の多元性を寛容することによって、歴史の針路を決定的な方向からそらしたり、社会変革の速度をにぶらせたりすることを可能ならしめるような態度を、最後には、ことごとく払拭してしまうことを目標としている。それは、そこにいたることを妨げる障壁を、あらゆる手段によって破砕しようとする「行動」であり、そうした行動をひろく組織化して行くところの政治的な「実践」である。思想の自由は、思想の自由を抹殺し去ろうとする絶対主義の思想即行動に対して、自由にその闘争を展開し得る舞台を提供する。それが、現代における思想の自由の危機であることは、かって現代の自由主義が、ファッシズム思想の擡頭に対して無策の放任主義を取らざるを得なかった場合と、本質を同じうしているといわなければならない。

しかし、さればといって、自由を尊ぶ民主主義の社会が、自らのもつ政治権力をふるって、絶対主義の思想を相対主義的寛容性の枠の外に閉め出そうと企てることは、自由主義そのもののおちいる重大な自己矛盾である。それは、単に自由主義を「論理上」の矛盾におとしいれ、自由に対する信念もしくは信頼を冷却せしめるばかりではない。そうした政治行動は、民主主義を一種の絶対主義に変質させ、自由の世界に中世的な思想糺問の風潮を導入する端緒を開くことによって、自由を自殺にみちびくおそれがある。そのような傾向は、民主主義に攻撃を加える絶対主義者に対して、おのれ自らも絶対主義的な反撃を加え、知らず識らずのうちに、おのれ自らを反民主主義的な政治体制によって武装してしまう危険を包蔵する。その意味で、ラスキが、「民主主義と自由との名において民主主義および自由を破壊する危険」を強く戒めているのは、正しい(6)。

もちろん、民主主義が共産主義の脅威を前にして、なおかつこのような自戒と反省とを加えることは、共産主義の政治勢力にとっての「思う壺」であるに相違ない。なぜならば、資本主義社会に早晩ファッシズムの傾向が発生して、それが共産主義に弾圧を加え、さらに自由主義に対しても圧迫を強化するようになる「必然性」を内包するということは、今日の共産主義者の常用理論である。そこで、自由主義者もそのような傾向が生ずることをおそれて、「思想の自由」のためにたたかい、共産主義の「外濠」を埋めて、自由主義の本城に「敵」をみちびくことがないように努力すればするほど、共産主義は、やがてはおのれ自ら「粛正」の対象とするであろうところの自由主義と手を結び、その庇護の下に「思想即行動の自由」を十分に発揮しようとするであろうからである。それは、共産主義の政治勢力から見れば、かれら自ら手を下すまでもなく、自らの進出を妨げるような障害を、かれらの「敵」をして取りのぞかしめるゆえんにほかならない。しかも、さればといって、自由主義社会がその手には乗らぬという決意を固め、共産主義には思想の自由を認めることを拒み、すすんで、共産主義思想に対する「特高警察的」な監視や圧迫を加えるようになれば、その事実それ自身が共産主義の「理論」の真実性についての何よりもの実証となり、その行動それ自体が自由主義社会の思想中枢に位する自由主義者に恐怖を与え、かえって、共産主義の思想を「地下茎的」に肥大・蔓延せしめる結果をまねく。そうなれば、自由社会を守ろうとする政治勢力は、ますます威猛高になって、自らの表看板とする「思想の自由」そのものをも敵視し、自由主義の学園を「赤の温床」とののしり、自由の名において自由を殺す絶対主義に豹変してしまうであろう。この事実、もしくは、この可能性の意味するところは、きわめて重大である。なぜならば、そこにこそ、現代の思想の自由が当面する第二の、そして最も深刻な危機が存するからである。

この危機に当面して、今日なおかつ思想の自由を守るためには、思想の行動化について一線を劃し、絶対主義の行動がその一線を越えて、自由社会の秩序を攪乱する場合には、法によってその責任を追及すると同時に、絶対主義の思想がその一線をあえて越えないかぎり、思想には思想をもって対するというほかに、道はないであろう。

前にいったように、思想はかならず表現をともなう。そうして、思想の表現は、それ自身一つの行動であるばかりでなく、表現の仕方のいかんによっては高度の政治的実践ですらあり得る。したがって、思想と行動とをはっきりと区別し、行動を法的制約の下に置くと同時に、思想について野放しの自由を認めるということは、論理上も事実上も不可能である。しかし、思想即行動としてあらわれる絶対主義の政治活動について、自由社会の基本秩序を直接に破るものとそうでないものとを区分することは、決して不可能でない。したがって、前者を禁止することと、後者に自由を認めることとは、決して矛盾しない。人間は思想の遍歴を行う。絶対主義の思想に対してあこがれをいだきつつ、法の禁止や就職の不利を打算して、あえてこれに身を投じようとしない者は、ひとたび政治の大勢が絶対主義に傾けば、手のひらをかえすように絶対主義の政治に順応するばかりでなく、むしろ最初からその思想に忠実であったかのごとくに装ってはばからないであろう。これに反して、ひとたびは絶対主義の思想に帰依し、その政治権力体系の動きを身をもって体験し、そこでの自由の喪失が何を意味するかを覚った人々は、かえって勇敢な自由の使徒に転化する可能性をもつ。現代の自由主義は、「強い自由主義」でなければならぬ。強い自由主義は、自由社会の自由をあざける絶対主義の思想とも自由に対決し、論理をもってこれを克服し、事実によってこれを説得するだけの勇気をもたなければならない。この勇気をもちあわせないために、自由社会の政治権力の手を借りて、共産主義の思想を封殺してしまおうとするような自由主義は、自由の味方として計算に入れていた政治権力が、共産主義とは反対の極端から自由を鵜のみにしようとする絶対主義と、いつの間にか契りを結んでいることを発見して、後悔のほぞを噛まなければならないような羽目に立ちいたるであろう。

二三　学問の自由

学問は、人間の思想活動の中でも最も体系的な発達を遂げ、かつ、本来、政治に左右されることのない客観的真理を追求することを目標としている。したがって、一般に「思想の自由」が認められている社会では、当然の原則として「学問の自由」が保障される。学問は、一方では、永い歴史を通じて蓄積された知識の体系を基礎とすると同時に、他方では、ひろい間主観的な討論と経験の交換とを通じて発達する。近世のはじめに、ガリレオがピサの斜塔を利用して行った実験は、近代物理学の発達の端緒となった。戦争中から戦後にかけて、日本の原子物理学者が心をくだいてつづけて来た研究は、中間子の発見という偉業となり、はじめて日本人の頭上にノオベル賞の栄冠をもたらした。科学の権威は、学問の研究によって闡明されるところの真理の客観性にある。そうして、真理が客観的に真理であるということは、それが、世代を越えて歴史を縦につらぬき、民族の相違にかかわらず社会を横につらねる、広大無辺な間主観的交流によって確証されているということにほかならない。この、歴史的社会的間主観性の自由な交流を故意に遮断し、政治の都合によって或る傾向の学問だけを助成し、権力者の主観によって特定の学説を封殺するというようなことは、真理への道を閉ざす冒瀆行為として強く非難されなければならない。

政治権力によって自由な学問研究に干渉を加えることがいかに不当であるかは、自然科学に関するかぎり、今日ひろく認められており、民主主義の確立されている社会では、その点について問題の起る余地はほとんどない。なぜならば、自然科学の知識は本来政治上中立的であって、権力者が宗教上その他の理由から一定の自然認識の態度をドグマとして強要しないかぎり、どういう政治動向に対しても邪魔になるおそれがないばかりでなく、科学の発達が技術の進歩と結びつくことによって、自然力の広大な利用を可能ならしめ、政治的経綸を行うための有効な手段を提供するからである。これに対して、社会科学の探究は、対象が生きた人間社会であり、探究者もまた生きた人間であるために、しばしば理論認識の中に実践的態度が混入して来るし、場合によっては、社会科学の研究そのものが最初から社会的実践の一部分として規定されることもある。したがって、政治も、社会科学の行き方に対して無関心ではあり得ないのみならず、しばしば或る傾向の学問研究のみを許容・奨励し、これに反する科学の態度を弾圧しようとする。「学問の自由は、これを保障する」というような憲法の規定は、もちろん、社会科学の研究および発表にもあてはめらるべきはずなのであるが、学問活動のおよぼす影響が政治的に重要な意味をもてばもつほど、どこまでが自由を保障さるべき「学問」であるかが、大きな問題となって来ることをまぬかれない。

もしも、新カント哲学の科学方法論がいうように、理論的に対象を「価値に関係づける」(wertbeziehend) 態度を、実践的な価値判断を下す――「価値づける」(wertend, beurteilend) ――作用からはっきりと区別し、社会科学の任務を前者のみにかぎることができるならば、自由研究の保障を受ける「学問」とは前者だけを意味することになるから、学問と称して後者への逸脱が行われた場合、それが法律の制限を受けても、「学問の自由」が侵害されたことになるおそれはないであろう。[1][2][3] しかし社会科学が社会現象の中から価値に関係づけて対象を選び出し、それの意味を明らかにするという仕事を、截然と価値判断の立場から区別することは、きわめて困難である。なるほど、マックス・ウエバアのいうとおり、「売淫」という制度を倫理価値に関係づけつつ記述することと、「売淫」を人倫に反する制度として非難することとは、全く別である。売淫が売淫としてとらえられ得るためには、正常な婚姻とか、貞操を経済的取引きの対象とすることとかに関する価値観を予想しつつ、さまざまな両性関係の中から、この価値と結びつけて「売淫」として概念構成され得るものだけを選び出す必要がある。それは、売淫という社会的事実の「認識」であって、売淫を非難したり、取締法規を強化する必要を説いたりすることとは、明らかに本質をことにする。[4] しかし、売淫の原因を道義の頽廃に求めるか、資本制社会の暗黒面の一つとして記述するか、というようなことになると、その中に、単なる「理論」であるより以上の実践的態度が混入して来ることをまぬかれない。まして、「革命」というような現象の記述においては、それが記述であり、分析であるということと、記述を通じて革命の破壊面を強く印象づけたり、そこに人類社会の進歩の道標を見出すように誘導したりすることとの間には、ほとんど限界づけ得ないような微妙な交錯が入りこむ。バアクの「フランス革命への反省」と、ラスキの「現代の革命への反省」とを比較して見れば、前者の保守主義の立場と後者の変革礼讃の態度との対照は、きわめて明瞭に看取せられ得るであろう。[5][6] 社会科学については、理論と実践、学問と政治を截然と区別することは、往々にして不可能に近い。したがって、学問を理論研究とその発表とのみに限定し、それについての自由を確保しようとしても、学問の名において政治活動がなされたり、それを理由として学問に対する政治権力の干渉が行われたりすることを防ぐのは、至難の業といわざるを得ないのである。

それればかりでなく、政治動向が絶対主義に傾く場合には、社会科学が政治的に中立な「理論」の立場を堅持することそのことが、すでに非難の的となって来る。なぜならば、絶対主義者にとっては、科学が実践から離れた理論の域にとどまるということが、すでに、政治への協力を怠る不信の態度を意味するからである。社会科学は、社会現象を、政治的に中立な理論の態度をもって観察し、記述するという。しかし、たとえば、特定の国家を、君主を中心とする道義的結合体と見なし、そういうものとしてそれを絶対の価値にまで高めようとする政治の立場から見れば、およそ国家というものは、武力による種族に対する種族の征服と、そののちにきたる階級的な支配とに起因するというような「理論」は、政治のかかげる国家理念と根本から相容れ得ない邪論として斥けられるであろう。法秩序を純粋な規範の複合態として分析し、「国家の意志」とか「民族共同体の生活形式」とかいうような概念の法理論の中への介入をことごとく拒否したケルゼンの純粋法学は、民族至上主義の「血のミトス」から出発するナチスの法学者によって、急進自由主義の最後の牙城と見なされ、その総攻撃を浴びなければならなかった。[7][8]それどころか、ナチスの法および国家の理論の組織化に忠実につかえたケルロイタアでさえも、国際法上の国家の地位を説明するには国家法人説を取る必要があると説いたために、民族という「現実に眼に見える共同体」(wirklich sichtbare Gemeinschaft)の概念を一切の法学的思考の根柢としなければならないとするヘエンによって、自由主義思想の残滓に恋々たるものとして排撃されたのである。[9][10]絶対主義の政治動向は、学問の世界に政治的抗争を導入する。学問の自由とは、そのような「政治的科学」を学問の世界に導き入れ、学問の自由それ自身を政治的絶対主義の土足に蹂躙することを許すものでなければならないのか。ここに、学問の自由の当面する最大の悩みが存する。

右翼絶対主義の政治力の強化とともに起るそのような「学問の自由」の崩壊は、左翼絶対主義が支配する世界にも、同様に見出されるところの悲劇的現象である。マルクスおよびエンゲルスにはじまる唯物弁証法の哲学は、経験主義の外被を身にまとっている点では、真理の相対性を認める理論的態度を取っている。しかし、経験主義の外被の中につつまれたこの立場の中核には、歴史法則の展開の必然性を確信する形而上学的な絶対主義が蟠踞している。資本制社会に内在する階級分裂の現象は、人間の力では阻止も回避もできない必然性をもって、資本主義を瓦壊せしめるプロレタリアアトの革命へと発展するという「理論」は、それを疑うことを許さぬ絶対主義の権威となって、社会科学の上に君臨しようとする。しかも、人類社会は、社会の運動法則を単に認識するだけではなく、これを認識した人々を前衛とするプロレタリアアトの行動によって、不可避の変革をさらに促進しなければならないとする主張は、「理論」の立場をたちまちに「実践」の態度に豹変させる力をもつ。必然観は、必然観であるにもかかわらず、プロレタリアアトに社会変革への主体的な意欲と情熱とをもつことを要求し、これに対して懐疑的な日和見主義の気もちをいだく者共を、叱咤・激励もしくは排撃・粛正するための価値尺度を定立する。「ドイツ・イデオロギイ」を書き、「経済学批判」を著したマルクスが、同時に「共産党宣言」の筆者であり、第一インタアナショナルの組織に加わったということは、偶然の一致でもなく、単なる平行現象でもない。マルクスの理論は、精神物理的必然性をもってマルクスの行動へと発展したのである。唯物弁証法の科学性が共産主義運動の政治性とは独立に存在し得ると考える「理論家」は、とうてい正統マルクス主義者の名に値しないであろう。まして、いわんや、共産主義政治勢力が国家権力を奪取し、いわゆる「プロレタリアアトの独裁」が行われるようになった世界で、およそ社会科学に関する「学問の自由」が保障され、たとえば資本主義と社会主義との優劣とか、ソヴィエト体制と議会民主主義との対比とかいうような問題が、「自由」に論議され得ると考えるのは、木によって魚を求める以上におろかなことであるに相違ない。

唯物弁証法の「科学」は、非連続の論理を駆使する。社会的生産力の変化によって革命が起り、法秩序や政治機構のような上部構造が崩壊して、新たな生産力の段階に照応する新たな生産関係が確立すれば、その上に築き上げられる新たな法や政治の上部構造は、よしんば外観上前段階のそれと類似した形態を有する部分があるとしても、それとは「質的」に全くちがったものとして解釈され、運用されて行かなければならないのである。したがって、一九一七年の革命を経て成立した今日のソヴィエト国家が、国家であることにまちがいはなく、その憲法の中にはブルジョア国家の憲法と同じような基本的人権の保障が規定されていても、また、そこでは消費財貨の私有が認められ、そのかぎりにおいて私有財産が存在し、国家と私人あるいは私人相互の財産関係があっても、それをブルジョア社会で通用するような概念や理論で説明することは、許されない。ナチス・ドイツの物理学者が、今日ソ連にあって、ひきつづき原子エネルギイの研究と利用とに貢献しつつあるのは、自然科学における連続性である。しかし、今日のソ連の法秩序の中に財産や財産関係の現象があるからといって、それをブルジョア社会の民法学の諸範疇との連続性において考察することは、ソヴィエトの政治権力の下では「反逆」として取りあつかわれる。たとえば、パシュカニイスが、マルクス主義の理論に立脚しつつ、資本制社会での財産権や契約関係の基礎構造を分析した理論は、日本でも相当に高く評価されたし、その論の当否は別として、一応の学問的評価に値するものであったことは疑いを容れない[11]。また、ストウチカが、パシュカニイスの理論を基礎として、ソ連法の実体を考察し、その中に、国家機関と私人、または私人相互の関係を規律する民法的な部門と、国家の社会主義政策を実施するための統制法的な部門とがあることを指摘したのは、おそらく客観的に首肯され得る分析と認めてよいであろう[12]。だが、現代のソ連政治権力の有権的法解釈の下では、ブルジョア社会の法とソ連社会の法との間に連続性が存することを認めしめるようなこの種の法理論は、すべて「破壊者の腐説」(the rotten theory of the wreckers)という最大級の罵声とともに容赦なく葬り去られるのである[13]。

およそ人間の作ったあらゆる制度がそうであるように、現在のソヴィエト法制度は、いままでにない新たな創意・工夫のいくたの産物を含んでいる反面、その中には既存の国家機構や軍隊組織の意味構造を継承している部分が多々あるに相違ない。そこには、すべての権力機構がそうであるように、いろいろな長所があると同時に、種々の欠陥や濫用の危険が包蔵されていることも、当然のことと推断される。なぜならば、人間の作ったものに完全無欠を望むことが不可能であるのは、経験の教える鉄則であるし、中でも、政治権力の組織が、それが独裁形態に近づけば近づくほど、長所と短所とを露骨に示すようになることは、どんな場合にもまぬかれ得ない現象だからである。だから、レイスナアなどは、一方では、ソヴィエト法の積極的な役わりを認めて、それを階級闘争を緩和させ、資本主義の包囲の圧迫の下にプロレタリアアトの独裁が腐敗することを防ぐという点にあるとした。しかし、かれは、他方では、ソヴィエト法がプロレタリアアトの利益を害するような反動労力と化し、そのために「新たな革命」の原因となるおそれがあることをも指摘しているのである[14]。このような反省は、客観的に見てソヴィエト社会にとっても必要であるものと思われる。だが、ヴィシンスキイにいわせれば、レイスナアのかかる「発見」は、ブルジョア・メンシェヴィイク的法思想であり、反動革命的トロツキイ主義の立場からの誹諦以外の何ものでもないのである。[15] かくて、ヴィシンスキイの英訳七百五十頁に達するソヴィエト法の叙述は、全巻をあげてソヴィエト制度を隅から隅までマルクス・エンゲルス・レエニン・スタアリン主義の栄光に満ち満ちたものとして示すことのために捧げられている。しかし、それは同時に、政治的絶対主義の支配する世界での「学問の無自由」を自ら告白しているものといわざるを得ない。

政治的絶対主義が支配権を握っている世界は別として、市民的自由が認められている民主主義社会においては、このような絶対主義の「学問」に対してどこまでの自由を保障するかが、きわめて困難な問題として登場する。

もちろん、マルクス・レエニン主義の哲学や、唯物弁証法の歴史観や、共産主義の実体や、ソヴィエト法の理論と現実などを「研究」することは、どこまでも自由でなければならない。さらに、研究は当然に発表を予想するものであり、発表をともなわない研究は客観性をもった学問とはならないから、「研究の自由」を認めることは、同時に「発表の自由」を保障するものでなければならない。しかし、研究者自らが共産主義の立場に立ち、理論は当然に実践を志向するものであることを確信しつつ、その研究を発表する場合には、その「学問」はただちに政治的実践と直結する。そのような学者が、煽動的文章をもって共産主義革命の必然性を力説し、教壇からプロレタリアアトによる政治権力奪取の必要を学生にむかって呼びかけたとするならば、それをしもなお、「学問の自由」の名の下に放任すべきであるか。あるいは、「学問の自由」を守るためには、そうした著書の発売を禁止し、その種の学者を教職から退かしめる必要があるのか。――かくて、学問の自由の問題は、特定の政治的立場に立つ学者の身分保障の問題にまで具体化して来る。

かって、アメリカ合衆国の「教育政策委員会」(Educational Policies Commission) は、とくに共産主義に関連してこの問題を検討し、注目すべき結論に到達した。その結論によると、共産主義者は大学教授たる適格性をもたない。なぜならば、共産主義を信奉する大学教授の思想や教授方針は、外部からの統制の下に置かれている。共産主義の学者は、かれらの属する政治団体の本部によって、いかに考え、いかに教えるべきかを指令されているのである。その意味で、共産主義者は教授および研究の自由をもたない。したがって、大学のもつ最も重要な権利であり、かつ義務であるところの学問の自由の名において、共産主義者は民主主義国家の大学教授たる地位にあるべきではないと断定せざるを得ない、と。[16]

しかしながら、共産主義者は思想の自由をもたないということがいわれ得るとしても、単にそれだけの理由で、共産主義を信奉する学者を大学から排除したり、その著書の発売を禁じたりすることは、学問が真理探究の責任をはたして行くことを妨げる。なぜならば、共産主義の理論のどこに誤謬があるか、マルクス主義の社会分析や歴史観がどこまで真理として承認され得るかは、まずもって学問の世界で検討さるべき問題である。しかるに、その有力な理論家たちが大学から追われたり、言論の自由を奪われたりするならば、正統民主主義の立場に立つ学問は、その立場それ自身の真理性をためし試みるべき絶好の試金石を失うことになるからである。およそ真理は、温室には育たない。階級を越えた普遍の真理を追求する立場にとっては、真理は階級的に制約されていると見る唯物弁証法の理論との対決は、回避すべからざる試錬である。ことに、マルクス・レエニン主義の社会科学は、一面ではたしかに高度の科学性を備えているために、その中に秘められた絶対主義的教義性を看破ることは、かならずしも容易でない。科学としてのマルクス・レエニン主義の理論の、学問発達のために貢献すべき点はこれを摂取すると同時に、その中に含まれた、絶対主義の政治を「必然的」に志向する部分に対しては、その非科学性を明らかに指摘し、破壊による人間解放ではなく、秩序を通じて社会制度を合理化して行く道を探究することは、社会科学に課せられた最も重大な任務である。それには、共産主義の理論にも、それが直接の政治行動としての性格をおびて来ないかぎり、社会科学の世界での自由と市民権が認められなければならぬ。共産主義の理論の口を封ずることによって、学問の自由を守ろうとする態度は、自由に対する信念と真理を確証しようとする情熱との欠如を意味し、自由の名において自由を萎縮せしめる結果をしか招かないであろう。

もちろん、学問の自由を肯定し、支持するということは、学問の自由の無限界性を認めることを意味するものではない。すでに、社会科学の理論性の限界があいまいであり、科学の中に高度の政治的実践性が混入する可能性がある以上、およそ学問の名をもって行われる活動に無際限の自由を認めれば、学園を露骨な政治抗争の場所と化することは必定である。学問の「名」は、無遠慮な政治活動の「実」に対して、治外法権的な自由を与える鑑札に利用されてはならない。しかし、個々の具体的な場合について、どこに学問活動と非学問活動との限界線をひき、どこにその限界線を逸脱した行為があったかを認定するという仕事は、どこまでも学問の立場からなさるべきである。いいかえると、その判定基準を、政党抗争の場所である国会の立法で定めたり、その具体的適用を政府の行政措置にゆだねたりすることは、あくまでも避けられなければならない。もしも大学が、ひとたび学者の政治活動に対する政治権力の介入を許すならば、それが端緒となって、政治がその意に副わぬ学者にたとえば「赤」というような烙印を勝手に押しつけ、共産主義者をも非共産主義者をも学園から追放するような風潮を招来する。学問の自由をおびやかす危険は、共産主義の側にあると同時に、共産主義排撃の名分の下に、政治をふたたび右翼絶対主義に接近せしめるところにも存する。学問を実践のるつぼに投ずることを好む左右両極の思想動向に対して、あくまでも真理探究の中正な態度を守りぬくためには、大学は、学園の内部に起った学問限界逸脱の行為について、自主的にその責任を明らかにするだけの力をもつことが必要である。前門の虎に屈することが学問の自由の自殺であるならば、前門の虎を防ぐために、後門の狼の力を借りざるを得ないような事態をひき起すことは、それ以上に卑怯な学問の自由の自己放棄以外の何ものをも意味しないであろう。

二四　自然の征服

文化の最初の形態は、自然の土地に鋤を入れ、木の根や雑草を取りのぞき、種子を蒔き、肥料を加え、穀物を収穫して食糧に当てるといったような一連の仕事としての、クルトラであり、アグリカルチュアであった。このような最広義の文化概念を今日でも用いることが許されるとするならば、自然を利用し、自然の事物の上に加工を施し、それによって人間の生存の必要をみたし、それをもって社会生活の便益に資する活動は、すべて文化活動であるということができる。その意味では、道具を作り、道具を用い、制度を工夫し、工夫した制度を運用しつつ行われる人間の生活は、ことごとく文化生活である。人間の作る世界は、文化の世界である。文化の世界は、隅々まで「文化意味」に満たされている。文化的に意味のある事物は、人間にとって何らかの「価値」をもつ。人間は、自然を利用して価値を作り、物質を材料として文化意味を創造する。人間による文化世界の創造がすすめばすすむほど、自然の形状は変貌し、物質は人為によって合成・加工・構築され、都市となり、鉱山となり、港湾となり、船舶となり、原料となり、積荷となり、工場となり、機械となり、製品となる。石炭は熱と化し、熱は水を蒸発させ、気化した水の圧力は機械を動かし、さらに電力と化して、照明や交通や通信や生産活動に奉仕する。文化は、自然力を人間目的のための手段として利用するところに成り立つ。その意味で、文化の建設は「自然の征服」にほかならない。

文化は、自然を材料とする「意味創造」の働きであると同時に、自然からの「意味剥奪」の作用をいとなむ。今日では、自然は、自然そのものとしては意味のない存在である。山間を奔流する水は、「電源開発」という文化意味の観点から見れば、貴重な価値をもつが、単なる自然の渓流として眺めた場合には、――見る眼に爽快の感を与え、釣人に岩魚釣りの魅力を覚えさせるというようなことは別として、――別段の意味も価値もない。自然は、人間がそれに意味を与え、それを価値創造の材料として用いないかぎり、「無意味」である。しかし、文化の発達する前の時代には、自然は決してそのような無意味な存在ではなくて、むしろ恐るべき意味に満たされた世界であった。しかも、もろもろの自然現象のもつ意味は、もともと「人間が賦与した意味」であるにもかかわらず、人間自身によってはそういうものとして受け取られないで、むしろ、人間の力ではどうすることもできない「神秘の力」の根源をなすものと信ぜられていた。山には魔神が住み、雲には雷神が乗り、川には妖精が宿り、カンガルウには穀物を増殖させる力があり、狐は人をばかし、タブウの石を見た者は眼がつぶれるといったような迷信は、人間を取りまく自然界を無気味な意味をもって満たし、それらの超自然的な意味が人間の心に絶えざる脅威と圧迫とを加えていたのである。文化の発達と科学の進歩とは、自然から、人間が自然に対して賦与していたこれらの超自然的な意味を一つ一つはぎ取って行った。自然は、無気味な意味からはなれて、それ自身としては目的も意図ももたない尨大な物質の堆積と巨大な物理力の作用とに還元された。魔神のたたりを恐れていた山々からは、木材が伐採され、鉄鉱が掘り出され、ダムによって堰き止められた水は落下して電力を起し、複雑な機械はうなりを発して回転し、ネオンの光りは大都会の夜を飾り、人々は居ながらにしてオペラを聞き、演奏の実況を見ることができるようになった。人間は自然の主人となった。自然力は人間の忠僕と化した。自然に附着していた超自然的意味を剥奪することは、自然を科学的に分析し、その力を人間生活の福利のために応用し得る原因ともなり、またその結果ともなったのである。

このような文化世界建設のすべての過程を通じて、自然科学のはたした役わりはかぎりなく大きい。科学によって物質の構造が明らかにされ、自然力の実体が究明されて行くあとから、それに加工し、それを利用する技術が次々に発明され、しかも、そうした自然改造の速度はいよいよ早く、その規模はますます大きくなりつつある。一方、地震・台風・洪水、等によって人間社会の受ける被害は、依然としてすくなくないが、他方、人間の身体の組織や内臓の諸器官の機能が判明し、各種の疾病の病理研究とその治療方法がすすむにつれて、生命を病苦と損耗とから護る手だても、格段の進歩を遂げるようになった。現代の原子物理学の発達と、その実際への応用とが、戦争によって促進され、原子爆弾による前古未曾有の惨虐な集団殺戮が行われ得るにいたったことは、科学・技術の高度化のもたらした深刻な悲劇であるが、それがそのように用いられたことの責任は、自然科学にあるよりも、むしろ、無軌道に走りやすい政治と、それを統御し得ない社会科学の無力さとの側に存する。今後、原子エネルギイの平和産業への利用がすすめば、今日の想像を絶するような生産力の飛躍的向上をはかることも、決して不可能ではないであろう。

人間は、幸福を求め、快適な生活を願う。それは、人間が人間として生まれて来た以上、だれしもに認めらるべき権利であり、自由である。しかし、古来の社会制度の下では、この権利と自由は、かって一度も平等に保障されたことはなかった。それどころか、少数の貴族や自由人の豪奢・快適・安楽な生活を賄うために、動物同様に売買される多数の奴隷が、無条件にその労働力を提供しなければならなかった時代もあった。封建領主やその家臣が栄光と権勢とをふるっている蔭には、農奴や百姓の苦役と貧窮と飢餓とがひろく伏在していた。男性が社会の地位と活動と収入とを独占している反面には、男性の横暴に屈服し、家事労働の万端を一手に引け受け、わずかに粉飾と媚態とをもって男性の心をとらえることをこれ事とする、男性とほぼ同数の女性があった。民主主義の発達は、封建的な身分の差別を取りのぞき、すべての人間を法の前に平等に取りあつかい、各人に幸福追求の自由を認めるという生活原理を打ち立てたけれども、そこでは、資本のもつ巨大な利潤吸収力が発揮されて、勤労大衆の生活を圧迫し、その経済上の自由を奪い去る結果を招いた。先進国が、国内の階級分裂の矛盾を救済するために、国外にむかって採用した領土拡張主義や植民地獲得政策は、先進国民をして高度の文化生活を享有せしめることとなった反面、それと後進諸民族の隷従や奉仕や窮乏との間の距離は、ますます拡大されるにいたった。一部分の人間が快適に生活するために、他の大部分の人間の役務と労苦とが必要であるかぎり、こうした不合理の取りのぞかれる見こみはない。そうして、これらの不合理が取りのぞかれないかぎり、羨望や敵意や憎悪が集団的な社会緊張をひき起し、それが最後には実力抗争にまで爆発して、折角にして築き上げた人類文化の世界を戦争と破壊との修羅場と化する危険は去らない。

こうした状態を打開するためには、社会制度の改革が必要であることは、いうまでもないところである。しかし、社会制度の改革といっても、これだけに複雑にからみ合っている矛盾を解決するということは、ほとんど手のつけようもないほどの難問題である。手のつけようもないからといって、現状のままに放置さるべきでないことは、もとよりであるが、この問題の解決には、制度の改革という大手からの道のほかに、科学・技術の利用を普遍化することによって、あまねく人類の生活水準を高めるという、いわば搦手からの方法があることを忘れてはならない。人間に対する搾取や、人間の一方的な奉仕によって、搾取する人間や奉仕される人間にのみ快適と安逸とがもたらされるという仕組みは、人間による自然の征服、利用された自然力による人間への奉仕という行き方に、次第に置きかえられて行くべきである。人が人を搾取し、人を人に奉仕させるかわりに、機械化された自然力をして人間に奉仕せしめ、人間は人間たるの尊厳にふさわしい生活の建設に専念するというのは、まさに文化生活の理想図であるということができよう。

もちろん、この方法を普及させるには、高水準の科学・技術を前提とするばかりでなく、公有資本にせよ、私有資本にせよ、彪大な資本を必要とする。したがって、高度の科学や技術が巨大な資本と結びついたところにのみ、自然力の精巧な利用による人間生活の利便と合理化とが急速にすすみ、資本をもたない民族や、資本の行きわたらない地域は、旧態依然たる低生活に停頓することにならざるを得ない。アメリカの大都市の、台所の隅々まで機械化され、合理化された生活と、アジア後進諸地域の泥と汗とにまみれた社会環境とのへだたりは、後者に人間たるの自覚が行きわたれば行きわたるほど、「人間として堪えしのび得ない状態」となりつつあるであろう[1]。しかし、それは、アメリカの機械文明の発達を停止させるべき理由ともならなければ、内乱と戦争との危険を賭して頻発するアジア民族主義の蜂起に、蔭から援助を与えることを正当化するゆえんにもならない。戦争を防止しつつ、人類が平和に共存し得るような社会状態を作り上げる道は、各国の国内政治の合理化と、国際的な資本の転用および技術の援助とを平行させて、後進諸地域にも科学のもたらす恵福をおしひろめて行く以外にはない。若い日のマルクスとエンゲルスとは、プロレタリアアトの革命ののちにきたる共産主義社会では、固定した分業というものはなくなり、人々は、猟師・漁夫・牧夫・批評家といったような定職をもたないで、その思うがままに、朝は狩猟に出かけ、午後は釣魚に時をすごし、夕方は牝牛の乳をしぼり、夜は評論に花を咲かせることができるようになる、と断言した[2]。それは、まさしく、第十九世紀のなかばごろにかれらがイギリスで見たであろうような、貴族や富豪の週末休暇の日課である。もしもマルクスやエンゲルスが、どうすればすべての人間にそのような思いのままの生活を保障することができるかについて、具体的な構想と計画とを示すことなしに、——そうして、かれらは、事実そのような理想境を実現するための具体的な計画を、一向に示してはいないのであるが、——革命の破局の彼岸にそうした夢の到来を予言したのであるとすれば、それは誠に無責任な放言である。また、もしもかれらが、革命が成功したのちには、大量のブルジョアジイの残党や反動革命主義者たちを強制労働に追いやり、それらの人々の無償の苦役を土台として、その上にすべてのプロレタリアアトがさような貴族的快適生活をいとなみ得るようになることを約束したのであるならば、それはかれらの無階級・無搾取の将来社会の構図とは根本から矛盾する。けれども、もしもかれらが、きたるべき共産社会では、たとえば電力や原子エネルギイの利用が飛躍的にすすんで、人が人を搾取するかわりに、あらゆる自然力をすべての人間の福祉のために奉仕せしめ、精密をきわめた機械の作用が十二分に人間労働のかわりをつとめるようになることを予想したのであるとするならば、かれらはまさに稀に見る想像力の天才であったといわなければならない。なぜならば、そうした想像図は、今日では決して単なる蜃気楼とのみはいえなくなって来つつあるからである。

ユネスコは、人類の生活水準の向上に役立つような科学の研究を国際的に推進することを、自然科学の領域での重要な課題として取り上げ、その中の具体的な計画の一つとして、沙漠の征服ということをかかげている。(3) 沙漠および沙漠に近い不毛地帯は、地球上の広大な面積を占めている。もしも、科学・技術の力によってこれらの乾燥地帯の灌概を可能ならしめ、沙漠を開拓して緑地とすることができるならば、それによって人類の享ける福利ははかり知り得ないものがあるであろう。この仕事も、今日ではすでに実現可能の段階に到達している。しかし、この仕事もまた、それを実行するには巨大な資本を必要とする。だから、沙漠の緑土化という「第二十世紀の奇蹟」は、やはりまずアメリカで成功した。ロッキイ山脈から西方に張り出しているコロラド高原は、雨量が僅少なために広大な沙漠となっている。ただ、冬季には、ロッキイ山脈一帯に相当量の降雪があり、それが雪どけとともに奔流となって、年々歳々同じ道筋を通って海に流れ去るために、蜿々たる断崖をなした空谿が深く高原をえぐって走っている。合衆国のもつ科学と技術と資本とは、この断崖に巨大なダムを作って水を堰き止めることに成功した。ボルダ・ダムの完成とともに、巨大な落差は太平洋岸の重工業地帯に送る豊富な電力を産出するようになった。落下した水は、溝を通じて、耕された沙漠に導かれ、サイフォンによってうねの中に流し込まれる。一年を通じて最大の日照時間をもつところの沙漠は、水を得れば最適の耕作地と化する。沙漠には、作物が繁茂し、香り高いメロンが稔るようになった。その中心地には、近代住宅と、緑樹と、青々とひろがる芝生とをもつ清新・溌剌たるボルダ・シティが、真夏の昼の夢のごとくに出現した。(4) ボルダ・ダムの完成による沙漠の緑地化は、定期的に洪水となって荒れ狂うテネシイ谿谷の水を二十数個のダムをもって堰き止め、電力の供給、肥料の生産、灌概用水の調節によって、荒蕪地を鼓腹撃壌の楽土と化したTVAとともに、現代アメリカの誇る自然征服の大業績である。(5)

科学の力で沙漠を征服し、それによって人類の生活水準を高め、平和の基礎条件の建設に寄与しようというのは、たしかにユネスコの卓抜な着想である。しかし、そうした国際的な計画の当面の目標は、独力でそのような事業を思うように実施し得るアメリカ合衆国内部の問題にあるのではなくて、今日でも昔ながらの沙漠をもてあまし、それをいかんともすることができずにいる後進諸地域の開発に置かれなければならない。ユネスコ総会でこの問題について熱心に発言し、切実な要求を提出する人々の大部分が、有色もしくは半有色の諸民族の代表であることは、沙漠をもつ深刻な悩みと、沙漠征服のほのかな希望との交錯状態に置かれているのが、地球上のどの地方であるかをよく物語っている。しかし、このようなほのかな希望にむかって一歩でも前進するためには、ますそこへ資本を注入する道を開かなければならない。レエニンは、「独占金融資本の輸出」をば、先進資本主義諸国家による帝国主義的侵略の最も悪疎な方法として描き出した。[6] 利潤のないところには、資本は輸出されない。資本が輸出されるところでは、そこで生み出される利潤は、資本の輸出にあたった国々の独占金融資本家の手に吸収される。そうした共産主義理論の公式が公式どおりに、もしくは公式に近い形式で行われているかぎり、ユネスコの描く平和建設計画は、いつまでも画餅の域を脱し得ない。もしも今日の有力な民主主義国家群、なかんずくアメリカ合衆国が、真剣に「自由世界」を共産主義の脅威から防ごうとするならば、長期の据置を覚悟して後進地方の未開発資源の開発のために大資本を投下し、科学・技術の利用によってそれらの地方の住民の生活水準を向上させることに努力して行かなければならない。国際的な資本の輸出から、レエニンによって呪咀されたような帝国主義的侵略の手段としての性格が脱落し、資本輸出国の長期の、そうして控え目な採算の上に、資本輸入国の窮境の打開が行われるようになることこそ、世界を平和と繁栄とに導くための最も重要な「意味転換」であるということができるであろう。

人類は地球の上に住んでいる。しかし、陸地の面積は地球上の四分の一にすぎず、あまつさえ、そこには峻険な山岳地帯や沙漠や凍原が多いために、人類がそこに住み、それを利用し得る地表の部分は、いちじるしく限定されざるを得ない。しかも、陸地の利用は、原則として平面にかぎられ、わずかに鉱物の採掘などの場合に、陸地資源の立体的な活用が行われているにすぎない。だから、今後の人類は、その生活を向上させ、さまざまな社会問題の解決をはかるために、さらにすすんで未開発の陸地資源の利用に力める一方、広大無辺な海洋資源の開発にむかって、科学的探索をすすめて行く必要がある。[7] 地球の表面面積の四分の三を占める海洋は、さらに平均四千メエトルの深度をもっている。したがって、海洋資源の開発は、尨大な立体性において行われ得る。それは、資源の賦存状態においてきわめて非集約的であるとはいえ、その質と量との豊富さからいえば、まさに無尽蔵であり、無限の可能性をふくんでいるといえよう。

ただし、海洋資源の開発は、陸上の開発よりも、はるかに高度の国際的協力を必要とする。いま、かりに将来、海流の加減や海水温度などを精密に調査した上で、植物性プランクトンの肥料である燐酸塩を放流し、それによってプランクトンの増殖をはかり、魚族や鯨の繁殖を目ざすというような大事業が実施可能になったとしよう。それが巨大な資本の投下を意味することは、明らかである。しかるに、海水は流れ、魚族・海獣は回游し、人間もまた船に乗ってこれを追うのであるから、資本の投下と収益との関係を一つの国や一つの地方の立場だけで計算することは、不可能である。したがって、このような仕事は、どうしても国際計画経済の立場から取り上げられなければならない。そのほか、海洋資源の開発が本格化すればするほど、海洋についての国際法および国際政治上の積極的な調整が必要になって来る。そこには、領海とか公海の自由とかいうような国際法上の既成概念では律し得ない、いくたの新らしい問題が起って来るであろう。海洋の利用についてのそのような新らしい国際協力の方式の検討は、社会制度の新分野に関する困難な、しかし希望に満ちた「意味創造」である。それによって、人間による自然の征服がすすみ、人類の生活水準の向上がはかられ、既存制度の改革によっては容易に打開しがたい「経済の自由」への扉をひらくことができるならば、それこそ、人間の意志と努力による最も偉大な人間の運命の開拓を意味するであろう。人間の運命の窮するところ、そこでは、人間の力の及び得ない必然が支配する。自由とは、人間の新たな意味創造から出発する別個の必然によって、人間の運命を窮地に追いこんでいる既存の必然の支配を打破することにほかならない。

二五　人間の改造

人間は、世界の中にある存在であると同時に、世界を作りつつある存在である。人間によって作られつつあるものは、一方ではきわめてひろい意味での「道具の世界」であり、他方では同じくひろい意味での「制度の世界」である。ところで、道具を作ったからには、人はそれを使わなければならない。機械に故障が起れば、修理することも必要だし、さらに、それをよりよいものに改善して行くことにも力めなければならない。近代的な大工場で、複雑な機械の性能をよくのみこみ、それを巧妙に使用し、故障の個所をすみやかに発見し、能率的に均整の取れた品物を生産して行くということは、永年の習練を経た熟練工にして、はじめてなし得るところであろう。大汽船の船長や長距離旅客機の運転士になるためには、なみなみならぬ修業と、たたきあげた経験とを積まなければならない。同様に、社会制度もまた、それが複雑・大規模であればあるほど、要所要所に、人格が高く、識見に富み、才能にめぐまれ、責任観念の強い人物を配置しなければ、うまくは動かない。制度の問題よりも人の問題であるといわれるが、それは制度が悪くてもよいという意味ではない。立派な人間がその衝にあたれば、たとい制度は不備であっても、それを有能に運用して行くし、日々の工夫と躬行実践とによって不備な制度をおおいに改善して、予期以上の成果を上げることができるのである。その意味で、立派な人物は、制度の世界でのすぐれた技師であり、発明家でさえある。同じ裁判制度の中で働き、同じ法律を解釈・適用しても、凡庸の判事と偉大な裁判官とでは、裁判の結果の上に大きな開きが生ずる。成文法国でも、偉大な裁判官は、常に法律の上に改修工事を加え、社会の実情にかなった「生きた法」を作り上げて行く。人間の住む世界を改善して行くためには、便利な道具を作り、新鋭の機械を発明し、合理的な制度を立案することが必要であるばかりでなく、そのいずれにもまして、「立派な人物」を作ることが何よりも大切な仕事となって来る。

人間は精神物理的存在である。したがって、人間は、人間の住む世界に対して絶えざる改修を加えつつあると同時に、人間そのものに対しても、社会の目的にかなうように、道具や制度の運用に適するように、改造を加えることができる。教育は、人間を育成し、人間から反社会性を取りのぞき、知識を授け、技術を与え、人格を向上せしめるための、最も重要な社会活動である。「三重苦の聖女」と呼ばれるヘレン・ケラアは、彼女自身の偉大な天分と、教師サリヴァン女史の献身的で、かつ破天荒の教育・指導とによって、五官のうちの三つの機能を失っているにもかかわらず、偉大な知識を備え、崇高な人格を磨き、多くの暗黒な人生に光明と慰藉とをもたらすことができた。ユネスコ事務総長のボデエ博士は、かってメキシコの文教行政にあたっていたころ、メキシコ国民の中から文盲をなくするための大運動を展開し、知識のある国民の一人一人がすくなくとも一人ずつの文盲の教師となって、これに読み書きを教えるように熱心に呼びかけ、僅か二年の間に文字を解せぬ百二十万の人々を救済することに成功した。今日では、各国の行刑制度も大いに改善され、刑罰は、犯罪に対する応報としての意味よりも、犯罪素質を有する人々を教化・改善して、正常な社会人に仕立て上げるための教育的意味を多分にもつようになりつつある。しかし、教育は、人を作ると同時に、人をゆがめる。あやまった教育は、平和な国民を、数年にして血に飢えた侵略国家の戦闘要員に仕立て上げる。教育ほど尊いものはなく、また、教育ほど恐ろしいものはない。

教育には、大まかにいって、二つの側面がある。その一つは、個人個人を、社会という組織体を構成する細胞もしくは器官のように考え、各人をそれぞれの職域のつかさどる機能に習熟するように導いて行く側面である。この方面では、厳格な精神の訓育とともに、特に肉体の鍛錬に重きが置かれる。ダンサアになるためには、片足の爪先で立ち、軽やかに舞い、律動的に動作するために、血のにじむような修業を重ねなければならない。ピアニストの十本の指が鍵盤の上を厘毫の狂いもなく乱舞し、正確なリズムを刻み、詠唱のような微妙なタッチをひびかせるのは、幼時から不断に重ねられた猛練習の賜物である。それほどの名人芸ではなくても、銀行員が高速度で正確に札束を数え、運転手が自動車のハンドルをあやつり、大工がかんなをかけ、農民がひろい田畑を耕し、キャッチャア・ボオトの砲手が一発よくもりを巨鯨の急所に撃ちこむといったような手練は、普通教育や家庭教育の基礎の上に、現場で先輩が手を取って行う特殊技能教育が積み重ねられることによって、次第に錬成される。社会の組織的活動は、このような職域ごとの特殊の技能を有機的に組み合わせることによって、はじめて円滑に行われ得る。その最も典型的なものは軍隊教育であるが、軍隊ほどでなくても、社会の全体目的を一貫して達成するためには、その有機的な機能を分化させると同時に、それを綜合的に組み合わせる必要上、或る点まで人間を機械化し、或る程度まで人間を片輪にするような教育が必要になって来る。これを、かりに「組織主義的教育」と名づけることとしよう。

しかし、教育の真の任務は、一方で組織主義的教育が必要であればあるだけに、他方で人間を自由な人格者として完成させるという仕事を遂行して行くところにある。複雑な近代社会の組織の中で働く人間は、高度の分業の一つ一つを担当し、そのために教育され、その仕事に専念するために、次第に機械の部分品のようになって行く傾向がある。その場合の人間は、社会の綜合目的の「手段」として働いているのである。しかし、複雑な分業に従事する人々の活動を手段とし、それを通じて達成される社会の「目的」は、そもそも何であるか。それは、具体的には、セメントの生産であり、乗客や貨物の輸送であり、治安の維持であり、租税の徴収であるであろう。だが、それらの目的も、結局は人間が生存し、種々の需要を満たし、さまざまな生活目的を達成するための手段にほかならない。すべての社会活動は、人間のために行われる。そのような「目的としての人間」が少数・一部の人々にかぎられ、他の多数の「手段としての人間」がそのために一方的に奉仕するような社会には、自由はない。自由は、すべての人間が、他人の目的のための手段として働くと同時に、おのれ自ら自己目的の存在者として生活し得るところにのみ存する。「汝は人間を、それが汝自身であれ、いかなる他人であれ、常に同時に目的として取りあつかい、決して単なる手段として用いることがないように行動せよ」というカントの定言命令は、自由世界の最高の指導精神である。[1] したがって、自由世界の教育方針もまた、あくまでもこの指導精神にしたがって確立されなければならぬ。[2]

高度に組織化された社会では、人間は機械のごとくに働く。けれども、人間はもとより機械ではない。職場で機械のごとくに働く人々は、それを自分たちの「責任」と考え、「使命」と思えばこそ、そのように働き得るまでの修練を重ねて来たのである。しかも、「海ゆかば水漬くかばね」と心得て、月月火水木金金の猛訓練を重ねた旧帝国海軍の将兵は、自分たちの窺知すべからざる政治の舞台裏で決定された方針について、疑うことも、批判することも「不忠」である、という意識の下に行動していたからこそ、自分自身を侵略戦争の「単なる手段」として用いたことになるのである。政治は、すべての人間の福祉を目ざさなければならない。その「すべての人間」の中には、「自分自身」も当然に含まれる。自他を通ずる最大多数の幸福のためになされる政治については、何人もがその内容を知り、その方針を考え、自らの判断の下に発言する権利をもつ。多数の意見によって決定された方針には従わなければならないが、事後においても批判の自由は保留される。そのようにしていとなまれる社会生活には、もちろん、危険もあり、犠牲もともなう。海上輸送の安全を護るためには、海難救助の組織を設ける必要がある。危険な業務に従う人々に対しては、それに相応する待遇が与えられなければならぬ。自ら志してその仕事にたずさわっている以上、決死の救助作業にも出動せねばならぬ。不幸にして殉職した場合には、遺族に対して十分な生活保障の措置が講ぜられねばならぬ。その他、国民の輿論にもとづき、国民代表機関の決定した立法により、国民の負担する租税収入によって運営されるさまざまな公共事業の中には、従業者の生命の危険を計算に入れねばならぬものもすくなくないであろう。それでも、だれかがその仕事に従事する必要があると考え、自らすすんでそれを選び、あるいは権限ある機関の決定によってそれにたずさわっている者が、敢然として死地におもむくのは、自分自身を「単なる手段」として取りあつかうことにはならない。かってアフリカの奥地で集団虐殺の犠牲となったカソリックの伝道師たちの運命は、その後もロオマ法王庁の命令によって、未開社会に派遣される神父たちから、神の与えた使命に忠であろうとする「自由」を奪うことはなかった。自ら判断し、発言し、経験し、工夫し、批判し、社会機構の一部局を担当する者としての責任を自覚し、その自覚にもとづいて誠実に行動する人々は、「自由な人格者」である。民主主義は、市井に生活し、農村に働く「普通人」が、一般に良識を備え、自由と責任とをわきまえた人格者となることを前提として、はじめて栄える。[3] 教育は、社会に生活するすべての人間を自由の人格者に仕立て上げることを目標としなければならない。これを、「人格主義的教育」と名づけることができるであろう。

自由な社会の教育は、人格主義と組織主義との綜合の上に成り立つ。単なる人格主義の教育だけでは、今日の高度化した組織社会の要求に応ずることはできない。機械の運用に熟達し、特殊な科学・技術の知識を備え、法律・政治・金融・財政・企業・経営、等の諸制度の運用に精通した人々を作ることは、社会の生産力と社会活動の能率とを向上させ、社会生活を合理化して行くために、ぜひとも必要である。ことに、自由経済を制限し、社会主義経済に近づけば近づくほど、組織主義の教育の重要性が増大する。しかし、組織主義を強化すればするほど、人間は特殊技能をもついくつもの類型に区分され、それらの半ば機械化した人間の活動が、「上からの統制」の下に組織的に行われるようになる。その場合に、人格主義を閑却すれば、政治は独裁主義となり、思想は全体主義的にぬりつぶされ、強烈な絶対主義的イデオロギイの下に、個人の尊厳や人格の自由が圧倒されることをまぬかれない。それは、個人を社会の全体目的の「単なる手段」に顛落せしめる。左右両極のいずれの側からであれ、そのような絶対主義が擡頭して来るのに対して毅然としてたたかい、全体主義への転換を有効に防止し得る力は、人格主義の教育によってのみつちかわれる。

人間が、多数の人々の工夫と討議と立案と協力とによって社会生活を徐々に合理化する方法に見かぎりをつけ、革命によって社会制度を顛覆しようと試み、戦争によって国際秩序の現状を変革することを企てるのは、人間の集団的闘争の爆発である。このような爆発が起るのは、もとより、政治上および経済上のさまざまな原因によることではあるが、精神物理的存在者としての人間が、平和を棄てて闘争に乗り移る直前には、人々の間にかならず険悪な「精神的態度の緊張」があらわれて来る。かって自国の領土を奪い去った隣国を「不倶戴天の仇」と思う心、諸外国は「ABCD包囲陣」を作ってわが国を封殺しようとしているという観念、逆に、わが民族こそ不正・邪悪の旧秩序を打破し、人類に正義と光明とをもたらすための「選ばれた民」であるという意識、あるいは、多少とも資本主義の側に立つ人々は、ことごとく歴史の発展法則を妨げる「敵」であるとする思想、反対に、そのように考える共産主義は、どんな強権手段によってでも撲滅してしまわなければならないといったような感情、――それらが互にもつれ合い、対立し合い、恐怖は恐怖をさそって、ついに人類を世界壊滅のたたかいに駆り立てる危険こそ、人類自身の心の中に住む最もおそるべき「敵」である。人類が世界建設の事業を円滑にすすめ、かけがえのない平和をふたたび焦土と壊滅との中に投ずることを防ぐためには、そうした危険な「精神的態度」のよってきたる原因を明らかにして、それを萌芽の中から摘み取ることに力めなければならない。すわといえば、ただちに激越の態度をもって応え、こぶしをにぎり、皆を決して起つといった緊張性を緩和することは、現代に課せられた人間改造の最大の要務であろう。

ユネスコは、平和のための国際的社会科学の協力の課題として、「社会的緊張」(social tension) の調査と、その緩和のための方法の発見という仕事をかかげている。(4) 「緊張」という言葉の意味は、かならずしも科学的に明確にされているとはいいがたいが、大体として、闘争が爆発する前の、一触即発といった状態での反感や敵意や対立意識の総称であるといってよいであろう[5]。さらに、そのような状態を顕在的緊張であるとするならば、そこにいたる前の、内攻した怨恨や不和や恐怖や劣等感・優越感などは、潜在的緊張であると見ることができよう[6]。社会的緊張には、共産世界と民主世界との対立のような巨大な形態から、家族の内部での夫婦の相剋や親子の無理解などのごとき小規模なものまで、千差万別の形態があり、そのよってきたる原因にいたっては、複雑微妙をきわめている[7]。しかし、それを科学的に調査して行くならば、その間にいくつかの共通した類型を発見することができ、その原因の分析を容易ならしめる可能性は、十分にある。これらの緊張は、戦争というような驚天動地の破壊行為となって爆発しないでも、社会生活のいたるところに暗い影を投げ、人間の心に焦燥や苦悩や恐怖をかもし出す。ありもしない幻影におびえ、対手の行動の一つ一つに敵意を感じ、派閥・徒党を作って対抗し合うといったようなメンタリティイは、およそ「社会的生物」として生まれたはずの人間にとっての大きな不幸の種子である。もしも自然科学が、自然を征服し、文化を創造する人類のいとなみの水先案内であるとするならば、不合理な「社会的緊張からの解放」は、平和な世界を建設するにあたって、社会科学の担うべき、最も困難な、しかし、最も重要な課題たることを失わないであろう[8]。それは、「世界を作りつつある存在」としての人間そのものの集団性格を矯めなおし、合理的な思惟や冷静な判断を助成し、人間によって作られつつある世界をよりよいものたらしめるための、前代未聞の科学的企図であるといっても過言ではないであろう。

第六章　平和世界の建設

二六　戦争の防止

今日の人類にとって、「平和」が何ものにもかえ得ない最大の価値であることについては、異論の余地はない。しかも、それにもかかわらず、人々は、その最大の価値がふたたび新らしい戦争によって破壊されるのではないか、という予想におびえている。この予想を刺激するものには、第一に、資本主義はかならず高度化して帝国主義となり、帝国主義国家はかならず侵略を準備し、あるいは既に侵略した地方の反抗を抑えるために武力を行使しはじめるから、資本主義が存続するかぎり戦争は跡を絶たないという、マルクス・レエニン主義の戦争観がある。第二には、巨大な社会主義国家が、このような戦争観に立脚しつつ、資本主義国家群の「包囲」に対抗して、強大な軍備を用意し、さらに、一つの戦争が終了しても、他の国々のような軍備の縮小を行わず、依然として圧倒的な地上兵力を擁しているという事実がある。第三に、この社会主義国家は、一国社会主義の建前を取り、その国の指導者が世界における社会主義・資本主義両体制の併存の可能性を説いているにもかかわらず、マルクス・レエニン主義の根本原理からいって、結局は世界革命の到来を確信し、その実現を目標としているという推定が働く。第四に、戦後の混乱に乗じて後進諸地域に頻発する「民族解放」の動乱は、多くの場合内戦の形を取っているけれども、実体の上から見て、国際共産主義勢力の世界革命計画と直接・間接のつながりをもつという推測が下される。第五に、こうした情勢に対処するために、前回の戦争終了後大幅の軍備縮小を行った民主主義国家群が大規模な再軍備に乗り出し、「力に対しては力で」という体制を整えるようになって来たという現象がある。これら、ならびにそれ以外のさまざまな条件がからみ合って、人類の危機意識をあおり立て、一方のいだく恐怖は、他方にはそれ以上の恐怖を植えつけ、前者の平和宣伝は、後者によっては、自己陣営内の結束をみだすための対手方のトリックとして受け取られ、両者の間に容易に宥和の手がかりを求める見こみのないような緊張状態がつづいているのである。

人間のもつ自由とは、自分自身の運命を自分自身の手で処理して行くことができるという可能性である。人間がこの可能性を否定し、必然の運命に身をゆだねるほかはないと思うとき、人間にはもはや自由について語る資格はない。見方によっては必然とも見える戦争を防ぎ、平和を守りとおし得るかどうかは、今日の人類に課せられた最大の試錬である。この試錬を切りぬけることに成功するためには、まずもって、戦争は必然・不可避であるという思想を取りのぞかなければならぬ。戦争の必然を説くことは、自由の自己放棄である。その意味で、戦争はかならず資本主義国家の帝国主義的侵略によって起るという一方的な断定や、武力に訴えても世界革命を実現しようと企てている国家に対しては、その企図の実行に先んじて「予防戦争」の痛撃を加える必要があるというような考えは、ともにまず排除さるべき平和の障害であるといわなければならない。

今日の情勢では、戦争は決して不可避ではない。しかし、戦争を防止し、平和を築くために、どれだけの役わりを演じ得るかは、国の大小や実力の強弱によっていちじるしくことなる。強大国ならば防ぎ得る戦争も、強大国自らが戦争当事国となるような事態が起れば、弱小国はそれをいかんともなし得ない。まして、粟粒よりも小さな個人個人が、戦争へむかって傾斜する時局を前にして、それを喰いとめるためにどんなに狂奔して見ても、崩れる大廈を麦藁一本で支えようとするにもひとしいであろう。

けれども、われわれは、危機の現代に生きる人間として、平和のために何が必要であるかを真剣に考え、現に存在する国際平和機構の性格と活動とを正確に理解し、そのどういう方面でこれに協力すべきかを判断する権利を有し、責任を負うている。国際連合はどういう歴史的背景の下に成立したか。朝鮮動乱に際して国際連合の取った行動は、いかなる意味をもつか。これらの問題は、すこぶる複雑微妙であり、そのおよぼす影響はきわめて切実であるために、人はえてして正鵠な判断を失いがちであるばかりでなく、まさしくそこを狙って、さまざまな思想謀略が行われる。平和の「名」によって行われる運動が、実は、対立する二大陣営の一方の軍事力を相対的に重からしめるのに役立つこともある。そのような舞台裏の秘策を看破した者が、その手は喰わぬと肩を怒らせているうちに、必要以上の緊張と殺気とをかもし出し、事態を戦争に一歩近づけてしまうことも、ないとはいえない。平和は崇高な理想である。しかし、平和を保つのも、平和を破るのも、結局は現実の人間の行為以外の何ものでもない。現実の権力政治がどんなに美しい理想をかかげていても、権力の底にはかならず邪悪の根が張っていると見るのも、一つの現実認識である。さればといって、現実政治の葛藤に対しては目を蔽い、神に祈る心をもって理想の平和を唱えて見ても、現実に起る戦争を防ぐわけには行かない。根に邪悪をもつ権力政治といえども、口に平和の理想を語る以上、その口約に対して無責任であることはできない。原子力兵器の出現は人類の悲劇であるが、このような兵器の急速な発達が、ついには戦争を不可能にするということも、皮肉な予想として成り立つ。いずれにせよ、高い理想を凝視する心と足下の現実を冷静に分析する精神とをあわせもつことは、一人一人の個人について望まれ得る最小限度の平和への心構えであるということができよう。

戦争を防止し、平和を築くという目的のためになさるべき仕事は、数かぎりなくあるが、それらは大きくいって二つの種類に区分することができる。その一つは、迫りきたる戦争を防ぎ、あるいは、すでに一部発火しつつある戦争が全面的に爆発することをくいとめて、何はともあれ世界平和をおそるべき破壊から守るという仕事である。その第二は、第一の仕事によって平和が何とか曲りなりにも保たれている間に、人類が平和に共存し得るための社会経済的地盤を築き上げ、国際秩序に容易にゆらぐおそれのない永続性を与えるという事業である。第一の仕事は、急迫した戦争の危機を切りぬけようとする応急措置であり、そのために、それ自身戦争と同じような非常手段を用いることもある。それは、あたかも、人間の生命を短時間に奪うような急性疾患が起り、注射や投薬ではとうてい治癒の見こみがない場合、病人を手術台の上に乗せ、医者がメスをふるって、患者の肉を裂き、血を流し、内臓の一部分をえぐり取って、治療の目的を達するのに似ている。これに反して、第二の事業は、平和の基礎条件を探究し、国際協力によって戦争の原因となるような障害を取りのぞき、持続的な平和の根柢を確立することを目的としているから、きわめて長期にわたる忍耐ぶかい努力を必要とする。第一の仕事が、戦争防止のための外科的臨床療法であるとすれば、第二の事業は、予防医学や社会衛生学の活動に類比せらるべき、平和の長期建設であるということができるであろう。

第二十世紀になってからたたかわれた第一次の世界大戦ののちに、はじめて戦争の防止と、平和の維持とを目的とする国際的な制度として、「国際連盟」が設立された。しかし、国際連盟のもつ致命的な欠陥は、戦争の危険に対して取らるべき外科的対症療法の設備がはなはだ不完全であった点にある。もちろん、国際連盟規約は、国際紛争を平和的に処理するためのいくつかの方法を規定し、或る国がこの方法によらないでみだりに武力を行使した場合には、これに対して第十六条の制裁を加えることができるものとしていた。けれども、たとえば連盟理事会が、B国にむかって兵をすすめたA国の行動を侵略であると判定し、これに対して制裁を加えることを決議するには、紛争当事国をのぞく理事国代表の全員がそれに同意することが必要とされていた。しかも、理事会がたとえばA国に対して経済封鎖を行うという決定を下しても、その決定は各加盟国に対して「勧告」としての意味をもつにすぎず、各加盟国をこれにしたがって行動するように義務づける法的拘束力はなかった。これは、急性盲腸炎からすでに腹膜炎を起している重症患者を前にして、何人かの医者が会議を開き、全員一致で手術をするときめても、手術に自信がなかったり、その手が血にまみれることを好まなかったりする医者は、メスをふるう必要がないという規約を設けている病院のごときものである。

第十九世紀から第二十世紀の初頭にかけての国際法は、世界中に植民地や自治領を有し、七つの海を支配する海軍力をもったイギリスを中心とする秩序であり、その平和は、その意味でパックス・ブリタニカであったといい得る。ことに、国際連盟ができ、アメリカ合衆国がこれに加盟しなかったのちのヨオロッパの秩序を維持するにあたって、イギリスの演ずべき役わりがますます重要性を加えたことは、いうまでもない。しかるに、イタリイのエチオピア侵略が行われ、国際連盟はこれを侵略と断定しても、イギリスはあえて規約第十六条に規定する制裁行動を取ろうとはしなかった。国際連盟の処方箋は空文と化した。連盟の権威は急速に凋落した。ヒトラアがチェコスロヴァキアに対してズデエテン地方の割譲を迫り、その問題をめぐってミュンヘン会談が開かれたとき、戦争を避けたいと切念するイギリス国民の輿論は、ドイツの要求に屈して帰国したチェンバレンに対する歓呼の嵐となって表明された。けれども、ミュンヘンの平和は、決して真の平和ではなかった。目前の戦争の危険を避けるために、無理を通して道理が引っこめば、それにさらに輪をかけた無理とたたかわざるを得ないような事態を招来する。[1] 無理が通ると知ったヒトラアの剣は、転じて東方を指向し、ポオランド回廊地帯奪還の要求がワルシァワに対してつきつけられた。ポオランドが決然これを拒否し、ドイツ軍がなだれを打って進撃するにおよんで、偽装の平和は破れ、全面戦争の悲劇の幕は切って落された。パックス・ブリタニカは、イギリス自体の取った退嬰平和主義のために崩壊し去ったといっても、かならずしも過言ではないであろう。

人間社会の秩序を保つためには、力が必要である。国内社会の秩序と平和とは、根本において人間相互の友愛や協力や道徳によって基礎づけらるべきものであるにせよ、現実には国家の法と権力とがあることによって維持される。国家権力にはいかに邪悪がともないやすいかは、歴史がくりかえして証明しているけれども、それにもかかわらず、その邪悪性を排除するために国家を廃止してしまおうとする無政府主義は、歴史の将来に国家の死滅を予想するマルクス・レエニン主義の立場からすら、「空想」としてしりぞけられる。まして、いわんや、永いこと現実に無政府状態をつづけて来た国際社会に、永続性のある平和をもたらそうとする企図は、強い実力の契機を度外視して成功する見こみはあり得ない。従来の国際社会は、邪悪性をはらむ国家権力同士が、互に露骨にきしみ合い、いどみ合い、ぶつかり合うところの場所であった。そこでは、一つの国家の実力行動の邪悪性を咎めて、他の国家がそれを制圧する行動に出でれば、それは戦争防止の手段ではなくて、ただちに戦争それ自体の勃発を意味せざるを得なかった。国際連盟の結成は、まさにそうした国際無政府状態に終止符を打つことを目的とするものでなければならなかったのである。それには、連盟それ自体が直接に行使し得る実力をもたない以上、連盟の権限ある機関が或る国家の行動を侵略と断定した場合には、加盟諸国家のもつ力をすみやかに組織化して、その行動を制圧し、全面戦争を未然に防ぐようにすることが必要であった。しかるに、当時の国際政治の指導者たちは、第一次大戦後の平和思想の横溢を頼みとし、知性を備えた人類の輿論が平和の保障となるであろうことを過信して、国際連盟にそうした現実即応の力を賦与することを閑却した。スタトス・クオを維持しなければならないという国際秩序のやむを得ない鉄則にしばられながら、しかも、現状のままではどうにも解決することができないで起る世界中の「知性以前」の諸問題を、ジュネエヴの会議で解決できると考えたヴェルサイユ的合理主義の理想は、次第に現実から遊離せざるを得なかった。カアのいうとおり、「合理主義は、ユウトピアを作り出すことはできる。しかし、そのユウトピアを現実のものとすることはできない[2]」。不合理な現実に対処するために、現実の力を備えることを怠った理想主義は、完全な失敗に終った。人間は、最近の歴史の教えているこの教訓を忘れてはならない。

戦争を有効に防ぐための組織的な実力をもたない蒼白な平和の理想が、歴史の現実の前に無惨に崩れ落ち、人類がそれをこそ防がなければならないと考えたよりもはるかに悲惨な戦争が、実際に人類の運命の上にふりかかって以来、心ある人々は、過去のあやまちをくりかえさないために真剣な反省を重ね、そこから将来の国際政治の的確な指導方針をつかみ取ろうと力めた。その結論は、「理想は高く、しかし現実に即して」という平凡な真理を、複雑・尨大な国際関係の処理の上にあてはめて行くことに帰着する。カアの「危機の二十年」は、このような反省の書として最もすぐれたものということができよう。国際政治学者によって試みられたのと同じような性格の反省は、キリスト者の間にも起った。キリストは、敵をも愛することを教え、人もし汝の右の頬を打たば左をもむけよと説き、罪ある者の処理に関しては、汝らのうち罪なき者まず石をなげうてといった。まさに、人道的平和主義の極致というべきである。たしかに、まずわれに罪ありと意識し、それによって他人の罪を許すことは、最も高貴な平和への心構えであろう。しかし、もしもそれが、人間の負う罪業の深さを軽く見る感傷主義に流れる場合には、平和を破壊する罪をも許さざるを得ないこととなり、人類が戦争という最大の罪を犯すことを放任する結果におちいるであろう。ニイバアは、人間の罪業の深さに対する現実主義的な認識から出発して、キリスト者が実力政治を軽視することを強く戒めた。かれは、現実から遊離した平和主義者たちが、かってヨオロッパの直面していた邪悪の本質について感傷的な幻想を描いていたあやまりを、するどく指摘した。ニイバアはいう。もしもこのようなセンティメンタリズムが、戦争を避けたいあまりにナチの侵略を許容するという態度と結びつかなかったならば、ナチの専制が全ヨオロッパをその支配下に置くまでに拡大するにはいたらなかったであろう、と。[3] むかし、人間の罪業の深さを身をもって体験した聖アウグスティヌスが、国家権力の邪悪性を十二分に洞察しつつ、なおかつ、邪悪に満ちた人間社会に秩序をもたらすためには、国家の存在が必要であると認めた態度は、今日の国際政治の処理方法に対しても有益な指針を与えているものといえよう。

戦争を防止するための国際平和機構は、平和の破壊者に対して迅速・有効な制圧を加え得るだけの力をもたなければならない。この切実な教訓は、第二次世界大戦の終結期に結実した国際連合の意味構造の中に、国際連盟よりもはるかに多くの現実主義の要素を取り入れる根拠となった。国際連合には、戦争の危険に対処する外科的対症療法の中枢機関として安全保障理事会が設けられ、その決定は十一分の七の多数決によって下し得るものと定められた。しかも、安全保障理事会が或る国の行動を侵略と断定し、その上に武力制裁を加えることを定めた場合には、その決定は各連合国に対して法的拘束力をもつことになった。それによって、戦争の防止についての国際連合の機能は、国際連盟にくらべて、いちじるしく強化されたことになるのである。ただし、国際連合憲章は、一方で議事運営の上で多数決原理を採用しながら、他方では、安全保障理事会の決定に関しては、五つの常任理事国の支持を条件とするものと定めた。これは、戦争の防止にあたる場合には、世界の主要な強国の意見が一致している必要があると考えられたためである。これが、裏がえせばいわゆる大国の拒否権となり、そのために安全保障理事会がしばしば機能障害におちいったことは、周知のとおりである。しかし、その後、常任理事国の「棄権」は理事会の決議の成立を妨げないという拡張解釈が採用され、さらに、一九五〇年六月二十五日に勃発した朝鮮動乱に際しては、理事会はソ連代表が「欠席」している間に北鮮共産軍の行動を侵略とする断定を下し、つづいてこれを制圧するために、合衆国軍隊を主力とする連合国の朝鮮出兵が断行されるにいたった。世界平和を侵略の危険から防衛するためには、国際安全保障機構の決定にもとづいて迅速・果敢な武力制裁を加える必要があるという原理は、朝鮮動乱をテスト・ケエスとして、ここにはじめて大規模に実施せられたのである。

急迫した戦争の危険を防ぐために行われる外科的対症療法は、最後の手段としてというよりも、むしろ機を失しない武力制圧を用いることになる。これに対して、侵略者と断定された政治勢力が、この決定とこの制圧とに屈しようとしなければ、国際連合が戦争の防止のために取った措置は、それ自身一つの国際的な戦争の形態に発展せざるを得ない。これは、国際連合のような国際平和機構が、紙の上の制度たることに甘んじようとしないかぎり、あるいは、「国際的」な組織たることをやめて世界国家になってしまわないかぎり、まぬかれることのできないディレンマである。しかし、このような戦争が、いままでの国際無政府状態での戦争とちがう点は、世界の大部分の国々から成る国際平和機構があって、そこでの権限ある機関が「侵略」と決定し、「不法」と判断した行動を制圧することが、その場合の武力行使の目的となっている点にある。それによって、この種の「戦争」は、国際法上の不法行為に対する「法的強制」としての意味を、かなりはっきりともつようになって来たのである。それは、「戦国時代」における或る国内部の戦争状態と、その国の政治的統一ができ上ったのちに発生した「内乱」に対して、「政府軍」が武力制圧を加える場合との相違に似ている。上杉謙信と武田信玄との戦いについては、どちらが不法であり、どちらが不法に対する制裁であったというけじめを立てることはできない。これに反して、西南戦争の場合には、西郷隆盛を擁して東京に征め上ろうとした薩州勢の立場に、どのようないい分があり、世人がそれをどう評価したかは別問題として、明治維新の統一を経たのちの中央政府が、これを制圧するために新徴募の「官兵」を送ったことは、反乱に対する法的制裁の発動と見なすべき十分の根拠がある。その場合にも、権力政治の現実から見れば、「勝てば官軍」という命題に真理があろう。しかし、それにもかかわらず、政治社会の実定法的統一という面からいえば、それは、どこまでも不法に対する法的強制たることを失わない。

もちろん、平和の理想は戦争を通じての平和ではなくて、リイヴスのいう「法を基礎とする秩序」(order based on law)、または、ケルゼンのいう「法を通じての平和」(peace through law)でなければならない。(4)(5) けれども、何が法であるかということは、社会に住む各人各個、国際社会を構成する各国各自が、勝手にきめるべき事柄ではない。もしも法がそのようにしてきめられるのであるならば、その社会は、法によって秩序づけられた社会ではなくて、正邪・法不法のけじめの全くつかない「無法社会」にならざるを得ない。だから、一つの政治社会には、かならず単一の、何が法であるかをきめる権威があって、そこで法と定められたことは、それに反対の意見の者をも拘束するということになっていなければならないのである。しかるに、一つの政治社会の中で、何が法であるかが決定されれば、それと表裏相関連して、どういう行為が不法であるかということも決定される。そうして、「不法要件」に対して「強制効果」が加えられるところに法の本質があることは、ケルゼンの純粋法学の「いろは」なのである[6]。しかるに、これまでの国際社会には、何が法であり、何が不法であるかを一義的に決定し得る、権威ある機関がなかった。それこそ国際社会が「無法社会」の状態にとどまらざるを得なかった根本の原因である。これに対して、国際連合ができてからは、どういう場合が不法な侵略にあたり、侵略に対してはどのような強制措置を講ずべきかは、主として安全保障理事会が、権限と責任とをもって具体的に決定する。その決定にしたがって諸連合国が軍事行動に出で、侵略の烙印を押された国がこれにどこまでも抵抗すれば、そこに一つの「戦争」が起る。しかし、それは、「国際法共同体」の内部に発生した不法行動と法的強制措置との間の衝突であって、「無法社会」に見られるような、いずれが法であり、どちらが不法であるかの標準のない戦争とは、本質をことにしているのである。すでに国際連合憲章が、不法な侵略に対しては、安全保障理事会の決定にしたがって武力制裁を加えるべきものとし、それによって戦争を防止しようとしている以上、武力制裁の発動が一種の戦争状態をかもし出したからといって、それを、「戦争を通じての平和」として非難することはできない。いや、それこそむしろ、ケルゼンのいう「法を通じての平和」の現実的な形態なのである。

　しかるに、ケルゼンは、過去の経験に照らして、ただに国際連盟が完全に壊滅に帰したばかりでなく、国際連合もすでにかなりの失敗を演じているものとしている。そうして、その失敗の最も重大な原因の一つは、国際連合の組織の中心に、政治的に中立な立場に立って国際紛争を裁く国際裁判所を置くかわりに、一種の国際政府のような役わり

を演ずる安全保障理事会を設けた点にある、と主張する。ケルゼンによれば、国内法の進化の跡を辿って見ても、ま

ず司法権の中央集権化が行われ、立法権および執行権の集権化がこれにつづいた。そこで、ケルゼンは、単に集権化

されたた司法権ばかりでなく、世界政府と世界立法機関とをも備えた「連邦世界国家」の建設という遠大な目標を描き

つつ、そこへすすむための第一段階は、国際政府的な執行部の組織を急ぐことではなくて、一切の国際紛争を裁定す

る強制管轄権をもつ世界裁判所を設立することでなければならない、と論ずる。(7)

しかし、現存する国際連合の安全保障理事会は、組織や手つづきの上で、国内法上の裁判所とは同日に談ずること

のできない不完全なものではあっても、そのはたす役わりの性格から見れば、ケルゼンのいうような「一種の国際政府」ではなく、むしろ「一種の国際裁判所」に近いものであると思われる。なぜならば、安全保障理事会が国際連合憲章第三十九条にしたがって、「平和に対する脅威、平和の破壊、または侵略行為の存在」を裁決し、これに対して、第四十一条の規定する経済断交や外交関係の断絶、または、第四十二条に定められた平和および安全の維持のための軍事行動、等のうち、いかなる措置を取るべきかを決定するのは、国内裁判所が犯罪の存否、ならびに犯罪に対して加えらるべき法的制裁を決定するのと、本質においてことなるところはないからである。もちろん、今日の国際社会には別に国際司法裁判所があって、純粋の法的紛争はそこで裁くことができるようになっている。しかし、平和に直接の脅威を与えるものは、国際司法裁判所の管轄に属するような法的紛争ではなく、ほとんどすべて国際政治上の紛争であり、後者は結局は安全保障理事会にもちこまれるのであるから、別に司法裁判所が存在するという事実は、安全保障理事会が国際裁判所的な性格をもつものではないと主張する根拠とはなり得ない。逆にいって、もしもケルゼンの論ずるように、国際連合の中心に安全保障理事会を置くかわりに、強制管轄権をもった世界裁判所を設けて見たとしても、その裁判所が政治的な国際紛争を処理しようとする以上、現在の安全保障理事会と同じような仕事をすることにならざるを得ないであろう。法学の考察から一切の政治的イデオロギイの介入を排除し、法を政治的に中立な強制規範の体系として説明することに、終始一貫努力して来たケルゼンが、高度に政治的に行動する安全保障理事会を国際平和機構の中心に置いたことを、「国際連合の失敗」の根本原因と見ている気もちは、十分に理解できる。け

れども、現実の法は、決してさように政治から中立のものではあり得ない。まして、国際法が、法の他の部分よりもいっそう政治的な性格をもつものであることは、カアの指摘するとおりである。(8) 政治的な国際法にしたがって国際間の政治的紛争を裁定しようとする安全保障理事会が、平和への脅威を排除するために、必要に応じて武力制裁の決定を下すのは、露骨な権力政治によって解決する以外に道のなかった国際秩序の難問の処理に、ともかくも法的客観性の筋金を入れようとする第一歩の試みである。そのことそれ自身は、決してケルゼンの見るように「国際連合の失敗」ではなくて、無法状態に置かれた国際社会の中に「法秩序」を築き上げようとする、大きな建設のための苦しい試錬を意味するといわなければならない。

だから、朝鮮動乱に対して国際連合が武力介入を行ったことは、事柄の一般性格からいえば、連合成立の当時から予想され、憲章にも立派に規定されている「戦争の防止」のための手段を、はじめて本格的に実行に移したものであるということができる。北鮮共産軍がこの「法的強制」を朝鮮海峡に追い落そうとして戦い、さらに中国共産軍が満洲から大挙して進撃するにおよんで、朝鮮動乱は、国際連合軍と共産軍との間の、局地的ではあるがきわめて激烈な戦争にまで発展した。人々は、かくして国際連合が、戦争を防止すると称して自分で戦争をはじめたことを、大きな矛盾と感ずるかも知れない。あるいは、それを、国際連合成立当初の理想からいちじるしく逸脱した現象であると感じ、これに幻滅を覚え、これに反情をいだく人々も、すくなくないかも知れない。しかし、国際連合がこの問題について軍事行動を取るにいたった手つづきや、その機会のつかみ方や、軍事行動そのものの巧拙は別として、このような場合にはこのような行動を取ることによって全面戦争防止の目的を達成しようとすることは、まさに、平和という「理想」を追求して「現実」に設立された国際連合の、本質的な任務にほかならないのである。それを、国際連合の性格のいまわしい変質と考える人々があるとすれば、それらの人々は、戦争の防止という至難の問題と取りくんでいる国際連合の本質を理解せず、自分たちが頭の中に描いていた「あらまほしいが役に立たない国際連合」を、現実の国際連合と取りちがえていたものといわざるを得ない。

もちろん、国際連合が朝鮮動乱に介入したことについては、いろいろな批判が下され得る。第一に、北鮮軍の行動は南鮮側の挑戦によって起されたものであるかも知れないし、そのいかんにかかわらず、全体としてこれは朝鮮の「内戦」であるともいえるのに、連合がこれを国際的な「侵略」という範疇をもって律したのは、あやまりではないかという声がある。しかし、動乱の責任がどちら側にあるか、それが内戦であるか、侵略であるかというようなことは、各国や各個人がまちまちに判断すべき事柄ではなくて、それをきめる権限と責任とを有する機関の一義的な裁定によるほかはない。そうして、それを一義的に裁定する主たる機関は、現在のところ安全保障理事会なのである。その裁定が、慎重な事実の調査と当事者の申し立ての審理とを経て下されることは、もとよりのぞましい。しかし、すでに激しい武力衝突が起っているのに、その現地で事実を詳しく調査するというようなことは、不可能でもあるし、それでは急場の間に合わない。日本が満洲に対する武力制圧を行ったあとで、国際連盟がリットン調査団を派遣したようなやり方では、国際関係の上にすでにでき上ってしまった「既成事実」(fait accompli)の覆水を、ふたたび盆にかえすことはできない。急迫した戦争の危険を防止するというような、最も速断を必要とする仕事について、慎重な調査や審議を重ねてからでなければ行動と起すべきでないという主張を通そうとするのであるならば、むしろこの種の安全保障機構を廃止してしまう方が早道であろう。しかし、それは、同時に、国際社会をふたたび前々どおりの無法状態に引きもどすことを意味せざるを得ないであろう。

第二に、朝鮮動乱に対して国際連合の取った措置は、安全保障理事会が一常任理事国の代表の欠席している間に下した決定にもとづくものであるから、国際連合憲章に違反し、したがって無効である、という説がある。これは、憲章の「文字解釈」としては、十分に成り立つ議論であろう。なぜならば、憲章第二十七条第三項は、手つづき上の事項以外の事柄についての安全保障理事会の決議は、「常任理事国の同意投票をふくむ」(including the concurring votes of the permanent members)七理事国の賛成投票によってなさるべきものと規定している。したがって、常任理事国の一国が欠席している間になされた決議は、この条項の要件を満たしていないといい得るからである。けれども、事は悪評の高い「大国の拒否権」の問題である。常任理事国が拒否権を濫用すれば、安全保障理事会はたちまち機能障害を起し、国際連合は半身不随におちいってしまう。とすると、常任理事国が「反対投票」をした場合はやむを得ないとして、一常任理事国の代表が「棄権」または「欠席」した場合、憲章の文字解釈を固執して決議は成立し得ないものとするのと、他の常任理事国の同意投票をふくめた七ヶ国の賛成があれば、決議は成立するものと解するのと、いずれが制度の目的にかなった解釈であるか。すでに、連合では、常任理事国の「棄権」は決議の成立を妨げないという拡張解釈を取って来ている。そうであるとすれば、一常任理事国の代表が「欠席」している場合、そのために連合が多くの理事国の必要と認める措置を取ることができず、連合本来の機能を発揮できない結果になるよりも、むしろ、さらに一歩をすすめて、棄権の場合と同様の取りあつかいをすることは、「目的論的解釈」としては十分に首肯できることといわなければならない。

第三の非難は、もっと感情的または政治的に、国際連合の中で主導的役わりを演じつつあるアメリカ合衆国に対してむけられる。すなわち、朝鮮動乱に際して取られたような国際連合の行動は、主としてアメリカ合衆国の意志と実力とによるものであり、したがって、こうした動向は連合をアメリカの世界政策の道具と化するゆえんであるという非難が、それである。だが、安全保障理事会の任務が、必要とあれば実力の行使に訴えても戦争を防止することにある以上、その任務を有効に遂行し得るだけの実力を備えた国家が、理事会の決定した国際警察行動の主役を演ずるのは、当然のことである。合衆国は、かってイギリスが国際連盟においてはたすべくしてはたさなかった役わりを、国際連合において演じつつある。最近の連合の活動に好意を寄せようとしない人々は、連合中心の平和をパックス・アメリカナであるとして非難する前に、合衆国の実力を支柱としない国際連合が、いかにみじめなものとなるであろうかを、よく考えて見る必要があるであろう。

いずれにせよ、朝鮮動乱をテスト・ケエスとして、国際連合は、安全保障理事会の五常任理事国の足なみがそろわないでも、戦争防止のための緊急措置を断行するという態度を取った。これによって、「二つの世界」の対立がいっそう尖鋭化したことは、事実である。それが、事態をさらに戦争の危険を増大する方向に押しやることになったのか、あるいは、「力に対しては力で」というバランス・オブ・パワアの方式によって、危険きわまりない国際情勢の上に一応の均衡をもたらすゆえんとなったのかは、後世の歴史家の批判にまつほかはない。ただ、一般論としては、国際連合が、急迫した戦争の危険があると判断した場合、この種の強硬措置を取るべきものとして成立したものであることについては、制度の歴史および憲章の趣旨からいって、疑いをさしはさむ余地はないことを、ここに重ねて銘記して置くこととする。

二七　目的因としての世界人権宣言

戦争と同じような手段を用いて戦争を防止するというのは、一つのディレンマであるばかりでなく、きわめて危険な仕事である。まかりちがえば、それが戦争を防止することにはならずに、全面戦争にまで発展してしまうかも知れない。内臓の深部に病根をもつ重症患者に対して、手術のメスをふるおうとする外科医は、しばしば手術の結果について確信をもち得ぬことがあるであろう。切開して見て、癌が意外にひろがっており、一応切り取っただけでは、再発の可能性がきわめて大きいことを発見する場合もあるであろう。その場合に、生命の危険を冒してもひろく病根を摘出してしまうか、一応の手術にとどめて、後の処置はあらためて考慮するか、強気と慎重のわかれ道はすこぶるむずかしいところであろう。朝鮮動乱に際して、満洲の基地の戦略爆撃を主張したマッカアサア国連軍総司令官は、強気の大将であり、その強気の大将の解任を断行したトルウマン合衆国大統領は、それにくらべて慎重の政治家であった。歴史の軍配がどちらにあがるかは別問題として、どちらにしても剣の刃渡りのようなあぶない芸当であることに変りはない。それも、戦争の防止のためのやむを得ない措置であるにせよ、そうした措置をいつまでも必要とするような平和は、もとより、「真の平和」の名に値する平和ではない。

真の平和を築くには、何をなすべきか。これは、さし迫った戦争を防止するのに劣らぬ、いや、むしろそれよりもはるかに困難な仕事である。しかし、常に戦争の夢魔におびやかされていることが、人間として堪え得られない事柄である以上、また、そうした不安な状態がつづいているうちに、いつ本物の戦争が爆発するかわからない以上、人類は、第一の戦争防止の手段によって全面戦争の勃発が何とか避けられている間に、第二の、平和の長期建設の方法を真剣に考え、何でもできることからそれに着手して行かなければならない。この仕事の目標は、戦争の防止に心胆をくだかないでも、また、そのために多くの人々の血を流し、多大の犠牲を払うようなことをしないでも、人類が平和に共存し得るような社会経済的な基盤を築き上げて行くにある。将来、予防医学や社会衛生学が長足の進歩を遂げれば、臨床医家の方はよほど暇になるかも知れない。安全保障理事会でつばぜり合いのような論争が重ねられ、某国の行動は不法の侵略であるか、侵略であるとすれば、どのような措置が取らるべきであるか、というような物騒な議題がつづけさまに提出されるような有様では、人類は枕を高くして眠ることはできない。平和の長期建設の目ざすところは、安全保障理事会をできるだけ暇にすることにある。

現在の世界の実情にかんがみるとき、そのような目標を設定することそれ自身、あるいは一つのユウトピアであるかも知れない。しかし、このユウトピアは、人類がそれを高くかかげ、それにむかって歩々に前進して行くことによって、逆に戦争の破局を招きよせてしまうような心配は、まずない。現実の戦争や侵略の危険を過小評価し、罪深い人間、なかんずく、とかくに邪悪に走りがちな政治権力の動きに対して、自慰的な楽観にふけるユウトピアニズムや平和主義は、平和を念じて戦争を招来するおそれが多分にある。ニイバアの言葉を借りるならば、そのようなユウトピア的平和主義は「戦争を避けようとするかれらの努力によって、かえって戦争の破局をもっと不可避的にする」危険がある。(1) これに反して、一方で戦争の防止のための打つべき手は十分に打った上で、他方で一歩でも平和の基礎条件をふみ固めて行こうと努力することは、その努力がどれほどの効果をもたらすかは別問題として、そのために逆説的に戦争への道を切りひらいてしまうおそれはない。そうした、きわめて安全な平和への道があり得ることをはっきりと認識し、そのために工夫し、そのために努力するということは、すでにそれだけで、現在の、過度に鋭敏になっている人類の神経をやわらげるのに役立つであろう。

平和の長期建設を行おうとする場合に、まず着手しなければならないのは、平和の基礎条件となるものは一体どのような人類生活の姿であるかを素描して見ることである。大建築を作り上げようとするとき、建築技師は、まず大まかな設計図を引き、完成した建物の見取図を描いて見るであろう。人類が、いつ戦争が起るかわからないというような不安や恐怖から解放され、——それは、今日の人類が仰望する最も貴重な自由である、——永続性のある平和の福祉を享有し得るための条件とは、具体的にいってどんな状態を意味するであろうか。

人類は、現在大きな不安の世界に住んでいる。不安に直接に対処し得るための安全保障の制度として、国際連合が活動しているが、国際連合の活動は、かならずしも不安を解消しないで、かえって不安を増大する場合もある。しかし、国際連合は、さし迫った戦争を、必要とあれば戦争と同じような手段で喰いとめるというような荒仕事だけをするために設けられているわけでは、決してない。国際連合は、一方では、主としてそういう仕事を担当するための機関として安全保障理事会をもつと同時に、他方では、平和の長期建設について審議・立案するための機関として、経済社会理事会を設けている。この理事会には、人口問題や、婦人問題や、その他さまざまな社会問題についての委員会が置かれているが、その中の一つである人権委員会は、かねてから人間が平和に共存し得るための基礎条件として、普遍人類的な人権尊重の精神を確立することを計画し、それを一つの宣言の形で表明する案を練って来た。この案は、経済社会理事会の検討を経て、パリで開かれた第三回国際連合総会に提出され、討論の結果、ほとんど満場一致に近い成績で可決され、全世界にむかっておごそかに宣明された。この「世界人権宣言」(Universal Declaration of Human Rights) の発表された時が、マルクスおよびエンゲルスの「共産党宣言」(The Commurist Manifesto) の発表された年から満百年目の、一九四八年十二月十日であったことは、後者が必然の革命という破局の彼岸に自由の王国を待望したのに反して、前者が人類の秩序ある国際的協力によってあまねく人権の保障された世界を建設することを目ざしているだけに、きわめて意義深い符合であるということができよう。

世界人権宣言は、人権の尊重こそ、世界における自由と正義と平和との基礎をなすものであるという信念から出発する。(2) 人間が生まれながらにして人間として尊厳であり、平等で不可譲の権利をもつという考え方は、第十七世紀以来の自然法思想の伝統を継承する。この思想は、あるいは一七七六年のアメリカ合衆国の独立宣言となってあらわれ、あるいは一七八九年のフランスにおける人権宣言によって明らかにされた。人間を平等に人間として尊重するということが、すでに国家を超越する「自然法」の原理として認められている以上、その精神がアメリカでのみ通用し、その保障がフランス国民にのみ限定さるべきものと考えられていたのでないことは、明らかである。しかし、現実の問題としては、合衆国の内部には今日でも黒人に対する差別待遇があり、フランスの人権宣言は、フランス領内にいるアフリカ土人や仏領インドシナの原住民に対しては通用していなかった。これに対して、世界人権宣言は、精神としてはそれらと同一の原理を、あらゆる人為もしくは自然の障壁を越えて、普遍人類的な規模にまで拡大しようとする。すなわち、この宣言が、人はすべて自由に生れ、尊厳と権利とにおいて平等であるというとき、そこにいう「人」とは、もとより欧米人や、文化人や、文明国民だけを意味するのではない。そうではなくて、ここに確立される自由と権利とが、国籍・人種・皮膚の色・性別・言語・宗教・政治的その他の意見・出身・財産・身分、等のいかんを問わず、すべての人間についてひとしく認められなければならないということこそ、世界人権宣言が前文および冒頭の数ヶ条にかかげる根本の建前なのである。自由と人権との擁護を超国家的の自然法であるとする思想は、世界人権宣言にいたって、はじめて全世界および全人類により、自然法たるにふさわしい超国家性と超民族性とをもって確認されたものということができるであろう。

第十八世紀の人権宣言は、専制主義に終止符を打ち、封建的な身分の相違を打破することによって、バラ色に明けそめる自由・平等の時代の朝を迎えようとした。しかし、そこに確立されたはずの政治上の自由と法の前の平等とは、かえって経済上の不平等を深刻化させる原因を作り、資本主義の高度化にともなう新たな階級分裂と、国外に富源を求めようとあせる植民地争奪戦の激化とは、次第に全世界的な規模の社会不安を増大させ、次々に新たな危機を招きよせる結果を生んだ。かくて両度にわたる世界大戦の破局を経たのちにできた世界人権宣言は、人権の尊重ということを単に輝かしい新時代の標語としてかかげるよりも、むしろ、それを直接に世界平和の問題と結びつけ、人間性の無視こそ戦争のような惨虐行為の原因であるとして、これを固く戒めるという態度を取っている。近い過去において、人権を軽視する風潮は、人類の良心を侵害するような野蛮な行為の種子を蒔いた。それだけに、人間が言論や信教の自由を享有し得るような世界が到来することは、一般民衆の最も熱望するところとなっている。それは、単に、そのような自由がかけがえのない尊いものであるためばかりではない。それらの自由が保障されているということとは、さらに、「恐怖と欠乏からの自由」の根本の条件をなすのである。かように、未曾有の悲惨な戦争を辛うじて切りぬけて来た人類として、ここで自由と人権の尊さを深く認識することこそ、三たび戦争の悲劇をくりかえさないための最大の要請であるとしているところに、意気軒昂たる第十八世紀の人権宣言とくらべた場合の、世界人権宣言のもつ沈痛な調子が感ぜられる。

しかも、「恐怖と欠乏からの自由」とは、単に戦争の恐怖や、戦争のもたらす欠乏から解放されるということだけを意味するものではない。今日の人類の多くは、もちろん戦争の結果もあるけれども、戦争がなくてもまぬかれ得なかったであろうところの、生活の脅威や不安にさらされている。この経済的な窮乏が人々に切羽つまった気もちを与え、ついには、武装蜂起や直接の軍事行動に訴えてまで、現状の打破にむかって突進させる原因となることは、数々の血なまぐさい事例の実証するとおりである。だから、平和の基盤を築くという仕事は、人間がもれなく適正な条件の下に勤労に従事し得るような世界を作り、人類の経済的な生活水準を、何人に対しても人間らしい生活を保障することができるというところにまで引き上げることを、最も重要な目標の一つにしなければならない。そこで、世界人権宣言は、普遍人類的な完全雇傭の理想をかかげた国際連合憲章第五十五条の趣旨を布衍して、人はすべて働く権利と職業選択の自由とを有すると確言する。しかし、人は、単に職業をもち、失業の場合に対する社会保障を与えられただけでは、なお経済生活の自由を享有し得たことにはならない。完全雇傭の理想と表裏不可分の関係をもって要請されることは、勤労に対する適正な待遇である。しかも、勤労に対する報酬は、勤労者一人に快適な生活を保障するだけでなく、勤労者の家族に対しても、人間らしい生活を送ることを可能ならしめるに足りるものでなければならない。人類全体を蔽う規模において、完全雇傭と適正勤労条件の理想を実現することが、いかにいうべくして行われがたい課題であるかは、何人の眼にも明らかである。しかし、それだけに、これを実現することが平和の基礎条件としていかに重大な意味を有するかもまた、何人もがただちに理解するところであろう。その意味で、「すべて勤労に従事する者は、かれ自身およびかれの家族が人間たるの尊厳に値するような生存をいとなみ得るだけの、適正で有利な報酬を受ける権利がある」となした、世界人権宣言第二十三条第三項は、きわめて野心的な条章であるといわなければばならない。

人間の生活水準を向上させ、人が人を搾取するかわりに、技術的に利用された自然力を人間の快適な生活に役立たしめる上からいって、科学の応用がいかに重要な役わりを演ずるかは、前に述べたとおりである。このような、科学のもたらす福利もまた、全人類にむかって解放されなければならない。さらに、人間は、単に実利のためだけでなく、知識を渇望し、真理を憧憬する。また、直接の実利の観点からはなれた真理のための真理の探究は、自らにして基礎科学の発達をうながし、それが技術の軌道に乗ることによって、ふたたび人間による自然の征服と自然力の利用とを容易ならしめる。そうした学問活動の自由は、文化を高め、芸術を鑑賞し、ゆたかな心の糧を摂取する自由とともに、すべての人間が平等に要求し得る権利である。しかるに、学問を学び、文化を理解する前提条件は、教育である。技術を習得し、勤労に従事し、職場で必要とする知識を消化し、適正な報酬を受けるに足りるだけの活動能力をわがものとすることも、また教育をもって第一歩とする。故に、人はすべて、教育を受ける権利をもつ。教育は、単なる知育や技術教育にかぎらるべきものではない。人間の個性を十分に伸ばし、人間の基本的な自由と権利とに対する尊敬の念を養い、民族・人種・宗教の差別を越えた理解と寛容と友情とをつちかうことは、平和のための教育の大眼目でなければならない。世界人権宣言が、これらの配慮にもとづき、第二十七条で科学や文化のもたらす恵福にあずかる権利を、第二十六条で平和の維持を目ざす国際連合の活動を促進するための教育の必要を強調しているのは、平和の長期建設の基礎構造についての見取図たるにふさわしい配慮であるということができる。

これは、見取図としては誠に立派なものである。しかし、問題は、この目標の実現にむかって、人類はどのようにして前進して行ったらよいかにある。世界人権宣言の前文は、すべての国民、すべての民族が、この共同の目標の達成にむかって努力することを約束し、すべての個人、すべての社会機関は、この宣言を常に心にとどめつつ、教育を通じてここにかかげられている権利と自由とに対する尊敬を促進すべきものとし、国家的および国際的な措置によって、これらの権利と自由とがあまねく、かつ有効に保障されるように力めなければならないと規定している。この責任は、各国家にとっては、道徳上の責任であって、法的拘束力をもつところの義務とは認められていない。なぜならば、宣言の規定している個々の自由や権利の保障が、各国家を拘束する法的な義務であるということになると、国際連合としては、これらの規定に違反して人権の侵害を受けたと考える個人が、直接に特定の国際機関に対して訴訟または訴願を提出し得るような方法を講じなければならない。そうなれば、その国際機関は、訴願の対象となっている国家の内部に立ち入って、事実を調査し、国家とその国民とを当事者とする裁判を開き、国家の側に責任があれば、人権の侵害を受けた個人に対して損害を賠償させるといったような段階をふむ必要が生ずる。これは、明らかに、国家主権に対する重大な制限である。そこで、世界人権宣言を審議した国際連合総会でけ、ソ連やアメリカ合衆国をはじめとする多くの国々が、宣言に法的拘束力をもたせることに反対し、結局、各国がこれを道徳的責任として受け取るということに、意見の一致を見たのである。[3]

しかし、道徳的責任としてではあっても、国際連合加盟国のほとんど全部が、世界人権宣言を国際協力の大目標として設定することに賛成し、あふれる熱意と感激とのうちに原案の可決を祝福したという事実は、人類の歴史の上できわめて重大な意義をもつできごととするに足りる。四十八ヶ国の賛成に対して、ソ連をはじめとする九ヶ国の棄権があったが、それも、宣言の精神そのものに異議があったためでけなく、たとえば、すべての人に居住・移転の自由を認めようとする第十三条その他に対して、ソ連は、「国の法律の範囲内で」といったような条件をつけるという修正案を出し、それらの若干の修正意見が容れられなかったために、賛成投票を与えなかったまでなのである。だから、マリタンのように、世界人権宣言は国際連合総会の「事実上の満場一致」で成立したといっても、決して過言ではない。[4]ラウタアパハトの提案しているような、法的拘束力をもつ国際的な「人権章典」(Bill of Rights)を制定するということは、将来に残された仕事である。[5]人権章典を作れば、個々の人権侵害に対する法的救済の手段は確立され得るかも知れないが、人類普遍の完全雇傭を実現し、すべての勤労者とその家族に人間たるの尊厳に値する生活を保障するというようなことは、法以上の思い切った国際政治上の改革や、緊密な国際経済協力を実行しないかぎり、いつまでも紙に書かれた理想の域を脱することはできない。世界人権宣言は、各国および各国民の道徳上の責任を規定したものではあっても、すでにこうした目標が設定された以上、国際政治の方向をこの目標にむけ、合理的な世界計画経済を立案・実施して行くならば、人類の生活を歩々にこの理想にむかって前進させる見こみは立つ。それは、人類共同の目的であると同時に、人類の協力をうながす原因とならなければならない。その意味で、世界人権宣言を、今後の人類社会発展の「目的因」(causa finalis) たらしめることこそ、平和の長期建設の根本前提であるといい得る。

二八　平和の長期建設

平和の長期建設を具体的にすすめて行くにあたっては、制度の改革、自然の征服、人間の改造、の三つを有機的に結びつけ、これを国際的な規模で立案し、実行して行くことが必要である。

この中で、ふつうに人がまず着目するのは、制度の改革であろう。複雑な現実よりも、割り切れる論理の中に活路を求めようとする人々は、いくたの矛盾や弊害をかもし出しつつある資本主義制度を改革し、経済組織を社会主義化して行く必要を力説するであろう。もとより、資本主義の「弊害」は是正されなければならない。しかし、徐々にではあるが資本主義の脱皮も行われ、資本主義と社会主義との中間にも、いくたの混合もしくは綜合形態ができ上りつつある今日、若いころのマルクスが見たような資本主義と、現代ソヴィエトで実施されているがごとき社会主義とを、公式論的に対立させ、その二者択一について論議するといったような思惟方式は、建設への正しい道を発見するゆえんとはならない。ましていわんや、資本主義を絶滅することを平和への絶対条件と考えるがごとき思想は、平和の名において戦争への扉をひらく。資本を蓄積し、企業を興し、原料の供給を円滑ならしめ、生産力を向上させ、国外に市場を開拓し、勤労条件を改善し、配分の公正をはかる、等々の複雑な問題は、資本主義か社会主義かというような、菓子に対する子供の好悪のごとき単純な選択では、とうてい解決され得ない。問題は、一国の経済組織をどう改善するかであるよりも、むしろ、各国それぞれことなる事情の下に運営されつつある経済活動を、どういうふうに横に連繫させて行くかという点に存する。世界の通貨を支配しつつある国の資本が、搾取のためではなくて、後進諸地方の産業を興隆させるために、資本を必要とする国々に注入されるようにするには、どうすればよいか。主として食糧や原料を供給しつつある国々の住民が、その負うている宿命のような低生活水準を克服するには、どのような配慮を必要とするか。一方に過剰人口に悩む国々があり、他方の国々には尨大な未開発資源が眠っている現状の不均衡を、どういうふうにして打開して行くべきであるか。今日の人類が共同に研究し、解決すべき制度の問題は、すべてこのような国際的連関性の下に置かれている。これらの諸問題をば、国際連合の経済社会理事会や、直接・間接にそれと関係のある国際機構・国際会議などの活躍によって、すこしずつでも解決して行かないかぎり、いかに国内制度を改革して見ても、世界人権宣言の目標にむかって前進するための道は発見できないであろう。

そのような国際的協力の下に、まず大規模にすすめて行かなければならないのは、科学・技術の高度の利用による自然の征服である。たとえば、アマゾン流域の広大なジャングルは、現在でもその大部分が原初・太古そのままの状態に放置されている。熱帯の林相はすこぶる多様・複雑で、そのパルプ化は、今日のところ不可能とされている。しかし、かりに、もしも巨大な水量をもって流れるアマゾン河のエネルギイを電力に化することができ、それをもってジャングルの片端なりとも資源化し得るとすれば、それだけでも、そのもたらす福利はきわめて大きなものとなるであろう。森林が処理された跡は、ひろい農場となるであろう。そこには、どのような地下資源が発見されるかわからない。それらにむかって開発の手を伸ばすことは、単なるブラジル一国の事務ではなくて、人類全体の課題とならなければならない。ナイル河の流れている近くには、茫漠たるサハラ沙漠がひろがっている。荒漠たるアラビヤ沙漠の東縁にはチフリス・エウフラテスの大河が沃土を形成している。もしも人間が、エジプトの文化が栄え、バビロニア帝国が強大を誇っていた太古と同じく、数千年後の今日も、大河の流れている近くにのみ定住し、そこだけを利用して生活しているほかはないのであるとすればそれは人類文化の恥辱であるといわなければなるまい。沙漠を征服し、これを緑地と化するということは、第二十世紀後半の巨大な課題として、すでに取り上げられつつある。さらに、平均深度四千米、もしも底の底までの資源が有効に利用され得るときが来たとすれば、表面面積二尺四方によって人ひとりの生活を支えるに足りるといわれる尨大な海洋は、無限の謎と可能性とを秘めて漫々とよこたわっている。海流の運動をきわめ、水温の加減を測って、魚の回游状態を明らかにし、レエダアを装備した飛行機で魚群を探知した上で、これを漁獲する。漁獲にあたる企業と労働との関係を合理化し、水産物を輸送・加工・出荷・販売する間のロスを防ぎ、自然の利用と制度の運用とを能率的に結びつける。内海に燐酸塩を投下してプランクトンの増殖をはかり、魚族の減少を防ぐ。それらの工夫からはじまって、深海の探検、海底土の利用、海水よりする有用物質の抽出、海底地下資源の探鉱、等、海の開発のためになさるべき既知および未知の手段はきわめて多く、人類の福祉に寄与し得る可能性はかぎりなく大きい。現代科学の進歩の速度は、今日の奇蹟を十年後の現実とする力をもっている。淡水産の緑藻を増殖・加工して、そこに主食の供給源を求めるという計画のごときも、従来の陸上植物の栽培が、大きな労力と多額の肥料とを加えて稲や麦などの葉や茎をしげらせ、わずかにその一部分である実を取って食用に供しているにすぎないのにくらべて、水中で日光を受けて繁殖する植物体の全部を利用しようとするものであるだけに、食糧問題の解決の上に一つの革命をもたらすほどのものとなるかも知れない。階級が階級を憎悪し、民族が民族を敵視し、恐怖は対抗する恐怖を招きよせて、惨澹たる戦争にまで爆発するのが早いか。科学の力による自然の利用が加速度にすすみ、憎悪・敵意・恐怖・焦慮を緩和して、平和の長期建設が成るか。人類の前途の禍福は、両者の競争においてどちらが勝つかによって決定せられるであろう。

このような自然の開発や利用が大規模にすすめばすすむほど、その仕事を国際的な管理の下に置くことが必要になって来る。たとえば、アマゾン流域が未開発であるのは、ブラジルにはそれを開発するだけの労働力がないからである。だから、その一部を補うために、日本からブラジルに移民を送るということは、これまでも行われて来たし、これからも行われるであろう。しかし、アマゾン未開発資源の開発ということが、単なるブラジル一国の利益のためだけでなく、ひろく人類の生活水準を向上させるという大事業の一環として考えられるようになるとすれば、そこに移民が送られることもまた、単なる日本一国の人口問題を緩和させるという意味だけではなくて、世界の未開発資源開発のための「過剰人口の適正配置転換」という「意味」をもつようになってよいはずである。もちろん、現在の輸送能力によっては、よしんばブラジルが最も好意ある受入態勢をととのえてくれたとしても、かぎりある入植世帯数をもってしては、日本の過剰人口を現実に緩和させる何ほどのたしにもなり得ない。だが、すくなくともそうした事業の「意味構造」の上においては、従来のような一国本位の利害関係の上に立つ移民とか植民とかいう観念をふりすてて、世界計画経済的な見地から、労働人口の転用をはかるという考え方に切りかえられて行くべきである。将来、いつの日か、アラビアやオオストラリアの沙漠が緑土化され得るときが来たとして、それを緑土化するためのマン・パワアをどこに求めるかという問題が起った場合には、そうした考慮の必要はなおさら大きくなって来るであろう。人口の配置転換といっても、一方にいささかでも旧来の「植民地獲得」的な意図があり、他方に「被侵略の脅威」という気もちが起るようでは、こうした意味構造の改革はすべて画餅に帰する。これに反して、国際連合の管理の下に、人類全体の福祉の向上を目ざして、そのような計画がすこしずつでも実施せられるようになれば、その一つ一つが平和の長期建設への前進として意義づけられ得るであろう。なぜならば、すべての人間が勤労に従事し、勤労によって家族もろとも人間たるの尊厳にふさわしい生活をいとなみ得るようにならなければならないという、世界人権宣言第二十三条の趣旨一つを実現して行くためにも、すくなくともその程度の新らしい「意味創造」が必要となって来るであろうからである。

平和の長期建設は、今後は、ここに例示したような大きな国際的規模をもってすすめられなければならない。しかし、すべての人間が人間たるに値する生活をいとなみ得るようになるということは、本来、国の政治の大眼目であるということにかわりはないのである。くりかえしていうように、それは、今日では、依然として制度の問題であると同時に、それ以上に科学による自然力の利用を通じて解決さるべき課題である。日本で毎年くりかえされる実例を見てもわかるように、震災や風水害が起るたびに、救済や復興のために莫大な国費を支出しながら、旧態の回復以上の積極的な防災の施設を行うためには、何一つの手も打たれないというがごとき有様は、科学性のない愚劣な政治の典型であるといわざるを得ない。

もちろん、一方で「自然の征服」と豪語しても、他方、ひとたび或る限度以上の自然エネルギイの発散を見れば、たちまち人間の無力をかこたざるを得ないのが、今日の社会の実情である。さらに、国の財政が貧弱であるために、その日ぐらしならぬ、その歳ぐらしの災害対策以上の手が打てないというのも、或る点までやむを得ない。しかし、年々に何らの積極性もない「復旧」のための費用を支出することから思えば、数年間の計画を立てて、颱風に襲われがちな地方の護岸工事を実施したり、洪水の頻発する河川の根本的な治水を行って、電源の開発、渇水期への備え、肥料の増産、農村の電化など、一石数鳥の積極策を実行したりすることは、決して不可能ではないはずである。その場合、科学は、基礎科学から応用科学へと有機的に連関し、自然科学と社会科学との連繋を保ちつつ、社会生活の向上のために役立てられて行かなければならぬ。たとえば、公共企業として利根川谿谷にいくつかのダムを築き、日本製のＴＶＡを作るというような計画が立てられたとする。その場合には、土木工学や機械工学や電気工学を中心とする綜合企画が必要であることはもちろん、応用化学から農業経済学、さらには、立法措置、補償方法、資本の形態、労働関係、等について、ひろい社会科学部門の参加と協力とが望まれるであろう。水底に沈む部落や鎮守の森ができて、部落民の頑強な反対に会い、けわしいテンションがかもし出され、計画の進行を妨げるというような際には、科学的中立性の立場からする社会科学者の調査や説得によって緊張の緩和をはかるというがごときことも、考えられ得る。科学は、人間が自由獲得のために用い得る最大の武器である。国の施策の上に科学をどこまで活用し得るかは、「文化国家」という名が、名のみであるか、実をともなうかの分岐点であるといわなければならない。

すべての人間が人間たるに値する生活をいとなむということは、世界の課題であり、一国政治の眼目であるばかりでなく、掘り下げて行けば、結局は各家庭・各個人の生き方の問題である。自由は、人に頼り、人にまかせていたのでは、人のものとはなっても、わがものとはならない。人間らしく生きることは、各人の権利であると同時に、各人の義務である。人々は、与えられた諸条件を一人の力で変えることはできないにしても、与えられた条件の中で、すこしでも人間らしく生き得るために工夫をこらし、自分の仕事や一家の生計をいくぶんずつでも合理化する可能性が、絶無であるということはあり得ない。政治犯として投獄されながら、なおかつ「戦争および平和に関する法について」という大著の筆をすすめ、近世国際法学の上に巨大な足跡を残したグロオチウスは、ほとんどあらゆる自由を奪われた境涯にあって、なお、たゆまず、屈せず、自ら最高の自由への道を歩んだ精神界の英雄である。(1) 小規模自作農にも、自家の水田の耕作に、いまだ試みなかった一片の科学・技術を適用して見る自由はある。家事労働に忙殺されている俸給生活者の妻にも、炊事や育児や保健の上に若干の科学性を取り入れる余裕のないことはない。日本の過剰人口は国全体の大問題であるが、この問題を解決するためには、人口増殖の拠点たる各家庭の上に各人自身が合理的な省察を加えなければならない。農家が子沢山の状態をつづけ、その上に民法の均分相続制がそのまま適用されて行けば、どの家の農業経営も不可能となり、由々しい大事を惹起するであろう。生むままに、生まれるままに、「貧乏者の子沢山」という諺を躬行実践し、その結果、「子は三界の首枷」という窮境におちいったからといって、その「身から出た錆」の状態を他力で打開してもらうために、「家族もろともに人間たるの尊厳に値する生活を維持するに足りる報酬」を要求しても、要求する方が無理であるということになるであろう。早婚の弊を改め、夫婦間の性生活を調節し、家庭人口の合理化をはかることは、根源的な自由と平和とへの道である。総じて、家事・家計の問題は、一見小なるがごとくであって、実は国の政治や経済と深く結びついている。台所の電化も、粉食の奨励も、衣生活の合理化も、住居の改善も、一方で科学・技術を活用しつつ、他方では国全体の政治・経済と関連せしめて行かないかぎり、見るべき進展を遂げる見こみはない。家政学は、嫁入り前の女性の常識の一片であってはならない。これに反して、法学・政治学・経済学、等の裏づけを受けた家政学は、社会・民族を救済する活学となる資格がある。また、そのような家政に対する科学的考察があってこそ、都会の主婦も農村婦人も政治に対して無関心であることができなくなり、そこから「普通人の政治」としての民主主義を健全に発達させる原動力が生まれて来るであろう。

生活の中に科学を取り入れることは、さらに、人間の心から非合理的な偏見を取りのぞくのに役立つ。それは、平和の長期建設のために最も必要な、人間改造の合理的な道である。人間には、もとより非合理的な要素がある。それを取りのぞいてしまうことは、不可能でもあるし、よしんばそれが可能であったとしても、非合理性を全くもたない完全な「合理人」なるものは、一種の複雑な計算機にすぎないであろう。「たで食う虫も好きずき」の愛情からはじまって、詩人の幻想や、作曲家の霊感や、永遠なる神への思慕にいたるまで、合理的な推論を越えた非合理性の要素は、人間の社会に美しい情藻の花を咲かせ、文化の最上層建築ともいうべき芸術の実をみのらせ、人間の犯す過誤や罪業をざんげによって洗いきよめる宗教の浄福をもたらす。しかし、非合理性の尊ばるべき範囲は、合理的処理の及び得ない彼岸のみにかぎられなければならない。合理的に判断し、行動することのできる事柄について、それと矛盾する非合理的意識に執着するとき、愛情は偏愛となり、幻想や霊感は妄想に堕落し、信仰は邪教・迷信の根をはびこらせる。しかも、偏愛は憎悪の双生児であり、妄想は根拠のない優越感や恐怖心を派生せしめ、迷信は正常な人間関係を悪霊の手によって引き裂かしめる。日本では、わが子に対する母親の独占慾がしばしば「家風」を大義名分とする嫁いびりとなってあらわれた。「おらが春」の優越感は、政治権力をめぐる派閥の形成をうながし、軍部横暴の時代には「星」と「碇」の相剋を、「星」の世界の内部ではさらに「皇道派」と「統制派」の葛藤を生み出した。非合理の権力闘争が政治の舞台裏ではげしくうごめくとき、社会の針路を照らす合理性の星はうすらぎ、暗黒星雲のような無気味なエネルギイが人間の生活をあらぬ方向へ引きずって行く。天壌無窮とは何であるか。稜威とは何であるか。天佑神助とは何であるか。——ひとたび合理性を取りもどして見れば、何ら現実の裏づけをもたない単なる「理念」、もしくは単なる「神だのみ」にすぎないものが、あたかも現実を動かす力であるかのごとくに政治上の指導力を発揮し、しかも、それが矯激な排外感情をあおり立てて、日本を無謀な戦争に突入せしめた。最高水準の科学をもつドイツ民族が、ロオゼンベルグ著すところの「第二十世紀の神話」に魅了され、民族全体主義の血のミトスに政治を支配することを許したのも、ヘエゲル的形而上学に見られるような合理性の極致と非合理性の極致との黙契が、民族精神のどこかに根強くひそんでいたためと思われる。(2) おそるべきは、識閾下に深い根をもつ人間精神の非合理的要素が合理主義の眼をくらませ、人間相互の理解を妨げ、集団と集団との間に根拠のないテンションをかもし出し、ついには、道理に反して無理を通すにいたる社会病理的な現象である。このような非合理的対立意識や排他感情の中に深く科学性のメスを入れ、その原因を究め、でき得べくんば、合理的反省をうながすことによってテンション緩和の道を見出そうとする努力は、現代の社会科学の課題の上に一つの切実な新生面をひらくものということができよう。

だが、現在、直接に戦争への危険をはらんでいる民主主義世界と共産主義世界との間の巨大な対立にいたっては、いまのところ「内面的」にこれを緩和させ得る見こみはない。なぜならば、政治上・経済上の駆けひきは別として、両者の世界観的根拠には互に氷炭相容れざるものがあり、合理的な話し合いで問題を解決するための最大公約数が欠けているからである。ただ一つ、そこに最大公約数があるとすれば、それは、どちらも全面戦争を避けようとする意図をもっていることであろう。それは、いいかえれば、原子戦争のマイナスにもかかわらず、なおかつ差引勘定にプラスを残すような貸借対照表は、どちらの側の計算の上にも成り立たないという事実である。戦争を避けるために、民主主義世界が共産主義の浸透に対する防壁を固めれば、後者はこれを戦争への露骨な準備であるとして非難する。しかし、そうしているうちに両者の間の力の均衡が取れれば、それは、人類の理想から見ればはなはだ好ましくない、けれども、世界の現実からいえば他に適当な手段のないところの、必要悪的な「平和の保障」とはなるであろう。この危い平和の綱が切れずにつながっている間に、「両体制の併存は可能である」といった政治家たちが、その言葉に事実の裏づけをする努力をつづけて行くならば、戦争の危険はそれだけ遠のくであろう。二つの世界の間には、政治体制や経済組織やイデオロギイの上でどんな相違があり、対立が存しても、そこに住む大部分の者が事を荒だてることを好まない普通人であることには、何の変りもない。それにもかかわらず、人間の社会は、社会それ自体の発展法則を認識することはできても、それを人為によって阻止し、または回避することはできないといったマルクスの破局必然論が、ついに全面破局の到来という事実によって証拠立てられることになるか。それとも、人間のあらゆる角度からの努力によってそのような破局の到来を阻止し、歴史の進展とともに平和の基礎条件を次第に整備して行くことができるか。「選択の自由」は、たしかにまだ人間の手の中に残されている。

文献表

本書を書くにあたって参照した主な文献を、それに関係のある記述が出て来る順序にしたがって、左に列挙する。節ごとの重複は厭わないことにする。一般的に関係のある文献は、著者名と表題だけをかかげるにとどめる、具体的な引用がなされている場合には、重要な個所についてだけ、原著の頁数を示すこととする。

第一章　意志の自由

一　自由と必然

二　初発原因としての自由意志

（1）Spinoza : Ethica, 1677.
（2）Fichte : Wissenschaftslehre, 1794.
（3）Windelband : Willensfreiheit, 1904, 3. Aufl., S. 69.
（4）Jhering : Der Zweck im Recht, 1877, S. 1.
（5）Calvin : Institutio christianae religionis, 1536.
（6）Hegel : Vorlesungen über die Philosophie der Geschichte, 1837, Einleitung.
（7）Hegel : Grundlinien der Philosophie des Rechts, 1821, Vorrede.
（8）Schelling : Philosophische Untersuchungen über das Wesen der menschlichen Freiheit, 1809.

三　精神と物質

（1）Plato : The Republic, translated by Jowett.
（2）Berkeley : Treatise on the Principles of Human Knowledge, 1710.

（3） Stirner : Der Einzige und sein Eigentum, 1845.
（4） Büchner : Kraft uad Stoff, 1855 : Natur and Geist, 1857.
（5） Moleschott : Der Kreislauf des Lebens, 1852.
（6） Lenin : Materialism and Empirio-Criticism. Critical Notes concerning a Reactionary Philosophy, translated by Kvitko. Collected Works, vol. 13.
（7） Fechner : Nanna oder über das Seelenleben der Pflanzen, 1848.
（8） Fechner : Zendavesta oder über die Dinge des Himmels und des Jenseits, 1851.
（9） Paulsen : Einleitung in die Philosophie, 1892.
（10） Kant : Kritik der reiner Vernunft, 1781.
（11） Kant : Grundlegung zur Metaphysik der Sitten, 1785.
（12） Kant : Kritik der praktischen Vernunft, 1788.

四　道徳の要請としての自由

（1） Jhering : Der Zweck im Recht, S. 1 ff.
（2） Kant : Kritik der reinen Vernunft.
（3） Windelband : Willensfreiheit, S. 160.
（4） Kant : Kritik der praktischen Vernunft.
（5） Windelband : op. cit., S. 170.
（6） ibid., S. 177.

五　人格の形成

（1） Windelband : Willensfreiheit, S. 21.
（2） Gierke : Das deutsche Genossenschaftsrecht, 1. Bd., 1868, S. 1.
（3） 論語、学而第1。
（4） Kant : Grundlegung zur Metaphysik der Sitten. Cassirers Gesamtwerke, Bd, IV, S. 287.
（5） Mill, John Stuart : Utilitarianism, 1863.

（6）Universal Declaration of Human Rights, 1948, Art. 1.
（7）孟子、公孫丑章句上。
（8）孟子、勝文公章句下。
（9）論語、子罕第九。

第二章　世界を作りつつある存在

六　人間と世界

（1）Heidegger : Sein und Zeit, 1927.
（2）Ibid., S. 68 f.
（3）Marx : Das Kapital. Kritik der politischen Oekonomie, 1867-1894, Buch 1, IV. Abt., 5. Kap., 1.
（4）Jhering : Geist des römischen Rechts auf den verschiedenen Stufen seiner Entwicklung, 2. Teil, 1. Abt., S. 128.

七　世界の意味構造

（1）Bolzano : Wissenschaftslehre, 1837.
（2）Husserl : Logische Untersuchungen, 1900-1901.
（3）Husserl : Ideen zu einer reinen Phänomenologie und phänomenologischen Philosophie, 1913.
（4）Husserl : Formale and transzendentale Logik, 1929.
（5）Husserl : Méditations Cartésiennes. Introduction à la Phénoménologie, 1931.
（6）Husserl : Phenomenology, in Encyclopaedia Britanica.
（7）Reyer : Einführung in die Phänomenologie, 1926.

八　意味賦与と意味創造

（1）Engels : Der Ursprung der Familie, des Privateigentums und des Staates, 1884.
（2）Kant : Zum ewigen Frieden, 1795, S. 1.
（3）Otaka : Grundlegung der Lehre vom sozialen Verband, 1932.

（4） Plato : The Republic, Book VII.

（5） Windelband : Lehrbuch der Geschichte der Philosophie, 10. Aufl., 1921, § 23.

九　財貨の生産とその配分

（1） Locke : Two Treaties of Government, 1790.

（2） Marx und Engels : Die deutsche Ideologie, 1846, herausg. von Adoratskij in 1932.

（3） Marx und Engels : Das kommunistische Manifest, 1848.

（4） Menger, Anton : Das Recht auf den vollen Arbeitsertrag, 1886.

（5） Menger, Anton : Die neue Staatslehre, 1903.

（6） Jhering : Geist des römischen Rechts, 1. Teil, S. 107 ff.

（7） Menzel : Kallikles. Eine Studie zur Geschichte der Lehre vom Rechte des Stärkeren. Zeitschrift für öffentliches Recht, Bd. III, 1922.

（8） Jhering : op. cit., 2. Teil, 1. Abt., S. 174.

（9） Marx : Das Kapital. Otto Meiszners Ausgabe, 1. Buch, 1. Abt.

（10） Ibid., S. 1. ff.

（11） Ibid., S. 15 ff.

（12） Ibid., S. 139 ff.

一〇　規範意味の世界

（1） Lask : Rechtsphilosophie. Philosophie im Beginn des 20. Jahrhunderts, herausgegeben von Windelband, 1905.

（2） Kelsen : Allgemeine Staatslehre.

（3） Kelsen : Reins Rechtslehre, 1934.

（4） Kelsen : General Theory of Law and State, 1945.

（5） Otaka : Grundlegung der Lehre vom sozialen Verband.

（6） Carr : Twenty Years' Crisis, 1919-1939. An Introduction to the Study of International Relations, 1939.

第三章　政治の自由

一一　政治社会の構造

（1）Moore, Thomas : De optimo reipublicae statu deque nova insula Utopia, 1516.
（2）Aristotle : Politics, translated by Jowett.
（3）Engels : Der Ursprung der Familie, des Privateigentums und des Staates.
（4）Carr : Twenty Years' Crisis.
（5）Hume : Of the First Principles of Government. Essays, vol. 1., p. 110.
（6）Maciver : The Web of Government, 1948.
（7）Rousseau : Du Contrat Social, 1762.
（8）Kelsen : Allgemeine Staatslehre, 1925.
（9）尾高・国家構造論、一九三六年。

一二　国家からの自由

（1）Machiavelli : II Principe, 1532.
（2）Bodin : Six Livres de la République, 1577.
（3）Hobbes : Elements philosophica de cive, 1642.
（4）Hobbes : Leviathan or the Matter, Form and Authority of Government, 1651.
（5）Locke : Two Treaties of Government.
（6）Laski : Liberty in the Modern State, 1930.
（7）Smith, Adam : Inquiry into the Nature and Causes of the Wealth of Nations, 1776.
（8）Bentham : Introduction to the Principles of Morals and Legislation, 1789.
（9）Bentham : Traité de la Législation Civile et Pénal, trad. par Dumont, 1802.

一三　普遍意志の自由

（1）Blackstone : Commentaries of the Laws of England, 1809.

（2）Dicey : Lectures on the Relation between Law and Public Opinion in England during the Nineteenth Century, 2. ed., 1914, pp. 70-84.
（3）Ibid., lecture VI.
（4）Ibid., pp. 158-159.
（5）Davidson : Political Thought in England. The Utilitarians, 1915, p. 39.
（6）Mill, James : Analysis of the Phenomena of the Human Minda, 1829.
（7）Mill, John Stuart : Utilitarianism. The New Universal Library, chap. II.
（8）Tönnies : Gemeinschaft und Gesellschaft, 1887.
（9）Kant : Kritik der praktischen Vernunft.
（10）Hegel : Grundlinien der Philosophie des Rechts, §§ 181-190.
（11）Rousseau : Du Contrat Social, livre II, chap, 1, 3.
（12）Stammler : Lehrbuch der Rechtsphilosophie, 1922, § 15.
（13）Hegel : op. cit., §§ 4-29, §§ 257-260.
（14）Ibid., § 317, § 318 ; Zusätze aus Hegels Vorlesungen, zusammengestellt von Gans, Zusatz zu § 318.

一四　自己疎外からの解放

（1）Marx : Das Kapital, 1. Buch, S. 142.
（2）Ibid., S. 140.
（3）Hegel : Grundlinien der Philosophie des Rechts, Vorrede.
（4）Marx und Engels : Die deutsche Ideologie. Adoratskij's Gesamtausgabe, 1. Abt., Bd. 5, S. 10 ff
（5）Ibid, S. 23 f.
（6）Ibid., S. 20 ff.
（7）Marx : Zur Kritik der nationalen Oekonomie, 1859, Vorwort, S. XI f.
（8）Marx : Das Kapital, 1. Buch, 3. Abschnitt.
（9）Ibid., S. 37 ff.
（10）Ibid., S. 593 ff.
（11）Marx und Engels : Das kommunistische Manifest.

（12） Marx : Das Kapital, Vorwort zur 1. Auflage, S. VIII.
（13） Engels : Herrn Eugen Dührings Umwälzung der Wissenschaft, 1884. Internationals Bibliothek, S. 306.
（14） Marx : Zur Kritik des sozialdemokratischen Parteiprogramms, 1875.
（15） Marx : Zur Kritik der Hegelschen Rechtsphilosophie, 1844.

一五　国家への自由

（1） Adoratskij : Einleitung zur Marx-Engels Gesamtausgabe, 1. Abt., Bd. 5.
（2） Engels : Die Lage der arbeitenden Klasse in England, 1845.
（3） Marx : Das Kapital, 1. Buch, 3. Abschnitt, 8. Kapital.
（4） Cole and Postgate : The Common People, 1746-1946, 1946, pp. 416-418.
（5） Cole : A Short History of the British Working-Class Movement, 1789-1947, 1947.
（6） Cole and Postgate : op. cit., p. 385.
（7） Mill, John Stuart : On Liberty, 1854. Oxford University Press, p. 27.
（8） Dicey : Law and Public Opinion, p. 256.
（9） Cole and Postgate : op. cit., p. 423.
（10） Dicey : op. cit., p. 258.

第四章　経済の自由

一六　自由企業と利益分配

（1） Owen : The Book of the New Moral World, 1842-52.
（2） Willams, Aneurin : Co-Partnership and Profit-Sharing. 1913, p. 48.
（3） Ibid., p. 19.
（4） Warbasse : Co-operative Democracy, 1936.
（5） Willams : op. cit., p. 28.
（6） Ibid., p. 43.

（7）Mill, John Stuart : Utilitarianism. The New Universal Library, pp. 108-110.

一七　植民地の獲得

（1）Lenin : Imperialism. The Last Stage of Capitalism, 1917. Vanguard Press.
（2）Ibid., pp. 33-49.
（3）Ibid., pp. 62-63.
（4）Ibid., p. 89.
（5）Ibid., p. 28.

一八　広域秩序建設の野望

（1）Carr : Twenty Years' Crisis, p. 111.
（2）Burke : Reflexions on the Revolution in France, 1790. Everyman Ed., p, 19.
（3）Marx : Works of Marx and Engels. Russian Ed., vol. IX, p. 372.
（4）Schmitt, Carl : Die Grossraumordnung, 1938.
（5）Fichte : Der geschlossene Handelsstaat, 1800.

一九　公共社会主義財産の神聖不可侵

（1）Dicey : Law and Public Opinion, p. 301.
（2）Cole and Postgate : The Common People, p. 423.
（3）Laski : Reflections on the Revolution of Our Time, 1943, p. 269.
（4）Marx : Zur Kritik des sozialdemokratischen Parteiprogramms.
（5）Lenin : State and Revolution, 1917.
（6）Laski : op. cit.
（7）Ibid., chapter IV.
（8）Ibid., pp. 310-356.
（9）Ibid., p. 68.

（10） Ibid., p. 76.
（11） Ibid., p. 265.
（12） Ibid., p. 343.
（13） Mill, John Stuart : On Liberty.
（14） Radbruch : Rechtsphilosophie, 1932.
（15） Niebuhr : Christianity and Power Politics, 1948, p. 174.
（16） Northrop : The Meeting of East and West. An Inquiry concerning World Understanding, 1949, p. 241.
（17） Vyshinsky : The Law of the Soviet State, translated by Babb, 1951, pp. 647-649.
（18） Webb, Beatrice : The New Civilization. The Truth about Soviet Russia, by Sidney and Beatrice Webb, 1992, pp. 55-75.
（19） Northrop : op. cit., p. 242.
（20） Marx and Engels : Selected Works. Russian Edition, vol. II, p. 463.
（21） Vyshinsky : op. cit., p. 39.
（22） Ibid., p. 54, pp. 60-61.

二〇　二つの広域経済圏の対立

（1） Carr : The Twenty Years' Crisis, part II, 3, 4, 5, 6.

第五章　文化の自由

二一　文化の創造

（1） Fichte : Der geschlossene Handelsstaat. Sämmtliche Werke, 3. Bd., S. 402 f.

二二　思想の自由

（1） Schleiermacher : Reden über die Religion, 1799 ; Monologen, 1810.
（2） Oppenheimer, Franz : System der Soziologie, 1. Bd., Allgemeine Soziologie, 1922, Vorwort, S. X.
（3） Mill, J. S : On Liberty, chap. II.

（4） Radbruch : Rechtsphilosophie.
（5） Hitler : Mein Kampf, 1925.
（6） Laski : Reflections on the Revolution of Our Time, p. 288.

二三 学問の自由

（1） Windelband : Geschichte und Naturwissenschaft, 1894, in Präludien.
（2） Rickert : Kulturwissenschaft and Naturwissenschaft, 1899.
（3） Rickert : Grenzen der naturwissenschaftlichen Begriffsbildung, 1902.
（4） Weber, Max : Die „Objektivität“ sozialwissenschaftlicher und sozialpolitischer Erkenntnis, 1904. Gesammelte Aufsätze zur Wissenschaftslehre, S. 146 ff.
（5） Burke : Reflexions on the Revolution in France.
（6） Laski : Reflections on the Revolution of Our Time.
（7） Thoma : Handbuch des deutschen Staatsrechts, 1930, Einleitung, Bd. 1, S. 6 f.
（8） Schmitt, Carl : Ueber die drei Arten des rechtswissenschaftlichen Denkens, 1934.
（9） Koellreutter : Deutsches Verfassungsrecht. Ein Grundriss, 2. Aufl., 1936.
（10） Höhn : Rechtsgemeinschaft und Volksgemeinschaft, 1935 ; Der individualistische Staatsbegriff und die juristische Staatsperson, 1935.
（11） Paschukanis : Allgemeine Rechtslehre und Marxismus, deutsche Ausgabe, 1929.
（12） Stuchka : State and Law in the Period of Socialist Building, 1927.
（13） Vyshinsky : The Law of the Soviet State, p. 54.
（14） Reisner : Our Law, Foreign Law, Common Law, 1925.
（15） Vyshinsky : op. cit., p. 59.
（16） Report of the Educational Policies Commission, 1949.

二四 自然の征服

（1） Marx und Engels : Die deutsche Ideologie. Adoratskij's Gesamtausgabe, 1. Abt., Bd. 5, S. 24.
（2） Ibid., S. 22.

（3）Report of the Director General, printed to the Fifth Session of the General Conference of UNESCO, 1950, p. 42.

（4）中谷宇吉郎・沙漠の征服、一九五〇年。

（5）リリエンソール・TVA、民主主義は進展する。和田小六訳、一九四九。

（6）Lenin：Imperialism.

（7）日本学術会議第十一回総会速記録、第四日午前の部、三六頁以下。

二五　人間の改造

（1）Kant：Grundlegung zur Metaphysik der Sitten, 1797, Werke, Bd. IV, S. 261 ff.

（2）Natorp：Sozialpädagogik, 1899.

（3）Friedrich, Carl：The New Belief in the Common Man, 1945.

（4）Report of the Director General of UNESCO, op. cit., pp. 45-47.

（5）Williams, Robin: The Reduction of Intergroup Tensions. A Survey of Research on Problems of Ethnic, Racial and Religious Group Relations, 1947.

（6）Klineberg：Tensions affecting International Understanding, 1950.

（7）日本人文科学会編・社会的緊張の研究、第一回調査報告（未刊）。

（8）日本学術会議第十一回総会速記録、第四日午前の部、四八頁以下。

第六章　平和世界の建設

二六　戦争の防止

（1）Niebuhr：Christianity and Power Politics, pp. 65-73.

（2）Carr：The Twenty Years' Crisis, p. 27.

（3）Niebuhr：op. cit., p. 29.

（4）Raves：The Anatomy of Peace, 1945, chap. 9.

（5）Kelsen：Peace through Law, 1944.

（6）Kelsen：Hauptprobleme der Staatsrechtslehre, entwickelt aus der Lehre vom Rechtssatz, 1911.

（7） Kelsen : Law and Peace in International Relations, 1942. 日本版（鵜飼信成訳）、一九五二、第六講、一六八頁以下。

（8） Carr : op. cit., p. 178.

二七　目的因としての世界人権宣言

（1） Niebuhr : Christianity and Power Politics, p. 105.

（2） Universal Declaration of Human Rights, 1948, Preamble.

（3） Lauterpacht : International Law and Human Rights, 1950, pp. 397-408.

（4） Maritain : Sur la Philosophie des Droits de l'Homme, 1949.

（5） Lauterpacht : op. cit., pp. 313-321.

二八　平和の長期建設

（1） Grotius : De jure belli ac pacis, 1625.

（2） Rosenberg : Der Mythus des zwanzigsten Jahrhunderts, 1930.

尾高朝雄（おたか・ともお）

1899年生、1956年歿。法哲学者。朝鮮に生まれ東京に育つ。1923年東京帝大法学部卒業後、京都帝大文学部哲学科で学ぶ。京城帝大助教授、東京帝大法学部教授（法理学、のち法哲学講座担任）を歴任。欧米留学時代（1928年から1932年）にはウィーンでケルゼンに、フライブルクでフッサールに師事。1956年5月ペニシリン・ショックのため急逝。代表的著書に『国家構造論』（学位論文、1936年）『実定法秩序論』（1942年）『法の窮極に在るもの』（1947年）『法の究極にあるものについての再論』（1949年）『数の政治と理の政治』（1949年）『自由論』（1952年）『国民主権と天皇制』（増補版1954年）がある。また在欧中にオーストリアで刊行したGrundlegung der Lehre vom sozialen Verband〔社会団体理論の基礎〕（1932年）はドイツ、オーストリアで高く評価され現在も刊行中（Springer刊）。

自由・相対主義・自然法

現代法哲学における人権思想と国際民主主義

刊　行　2018年1月

著　者　尾高 朝雄

刊行者　清藤　洋

刊行所　書肆心水

135-0016 東京都江東区東陽 6-2-27-1308

www.shoshi-shinsui.com

電話 03-6677-0101

ISBN978-4-906917-76-1 C0032

乱丁落丁本は恐縮ですが刊行所宛ご送付下さい

送料刊行所負担にて早急にお取り替え致します